末木文美士・引野亨輔 監修
引野亨輔 編

近世仏教資料叢書

第一巻 通俗仏書の出版と民衆仏教

臨川書店 刊

刊行にあたって

かつて辻善之助『日本仏教史　近世篇四』（岩波書店、一九五五年）のなかで、「僧侶は益々貴族的になり、民心は仏教を離れ、排仏論は凄まじく起つた」とまで辛辣に評された江戸時代であるが、近年ではこのような近世仏教に対する負のイメージは大いに書き換えられつつある。仏教研究者のなかでは、むしろ江戸時代こそ仏教的な価値観が深く日常生活に浸透した時期であると主張する者も増えている。

しかし、古くから仏教研究の「主役」であった中世と比べて、近世仏教に焦点を当てた資料集はいまだ乏しい。例えば、『日本思想大系』全六七巻（岩波書店、一九七〇～一九八二年）にしても、中世の場合、法然・親鸞・道元・日蓮などの巻が圧倒的な存在感を示しているのに対して、近世の場合、わずかに『近世仏教の思想』一巻が存在するのみである。近世仏教という魅力的な素材に研究者の目を向けさせる上で、使い勝手の良い資料集の充実は必須課題といえる。

商業出版が成立した江戸時代は、膨大な量の仏教書が刊行され続けた時期であり、資料集の素材は十分過ぎるほどにある。そのことは、現在刊行中の『寺院文献資料学の新展開』シリーズ（臨川書店、二〇一九年～）、なかんずく第九巻『近世仏教資料の諸相Ⅱ』をひもとけば良く分かる。もっとも、近世仏教の実像に迫るには、信仰・思想の画期を示す稀少な資料の掘り起こしも大切だが、別な角度からのアプローチも必要であろう。すなわち、江戸時代人なら当たり前のように読んでいた仏教書を取り上げ、それらが社会のなかで果たしていた役割を解き明かしていく作業である。そこで我々は、以下のような基本方針の下で、『近世仏教資料叢書』

の編纂を進めた。

本シリーズでは、今後の近世仏教研究において議論の中心となりそうなテーマをいくつか設定し、それらのテーマに基づいた資料の収集と分析を行った。素材を特定の宗派に限定することで資料集としての精度を高め、成功している先例が数多くあるが、本シリーズでは、仏教書が近世社会全体のなかで担った役割を解き明かすため、宗派別ではなく、テーマ別の巻構成を選択した。

その際、本シリーズは出版された仏教書を中心的な素材とした。中世の仏教が写本による閉ざされた師弟間での継承によって展開したのに対して、近世には商業出版により知識が大量に複製され、広範に流布されることになった。例えば、江戸時代は、かつて僧侶の独占物であった仏教経典を、俗人信徒も読み解こうと試みた時代だが、そうした行為は漢字平仮名交じりの平易な注釈書の登場と普及なくしてはあり得なかった。また、仏教諸宗間や宗派内部で行われた教義をめぐる論争も、その経緯が出版物となって多くの人々に共有され、さらなる議論の発展へとつながった。世界の成り立ちをめぐるコスモロジーも、出版物を介して人々に共有されていった。そこで本シリーズでは、刊本を中心とした江戸時代の仏教書を貴重な資料として再評価し、ここから垣間見える仏教と近世社会の関係性を、鮮明に浮かび上がらせたいと考えている。

本シリーズは、初学者にとっても読みやすい資料集となるよう、力を注いだ。江戸時代の仏教書は、商業出版が介在することによって種々の工夫が加えられており、読みやすさが格段に向上している。本シリーズでは、挿絵を本文中に割り入れて当時の仏教書の雰囲気を再現したり、漢文資料は書き下しにして、一部は注釈を加えるなど、資料集としての使いやすさも追求した。近世仏教に関心を持つ多くの方々に、ぜひ本シリーズを手にして頂き、近世仏教の新たな魅力に触れて頂けることを、切に願っている。

二〇二四年五月

近世仏教資料叢書　監修者　末木文美士
引野　亨輔

第一巻　通俗仏書の出版と民衆仏教　目次

〈解説〉通俗仏書の出版と民衆仏教

引野亨輔

はじめに

釈徹宗『落語に花咲く仏教』は、教化を目的とした仏教僧の説法と落語のような庶民芸能の間にある密接な関係性を解き明かした好著だが[1]、江戸時代における仏教の存在感をうかがい知る上でも大いに示唆的な本である。釈によれば、落語のネタには仏教諸宗の専門知識をさりげなく織り交ぜたものが幾つも存在する。例えば、「蒟蒻問答《こんにゃくもんどう》」は禅問答を、「後生鰻《ごしょううなぎ》」は放生会をそれぞれ踏まえたネタであるし、「宗論《しゅうろん》」のように浄土真宗の教学に精通していないとおもしろさが伝わりにくいネタまである。つまり、江戸時代とは、日常娯楽のなかにも仏教的な要素があふれ、意識せずとも仏教的な概念への理解が深まっていく時代だったというわけである。

以上のような釈の指摘は、江戸時代になると、国家論や政治思想、あるいは文芸・芸能にまで、知らず知らずのうちに仏教的性格が付与されていくという大桑斉の仏教土着論[2]にも相通ずるものがあり興味深い。なるほど、我々は「無常」や「因果応報」など本来なら難解であるはずの仏教概念を、何気なく日常的に使っているわけであり、現代もまた江戸時代における仏教土着の延長線上に存在している社会なのかもしれない。ただし、無意識のうちに思考が仏教的性格を帯びていくという土着論によって、江戸時代の俗人信徒における典型的な知識獲得のかたちを解き明かしたことになるかと問われれば、若干の疑問もわき上がってくる。

近年、読書行為に着目して精力的に文化史研究を推し進めている横田冬彦によれば、江戸時代の庶民読者層による読書とは、好みの書物について事前に情報を集め、体系的に蔵書収集を進めていく主体的性格の強いものであった[3]。横田の指摘を踏まえるならば、江戸時代の俗人信徒による仏教の学びについても、日々の説法聴聞や集団的な宗教行事への参加によって、もっぱら無意識的に行われたと片付けてしまうのは早計であろう。むしろ、俗人信徒が自ら選んでどのような仏教書を手にし、そこから何を学んだかが明らかになってこそ、江戸時代の民衆世界における仏教信仰の根幹に迫り得ると、筆者は考えている。

もっとも、本シリーズは、江戸時代の刊行仏教書を中心として、その内容を紹介する資料集であるので、日記史料などから俗人信徒の読書実態を詳細に明らかにしていくわけにはいかない。そこで、本巻では、僧侶のみならず俗人信徒をも読者に想定していると考えられる仏教書の掘り起こしに努めたい。そして、それらの書物を著した作者の執筆動機や、より売れる書物にしようと努めた書肆の出版戦略を探ることで、書物の背後に潜む読者の姿を少しでもあぶり出すことができればと考えている。

一、江戸時代前期――鼓吹物と和談鈔――

さて、俗人信徒を読者として想定し得る仏教書といっても、その性格は多様である。例えば、曹洞宗の僧侶である鈴木正三[4]や、浄土真宗の僧侶である浅井了意[5]は、いずれも江戸時代初期に活躍した仮名草子作家であり、その卓越した文才によって、通俗的な仏教書を数多く著した。臨済宗中興の祖と称される白隠慧鶴[6]は、晩年になってから盛んに諸大名への上書を行ったが、それらの多くは京都の書肆によって出版され、後述するように宗派の垣根を越えて広く読まれた。

また、著者が俗人信徒を読者に想定していない場合でも、意図せずして多くの読者を獲得してしまうことはあり得る。例えば、粟津義圭や菅原智洞は、江戸時代中期に人気を博した浄土真宗の唱導僧であり、自らの語りをそのまま文字化したような口語体の仏教書を盛んに刊行した。後小路薫が指摘するように、義圭や智洞の著作は、抜群の平明さを持つといっても、その多くが漢字・片仮名交じりで記されており、本来僧侶に唱導の技能を学ばせるためのものであった[7]。しかし、彼らの著作は、その平明さゆえに、結果として俗人信徒にも好んで読まれるようになった。

以上に取り上げた通俗仏書の著者は、江戸時代において多くの読者を獲得し、民衆世界へ仏教思想を浸透させる上で大きな役割を果たしたと考えられる。ただし、本巻にはこうした仏教書は敢えて収録せず、むしろ**『阿弥陀経和談鈔』**（※本巻一―1に収録）など、無名の著者によって書かれた経典注釈書を取り上げた。その意図は以下の通りである。

本巻の狙いが、江戸時代の民衆世界へ仏教概念が浸透していくあり方の探究であることは既に述べた。そのような観点からすると、鈴木正三や粟津義圭らによって記された通俗仏書は、書き手の主張性が前面に出されたものであり、読み手は著者の語りを再現するかたちで読書行為を行っていた可能性が高い。例えば、粟津義圭の『阿弥陀経依正譚』を俗人信徒が読む場合、彼らは仏説阿弥陀経そのものを学ぶというより、著者の魅力的な語りに聞き入っているわけである。他方、『阿弥陀経和談鈔』のような経典注釈書の場合、経文への逐語的解説の性格が強いため、読者による自学自習の可能性は大きく広がる。筆者としては、江戸時代に刊行された通俗的な経典注釈書に着目することで、寺院や僧侶に頼ることなく自覚的に仏教に触れる俗人信徒の姿をあぶり出してみたかったわけである。

ちなみに、俗人信徒を読者として想定する通俗的な経典注釈書は、後述するように江戸時代を通じて着々と進化を遂げていった。そのため、寛文一二年（一六七二）刊行の『阿弥陀経和談鈔』や、万治四年（一六六一）刊行の『観音経和談鈔』、貞享四年（一六八七）刊行の『延命地蔵菩薩経和談鈔』など和談鈔のタイトルを有する書物は、後続する通俗仏書に大きな影響を与えた資料的価値の高い作品と呼ぶことができる。

それでは、これらの経典注釈書は、どのような先駆的性格を持っていたのだろうか。先に触れた浅井了意は、通俗仏書として名高い浄土三部経鼓吹《くすい》という経典注釈書を、『阿弥陀経和談鈔』とほぼ同時期に刊行しているので、そのなかの『阿弥陀経鼓吹』を比較対象として取り上げ、両者の特徴を浮かび上がらせてみたい。

まず『阿弥陀経鼓吹』であるが、了意が後に鼓吹物と呼ばれるようになるこれら一連の経典注釈書を著した経緯は、以下の通りである[8]。ある時知人が了意のもとを訪ね、浄土三部経に平易な注釈書がないため、唱導が行いがたいと訴えた。自らも若き日に唱導僧として活躍し、同様の悩みを抱いていた了意は、学識豊かな高僧ではなく、愚蒙な修行僧の役に立てばと、筆を振るって浄土三部経鼓吹を書き上げた。つまり、愚蒙に向けた通俗的な経典注釈書といっても、了意が想定していた読者はあくまで新米の唱導僧ということになる。それゆえ、『阿弥陀経鼓吹』は、何の予備知識もなく読み進められる構成にはなっていない。例えば、仏説阿弥陀経の冒頭部分に当たる「如是我聞」について加えられた解説は、以下のようなものであった[9]。

> 如是トハ法体ヲ指ス詞、正宗分ニ説クトコロノ法門ステニ理ニ契フヲ如ト曰ヒ、非ニ非サルヲ是ト曰フ（中略）是等ノ義ミナ如来所説ノ法ヨク衆生ノ機ニ相応シテ信受感敬スルヲ以テ如是ト云フ、亦タ経ノ始メニ如是ト称ス、信ヲ表ハスノ貌ト云ヘリ（中略）阿弥陀仏去此不遠ナリ、自然ニ達道シテ彼ノ法性ノ常

楽ニ帰ス、自然トハ他力ノ謂也、又ソレ聞トハ信ノ根ナリ、若シ語ナク聞ナクハ愚人ハ徒ニ止ミナン、解脱道ヲ得ヘキ義ナシ、聞説相応シテ信解ヲ成ジ道法ヲ得

「如是我聞」に逐語的な解釈を加えるのであれば、「このように私は聞きました」の意であると説明するべきであろう。多くの仏教経典は、釈迦の没後にその侍者であった阿難が、記憶をたどって語り出したという形式を取るため、「如是我聞」から始まるわけである。しかし、『阿弥陀経鼓吹』が解説するところによれば、如是とは阿弥陀仏の正しき法そのものであり、我聞とは呼びかけに応じた愚かな衆生が阿弥陀仏の法を信じる行為ということになる。単なる仏教経典の注釈書としてみると、この解説は深遠過ぎて意味不明である。しかし、了意が浄土真宗の僧侶であったことを踏まえると、ここで彼は「如是我聞」という良く知られた文言に、浄土系仏教特有の解釈をほどこしているのだと気付かされる。すなわち了意は、仏説阿弥陀経における「如是我聞」が、単なる仏教経典冒頭の定型句ではなく、機法一体——阿弥陀仏の法と衆生の機が実は一体であるという考え方——を象徴する言葉なのだと、能弁に主張してみせたわけである。

なお、了意が著した通俗仏書に、中国古典などを典拠とする譬喩因縁譚が豊富に引用されていることは、既に先行研究によって指摘されている[10]。実際了意は、「如是我聞」について語る時にも、信心の大切さを示す逸話として、前漢の将軍李広が虎であると信じ込んで石に矢を射通した話などを長々と紹介しており、「如是我聞」の解説だけでその分量は一〇丁ほどに及んだ。仏説阿弥陀経の他の箇所についても、逐一このような叙述が行われるわけだから、結果として『阿弥陀経鼓吹』は全一七巻という通俗仏書には異例な大部の書物となった。もっとも、その読者が唱導の話材を求める僧侶たちであったと考えれば、冗長だからこそ彼らは了意の著作に魅了されたともいえる。和田恭幸が丹念に検証してみせたように、浄土三部経鼓吹とは、唱

導僧があらかじめ目を通しておき、必要なネタを抜き書きして活用するための書物だったわけである[11]。

　以上のような特徴を持つ『阿弥陀経鼓吹』と比べると、『阿弥陀経和談鈔』は、あらゆる面で対照的な通俗仏書と呼び得る。まずはその雰囲気を感じ取って頂くためにも、『阿弥陀経和談鈔』が示した「如是我聞」の解説を以下に記しておこう。

▲如是我聞とは、あなんそんじや《阿難尊者》の御言葉なり、釈尊御入めつ《滅》の後、一代の御説法を、あなん《阿難》もろ〱《諸々》の御弟子へつた《伝》へとき《説》給ふ時、かく《斯》仏のおふ《仰》せられしとのべ《述》給ふ言葉なり。さるによつて、一さい《切》の御経の道理は、しやくそん《釈尊》の御おしへ《教》に立て、ことばわ《マヽ》あなん《阿難》の御ことばとしるべし。

『阿弥陀経鼓吹』の衒学的な「如是我聞」解説とは対照的に、『阿弥陀経和談鈔』の解説は平明である。ここでは、宗派の別や僧侶・俗人の別に関係なく、誰もが知っておくべき「如是我聞」の意味を、堅苦しさのない和文で解説してくれている。しかも、『阿弥陀経和談鈔』は、仏説阿弥陀経の経文を短く区切って太字で引用し、その後に和文の解説を載せるため、経文のどの箇所に解説を加えているのか、非常に分かりやすい。膨大な量の譬喩因縁譚を紹介するため、ともすれば経文と解説の対応関係が見えにくくなる『阿弥陀経鼓吹』とは、この点でも対照的である。

『阿弥陀経和談鈔』がいかに分かりやすく仏説阿弥陀経を解説しているかは、ぜひ本巻に収録した全文を読んで味わって頂きたいが、ここまでの考察で少なくとも以下の点が明らかになった。すなわち、『阿弥陀経鼓吹』と『阿弥陀経和談鈔』は同じく通俗的な経典注釈書であるものの、想定する読者層は全く異なっていたということである。『阿弥陀経鼓吹』が唱導僧に話材を提供するための書物であったことは既に述べたが、『阿弥陀経和談鈔』の刊行目的はどこにあったのだろうか。同書の末尾には、以下のような跋文が記されている。

此の阿弥陀経和談抄わ（マヽ）、愚痴蒙昧のため、ひらがな（平仮名）にのべ（述）、絵を入おわんぬ。誠に此の書を見て菩提心をおこし、未来仏果のたねとなりなんこと、知識の教化をも聞くにひとし（等）、しからばすこしのいとまにも此の書を見、弥陀信心の念おのづからいづるときわ（マヽ）、衆生利益のたすけともなりなんと、これをあずさ（梓）にちりばめ、世におこ（行）のふものなり。

既述の通り、浅井了意が浄土三部経鼓吹を刊行したのも、愚蒙を導くためであったが、『阿弥陀経和談鈔』がいうところの「愚痴蒙昧」は、それとはまるで意味合いが異なる。何しろ平仮名で記し、挿絵で理解を容易にさせるというのであるから、この「愚痴蒙昧」には俗人信徒が含まれていると考えて良い。『阿弥陀経和談鈔』ほどはっきりと刊行目的を明示しているわけではないが、『観音経和談鈔』や『延命地蔵菩薩経和談鈔』も平易な和文で経文を解説するものであり、やはり俗人信徒を読者に想定していた可能性が高い。ちなみに、観音経（※正確には法華経のなかの観世音菩薩普門品第二五）は、その現世利益的な性格ゆえに庶民層の信仰を集め、三十三所観音霊場への巡礼に際して読誦される機会も多かった[12]。また、延命地蔵菩薩経は、日本で撰述された偽経ながら、広く民間社会に受容され、地蔵信仰の中核的役割を果たした[13]。仏説阿弥陀経は、浄土系仏教諸宗の根本経典であるが、仏説無量寿経や仏説観無量寿経と比べると短い経典であり、それゆえ法要に際して俗人信徒が読誦する機会は最も多かった。つまり、和談鈔のタイトルを有する一連の通俗仏書とは、このような民衆経典を取り上げ、庶民読者層の購入を見込んで作成されたものだったと考えられる。

なお、和談鈔が盛んに刊行された時期といえば、寛文五年（一六六五）に諸宗寺院法度が公布され、全寺院の住職に対して「一宗法式」への精通が義務化されていった頃と重なる。この時期には、徳川幕府の要請に応えるかたちで、檀林と呼ばれる宗派別の僧侶養成機関が次々と整備されていった[14]。江戸時代前期における仏教書刊行の隆盛は、こうした檀林における修行僧の書物需要に支えられていたわけである。だからこそ、この時期に刊行された仏教書は、通俗仏書といえども漢文訓読調の叙述スタイルを取り、僧侶を読者に想定しているものが多い[15]。ただし、宗派の別を超越して広く親しまれた民衆経典についていえば、それらに平易な和文の解説を施し、俗人信徒に読ませようとする試みは、一七世紀後半には既に生じていた。本巻に収録した『阿弥陀経和談鈔』は、そのような刊行仏教書の典型例として評価できる。

二、江戸時代中期——和談鈔から絵抄へ——

さて、江戸時代前期には、俗人信徒を読者に想定した和文解説付きの経典注釈書が既に幾つか登場していたわけだが、こうした通俗仏書は、中後期に向けてどのように変化していったのだろうか。元禄一四年（一七〇一）刊行の『恩重経絵抄』や、元文四年（一七三九）刊行の『観音経早読絵抄』など、一八世紀になると絵抄のタイトルを有する通俗仏書が次々と登場する。これらは和談鈔の特徴を継承しつつ、さらに発展させた書物といえる。絵抄が和談鈔から継承した要素は、おおよそ以下の三点である。①経文を細かく区切って太字で記し、ふりがなを施している点。②経文部分に続けて平易な漢字・平仮名交じりの文章で逐語的な解説が記される点。③ところどころに挿絵が施され、視覚的にも経文理解の補助がなされている点。

それでは、絵抄において、さらなる発展を遂げたのは、どのような点であろうか。絵抄を名乗るだけあって、挿絵の豊富さは間違いなく向上している。例えば、『観音経早読絵抄』では、全丁にわたって中段に挿絵

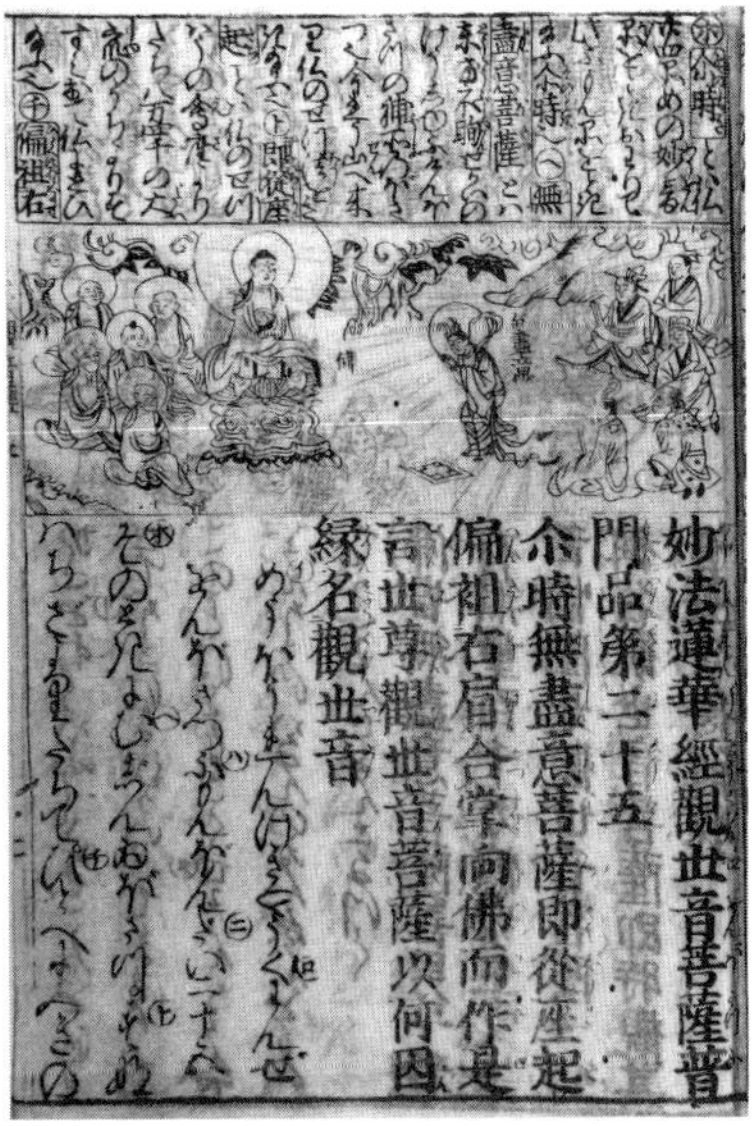

図①　『観音経早読絵抄』（引野架蔵本）

が割り入れられる。また、上段は「無尽意菩薩」や「偏袒右肩《へんだんうけん》」といった難解な語句を解説するコーナーになっている。これなどは、俗人信徒のなかでもかなりの初学者を念頭に置いた工夫といえよう。ちなみに、表紙見返しに記された宣伝文から確認できる『観音経早読絵抄』の刊行意図は以下のようなものであった。

此の書は観音経を子達・女中様方にても読み安く、本文にかなをつけ両読とし、絵図・平かなにて委しく分かりやすく、いろは番附をもつて講釈を加へ、誠に御経の霊験あらたなる事、諸人童女に至る迄しらしめ、又は遠国へんぴにても師匠なくして御経をはやくおぼへ、御利益を蒙らしめんがため、板行となし世にひろむるものなり。

絵抄のタイトルを有する通俗仏書では、その読者として遂に「女中様方」や「童女」が意識されるようになる。もっとも、婦人・童子にまで読みやすくといった宣伝文句は、商業出版が発達した江戸時代には定番のものなので、むしろ注目すべきは「遠国へんぴにても師匠なくして御経をはやくおぼへ」の部分かもしれない。鈴木俊幸『江戸の読書熱』によれば[16]、儒家経典に漢字・平仮名交じりの平易な注釈を施した経典余師という書物が登場したことで、江戸時代後期の民衆は、漢学塾に通わずとも漢籍を自学自習できるようになったとされる。仏教経典についても、恐らく同様の指摘が可能であろう。和談鈔から絵抄へと、経典注釈書の平易な和文解説が洗練度を増し、また注記・挿絵の配置にも工夫が凝らされたことにより、俗人信徒たちは、寺院に通って僧侶の法話を聞かずとも、仏教経典を自学自習できるようになっていったのである。

さて、ここまで取り上げてきた和談鈔や絵抄は、観音経・延命地蔵菩薩経・父母恩重経など、宗派を超越して親しまれた民衆経典に対して平易な和文の解説を施すものであった。一宗派の専門的な教学理解について説く書物を「専門書」、宗派の別にこだわらず諸宗共通の話題に触れる書物を「一般書」と現代的に捉えるならば、より多くの購読層を期待できるのは「一般書」なわけで、書肆がこうした民衆経典に目を付けたのは、当然のように思われる。ただ、江戸時代における仏書出版の実情を良く眺めてみると、俗人信徒でも読めるように工夫された通仏教的な書物と、一宗派の学僧にしか読み解けない高度な教学書とが、単純な二層構造を成していたわけではない。そのことを考える資料として、本巻一―2に安永二年（一七七三）刊行の『**正信偈絵抄**』を、本巻一―3に文化一一年（一八一四）刊行の『**法華自我偈絵抄**』を、それぞれ収録しておいた。

ちなみに、このうち『法華自我偈絵抄』は、法華経の如来寿量品第一六のなかにある五言一〇二句の偈文を平易な和文で解説したものだが、『正信偈絵抄』が解説を施した正信念仏偈は、いわゆる仏教経典ですらない。正信念仏偈とは、浄土真宗の宗祖親鸞が著した『教行信証』の行巻末尾に記された七言一二〇句の偈文である。後述する三帖和讃（親鸞が著した浄土和讃・高僧和讃・正像末和讃の総称）とともに、浄土真宗の日常勤行で盛んに読誦された偈文だが、当然他宗派の僧俗にとって馴染みのあるものではなかった。

『正信偈絵抄』の著者は浄土真宗僧侶の皆遵だが、この著作を刊行することなく亡くなっており、唱導僧として高名な粟津義圭が、皆遵の遺志を受け継いで刊行実現にこぎつけた。そこで、義圭が記した序文から、皆遵の『正信偈絵抄』執筆動機を探ってみよう。

　正信偈和讃は、在家の内仏まで御免ありて朝夕是れを誦《とな》ふれば、せめては文句の梗概《あらまし》をも会得させばやと、同業の人かつて此の書を著しけるが、未だ其の業《こと》畢《お》はらずして世まかりければ、貧道その志しをつぎ、是れを梓に鏤《ちりば》めて、あまねく遐邇《おちこち》の同行に示し、御報謝相続の助縁たらしめんといふ。

ここに「同業の人」とあるのが皆遵のことであり、皆遵の遺志を受け継いだ「貧道」とは義圭のことである。そして、義圭の回顧が正確であれば、皆遵は以下のような現状を前にして『正信偈絵抄』の執筆を思い立ったようである。浄土真宗の俗人信徒たちは、本山から下付された正信念仏偈や三帖和讃を仏壇に納め、朝夕の勤行において熱心に読誦しているが、残念ながらその意味までは理解できていない。そこで、大略だけでも理解してもらうために、正信念仏偈に和文の解説を付したというのである。つまり、皆遵の執筆動機は、意味も分からず正信念仏偈を唱える俗人信徒たちへの不満に基づくものだった。もっとも、そのような不満の一方で、平易な和文で正信念仏偈に解説を付し、俗人信徒たちに配付すれば、彼らの理解が深まるという確信も、皆遵は持っていた。

　一八世紀後半になると、俗人信徒が通俗仏書を読んで学ぶという行為は自明のものとなっていた。そこで、宗派横断的な活動を展開した浅井了意や鈴木正三にとどまらず、一宗派への所属意識を明確に持つ僧侶も、著述・出版活動によって広く庶民教化を推し進めるようになった。購読者がおのずと浄土真宗の僧俗に限られてしまうにも関わらず、正信念仏偈に和文の解説が施され、刊行されたことには、以上のような背景があったと考えられる。

ちなみに、江戸時代の仏教教団のなかで唱導・説教の技能に最も秀でていたのは、関山和夫が指摘するように浄土真宗であった[17]。そして、平易な和文で書き綴られる仏教書執筆の技能においても、浄土真宗は他宗派に抜きん出ていたらしく、宗派意識の強固な通俗仏書はもっぱら浄土真宗の僧侶によって記された。浄土真宗の日常勤行で、正信念仏偈とともに三帖和讃が盛んに読誦されたことは既述の通りである。そして、一八世紀後半から一九世紀前半にかけて、この三帖和讃を平易な和文で解説する絵抄が続々と刊行されている。『浄土和讃四十八首絵抄』、『浄土和讃絵抄』、『現世利益和讃絵抄』、『高僧和讃絵抄』、『正像末和讃絵抄』の五部がそれである[18]。そもそも和讃とは、難解な仏教経典を解し得ない俗人信徒に対して、平易な和文でおしえの骨子を示したものであるから、その和讃に和文の解説を施すという作業はいささか不思議なものともいえる。しかし、それだけこの時期の浄土真宗教団では、日常勤行で読誦するような短文のおしえに丁寧な和文解説を施す試みが高まりをみせていたのであろう[19]。

一八世紀後半から浄土真宗の僧侶が中心となって、宗派意識の強固な通俗仏書を増加させていったことは間違いない。ただし、他宗派で同様の動きが全くなかったわけではない。そのことを示すために、本巻に収録したのが、『法華自我偈絵抄』である。同書の著者は日蓮宗の日弁であるが、その執筆動機は『正信偈絵抄』の場合と酷似している。そもそも、ここで取り上げられている自我偈は、法華経の要義を示す短い偈文であり、日蓮宗の日常勤行で盛んに読誦されたわけだから、浄土真宗の正信念仏偈と位置付けが良く似ている。そして、日弁の自序によれば、彼もまた日蓮宗の檀越が漫然と読経をして、経文の意味を深く理解していないことに憐れみを抱き、『法華自我偈絵抄』を書き上げたのである。

江戸時代には、僧侶養成機関である檀林が宗派ごとに編成され、仏教諸宗の宗派教学が著しく精緻化したとされている。ただし、通俗仏書の刊行状況から推察するに、宗派教学に精通した学僧が、俗人信徒とのあいだで断絶を深めていくといった図式は、江戸時代には当てはまらない。むしろ、檀林で学び強固な宗派意識を獲得した僧侶が、地方住職となって在地社会に入っていくため、彼らを通じて俗人信徒もまた、宗派教学への深い理解を示し始めるというのが、江戸時代中後期以降の実態であろう。

さてそれでは、宗派内部のおしえに対象を絞り込み、一見すると購読層を狭く限定しているかのような通俗仏書――例えば、『正信偈絵抄』や『法華自我偈絵抄』――は、商業出版が確立した江戸時代において、どれほどの読者を獲得することができたのだろうか。読者の実態を捉えることは、書物史研究にとって難解な課題であるが、ここでは大野屋惣八の蔵書目録をてがかりとして考察を進めてみよう[20]。

大野屋惣八は、恐らく江戸時代において最も繁昌した名古屋の巨大貸本屋である。大野屋は貸本商売に使用する書物が古くなっても売却しないという方針を立てていたため、書物蔵に収納される蔵書は最終的に二万部以上になった。ちなみに、筆者が柴田光彦編『大惣蔵書目録と研究 本文篇』で確認したところ、仏教書に絞っても千部以上の蔵書が存在した[21]。いうまでもなく、これは巨大貸本屋だからこそ収集し得た特異な事例であり、一般的な貸本屋がここまで仏書を揃えていたわけではない。ただし、大野屋といえども、品揃えの良さをアピールするためだけに、無作為にこうした仏教書を収集していたわけではない。当然といえば当然だが、檀林の教学指導者として名高い学僧の著作などは、大野屋の蔵書目録にはほとんど含まれていない。他方、浅井了意や白隠慧鶴の通俗仏書、あるいは粟津義圭や菅原智洞の説教台本であれば、かなり豊富に収集している。つまり、大野屋は、やり手の貸本屋として、商売道具にふさわしい仏教書を選別していたわけである。そこで、ここまで紹介してきた和文解説付きの経典注釈書が、どの程度まで大野屋の蔵書目録に含ま

表① 江戸時代に刊行された主な和文解説付き経典注釈書

書名	著者	刊年	大野屋惣八蔵書目録
観音経和談鈔	不詳	万治 4 年 (1661)	有り／置本無し
阿弥陀経和談鈔	不詳	寛文12年 (1672)	無し
延命地蔵菩薩経和談鈔	妙幢浄慧	貞享 4 年 (1687)	有り／置本無し
父母恩重経話談抄	浅井了意	元禄 2 年 (1689)	有り／置本無し
父母恩重経絵抄	不詳	元禄14年 (1701)	有り／置本無し
阿弥陀経讃嘆鈔	門誉	宝永 8 年 (1711)	有り／置本無し
観音経早読絵抄	不詳	元文 4 年 (1739)	無し
法華和字解	仏海一音	明和 5 年 (1768)	有り／置本無し
※正信偈絵抄	皆遵	安永 2 年 (1773)	有り／置本無し
※浄土和讃絵抄	俊諦	安永 5 年 (1776)	有り／置本 1 部
阿弥陀経絵抄	不詳	安永 7 年 (1778)	有り／置本無し
般若心経絵抄	玉川雲起	天明元年 (1781)	有り／置本無し
※現世利益和讃絵抄	皆遵	天明 2 年 (1782)	有り／置本 1 部
※浄土和讃四十八首絵抄	僧斟	天明 3 年 (1783)	有り／置本 1 部
※高僧和讃絵抄	皆遵	寛政 7 年 (1795)	有り／置本 1 部
※正像末和讃絵抄	俊諦	文化 8 年 (1811)	有り／置本 1 部
法華自我偈絵抄	日弁	文化11年 (1814)	有り／置本無し
観音経和談鈔図会	平田止水	天保 4 年 (1833)	有り／置本無し
阿弥陀経和訓図会	山田案山子	天保15年 (1844)	有り／置本無し
般若心経和訓図会	山田案山子	弘化 3 年 (1846)	有り／置本無し
観音経和訓図会	山田案山子	嘉永元年 (1848) 頃カ	有り／置本無し
延命地蔵経和訓図会	蓬室有常	嘉永 6 年 (1853)	無し
大聖歓喜天霊験経和訓図会	春屋繊月	安政 2 年 (1855)	有り／置本無し
大経四十八願和訓図会	休成	文久元年 (1861)	有り／置本無し

れているのか、一覧にしてみたのが表①である。なお、正信念仏偈や三帖和讃は、いわゆる仏教経典ではないが、行論の展開上、これらに注釈を施した通俗仏書も※印を付して表に加えた。

さて、一見して分かるように和文解説付き経典注釈書の品揃えは良い。これらの書物は、大野屋によって、貸本屋の商売道具たり得るものと認識されていたわけである。それでは、大野屋の蔵書中で、特に人気を博した書物を抽出することはできないだろうか。そのような関心を持つ者にとって参考になるのが、置本の存在である。貸本屋にとって、得意先に貸し出す書物は、貸し出し中に紛失や破損も生じ得る商売道具であった。そこで、良く貸し出される書物ほど、複数の予備が用意されていた。これが置本である。長友千代治の分析によれば、大野屋の蔵書中で最も人気を博していたと考えられるのは、名古屋の英雄豊臣秀吉を描いた『絵本太閤記』であり、特にその第五篇には九部の置本が用意されていた。また、十返舎一九の膝栗毛物も人気が高く、『東海道中膝栗毛』の最後を締め括る第八篇には七部の置本が用意されていた。

以上のような事例と比べれば、仏教書・儒書・医書といったジャンルでは全般的に置本が少ない。貸本屋の経営という観点からいえば、仏教書はとてもその主力たり得る商売道具ではなかった。ただし、置本の用意されている仏教書が皆無だったわけではない。例えば『二十四輩順拝図会』には、置本が三部も用意されていた。この書物は大野屋惣八の蔵書目録で「名所図会」に分類されるものであり、仏教書というより観光ガイドとして人気を博していた可能性も高い。ただ、同じ名所図会でも『伊勢参宮名所図会』や『東海道名所図会』には、置本が二部しか用意されていない。やはり親鸞ゆかりの寺院である二十四輩への信仰心が、貸本としての人気を支えていたとみるべきだろう。また、白隠慧鶴の『遠羅天釜』や粟津義圭の『帳中五十座法談』にも、それぞれ置本が一部ずつ用意されている。

それでは、仏書のなかでも本巻で取り上げた和文解説付きの経典注釈書は、どのような位置付けにあったのだろうか。表①で確認してみると、これらの書物のなかで置本一部が用意されていたのは、『浄土和讃絵抄』・『現世利益和讃絵抄』・『浄土和讃四十八首絵抄』・『高僧和讃絵抄』・『正像末和讃絵抄』である。既述の通り、この五部は、親鸞作の三帖和讃に対して和文の解説を施したものである。和文解説付きの経典注釈書は、当初観音経や父母恩重経といった民衆経典を素材として作成された。しかし、大野屋の蔵書目録によるならば、人気を集めたのは、通仏教的な性格の強い書物ではなく、もっぱら浄土真宗僧俗のみが愛読する三帖和讃の注釈書だったことになる。

万人受けするベストセラーを刊行し、売り上げを伸ばすのが、商業出版の常道であると捉えている現代人の感覚でみると、三帖和讃の注釈書を重視する大野屋の姿勢は理解しにくい。しかし、そもそも江戸時代の商業出版は、檀林修行中の僧侶を掌握する仏教諸宗の本山と特定の書肆が結託することで売り上げを確保し、順調に発展していった側面が大きい[22]。例えば、『法華自我偈絵抄』を刊行した村上勘兵衛は、江戸時代前期から日蓮宗の御用書林として活躍してきた京都の老舗である。また、五部の三帖和讃絵抄刊行に関わった西村九郎右衛門も、東本願寺門前に店舗を構える浄土真宗の御用書林である。檀林学僧の強固な宗派意識が、日常的な法話や通俗仏書の流布を通じて、俗人信徒にまで波及していった江戸時代中後期において、書肆や貸本屋が、宗派意識の強固な通俗仏書を堅実な商品として重宝したのは、当然の流れであったともいえる。

三、江戸時代後期――経典和訓図会の隆盛――

通仏教的な『観音経早読絵抄』にせよ、宗派意識の強固な『正信偈絵抄』にせよ、江戸時代中期の絵抄が達成したのは、端的にいえば自学自習用の経典注釈書としての充実である。しかし、このような教育教材的工夫は、後期以降の通俗仏書にそこまで忠実に継承されたわけではない。

ちなみに、儒家経典である四書に平仮名交じりの注釈と書き下し文を示し、自学自習教材へと仕立て上げた経典余師という書物の場合、天明六年（一七八六）の初登場以降、その対象を孝経・小学・近思録などにまで拡大させ、次々とヒットを飛ばしていった[23]。それはやはり儒家経典が、江戸時代後期の幅広い社会階層にとって、一般教養書となり得ていたからであろう。他方、仏教に関していえば、それが一般教養書として幅広く受け入れられたとはいいがたい。もっぱら浄土真宗の僧俗によって読誦される三帖和讃の注釈書が、意外な好評を博したように、自学自習用の仏教経典注釈書は、購読者を特定宗派に絞ることで、売り上げを伸ばしていくタイプの書物であった。

それでは、主な仏教経典に対する注釈書が出揃った江戸時代後期に、通俗仏書の発展は頭打ちになってしまったのだろうか。結論を先取りしておくと、幕末に向けて通俗仏書の刊行自体は、むしろ勢いを増していった。そして、ここで起こった変容を端的に表現するならば、徹底した娯楽化の進展といって良い。もちろん、江戸時代前期の通俗仏書も、既述の通り万人受けを狙った娯楽化への道を歩み出していたわけだが、それがさらに徹底化された証拠として、本巻二―1に『**阿弥陀経和訓図会**』を、本巻二―2に『**般若心経和訓図会**』を、本巻二―3に『**観音経和訓図会**』を収録しておいた。

一九世紀半ばに立て続けに刊行されたこれらの書物は、秋田屋太右衛門によって企画された一連の出版物である。秋田屋太右衛門は、大坂に店舗を構える書肆で、創業は文化年間（一八〇四～一八一八）頃と考えられている[24]。仏教諸宗の本山と強いつながりを持つような老舗ではなかった秋田屋太右衛門は、これらの書物を刊行するに当たって、かなり大胆な人選を行うことができた。すなわち、三書全ての文章を担当したのは山田案山子（別名、山田野亭・山田意斎叟・好華堂主人・大和屋圭蔵など多数）であり、挿絵を担当したのは松川半山であった。山田案山子は『釈迦御一代記図会』を代表作として持つ人気戯作者であり、松川半山も暁鐘成作の名所図会に挿絵を描くような人気絵師である。つまり、これら三つの和訓図会は書肆の綿密な出版企画に基づき、文筆や挿絵を生業としている者の手で作り上げられたわけである。所属宗派も明確な僧侶が絵抄を書いていた時代を経て、この頃には通俗仏書は教団の関与から完全に解き放たれていった。

秋田屋太右衛門が、仏教本山からの直接的な後押しを期待せず、この出版企画に臨んだことを踏まえるならば、和訓図会の素材として仏説阿弥陀経・般若心経・観音経という三つの経典が選ばれた意図も察せられる。宗派の別を超越して広く庶民層に読誦されるこれらの経典を選ぶことで、庶民読者層の幅広い購読を期待したのであろう。

なお、民衆経典に着目して、娯楽性の高い経典注釈書を刊行したのは、秋田屋太右衛門だけではない。天保四年（一八三三）刊行の『観音経和談鈔図会』や、嘉永六年（一八五三）刊行の『延命地蔵経和訓図会』も、仏教本山の支援など期待できない比較的新興の書肆が、文筆を生業とする戯作者に執筆させたものであった。このように俗人の手で作成された一連の経典注釈書を、本巻では書名に即して経典和訓図会と呼んでおきたい。

経典和訓図会は、戯作者によって記され、読本や合巻を取り扱うような書肆から刊行されたので、必然的に仏教書としての性格を稀薄化させていった。ただし、大桑斉が注目した仮名草子や、釈徹宗が注目した江戸落語のように、巧みに仏教的要素を織り込んだ民衆娯楽として経典和訓図会を捉えてしまうと、その意義を見誤ることになる。というのも、秋田屋太右衛門が『阿弥陀経和訓図会』下巻末尾に付した広告には、以下のような記載がみられるからである。

阿弥陀経絵抄　全二冊

同　和訓図会　好華堂主人著　松川半山図画　全三冊

阿弥陀経の功徳広大なる事は、普く世人の知り給ふ所なり。しかれども其の意味深長にして容易にしりがたし。此の書は経文を平仮名付けにし、句ごとに注釈を加へ、和漢の故事をしるし、其の上悉く絵図を加へたれば、婦人童子まで見給ふに面白く、自然と仏道信心の導きとなる重宝の書也。

ここでは、『阿弥陀経絵抄』と『阿弥陀経和訓図会』が並べて宣伝されている。宣伝文によれば、両書に共通するのは、難解な経典に平易な和文で解説を施し、挿絵まで加えて誰でも読めるようにした点である。ちなみに、『般若心経絵抄』と『般若心経和訓図会』、『観音経早読絵抄』と『観音経和訓図会』も、まるでそれらがセット商品であるかのように並べて宣伝されている。秋田屋太右衛門からすれば、三つの和訓図会は、先行する三つの絵抄の出版意図を引き継いだものであり、最終的な着地点は「自然と仏道信心の導きとなる」ことだったのである。彼がこのような意識を持っていたことは、考えてみれば当たり前であろう。いかに戯作者へ依頼して作成したものであれ、経典和訓図会は、経文を忠実に引用し、解説を施した書物なのである。そこから仏教経典の自学自習用教材としての性格が、意識し得ないほど稀薄化してしまうことはなかった。

さて、ここまで著者情報や広告など、書物の外面的な部分にばかり注目して、娯楽化の徹底や、その一方での自学自習教材としての性格保持を確認してきた。それでは、こうして作成された経典和訓図会の叙述内容はどのような特徴を有していたのだろうか。以下、『阿弥陀経和訓図会』を事例として娯楽化が進展した経典和訓図会の特徴を探ってみよう。

最初に指摘しておくと、経典注釈書の執筆を戯作者が担ったことで、その仏教理解が浅薄なものになったわけではない。もちろん、近世仏教の特質は宗派教学の精緻化にあるので、細かな教学理解についてみれば、戯作者は特定宗派に属する僧侶の足下にも及ばない。

しかし、山田案山子が記した仏説阿弥陀経の解説は、おおむね高い精度を誇っている。その具体的な内容については、本巻に収録した全文を読んで味わって頂きたいが、例えば『阿弥陀経和訓図会』における仏弟子の叙述は冗長なまでに詳しい。ちなみに、仏説阿弥陀経では、釈迦の説法を聴聞した仏弟子として、舎利弗を始め、一六名の名前が列挙される。経文の逐語的解説を主眼とする『阿弥陀経和談鈔』の場合、これらの仏弟子について紙数を割くことはほとんどない。他方、『阿弥陀経和訓図会』では、一六名の仏弟子全てに対して、名前の由来を述べ、生涯の出来事に触れ、才能を讃えるなど、懇切丁寧な解説が展開していく。離婆多が鬼に片脚を奪われたことで出家を決意する話や、周利槃陀伽が生来の愚鈍を克服して悟りを開く話などは、『阿弥陀経和訓図会』の娯楽本としての価値を見事に高めているといえよう。

ところで、戯作者である山田案山子は、なぜ個々の仏弟子に対する詳細なエピソード紹介などを行うことができたのだろうか。彼が執筆した三つの経典和訓図会には、引用文献の名前を具体的に示した箇所もあり、人気の戯作者らしい熱心な下調べの様子が窺える。ただし、『阿弥陀経和訓図会』に関していえば、依拠した文献はほぼ『阿弥陀経鼓吹』のみであろう。というのも、表②で示したように、山田案山子が『阿弥陀経和訓図会』に引用した故事は、全て『阿弥陀経鼓吹』のなかから取り出すことが可能だからである。ちなみに、表②に挙げられているもののなかには、須達長者が黄金をなげうって祇樹給孤独園（祇園精舎）を建立した故事など、多くの仏教説話集・因縁集に載っている定番ネタも多い。しかし、商船が大魚に襲われた時、念仏を称えて難を逃れたという故事などは、かなり漠然としたものであり、「若一日、若二日、若三日、若四日、若五日、若六日、若七日、一心不乱」という仏説阿弥陀経の経文に対応して必然的に出てくる事例とはいいがたい。

表②　『阿弥陀経鼓吹』と『阿弥陀経和訓図会』がともに引用している故事

該当する仏説阿弥陀経の経文	引用している故事の内容
仏在舎衛国祇樹給孤独園	須達長者が黄金をなげうって祇樹給孤独園を建立した故事
池中蓮華大如車輪（中略）微妙香潔	殷の紂王が酒池肉林にて戯れた故事、後漢の武帝が昆明池を造った故事
彼仏国常作天楽	唐の玄宗皇帝が月宮殿で舞楽にふけり世の乱れを招いた故事
昼夜六時而雨曼陀羅華	東晋の恵遠が白蓮社を結んで六時礼讃を始めた故事
供養他方十万億仏	比羅陀の妻が自らの身を売って釈迦へ供養する費用に当てた故事
彼国常有種々奇妙雑色之鳥	唐の玄宗皇帝が鸚鵡を寵愛して雪衣娘と名付け般若心経を覚えさせた故事
彼仏国土（中略）諸宝行樹及宝羅網出微妙音	善愛という名の乾闥婆（音楽を奏でる神）が慢心を改めた故事
非是算数之所能知	黄帝の家臣である隷首が初めて算数を開発した故事
若一日若二日（中略）一心不乱	大魚に襲われた商船が船員の称名念仏によって難を逃れた故事
上方世界有梵音仏宿王仏香上仏香光仏	西晋の政治家賈充が名香のにおいによって娘と韓寿の交際に気付いた故事
何故名為一切諸仏所護念経	ある道人が頭・尾・両手足を隠した亀の姿を見て悟道に達した故事
釈迦牟尼仏能為甚難希有之事	張良が黄石公のくつを三度拾い、韓信が市人の股をくぐった故事

「釈迦牟尼仏、能為甚難希有之事」という経文に対して引用される韓信股くぐりの故事なども同様であろう。『阿弥陀経和訓図会』はこれらの故事を忠実に引用しているわけだから、山田案山子が『阿弥陀経鼓吹』を土台として執筆にいそしんだことは動かしがたい事実といえる[25]。

既に述べたように、『阿弥陀経鼓吹』とは、唱導僧に話材を提供すべく、浅井了意が古典・故事をふんだんに引用して作成した経典注釈書である。戯作者山田案山子は、それを巧みに活用しつつ、庶民読者層に娯楽を与える経典和訓図会を生み出したといえる。もっとも、現代人の感覚で見れば、先行する書物の成果に依拠し過ぎた執筆活動に、あまり良い印象を抱かないのも事実である。剽窃＝悪というような枠組みで断罪することはないにせよ、こうした書物に対して、独創性追求の欠如や真摯な教化意識の喪失といった評価を与える研究者は少なくないだろう。ただ、筆者としては、経典和訓図会が登場したことで、新たな知識が庶民読者層に付与されていく側面にこそ注目したい。例えば、『阿弥陀経鼓吹』は唱導僧向けに書かれたものであり、その衒学的な叙述は俗人信徒にとって親しみやすいものではなかった。しかし、山田案山子は、いわば俗人信徒の代わりに『阿弥陀経鼓吹』を読み込み、幾つもの故事を平易な文章表現で『阿弥陀経和訓図会』に盛り込んでいった。戯作者の介在によって、難解な仏書と俗人信徒との距離を縮めたところに、経典和訓図会の大きな意義があったといえよう。

以上のように、経典和訓図会は、戯作者を書き手とする新たなタイプの通俗仏書であった。そして、全体的にみても、江戸時代後期の通俗仏書には、仏教本山やその御用書林の影響から離れ、宗派の別を超越していくようなものが多い。ただし、通俗仏書における宗派意識の強弱は、単線的に評価できる問題ではない。例えば、安政三年（一八五六）に『正信偈訓読図会』という書物が刊行されている[26]。正信偈とは、既述の通り、浄土真宗の僧俗が日常勤行の場で盛んに読誦する親鸞作の偈文である。そして、『正信偈訓読図会』の板元は、東本願寺御用書林の西村九郎右衛門であるから、この書物は明らかに読者を浄土真宗の僧俗に限定した通俗仏書ということになる。その一方で、『正信偈訓読図会』は、ここまで紹介してきた経典和訓図会と、同じ流れを汲むものでもある。というのも、『正信偈訓読図会』の著者は暁鐘成なのである。暁鐘成は、いうまでもなく大坂で活躍した高名な戯作者である。『正信偈訓読図会』刊行時は、彼のキャリアの晩年に当たるため、その知名度は山田案山子をはるかに凌駕していたと考えられる。つまり、西村九郎右衛門は、多くの戯作者が経典注釈書を執筆する幕末の状況を如才なく観察し、より宗派意識の強いおしえにもこの方式を適用してみせたといえる[27]。江戸時代中期に、『観音経早読絵抄』のような宗派の別を超越した通俗仏書とともも、『正信偈絵抄』・『法華自我偈絵抄』といった宗派意識の強固な通俗仏書が登場するのは、既に述べた通りである。そして、江戸時代後期においても、宗派意識の強固な経典和訓図会は、通仏教的な経典和訓図会に対抗するように、その姿を現していたのである。

なお、『正信偈訓読図会』を分析した万波寿子は、これが浄土真宗のおしえを茶化すような書物ではなく、「あくまで真面目であるが、楽しみながら読むことができる本」であると述べている。この指摘は恐らく一連の経典和訓図会全てに当てはまるものであろう。戯作者を書き手として娯楽化を推し進めつつ、自学自習教材としての性格も失わないのが、江戸時代後期における通俗仏書の真骨頂であったといえる。

おわりに

さて、本巻における最大の問題関心は、江戸時代の俗人信徒が、どのようなかたちで仏書に触れ得たのかという点にあった。もっとも、ここまでの考察で明らかなように、その実態は複雑であり、明快な一つの結論を示すことは難しい。例えば、和文解説付きの経典注釈書は、時代を追うごとに自学自習教材としての工夫を高めていくようにみえたが、江戸時代後期になると、むしろ多彩な故事を盛り込んで娯楽化への歩みを進めた。また、宗派を超越した民衆経典の存在は、通俗仏書の隆盛を下支えするようにみえたが、実際にはむしろ宗派意識の強固なものこそ、着実な売り上げを記録する側面もあった。これらの対照的な傾向は複雑に絡み合っており、最後までどちらか一方が完全な優勢を獲得することはなかった。

ただし、このような通俗仏書の多様性こそ、商業出版の江戸時代を象徴していると捉えることは可能だろう。ここで唐突ではあるが、合巻の代表作として名高い『偐紫田舎源氏』から、その序文を抜粋しておきたい[28]。

> 大江戸の真中、日本橋に近き式部小路といふ所に、いと媚《なまめ》きたる女あり。その名を阿藤《おふじ》となんいへりける。初元結のそれならで、紫の髻紐を常にむすびければ、人々お藤とはよばず、浮名《あだな》して紫式部とぞいひける。自《おのれ》もいつか是を聞知り、さらば我名に因《ちなみ》ある源氏物がたりに似たる双紙を作らんと、旦夕《あさゆう》心にかけけれど、書は草ざうしの外を読ず、歌は二上リ三下リ、旋頭歌ならで字余りよしこの、ど丶いつを知るのみなれば、紅筆をだに噛ざりしが、或人女にいひけるは、河海の深き、湖月の広き、それには眼の及ばずとも、要を摘だる若草あり。紅白、雛鶴、鬢鏡、小鏡なんどを照し合ば、微《すこし》は意を解す便とならん。まづ十帖源氏より読たまひねとす丶められ（中略）延《のべ》の紙五十四帖、蚯蚓書《みみずがき》して目も鼻も、わからぬ草紙を著しぬ。そも〱昔の紫式部は、天台の深理を極、法華経の裏とやらんに六道流転の因縁を心にこめて書たりと歟《か》。偽紫の今の式部は性質《ぜんたい》の艶《あだ》ものにて、目もとで殺して罪はつくれど、仏の道にうとければ、三観四門一部八巻、銭の相場と思ひたがへ、心も賤く、詞もいやしく、源氏のすぐれて賤きは、田舎といふ字に知られたりと、貴賤上下をおしなべて、笑ぬ人こそなかりけれ。

『偐紫田舎源氏』の著者は、いうまでもなく柳亭種彦であるが、ここではお藤という架空の著者が創り出され、以下のような執筆動機が綴られる。お藤は、江戸日本橋近くに住む色っぽい娘であったが、紫式部というあだ名を付けられたばかりに、ついつい調子に乗って自分も『源氏物語』のような物語を創作したいと思い立つ。もっとも、学のないお藤が知っているものといえば、都々逸程度であったが、ある人から助言を受ける。すなわち、『河海抄』や『湖月抄』のような高尚過ぎる注釈書は読めないだろうが、今なら『若草源氏物語』や『紅白源氏物語』のような俗語訳も刊行されている。まずは挿絵も多い『十帖源氏』のような梗概書から読み始めてはどうか、というわけである。この助言に力を得たお藤は、苦労して参考文献を揃え、遂に『偐紫田舎源氏』を書き上げた。

柳亭種彦が創り出した右のような架空設定は、江戸時代後期の文化環境を端的に示すものといえる。野口武彦が指摘するように、江戸時代における源氏物語は、ダイジェスト版や俗語訳の刊行など、様々なルートで民衆世界に普及していた[29]。たとえ市井の人々がふと源氏物語を読もうと思い立っても、その人のレベルに合わせて、何らかの参考書を入手することが可能になっていた。これは何も源氏物語に限ったことではない。儒学を自学自習しようとする人々に経典余師という強い味方が存在したのは既述の通りである。

仏教経典についても、同じことが指摘できるのではないだろうか。『阿弥陀経和訓図会』の執筆を秋田屋太右衛門から依頼された山田案山子にとって、『阿弥陀経和談鈔』や『阿弥陀経絵抄』は簡潔に過ぎる参考書であったが、幸いに『阿弥陀経鼓吹』を読めば幾らでも興味深い故事を引用することができた。三十三所観音霊場への巡礼にはまり、観音経の意味内容に触れたくなった俗人信徒にも、『観音経早読絵抄』という最適の自学自習教材が用意されていたし、もっと生き生きとした観音霊験譚に触れたければ『観音経和訓図会』を読むという選択肢もあった。たとえ、観音経のみならず法華経全てを読みこなしたいという俗人信徒が現れても、『法華和字解』という便利な注釈書を読めば、経文全般に対して和文解説が施されていた。もっぱら僧侶の語りを介して仏教経典に触れるしかなかった中世と比べると、商業出版が成立した江戸時代において、仏教を文字学びする選択肢は飛躍的に多様化していた。この選択肢の多様化が、江戸時代の民衆仏教を支えていたのである。もちろん、こうした環境下で、俗人信徒たちがどのような主体的選択を行い、仏教を学んだかという点について、本巻では全く考察を行い得ていない。今後は、市井の人々が豊富な通俗仏書をどのように読み込んでいったのか、具体的な読書実践にまで踏み込んで分析していく必要がある。

註

1 釈徹宗『落語に花咲く仏教』(朝日新聞出版、二〇一七年)。
2 仏教土着論については、大桑斉『近世の王権と仏教』(思文閣出版、二〇一五年)二四四～二七四頁、同編『論集 仏教土着』(法藏館、二〇〇三年)二～一八頁など参照。
3 横田冬彦『日本近世書物文化史の研究』(岩波書店、二〇一八年)特に二七～七三頁。
4 鈴木正三の生涯と著作については、鈴木鉄心編『鈴木正三道人全集』(山喜房仏書林、一九六二年)に詳しい。
5 浅井了意の生涯と著作については、北条秀雄『改訂増補 浅井了意』(笠間書院、一九七二年)に詳しい。
6 白隠慧鶴の著作については、芳澤勝弘訳注『白隠禅師法語全集』第一冊～第一四冊(禅文化研究所、一九九九～二〇〇二年)に詳しい。また、高橋敏『白隠』(岩波書店、二〇一四年)は、歴史学の手法によって「社会変革者」としての白隠慧鶴を描き出した好著である。
7 後小路薫『勧化本の研究』(和泉書院、二〇一〇年)特に二〇三～二二二頁参照。なお、俗人信徒を読者に想定した江戸時代の仏教書が漢字・平仮名交じりの文章で書かれる傾向にあるという後小路の見解は示唆に富むものであり、本巻でも踏襲したい。ただし、後小路自身が述べるように、俗人信徒を読者に想定した書物と、僧侶を読者に想定した書物との境界線はかなり曖昧なものである。また、商業出版が確立した江戸時代において、書物が著者や書肆の意図しない方向で流布してしまいがちだという点への注意も必要であろう。
8 浅井了意全集刊行会編『浅井了意全集 仏書編3』(岩田書院、二〇一〇年)七二九～七三〇頁。
9 浅井了意全集刊行会編『浅井了意全集 仏書編1』(岩田書院、二〇〇八年)四〇五～四〇九頁。なお、この解説中では、本巻の史料翻刻方針に従って、引用史料に読みやすさを考慮した改変を適宜ほどこしている。例えば、送り仮名や濁点は、原史料の表記にかかわらず、現代文法に準じてほどこし、平仮名・片仮名が混じった仮名表記は、原則として平仮名に統一している。ただし、浅井了意の通俗仏書に関しては、漢字・片仮名交じりで記されているところに特徴があると考えられるので、敢えて片仮名表記を残した。

10　北条前掲書、和田恭幸「『合類大因縁集』考」（『国文学論考』二九、一九九三年）、同「浅井了意の仏書とその周辺」（『国文学研究資料館紀要』二二、一九九六年）など。
11　和田恭幸「説教と通俗仏書」（『国文学解釈と教材の研究』四九－五、二〇〇四年）。
12　速水侑『観音信仰』（塙書房、一九七〇年）。
13　真鍋広済『地蔵菩薩の研究』（三密堂書店、一九六〇年）一一八～一三一頁。
14　西村玲『近世仏教論』（法藏館、二〇一八年）五～七九頁。
15　後小路前掲書三一～二二頁。
16　鈴木俊幸『江戸の読書熱』（平凡社、二〇〇七年）一四五～二四四頁。
17　関山和夫『説教の歴史的研究』（法藏館、一九七三年）三一八～三五五頁。
18　いずれも武石彰夫編『三帖和讃絵抄』（古典文庫、一九九二年）に翻刻掲載あり。
19　ちなみに、安永七年（一七七八）刊行の『阿弥陀経絵抄』は、寛文一二年（一六七二）刊行の『阿弥陀経和談鈔』を再印したものだが、筆者の分析によれば、より浄土真宗的な経典注釈書とすべく、少なからぬ改変が加えられている。詳しくは、引野亨輔「江戸時代における通俗仏書の出版と宗派意識」（『書物・出版と社会変容』二九、二〇二一年）を参照のこと。
20　以下、大野屋惣八については、長友千代治『近世貸本屋の研究』（東京堂出版、一九八二年）一四四～一六一頁を参照した。
21　柴田光彦編『大惣蔵書目録と研究　本文篇』（青裳堂書店、一九八三年）。なお、目録で「仏書」と分類されているものだけでなく、「年中行事・年代記」に分類されている『阿弥陀経和訓図会』・『般若心経和訓図会』・『観音経和訓図会』なども仏書として数えた。
22　引野亨輔「仏書と僧侶・信徒」（横田冬彦編『シリーズ〈本の文化史1〉読書と読者』平凡社、二〇一五年）。
23　註（16）に同じ。
24　井上和雄編『増訂慶長以来書賈集覧』（高尾書店、一九七〇年）一頁。
25　ちなみに、『観音経和談鈔図会』も、戯作者平田止水が、先行する『観音経和談鈔』を全文引用しつつ、新たに観音霊験譚や挿絵を加えて作成した経典和訓図会である。
26　以下、『正信偈訓読図会』については、万波寿子『近世仏書の文化史』（法藏館、二〇一八年）六六～八二頁を参照した。
27　なお、俗人が執筆した宗派意識の強固な通俗仏書のもう一例として、本巻三－1に『**真宗故実選要鈔図絵**』を収録しておいた。詳しくは本巻解題をご覧頂きたいが、『真宗故実選要鈔図絵』は、浄土真宗の僧俗が知っておくべき仏事の行儀作法などを、挿絵も交えて平易に解説したものである。『真宗故実選要鈔図絵』の作者清水葵斎は、文筆を生業とする人物であり、浄土真宗の僧侶ではない。しかし、江戸時代前期に浄土真宗の僧侶が著した『百通切紙』を土台として、俗人信徒にも親しみやすい行儀作法事典を作り上げた。このように江戸時代後期になると、習俗に関する知識までもが通俗仏書の素材となり、民間社会に流布していったのである。

28 『新日本古典文学大系88 偐紫田舎源氏 上』（岩波書店、一九九五年）六〜七頁。
29 野口武彦『『源氏物語』を江戸から読む』（講談社、一九九五年）八八〜一一五頁。

解題

一、平易化される仏教のおしえ

1 阿弥陀経和談鈔

本書は、浄土教の根本経典である浄土三部経（仏説無量寿経・仏説観無量寿経・仏説阿弥陀経）のうち、阿弥陀経の内容を平易に解説したものである。寛文一二年（一六七二）の刊行で、著者は未詳。なお、平易な解説といっても、梗概書（ダイジェスト版）のたぐいではない。むしろ阿弥陀経本文を短く区切ってあますことなく引用し、それらに逐一和文の解釈を施している点に、阿弥陀経和談鈔の特徴がある。

巻末の跋文によると、本書作成の目的は、阿弥陀経の内容を平仮名書きにし、挿絵を入れて、「愚痴蒙昧」に菩提心を起こさせることであった。阿弥陀経は、浄土三部経のなかでも最も短く、俗人信徒の写経や読誦も盛んであったため、こうした逐語的な和文の解釈が必要とされたのであろう。宝永八年（一七一一）には『阿弥陀経讃嘆鈔』、天保一五年（一八四四）には『阿弥陀経和訓図会』（＊本巻二―1に収録）と、阿弥陀経の平易な解説本は江戸時代を通じて刊行され続けるが、それらは、経文の全文引用や和文による逐語的解釈、豊富な挿絵など、阿弥陀経和談鈔と酷似した特徴を持っている。

また、江戸時代には、地蔵菩薩延命経や父母恩重経など、民衆の信仰を集める仏教経典に対しても、和文の逐語的解釈を施す書物が多く刊行された。寛文一二年刊行の阿弥陀経和談鈔は、江戸時代の仏書出版における平易化の傾向を、先駆けたものと評価できる。

底本としては、引野架蔵の板本を用いた。大本三巻三冊、上巻は目次一丁に本文一三丁、中巻は目次一丁に本文一一丁、下巻は目次一丁に本文一六丁。書題簽「阿弥陀経和談鈔」、内題「阿弥陀経和談抄」、柱題「和談抄」。下巻末に「于時寛文十二年壬子十月十夜之内ニ刊之／押小路通柳馬場西へ入ル町／書林堂山本七郎兵衛弘貞板行」の刊記がある。

2　正信偈絵抄

本書は、浄土真宗の要義を簡潔にまとめた正信念仏偈（略称、正信偈）を、さらに平易に解説したものである。安永二年（一七七三）の刊行で、著者は皆遵。

そもそも正信念仏偈とは、浄土真宗の宗祖親鸞が、『教行信証』の行巻末尾に掲げた七言一二〇句の偈文である。これに平易な解説を施した皆遵の意図は、巻頭の序文によると以下のようなものであった。正信念仏偈は、同じく親鸞が撰述した三帖和讃（浄土和讃・高僧和讃・正像末和讃）とともに、浄土真宗の俗人信徒が日常の勤行で繰り返し読誦するものである。そこで、せめて俗人信徒に偈文の大意だけでも理解させたいと考え、皆遵は本書を著した。もっとも、正信偈絵抄が刊行された安永二年以前に皆遵は亡くなったらしく、この序文は、皆遵の遺志を引き継ぎ、刊行に尽力した粟津義圭（諦住）によって記された。

義圭は、江戸時代の浄土真宗東本願寺派に属する、最も著名な唱導僧であり、『阿弥陀経依正譚』・『御伝鈔演義』・『帳中五十座法談』・『巻懐五十座法談』など、多数の著述を刊行している。義圭と皆遵の関係には深いものがあったようで、やはり没後刊行となった皆遵の『現世利益和讃絵抄』にも、義圭が序文を付している。皆遵の人物像は詳らかでないものの、義圭同様に在野で人気を博した唱導僧だったのかもしれない。ただし、唱導の語り口をそのまま著述に反映させた義圭に対して、皆遵は正信念仏偈や和讃の本文を丁寧に引用しつつ、それらに逐一和文の解釈を施すことで著述を完成させている。つまり、正信偈絵抄もまた、阿弥陀経和談鈔の系譜を継いで、難解な仏教のおしえを和訓化させる試みであったといえる。

底本としては、引野架蔵の板本を用いた。半紙本二巻二冊、上巻は序文二丁に本文三二丁、下巻は本文二五丁。刷題簽「正信偈絵抄」、内題「正信偈絵抄」、柱題「正信偈絵抄」。下巻末に「安永二癸巳歳六月吉旦／京都書林　朝倉儀助／北村四郎兵衛／菱屋治兵衛」の刊記がある。

3　法華自我偈絵抄

本書は、法華経の要義を示したとされる自我偈の内容を平易に解説したものである。文化一一年（一八一四）の刊行で、著者は日弁。

そもそも自我偈とは、法華経の如来寿量品第一六のなかにある五言一〇二句の偈文である。日蓮宗の僧侶と考えられる「洛南沙門日弁」は、本書作成の意図を序文で以下のように記している。日弁は、日蓮宗の俗人信徒たちが法華経を読誦するものの、あまりに漫然とした姿勢で、経文の意味を読み取ろうとしないことに、常日頃から憐れみを感じていた。そこで、法華経の要義を集約した如来寿量品第一六の自我偈に古来よりの解釈や自説を加えて和文の抄解一巻を作成し、「檀越某」に与えた。「檀越某」は、この抄解にさらに修正を加え、また挿絵を加えて二巻の書物とし、刊行を図った。日弁は浅学を恥じて躊躇したものの、「檀越某」の強い要請を拒みきれず、遂に刊行に至ったのが法華自我偈絵抄というわけである。

この序文はなかなか興味深い。まず僧侶である日弁は、俗人信徒たちが意味も分からず経典を読誦することに不満を感じている。それと同時に、法華経の要義を集約した自我偈に和文の解説さえ施せば、彼らが何とかその意味を解し得るようになるとも確信している。正信偈絵抄の著者皆遵のように、江戸時代後期の浄土真宗僧侶は、短い偈文や和讃にまで和文の解説を施し、仏教のおしえの平易化に努めていた。しかし、そうした傾向は浄土真宗に限られたものではなく、日蓮宗においてもまた、経典和訓化の試みは進展していたのである。

なお、自我偈絵抄のなかで、『古今和歌集』などから著名な和歌が多数引用され、和歌を用いた偈文の解説が行われている点も注目される。法華経を題材として和歌を詠むことは、『万葉集』以来の伝統的な行為であるが、そうした伝統は、仏教のおしえの平易化を推し進める江戸時代にも、より世俗化したかたちで受け継がれていったといえる。

底本としては、龍谷大学図書館所蔵の板本を用いた。半紙本二巻二冊、上巻は序文二丁に本文二〇丁、下巻は本文二〇丁。刷題簽「法華自我偈絵抄」、内題「自我偈絵抄」、柱題「自我偈絵抄」。下巻末に「皇都東洞院三条上ル町／村上勘兵衛」とあるも、刊行年次を欠く。

二、経典和訓図会の隆盛

1 阿弥陀経和訓図会

巻末に付された広告文によれば、本書は、庶民にとって難解な阿弥陀経に、和漢の故事を交えて平易な注釈を施し、さらに絵図まで加えて、婦人・童子でも興味深く読み得るようにしたものである。天保一五年（一八四四）の刊行で、文章は山田野亭、挿絵は松川半山が手がけた。

なお、本巻一―1に収録した寛文一二年（一六七二）刊行の『阿弥陀経和談鈔』や、宝永八年（一七一一）刊行の『阿弥陀経讃嘆鈔』のように、阿弥陀経の経文に平易な和文の注釈を施し、挿絵も付した書物は、『阿弥陀経和訓図会』以前にも幾つか存在していた。浄土三部経のなかでも最も短い阿弥陀経は、俗人信徒にも親しまれていたため、こうした平易な解説本が必要とされたのであろう。

しかし、先行する書物と、『阿弥陀経和訓図会』のあいだには、見逃せない相違点もある。というのも、本書を著した山田野亭は、山田案山子・山田意斎叟・好華堂主人などの名も持つ大坂の人気戯作者であり、挿絵を描いた松川半山もまた、暁鐘成作の地誌・名所図会に挿絵を依頼される大坂の人気浮世絵師であった。和文の平易な注釈を付すとはいえ、あくまで僧侶によって作成されてきた仏教経典の解説本は、ここに至って完全に俗人の手で作成されるものとなった。

なお、『阿弥陀経和訓図会』の刊行に携わった秋田屋太右衛門も、往来物や戯作・俳書などを手広く扱う大坂の書肆である。秋田屋太右衛門は、本書の刊行を皮切りに、『般若心経和訓図会』（＊本巻二―2に収録）、『観音経和訓図会』（＊本巻二―3に収録）と、立て続けに仏教経典の解説本を刊行していった。幕末期には一般庶民の仏教知識が豊かになり、こうした書物も十分に庶民向け商品として販売できていたわけである。

底本としては、引野架蔵の板本を用いた。大本三巻三冊、上巻は序文二丁に本文二二丁、中巻は本文二二丁、下巻は本文二二丁に広告一丁。刷題簽「阿弥陀経和訓図会」、内題「阿弥陀経和訓図会」、柱題「阿弥陀経和訓」、下巻末に「天保十五年甲辰正月新刻／発行書林／江戸日本橋通南一丁目　須原屋茂兵衛／同浅草茅町二丁目　須原屋伊八／同日本橋通二丁目　山城屋佐兵衛／同芝神明前　岡田屋嘉七／同中橋広小路　西宮弥兵衛／京寺町通松原下　勝村治右衛門／大阪心斎橋通順慶町　秋田屋幸助／同心斎橋通安堂寺町　秋田屋太右衛門」の刊記がある。

2　般若心経和訓図会

本書は、二百数十字の短い仏教経典である般若心経の一字一句に丁寧な和文の解説を施し、俗人信徒の理解促進を図ったものである。弘化三年(一八四六)の刊行で、文章は山田野亭(山田案山子)、挿絵は松川半山が手がけた。

ちなみに、そもそも般若系経典である般若心経は、深遠な空の思想を説くものである。もっとも現代では、その短さゆえに写経や読経の場面で重宝され、多くの人々に親しまれる仏教経典となっていることも間違いない。江戸時代においても、絵文字で般若心経を表現した「絵心経」が民間で流行するなど、般若心経はやはりその簡便さが受け、俗人信徒に親しまれていた。本書でも、魔障を寄せ付けない神呪としての般若心経の効能が繰り返し述べられており、民間社会における経典受容の実態を窺うことができる。『阿弥陀経和訓図会』(＊本巻二―1に収録)に続けて、本書を刊行した秋田屋太右衛門も、俗人信徒のこうした般若心経イメージに依拠しつつ、売り上げの拡大を目指したものと思われる。

底本としては、引野架蔵の板本を用いた。大本二巻二冊、上巻は序文二丁に本文二〇丁、下巻は本文一八丁。刷題簽「般若心経和訓図会」、内題「般若心経和訓図会」、柱題「心経」、下巻末に「天保十五年甲辰三月／弘化三年丙午三月／作者　京寺町三条上ル　大和屋圭蔵／大阪書肆　高麗橋通壱町目　藤屋善七／心斎橋通安堂寺町　秋田屋太右衛門」の刊記がある。

3 観音経和訓図会

本書は、法華経のなかの一章である観世音菩薩普門品第二五(いわゆる観音経)に対して、和文で平易な解説を施したものである。文章は山田意斎叟(山田案山子)、挿絵は松川半山が手がけた。本書が初めて刊行された時期は不明である。ただし、本書には、先行する『阿弥陀経和訓図会』(＊本巻二―1に収録)と『般若心経和訓図会』(＊本巻二―2に収録)それぞれについて言及する箇所がある。また、本巻で底本として用いた引野架蔵の板本は、河内屋茂兵衛によって嘉永元年(一八四八)に再印されたものである。以上を踏まえて推測すると、本書は秋田屋太右衛門により、弘化三年(一八四六)以後、嘉永元年(一八四八)以前に刊行された可能性が高い。

なお、先述したように観音経は、膨大な法華経のなかの一部であるが、その現世利益的な性格ゆえに、単独の仏教経典としても熱狂的な信仰を集めてきた。また、交通網の整備が進んだ江戸時代になると、大和の長谷寺・那智の青岸渡寺など西国三十三所観音霊場への俗人信徒の巡礼も盛んになった。本書巻四には、附録として西国三十三所御詠歌の解説も載っているが、これは巡礼者をも購買層に取り込もうとする書肆の出版戦略とみて良いだろう。さらに河内屋茂兵衛が再印した嘉永元年版には、新たな附録として観音籤(観音霊場などに置かれた吉凶を占うおみくじ)を解説する巻五まで加えられた。ちなみに観音籤といえば、慈恵大師良源が観音菩薩から授かったとされる百枚の偈文が有名だが、嘉永元年再印本では黄檗宗の開祖隠元によって伝えられたとされる三十二卦が取り上げられている。霊場の巡礼者にせよ、おみくじの購入者にせよ、従来であれば観音経の逐語的な解釈などには興味も示さなかったと思われる俗人信徒を、和訓図会は平易な和文によって、経典学習の場へと誘ったわけである。

底本としては、引野架蔵の板本を用いた。大本五巻五冊、巻一は序文・巻頭の絵等二丁に本文三三丁、巻二は本文二九丁、巻三は二九丁、巻四(附録)は御詠歌解説に二一丁、観音経書き上げに一二丁、巻五(附録)は観音籤解説に三七丁、広告に九丁。刷題簽「観音経和訓図会」、内題「観音経和訓図会」、柱題「観音経和訓」。巻五末に「嘉永元年戊申九月再版／大坂書林　河内屋茂兵衛」の刊記がある。なお、紙数の都合もあり、巻四・巻五の翻刻は省略した。

三、広がる仏教系図会物の世界

1　真宗故実選要鈔図絵

本書の表紙見返しには、刊行のねらいを簡潔に表現した以下のような宣伝文が載せられている。

この書は、真宗の故実数十ヶ条をあげ、経論釈の証拠をもつて詳らかにあかし、当流御門徒のまどひを解き、正直に他力本願の易行道へ引入せんとなり

つまり本書は、浄土真宗の俗人信徒に向けて、知っておくべきおしえの基本から、もろもろの仏事における行儀作法まで、多くの「故実」を詳細に解き明かしたものといえる。刊行は万延元年（一八六〇）であり、著者は安政六年（一八五九）冬に本書序文を記した清水葵斎と考えられる。

なお、「経論釈の証拠をもつて詳らかにあかし」という宣伝文は、決して誇張されたものではない。本書で五〇ヶ条にわたって記される「故実」のうち、第一条は本尊についてである。そしてここでは、浄土真宗寺院において住立空中尊《じゅうりゅうくうちゅうそん》（立像）を本尊とする理由が、仏説観無量寿経など諸経典の引用によって解き明かされる。江戸時代も後期に至ると、俗人信徒に対して、いちいち経証（経典の記述に基づく裏付け）を示しつつ、諸仏事の説明が行われていたわけである。

もっとも、清水葵斎という人物は、本書以外でいえば文久四年（一八六四）刊『新撰大日本永代節用無尽蔵』の訂正補輯にも携わっており、教養豊かな物書きとして書肆に雇われていた可能性が高い。そのような著者が、なぜかなり本格的な浄土真宗の「故実」に関する書物を著せたのだろうか。それは、本書が『百通切紙』という既刊の書物を元にして作られたものだったからである。

『新纂浄土宗大辞典』（浄土宗出版）によれば、『百通切紙』は浄土真宗の安心と行事を問答形式

で百箇条にわたり記述したものであり、天和三年（一六八三）に刊行されている。著者は備中国小田郡笠岡浄心寺（浄土真宗西本願寺派）の住職明伝である。なお、明伝は当初浄土宗の檀林である小石川伝通院で修学していたようで、『百通切紙』も浄土宗と浄土真宗の違いに力点を置きつつ記されている。

　江戸時代前期に、明伝は僧侶を読者と想定して『百通切紙』を記したわけだが、時代が下るにつれて俗人信徒も教養を身に付け、こうした書物に興味を示す可能性が出てきたといえる。ただし、『百通切紙』は多くの経典を原文のままで引用していたため、清水葵斎は同書の難解な箇所を平易な和文へと置き換え、また多くの挿絵を加えて、俗人信徒向けの『真宗故実選要鈔図絵』を作り上げたわけである。

　以上のように、本書は一つの仏教経典を和文で解説したものではないが、既に存在した難解な仏教書を平易な文章表現で記し直したものであるため、仏教系図会物の広がりを示す資料の一つとして収録した。

　底本としては、龍谷大学図書館所蔵の板本を用いた。大本三巻六冊、巻一は序文・巻頭の絵・目録等三丁に本文四〇丁、巻二は目録一丁に本文四二丁、巻三は目録一丁に本文三七丁、さらに永田調兵衛の「皇都書林文昌堂蔵版目録」三丁を末尾に付す。刷題簽「真宗故実選要鈔図絵」、内題「真宗故実選要抄」、柱題「真宗故実選要抄」。巻三末に「安政六己未歳四月官許／万年元庚申歳四月上梓／京都書林　醒ヶ井通魚店上ル町　丁子屋庄兵衛／魚店油小路東江入町　丁子屋藤吉郎／五条橋通高倉東入町　菱屋友七郎／東六条下珠数屋町　丁子屋九郎右衛門」の刊記がある。

翻刻篇

凡例

一、翻刻にあたって、漢字はすべて常用漢字および通用の字体、変体仮名は通用の平仮名に統一した。なお、女来（＊本巻では如来に変更）や斗り（＊本巻では計りに変更）など現在あまり用いない漢字表記については、読みやすさを考慮して一部改変をほどこした。
一、原史料の表記にかかわらず、仮名はすべて平仮名に統一した。
一、句読点は、原史料の位置にかかわらず、読みやすさを考慮して適宜ほどこした。
一、送り仮名や濁点は、原史料の表記にかかわらず、現代文法に準じて適宜ほどこした。
一、原史料のルビは、原則として省略した。ただし、難読漢字や現代では通用にない特殊な読み（寿《いのち》・因種《たね》・已来《このかた》・往古《そのかみ》など）には読みやすさを考慮して一部ルビをほどこした箇所もある。その場合、原史料の表記にかかわらず、現代仮名遣いを用いた。
一、解読不能な文字や欠損文字は□□で示した。
一、原史料の誤字・脱字には、（〇〇カ）（〇〇脱カ）のように正字を傍注で記し、正字が不明なものなどについては（マヽ）と傍注した。
一、仮名書きが続いて読みにくい箇所には、（　　）で振り漢字をほどこした。
一、漢文で表記されている箇所の一部は、読みやすさを考慮して書き下し文に改めた。
一、本書のうち、一部に現代の人権意識からみて明らかな身分的差別表記がみられるが、歴史的身分制度を科学的に研究し、その理解に供するため、そのまま掲載した。

謝辞

翻刻では以下の機関の利用許可・ご協力をいただきました。機関名を記して謝意を表します。

龍谷大学図書館

一、平易化される仏教のおしえ

1 阿弥陀経和談鈔

編者架蔵

阿弥陀経和談抄

上巻目録

初 仏説阿弥陀経

姚秦三蔵法師鳩摩羅什奉詔訳

▲仏説とは、教主釈尊の御説法。▲阿弥陀とは、西方極楽の本主むりやうじゆ《無量寿》仏也。▲経とは、ほとけの御直説を経といふ。ぼさつ《菩薩》ののべ《述》給ふを論といふ。祖師のつくり給ふを釈といひ、録といふなり。▲姚秦《ようそう》とは、唐土の国の名、秦《しん》の世也。▲三蔵法師鳩摩羅什《くまらじゅう》は、天竺亀慈国の人なり。すなわち御経をほんにやく《翻訳》させ給ふにより、みことのり《詔》をほうず《奉》とあり。羅什の翻訳経律論ともに巻八百余巻あり。

○釈尊御一代のせつ《説》法を一さいきやう《切経》といふ。そのうち浄土真宗の義三部経にこもれ《籠》り。その三部経のうち、あみだ経といふは、もつぱら《専》あみだ如来の御浄土、西方極楽のていそう《体相》をとき《説》たもふ《給》。弥陀如来広大の御慈悲言語におよばず。諸経の御おしへ《教》しな《品》おゝ《多》しといへども、あるいわ《マヽ》小乗のおしへ《教》難行くぎやう《苦行》をつとめ、大乗にも一心三観のむね《旨》を自ら明らめ、あるいは直に仏心をみがき《磨》て悟道発明あり。これ皆上根上智のわざ《業》にして末世愚鈍のもの及ぶ所にあらず。然るにみだ如来、五百塵点劫のむかしより、末世の衆生御利益のちかい《誓》あり。そのため浄土門の四十八願をたて給ふ。さればいかなるぐち《愚痴》蒙昧のともがら、ないし《乃至》ぼんのふぐそく《煩悩具足》の女人なりとも、余行にかゝわらず自りき《力》のこゝろをすて《捨》て、たりき《他力》御ほんぐわん《本願》にまかせて、一心に名号をとなふるにおゐては、一人ももらさず西方極楽へ往生と《遂》げさせん。もしさなくば、正覚をとらじとの御ちか《誓》いなり。かゝる大慈大悲の御ぐわん《願》にひかれて、此の度生死のきづな《絆》をはなれ《離》、西方極楽に往生して未来永々のたのしみをきわめんこと、まことにありがたきことならずや。すこしもうたがうべからず。

一　如是我聞一時仏在舎衛国祇樹給孤独園与大比丘衆千二百五十人倶皆是大阿羅漢衆所知識長老舎利弗摩訶目犍連摩訶迦葉摩訶迦旃延摩訶倶絺羅離婆多周利槃陀伽難陀阿難陀羅睺羅憍梵波提賓頭盧頗羅堕迦留陀夷摩訶劫賓那薄拘羅阿㝹楼駄如是等諸大弟子并諸菩薩摩訶薩文殊師利法王子阿逸多菩薩乾陀訶提菩薩常精進菩薩与如是等諸大菩薩及釈提桓因等無量諸天大衆倶

▲如是我聞とは、あなんそんじや《阿難尊者》の御言葉なり、釈尊御入めつ《滅》の後、一代の御説法を、あなんもろ〱《諸々》の御弟子へつた《伝》へとき《説》給ふ時、かく《斯》仏のおふ《仰》せられしとのべ《述》給ふ言葉なり。さるによつて、一さい《切》の御経の道理は、しやくそん《釈尊》の御おしへ《教》に立て、ことばわ《マヽ》あなん《阿難》の御ことばとしるべし。

▲一時とは、此れにしゆ〲《種々》の義ありといへども、たゞ此れ御説法機分相応のときをいふなり。

▲仏とは、釈尊の御事、あなん《阿難》でんせつ《伝説》の言葉なり。

▲在舎—独園と云ふまでのこゝろは、仏御説法の会

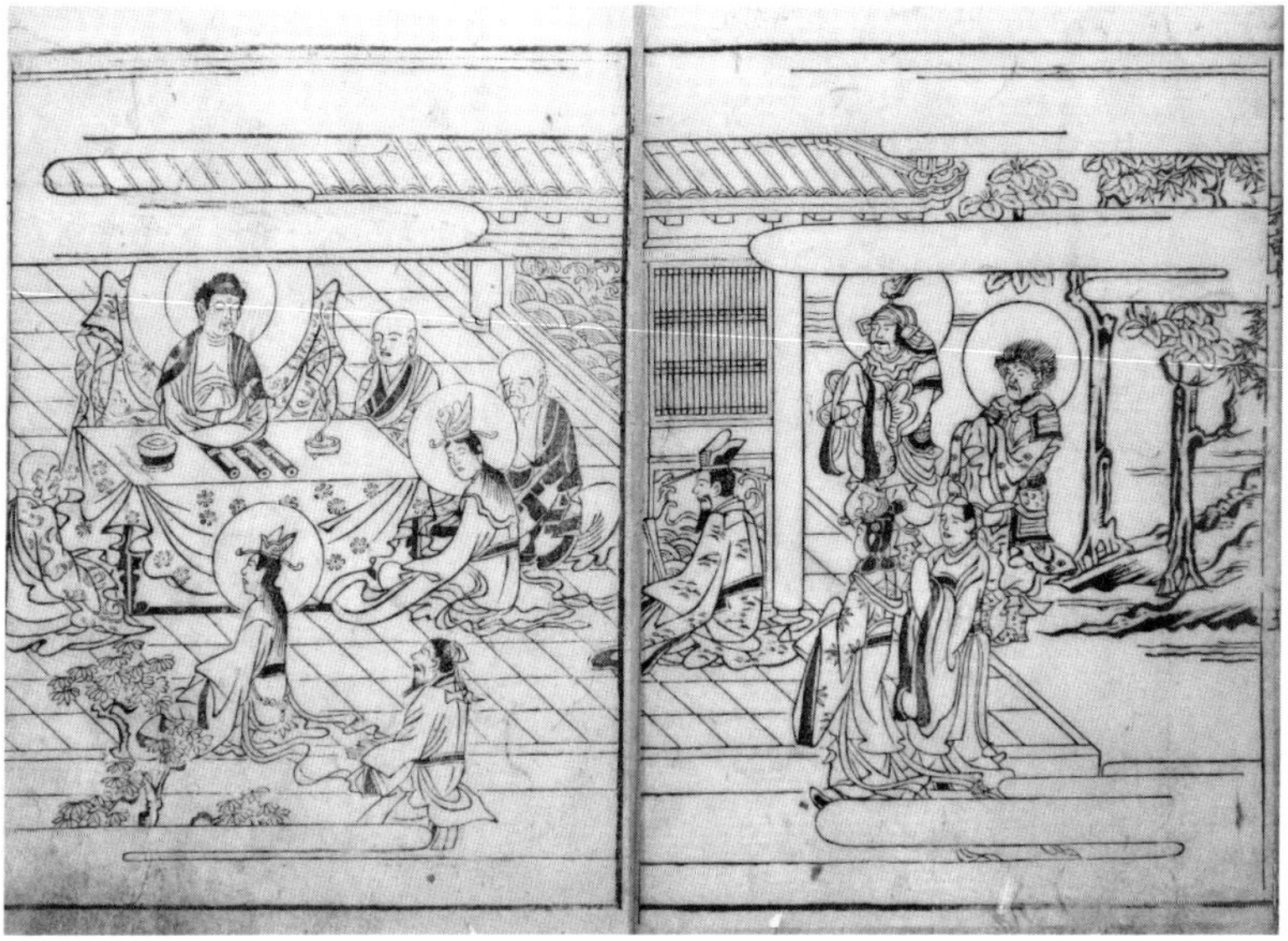

座時によりかわるなり。此のあみだ経は、中天竺舎衛国の内、須達長者のたてられたる祇園精舎にてと《（説）》き給ふとなり。

▲与大―大衆倶といふまでは、そのときのちやうじゆ《（聴衆）》をいふ。諸ぼさつ《（菩薩）》・らかん《（羅漢）》・その外諸天人等、こゝろなき草木にいたるまで、風に葉をなら《（鳴）》さず、みのり《（御法）》をちやうもん《（聴聞）》すとかや。

○諸経に序分・正宗分・流通分有り。是迄を序分といふ。これより御せつぽう《（説法）》の本文なり。おく《（奥）》の為甚難とあるところまでを正宗分といふなり。

【二】爾時仏告長老舎利弗従是西方過十万億仏土有世界名曰極楽其土有仏号阿弥陀今現在説法舎利弗彼土何故名為極楽其国衆生無有衆苦但受諸楽故名極楽

▲爾時―舎利弗といふまでのこゝろは、聴衆の諸ぼさつ《（菩薩）》あまた《（数多）》ましますに、声聞舎利弗につげ給ふこと、ぼさつ《（菩薩）》はもとより深理に通じ、いまさらに

ゑど《穢土》をいとう《厭》御こゝろもなし。声聞はいまだ浄ゑ《穢》の心念あるにより、いよ〳〵出理《マヽ》の御すゝめのため、中にも舎利弗智恵第一たるによつて、此の人につげ給ふところなり。

▲従是—名曰極楽までのこゝろは、十方浄土の中、西方極楽は弥陀因地のむかしより御建立の浄土なり。十万億はかぎりなくはるかなれども、念仏専修の行者は如来の御引接によつて、つまはじきのまにかの《彼》くに《国》へいたることうたがひなしとの事なり。

▲其土—舎利弗といふまでの心は、みだ如来極楽の御主なることをとき《説》給ふ。十劫正覚の御時より末世永々にいたるまで、かの《彼》国におゐて御せつぽう《説法》たゆるときなきを、いまげんざい《今現在》説法し給ふとのべ《述》給ふなり。

▲彼土何故—名極楽といふまでのこゝろは、彼の国に往生せし衆生の体相をとき《説》給ふ。かの《彼》国にいたれば一切の苦痛もなく、たゞもろ〳〵《諸々》のたのしみをきわめ、いのちのかぎりもなし。さるによつて極らくといふよとしめし給ふ。そのたのしみのしな〴〵《品々》この次にあり。

○それしやば《娑婆》のきやうがひ《境界》を見るに、たのしみといふものはたゞ一つもなく、たゞむまる《生》ゝより死するまで苦痛をうけざるものは一人もなし。まづむま《生》るゝときの苦、老いて行歩心にまかせぬ苦、やまい《病》におかさるゝ苦、死するときの苦、よき人にはな《離》

る、苦、にくき《憎》にそう《添》苦、身の礼義に気をつめる《詰》苦、もとむるをゑ《得》ぬ苦、これを八苦といふ。その外盗人、火のなん《難》、つるぎのなん《難》、水のなん《難》、風のなん《難》、疫病のなん《難》、無実のなん《難》、いづれかこゝろのやすきひまある。いわん《況》や老少不定はしやば《娑婆》のきやうがい《境界》、いつ命のおわりをしらず。ねがひし後生もなくて、ざいごう《罪業》にひかれて、ぢごく《地獄》・がき《餓鬼》・畜生等のあく《悪》趣におもむかば、後悔するともかひ《甲斐》あらんや。かゝる大慈大悲の御教化にあひたてまつる《奉》こそさいわひ《幸》なれ。御ぐわんりき《願力》にまかせて念仏し、むりやう《無量》のたのしみをきわむることをこいねがはざらんや。

［三］又舎利弗極楽国土七重欄楯七重羅網七重行樹皆是四宝周帀囲繞是故彼国名曰極楽

▲欄楯羅網行樹とは、皆極楽の樹木の荘厳なり。その木の高さ、観経に八千由旬とあり。七重に重々のゑだ《枝》あり。▲四宝周帀囲繞とは、その一重〳〵にらんかん《欄干》あり。いづれも金銀るりはり《瑠璃玻瓈》をもつてかざりたて、真珠などのたからをもつて重々にあみ《網》をかけおき、あみ《網》の四方に宝のすゞ《鈴》あり。清風吹き来れば此の木の葉をと《音》、すゞ《鈴》のおと《音》、鳴りあう《合》たへ《妙》なる声、無明のねむりをさますとなり。

○さればしやば《娑婆》の草木のてい《体》、梅さくらのはる《春》をまち《待》しも、木のもとのあくた《芥》となり、松柏のときわといふも、山人の薪にくだかる。その外諸木のなが

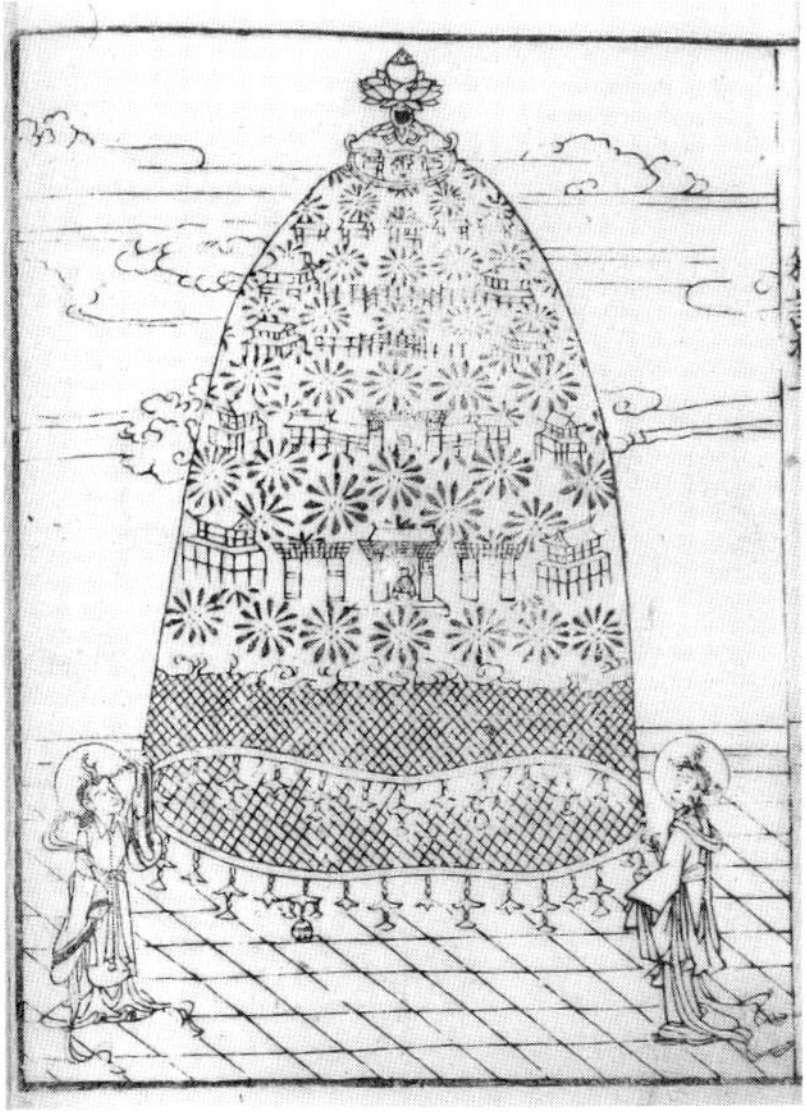

め風月のあそび、いづれか盛衰のことはり《理》をのがれ《逃》ん。か丶る無常の相をいとひ《厭》て常住不退てん《転》の荘厳をねがはざらんや。

四 **又舎利弗極楽国土有七宝池八功徳水充満其中池底純以金沙布地四辺階道金銀瑠璃玻瓈合成上有楼閣亦以金銀瑠璃玻瓈硨磲赤珠瑪瑙而厳飾之池中蓮華大如車輪青色青光黄色黄光赤色赤光白色白光微妙香潔舎利弗極楽国土成就如是功徳荘厳**

▲八功徳水といふは、一つには澄浄、二つには清涼、三つには甘美、四つには軽耎、五つには潤滑、六つにはやすくやわらか、七つには飲む時うゑ《飢》かつゑ《餓》もろ〳〵《諸々》のくろふ《苦労》をのがれ、八つにはのみ《飲》をわつ《終》て四体ともにすゞやかにして善根の功行ます《増》なり。

○此の一段は、極楽八功徳水の池のていそう《体相》をの《述》べ給へり。まづきし《岸》には七宝をちりばめ、そこ《底》にはこがね《黄金》のいさご《砂》をしき《敷》、四方のきし《岸》のきだはし《階》おなじく宝をもつてかざり、池のほとりの楝閣、また七

宝にて荘厳あり。池の中には五色の蓮花生い出で、そのひかり四方にみ《満》ち、妙たるかおりふん〳〵《芬々》たり。しかるにしやば《娑婆》の池水は徳なくして荘厳なし。これに着してげんざい《現在》にも身をあやまる人お丶《多》し。つたへ《伝》きく《聞》もろこし《唐土》殷の紂王は、池水にさけ《酒》をた丶《湛》ゑ、諸木に鳥獄《マヽ》の肉をかけ、昼夜の酒ゑん《宴》ありしも、おごりきわまつて周の文王にほろぼ《滅》され給ふ。

後漢の武帝の昆明池をつくり給ふも、その身さつ《去》てなごり《名残》もなし。ろうだい《楼台》もつておなじ。呉王ふさ《夫差》の故蘇《姑カ》台をつくりて西施をあひ《愛》し、晋の石崇が涼楼台にて緑珠にたわむれ《戯》しも、身命とともにほろび《滅》ぬ。是れ皆不常の相眼前に有り。いはん《況》やかゝる執着によつて未来のくるしみをうくることあさまし。

五　又舎利弗彼仏国土常作天楽黄金為地昼夜六時而雨曼陀羅華其国衆生常以清旦各以衣裓盛衆妙華供養他方十万億仏即以食時還到本国飯食経行舎利弗極楽国土成就如是功徳荘厳

▲又舎利弗―功徳荘厳といふまでの一段は、天楽の段なり。西方浄土には常にぼさつ《菩薩》達、妙なる音楽を奏し給ふ。それ地は無上のこがねにて、上よりは昼夜まんだら《曼陀羅》華と云ふて花ふり《降》、いきやう《異香》常にふん〳〵《芬々》たり。かの《彼》国にむまる《生》ゝ衆生、毎朝花かごに妙花をもり、十方浄土にへんまん《遍満》し、諸仏に供養したてまつり《奉》、食時に本の浄土へかゑりて、百味の飲食自然にそなわり、無量のたのしみをうくるとかや。

○しかるにしやば《娑婆》のきやうがい《境界》、上よりは風雨霜雪のなやみあり。地には山坂河海のへだて《隔》にわうらい《往来》自由ならず。かつ大地一たびふる《震》ときは、年来たくみし家居をくづし《崩》、身命ともにあやまつ。音楽又不常の相にて、唐《もろこ》し元崇《マヽ》皇帝の月宮殿のうい《羽衣》のきよく《曲》

つた《伝》へてやうきひ《楊貴妃》にかな《奏》でさせ給ふも、遊らん《覧》いまだおわらざるに、ろくざん《禄山》におそわれ、しよく《蜀》山へおち行き給ふ。食物又自然にあらず、渡世となづけて一生やすきいとまなし、たとへ珍物をもうけゑ《得》たりとも、浄土の飯食にあわせては、しゆみ《須弥》とけし《芥子》とのごとし。いはん《況》やそはん《粗飯》・そさい《粗菜》のいとなみ、いふにたらず。かつ毒物にあてられ、身命をうしなふものおふ《多》し。いわん《況》や自由へんまん《遍満》して諸仏のみもとにいたらんことなんぞおよぶべきや。浄土ゑど《穢土》のさかい、よく〱こゝろふべし。

阿弥陀経和談抄上巻之終

阿弥陀経和談抄

中巻目録

六 復次舎利弗彼国常有種種奇妙雑色之鳥白鵠孔雀鸚鵡舎利迦陵頻伽共命之鳥是諸衆鳥昼夜六時出和雅音其音演暢五根五力七菩提分八聖道分如是等法其土衆生聞是音已皆悉念仏念法念僧舎利弗汝勿謂此鳥実是罪報所生所以者何彼仏国土無三悪趣舎利弗其仏国土尚無三悪道之名何況有実是諸衆鳥皆是阿弥陀仏欲令法音宣流変化所作舎利弗彼仏国土微風吹動諸宝行樹及宝羅網出微妙音

譬如百千種楽同時倶作聞是音者皆自然生念仏念法念僧之心舎利弗其仏国土成就如是功徳荘厳

▲此の一段は、彼の浄土に種々奇妙の鳥あることをのべ《述》給ふ。まづ白鵠、くじやく《孔雀》、うぐひす《鶯》、あふむ《鸚鵡》、がれうびん《迦陵頻》、その外無量の鳥、昼夜のさかひもなく七重宝樹の枝にあつて微妙のさゑづりをいたす。其の音声耳をよろこばしむるのみにあらず。聞くに菩提をおこし三宝をねん《念》ずるの心おのづからい《出》でくるなり。この鳥畜類にはあらず。弥陀御在力よりい《出》で、法音流布のためそのかたちをもうけ給ふところなり。しかのみならず、清風しづ《静》かに吹いて宝樹羅網にふる《触》ゝ時は、宝の鈴にな《鳴》きそ《添》いて百千の音がく《楽》を一時に奏するがごとし。此の音をき《聞》いていよ〳〵三宝をうやまふ《敬》こゝろをおこして仏果をゑ《得》ることちか《近》しとかや。

○しかるにしやば《娑婆》の諸鳥のさゑずり、こゝろをなぐさむることありといへども、人をおそれて常になれず。あるひは沈鳥の毒となり、一つとしてゑき《益》なし。風の声又たのしからず。或いは人のあひ《愛》するはな《花》をちら《散》し、木の葉をち《散》らし、舟中のあく《悪》風は人の命をとること、これまた大きなるあだならずや。

[七]舎利弗於汝意云何彼仏何故号阿弥陀舎利弗彼仏光明無量照十方国無所障礙是故号為阿弥陀又舎利弗彼仏寿命及其人民無量無辺阿僧祇劫故名阿弥陀舎利

弗阿弥陀仏成仏已来於今十劫又舎利弗彼仏有無量無辺声聞弟子皆阿羅漢非是算数之所能知諸菩薩衆亦復如是舎利弗彼仏国土成就如是功徳荘厳

▲此の段は、西方極楽の御本主を阿弥陀と申し奉るいわれの御しめしなり。阿弥陀とは、梵語にして無量と翻訳し奉る。弥陀の御光明の無量広大にして十方国土にさゝへなし。もとより御寿《いのち》かぎりなく、乃至往生のともがらも此の御法にひかれおなじく命限りなし。御正覚以来十劫の今にいたるまで御説法絶へずして、聴衆の声聞無量なりと説き給ふなり。されば念仏の発語にも光明偏照十方世界念仏衆生摂趣不捨とは此の心ぞかし。かく(斯)常住不退転の浄土を願わず、しやば(娑婆)に着するこゝろのまどい(惑)、大がい(概)四つ有り。これを常楽我浄の四転倒といふ。一つに常とは、此の不常世かい(界)を常住の相と見るあやまりなり。先づ世のおさまり(治)みだれ(乱)ありて、山川所だにもさか(盛)へおとろ(衰)へ時を移さず、或いは年来財宝をたくはへても、盗賊これをおかす時は身命ともに危うし。或いは死後の事をくり置くといへども、世つぎの覚悟たが(違)へばそのかたもなくなりぬ。或いは家居に心をつく(尽)せしも、かぜ(風)に破られ、地しん(震)にくづし、火事一度至れば一塵ものこらず。身の上の盛衰生死出入の息をまたず。此れ皆いづれか定めあるや。二つに楽とは、此土のくるしみをらくとみまが(見紛)ふなり。その苦の品々をいわゞ、先づ上たるは世の鏡に

と行作を嗜み、若したがふ時はわざわひすみやかに来る。召しつかへの人は其の役〳〵に心をつくし《（尽）》、あやまりあればそのとが《（咎）》のがれがたし。人の妻たるは夫にしたがい、又は其の親類家内のこゝろをかねて、心のいとまなし。いわんや《（況）》姑に売られて心をくるしめ、夫の上にも酔拝・悪疾・破家・能なし等の人もあり。増して姪らん《（乱）》あればしんい《（瞋恚）》をこがし《（焦）》、思ひにこがれ《（焦）》て病気・憂死のたねとなりぬ。その外きん《（近）》所の苦痛、子どものそだて《（育）》、いづれか心のやすき隙《ひま》ある。扨又後世のいとなみは、農人の風雨を気づかい、力をつくし《（尽）》、米こく《（穀）》を作り出しては、大かた地頭へ取られ、すこしもふそく《（不足）》あれば、現在八寒地ごく《（獄）》の水籠にいる《（入）》。誠にいたましきかな。職人・商人其の外の家業にも、その家い《（居）》たがいに争いて、我と身をつめ、偏に身の血をすひ《（吸）》てかなしめる餓鬼におなじ。扨金掘は石のけぶり《（煙）》に命をちゞめ、舟子は風波に身命のあやうきをしのぐ。かゝる色々のくるしみをたのしむ事おろかなり。三つには、我とは此の身を我と見て着するあやまり也。本来は一空にして此の色身のあらばこそ、かり《（仮）》の縁により父母の肉身をかりて此の形となりたる也。根本の一理に我人のへだて《（隔）》なし。此の理をしらずして色身になづみて他我のへだて《（隔）》をなし。我まん《（慢）》貪欲の念深く、仏心をほろぼし悪道をまねく事悲しき事かな。古き道歌に、引きよせて結べば柴の庵なり、とくれ《（解）》ばもとの野はら成りけり。是れかりの身を詠ぜしなり。四つに、浄とは此土をきよき《（浄）》と思ひまがふ《（紛）》也。前に説き給ふ浄土のていそう《（体相）》に思ひくらべ《（比）》よ。いづれが浄き。此土は常にほこり立ちて、居所一日払わざれば塵積もり、一月払わざればすゝ《（煤）》蛛の眼にさえぎる。雑水には虫わき、かわや《（厠）》にはふん《（糞）》虫むら《（群）》がれり。身の上にとりても、あか《（垢）》・汗・二便のけがれ、病にらい病・てんかん・腫物・腋下・口熱等の悪疾有り。草には五辛を初めて有情・非情のけがれ又多し。是れを浄きと見まがふ《（紛）》なり。かく《（斯）》さかさま成るまよひゆへ、生死にるてん《（流転）》する事をかなしみ給ひてかゝる御願を起こし給ふ。よく得心し、迷ひをはら《（晴）》し、往生をと《（遂）》げしむべし。

八 又舎利弗極楽国土衆生生者皆是阿鞞跋致其中多有一生補処其数甚多非是算数所能知之但可以無量無辺阿僧祇劫説舎利弗衆生聞者応当発願願生彼国所以者何得与如是諸上善人倶会一処舎利弗不可以少善根福徳因縁得生彼国

▲阿鞞跋致《あびばっち》とは、天竺の言葉、翻訳して不退転といふ。又は大乗のぼさつ《（菩薩）》の御名なり。十界ともに万不退てん《（転）》の相あり。極楽は不退の所なるにより、彼土に往生のともがらも不退の果を受くる。そのかたにかわる有れども内心皆ぼさつ《（菩薩）》の行を行ふなり。

▲一生補処とは、是れ皆等覚の菩薩にして、衆生利益の御願深し。一生とはしやば《（娑婆）》へ御出世に付いていふ。▲補処とは、かけ《（欠）》たるをおぎな《（補）》ふの心、迦葉仏の後、今日の釈尊、此の後弥勒御出世と、此《か》くの如くに次第してすたれ《（廃）》たるをおこし《（興）》給ひて、衆生を済度し給ふを一生補処と申す也。▲少善根福徳因縁とは、是に種々の説有りといへども、ひつきやう《（畢竟）》一心せうめう《（称名）》の外、或いは堂をたて仏を作り、座禅・観法・戒をたもち、其の外小乗の苦行皆是少善根にして西方往生の種ならぬとなり。

○此の段は、いよ〳〵西方浄土の聖衆、他方に勝れたる事をのべ《（述）》給ふ。往生の人此《か》くの如くの利益甚深

のぼさつ《菩薩》と一所に供なひ奉り、弥々ぼだい《菩提》の念すゝみて、仏果ゑんまん《円満》の身となる事たやすし。しかるにしやば《娑婆》のならいともなふ人は、名利を先き立て、他の悪をみて心中に悦び、この《好》んで人の悪義をそしる。夫《それ》を思ひて世をつくろ《繕》ふに心のいとまなく、上たるにへつらひ、下たるにすかされ、にく《憎》さげなるに逢ふていかりをおこし、すべてのともなひ善縁善心の因となる事なく、悪趣の種多し。かく《斯》危うき世のまじわりをいと《厭》わんより、とく往生して浄土の善縁をこひ《乞》ねが《願》わざらんや。

九 舎利弗若有善男子善女人聞説阿弥陀仏執持名号若一日若二日若三日若四日若五日若六日若七日一心不乱其人臨命終時阿弥陀仏与諸聖衆現在其前是人終時心不顛倒即得往生阿弥陀仏極楽国土舎利弗我見是利故説此言若有衆生聞是説者応当発願生彼国土

▲此の段には、別而正終念仏の行者往生の相をの《述》べ給ふ。御経にも有るごとく、一日よりないし《乃至》七日まで一心不乱に行ずる時は、其の人りんじう《臨終》の時、みだ如来もろ〳〵《諸々》の聖衆とともに、其の人前へ御らいがう《来迎》有るによつて、其の人いよ〳〵心まどひくるしまずして、すなわち極楽に往生す。さる程に是れをきく《聞》衆生いよ〳〵彼土にむまる《生》べきと願をおこして念仏すべしと悦び給ふなり。

○されば後生大事の中に臨終より専成るはなし。一生なれ来たりししやば《娑婆》をはなる《離》ゝ、折なれば、種々の妄念起こりやすし。先づ妻子をかなしみ、財宝に念をのこし、住家をおしみ、其の外執着のたねおゝ《多》くして、心ふさがり乱れて正念をとり失ふ。魔道其の隙をうかゞひ、悪相をげんじ《現》て悪趣におもむくこと歎きても余りあり。老少不常の習い、いつその期をしらざれば、兼ねて其のまうけを心にかけ、臨終と覚へば先づ仏像を枕元に安置し奉り、懇に拝し、一生のわざを心にざんきさんげ《慚愧懺悔》し、諸々の執着を切り、いよ〳〵ぼだい《菩提》心を起こすべし。親兄弟妻子けんぞく《眷属》には兼ねて暇乞いして、其の期に近付くる事なく、身心清き僧を請じて、いよ〳〵教化を請け、その身頭北面西にふし《臥》て仏に向かひ奉り、いよ〳〵一心に念仏して終わるべし。其の時は弥陀の御引接により極楽往生うたがひなし。たとへ一生悪ごう《業》の人なりとも、かく《斯》臨終正しき時は其の悪めつ《滅》して往生をとぐ《遂》る。いはんや《況》善行の人においておや。かく《斯》あれば悪人是れにたゞよりて、平生の悪ごう《業》臨終をたのむ心あり。是れわたくしにして、そのこゝろにては臨終に後悔もさんげ《懺悔》も真実に出づまじ。そのうへすくやか《健》なる人の頓死めづらしからず。さあらばいかゞしてざいごう《罪業》をめつ《滅》せんや。悪道に落つる事うたがひなし。常に命の終はりと思ひて、悪心をやめてぼだい《菩提》心をおこた《怠》る事なかれ。

阿弥陀経和談抄中巻終

阿弥陀経和談抄
下巻目録

第十　みだ如来の御りやく《利益》、仏の説法にものべ《述》つく《尽》しがたき事
付けたり、六方ごうじや《恒沙》の仏しやう《証》、仏にたち給ふ事

第十一　ごうがしやすう《恒河沙数》の仏、みだ名号のくどく《功徳》をほめ給ひ御舌をいだしせうこ《証拠》にたち給ふ事

第十二　ほとけに三十二さう《相》八十種のさうごう《相好》かたちまします事

第十三　北方世かい《界》の五仏のくどく《功徳》の事

第十四　下ほう《方》世かい《界》の六仏の御くどく《功徳》の事

第十五　天上の九仏御くどく《功徳》の事

第十六　此のあみだ経を諸仏のまもりほめ給ふ事
付けたり、善男子善女人いわれの事

第十七　五じよく《濁》のさた《沙汰》の事
付けたり、御説法聴聞の衆くわんぎ《歓喜》の思いをなし仏をらいし《礼》給ふ事

十　舎利弗如我今者讃歎阿弥陀仏不可思議功徳東方亦有阿閦鞞仏須弥相仏大須弥仏須弥光仏妙音仏如是等恒河沙数諸仏各於其国出広長舌相徧覆三千大千世界説誠実言汝等衆生当信是称讃不可思議功徳一切諸仏所護念経

▲阿閦鞞仏《あしゅくびぶつ》は不動明王。▲須弥相仏《しゅみそうぶつ》・大須弥仏・須弥（光脱カ）仏はいづれも御相光の勝れ給ふ事、須弥山の余山

にすぐれたるにたとう《（喩）》。▲妙音仏は御音声のみめう《（微妙）》をさす。諸仏の御名、無量なるゆへ略して五仏をあげたまひ《（給）》て、その外かぎりなきことをのべ《（述）》給ふ。
○此の段は、みだ如来の御利益、仏の御説法にものべ《（述）》つくし《（尽）》たまわ《（給）》ぬほどの御功徳を、釈尊の御さんだん《（讃嘆）》あるごとくに、六方恒沙の諸仏各々へ、その御本国におゐておなじく三妙の御こへ《（声）》にて、一切の衆生此の御経一切の諸仏御まもりあることを会得し、いよ〳〵信心をます《（増）》べしと証仏にたち給ふことを、よろこびしらしめ給ふなり。此の段に東方の御仏の御名をあげ給ふ。さてこれより六段は、あみだ如来の御利益ふかき事、言語におよばぬことをのべ《（述）》たも《（給）》ふなり。

十一 舎利弗南方世界有日月灯仏名聞光仏大焔肩仏須弥灯仏無量精進仏如是等恒河沙数諸仏各於其国出広長舌相偏覆三千大千世界説誠実言汝等衆生当信是称讃不可思議功徳一切諸仏所護念経

▲日月灯明仏《じつげつとうみょうぶつ》とは、日月灯の三つはよくくらき《（暗）》をてらす《（照）》。かるがゆへに此の仏の智徳にたとへ《（喩）》ていふ也。▲めうもんくわう《（名聞光）》仏とは、此の仏の御名十方にきこへ、ひかりのあまねくものをてらす《（照）》がごとしといふ事なり。▲大焔肩《だいえんけん》とは、そのかたちを云ふなり。両のかた《（肩）》よりひかりをいだし《（出）》ててらす《（照）》。焔はひかりといふこゝろなり。▲須弥灯仏《しゅみとうぶつ》とは、しゅみ《（須弥）》は山、

灯はおなじくひかりといふ義なり。此の仏の大慈大悲かく《断》のごとし。山のごとくたかくひかるといふ義なり。▲無量精進《むりようしようじん》とは、此の仏の行によつてなづ《名付》く。方便にして衆生をすく《救》わせたまふ《給》に、しばらくもをこたり《怠》たまわ《給》ず。もとよりしやうぐ〵《精々》にましませば、むりやうしやうじん《無量精進》とは名づけ申すなり。これらの仏のみならず、がうがしや《恒河沙》数の仏、みだ名号のくどく《功徳》をほめたまひ《給》、御舌を三千大千世かい《界》のくに《国》ゝ、おゝい《覆》たまひ《給》、ふしぎのかたちをなしたま《給》ひ、もしあみだ仏の名号のくどく《功徳》むなしからば、諸仏の御舌ことぐ〵く口にいら《入》じとのおんしやうこ《御証拠》にたち給ふとのこゝろなり。▲恒河沙とは、天竺にある川の名なり。その川雪山と云ふ山の北面のいたゞき《頂》に香酔山といふ山あり。高さ二十由旬《ゆじゆん》なり。そのいたゞき《頂》に龍池あり。阿耨達池《あのくだつち》と云ふなり。これよりながれ《流》いづる《出》川をがうが《恒河》といふ也。その川のすなきわめてこまかなることみぢん《微塵》のごとし。されば此の川のすなの数ほどの無りやう《量》の諸仏しやうこ《証拠》にたち給ふといふこゝろなり。

○此の一段は、南方世界とて天竺の南方にあたりせかい《世界》あり。南方世かい《界》と云ふ。その所にまします五仏をつらぬる《列》なり。

十二 **舎利弗西方世界有無量寿仏無量相仏無量幢仏大光仏大明仏宝相仏浄光仏如是等恒河沙数諸仏各於其国出広長舌相徧覆三千大千世界説誠**

実言汝等衆生当信是称讃不可思議功徳一切諸
　仏所護念経

▲無量寿仏《むりょうじゅぶつ》とは、是れみだ如来の御名なり。命のながくまします事はかりなきによつてむりやう《（無量）》と云ふ也。無量相仏《むりょうそうぶつ》、是れはもとより仏に三十二相八十種の相好形有り。然るに此の仏その相無量にしてしゆせう《（殊勝）》なるゆへ、無量の相といふ事也。

▲無量幢仏《むりょうどうぶつ》、此の仏くりき《（功力）》法力広大にしてくどく《（功徳）》の高くたつとければ幢仏といふ也。幢ははたほことよ《（読）》み、高くよも《（四方）》にならびなき御くどく《（功徳）》といふこゝろなり。▲大光仏《だいこうぶつ》・大明仏《だいみょうぶつ》・宝相仏《ほうそうぶつ》・浄光仏《じょうこうぶつ》いづれもそのくどく《（功徳）》光明かゞやき《（輝）》てらし《（照）》給ふ。とくましますゆへに申すなり。大光とわ《（マヽ）》光明の事、大明 わ《（マヽ）》大きにあきらかなりと云ふ事、宝相とわ《（マヽ）》たからのごとくたつとき相ましますといふ事、御浄光とはきよきひかりましますといふ事也。大光明はよく衆生のやみ《（闇）》をてらし《（照）》、三がい《（界）》にまよふを浄土にみちびき給ふ御仏なれば、かく《（斯）》申したてまつる《（奉）》と云ふのぎり《（義理）》也。

○此の段には、又西方世かい《（界）》にまします七仏を上ぐる。

〔十三〕舎利弗北方世界有焰肩仏最勝音仏難爼《（沮カ）》仏日生仏網明仏如是等恒河沙数諸仏各於其国出広長舌相徧覆三千大千世界説誠実言汝等衆生当信是称讃不可思議功徳一切諸仏所護念経

○右は、北方世かい《（界）》の五仏をあぐる也。▲焰肩仏《えんけんぶつ》とは、御み《（身）》のかた《（肩）》よりひかりをてらし《（照）》給ふ相ましますなり。▲最勝音仏《さいしょうおんぶつ》、此の仏の御説法の音声よく、衆生の聞きよく、みゝ《（耳）》に入ることそれ〴〵のき《（機）》におふずる《（応）》声を以てとき《（説）》給ふゆへの御名也。▲難沮仏《なんそぶつ》、此の仏法力堅固なるゆへに申す也。▲日生仏《にっしょうぶつ》、衆生のやみ《（闇）》をてらし《（照）》給ふこと、日の出で給ひて世かい《（界）》をてらし《（照）》給ふがごときにたとふる《（喩）》也。▲網明仏《もうみょうぶつ》、法門くどく《（功徳）》のこまやかなること、たとへばあみ《（網）》の目の一々につなぎとゞめ、おはりなきがごとくなれば、かく《（斯）》名付けたてまつる《（奉）》なり。

十四 舎利弗下方世界有師子仏名聞仏名光仏達摩仏法幢仏持法仏如是等恒河沙数諸仏各於其国出広長舌相偏覆三千大千世界説誠実言汝等衆生当信是称讃不可思議功徳一切諸仏所護念経

○此の段には、下方世かい《（界）》とて大地の下に世かい《（界）》あり。それにましま す仏を六仏上ぐるなり。▲師子仏《ししぶつ》、しゝとは獣の中にて王なり。さればこの師子と云ふけだものほゆる《（吼）》こゑ《（声）》をきけば、万のけだものみなこと〴〵くし《（死）》するなり。されば此の師子のつよき《（強）》いせい《（威勢）》かく《（斯）》のごとし。さるによつて此の仏よく魔の障外をめつし《（滅）》給ふによつて名付け申すなり。▲名聞仏《みょうもんぶつ》、一切のくどく《（功徳）》諸仏にこへて、その名十方世かい《（界）》にかくれなきゆへ、御名きこゆるとの

義也。▲名光仏《めいこうぶつ》とは、その御名十方にあまねくてら《照》すくどく《功徳》あるなれば申す也。▲達磨仏《だるまぶつ》、よくくどく《功徳》法力みがき《磨》たてたるごとくなればかく《斯》申すなり。▲法幢仏《ほうどうぶつ》、此の仏のくりき《功力》くどく《功徳》たからのはたのご《行カ》とく高くさしあがりて十方におゝふ《覆》によりてかく《斯》申す也。▲持法仏《じほうぶつ》よく常住の妙徳くどく《功徳》をたもち給ふゆへに、かく《斯》名付け申すとの心也。

十五 舎利弗上方世界有梵音仏宿王仏香上仏香光仏大焔肩仏雑色宝華厳身仏娑羅樹王仏宝華徳仏見一切義仏如須弥山仏如是等恒河沙数諸仏各於其国出広長舌相徧覆三千大千世界説誠実言汝等衆生当信是称讃不可思議功徳一切諸仏所護念経

○此の段は、上方世かい《界》の九仏を上ぐる。上方せかい《世界》は、天上の事なり。

▲梵音《ぼんおん》、仏梵は清浄と云ふ心にて、きよくいさぎよきなり。音は法音とて御仏のくどく《功徳》を云ふなり。

▲宿王仏《しゅくおうぶつ》、これ月天子を申したてまつる《奉》也。▲香上仏《こうじょうぶつ》、これは此の仏のくどく《功徳》の衆生にお〻ふ事、たとへばめいかう《名香》のよも《四方》に《くカ》かんずるがごとくといふぎ《義》也。▲香光仏《こうこうぶつ》、右におなじ。▲大焔肩仏《だいえんけんぶつ》、まへ《前》に申すなり。▲雑色宝花厳身仏《ざっしきほうげごんしんぶつ》、これは過去の万善万行の花をもつ《以》て、今くどく《功徳》法池のこのみ《身》となりて、衆生をりやく《利益》し給ふとのぎ《義》也。▲娑羅樹王仏《ばらじゅおうぶつ》、この

娑羅樹とは木の名なり。このき《（木）》のすくやか《（健）》にけんご《（堅固）》にて、夏冬かはらざるいろ《（色）》成るごとく、くりき《（功力）》のたゞしく《（正）》せいこん《（精魂）》のつよきにたとふる《（喩）》也。▲宝花徳仏《ほうげとくぶつ》、これも過去の万行の宝花のくどく《（功徳）》をたとへ《（喩）》て申すなり。▲見一切義仏《けんいっさいぎぶつ》、此の仏諸方へ一切の義に通じたまひ《（給）》、三世よくあきらかにまします御くどく《（功徳）》ゆへにかく《（斯）》申すなり。

▲妙須弥山仏《みょうしゅみせんぶつ》、たとへばくどく《（功徳）》つよく広大にしてはかりがたき事、しゅみ《（須弥）》の山のごとくなれば、かく《（斯）》申したてまつる《（奉）》といふこゝろなり。

十六 舎利弗於汝意云何何故名為一切諸仏所護念経
舎利弗若有善男子善女人聞是諸仏所説名及経
名者是諸善男子善女人皆為一切諸仏共所護念
皆得不退転於阿耨多羅三藐三菩提是故舎利弗
汝等皆当信受我語及諸仏所説舎利弗若有人已
発願今発願当発願欲生阿弥陀仏国者是諸人等
皆得不退転於阿耨多羅三藐三菩提於彼国土若
已生若今生若当生是故舎利弗諸善男子善女人
若有信者応当発願生彼国土

○此の段の心をりやく《（略）》していはゞ、何のゆへにこの経を諸仏のまもりほめ給ふぞとたづぬる《（尋）》に、あみだ仏のせいぐわん《（誓願）》余仏にこへじひ《（慈悲）》ぶかく、みやうがう《（名号）》のくどく《（功徳）》ふかくましますゆへ也。▲善男子善女人とは、此の経をしんかう《（信仰）》してうたがわず、ひたすらに

あみだのせいぐわん《誓願》にまかせてみやうがう《名号》をとの《唱》ふる男女の事也。▲あのくたら《阿耨多羅》三みやく《藐》三ぼだい《菩提》とは、あのくたら《阿耨多羅》はてんじく《天竺》の詞也。無上とてうへ《上》のなきといふこゝろ也。三みやく《藐》とは、正覚とて仏に成りたることとなり。さればあのくたら《阿耨多羅》三みやく《藐》三ぼだい《菩提》とは、しよせん《所詮》十悪五逆のつみ《罪》ある人、五障三従の女人、たゞ此の念仏みやうがう《名号》のくどく《功徳》にてやすくごくらくこく《極楽国》にいたるとのぎ《義》なり。

十七 舎利弗如我今者称讃諸仏不可思議功徳彼諸仏等亦称説我不可思議功徳而作是言釈迦牟尼仏能為甚難希有之事能於娑婆国土五濁悪世劫濁見濁煩悩濁衆生濁命濁中得阿耨多羅三藐三菩提為諸衆生説是一切世間難信之法舎利弗当知我於五濁悪世行此難事得阿耨多羅三藐三菩提為一切世間説此難信之法是為甚難仏説此経已舎利弗及諸比丘一切世間天人阿修羅等聞仏所説歓喜信受作礼而去

仏説阿弥陀経

▲五濁とは、五つのにごり《濁》とよむ。末の世昔にかわり悪心欲心うたがひの深く、御教化なされにくき事、時代自然の道理をなげき給ふ。そのうちに▲劫濁とは、常命八万歳より百年に一歳づゝちゞまりて、釈尊の御時既に百歳の時なり。命のちゞむに随ひて心も悪敷《あしく》なるにより、濁りたる時代といふ事也。▲見濁とは、仏法真実の道理にちがい、我をたて因果を見破り、小乗にほこり、有無の二つにかたおち、仏果をすて《捨》、天上をねがひ、かく《斯》のごとくに見あやまるをいふ。▲煩悩濁とは、色にまどひ、声に着して愛執の念深く、悪を起こして仏心をやき、善悪をわきまへずして叶わぬ事をなげき、うたがひを起こして善道に趣かず、其の外あげてかぞへ《数》がたし。▲衆生濁とは、末世に至りて衆生の心あしく、父母に孝行なく万をあわれまず、悪事をなしてむくい《報》をわきまへず、かく《斯》成り行く時節を云ふ。▲命濁とは、末世の命つゞまるをいふ、かく《斯》たん《短》命にして

は自づから善行をなす事もよわく、人の心もいら〳〵しくてすなを《（直）》をならぬを命濁といふ。

○此の段は、正宗分の終わり、釈尊前のごとく諸仏の御事を御さんだん《（讃嘆）》有りしごとく、諸仏も各々釈尊を御せうび《（称美）》有りて、末代五濁悪世に出でて成道を御とげ《（遂）》有りての上に、かゝる悪世の衆生を御教化

ありて、あつくぼだい《（菩提）》を起こし、仏果の縁を結ばしめ給ふ事の有り難さよと、諸仏御本国にて御せうび《（称美）》あるよと衆生にしめし、いよ〳〵仏法の奇特を信じさせ給ふ。さればかく《（斯）》悪世との給ふ釈尊御在世には二千余年の上代なり。又二千余年の後の今悪心ごうじやう《（強盛）》成る事おしはかるべし。よく〳〵心を仏法に帰して、浄土をねがひ、ゑ《（穢）》土をいとふ《（厭）》こゝろなくば、仏縁をむすぶ事かたかるべし。たとへば時せつ《（節）》到来にてひかるゝ心なく、只一すぢ《（筋）》に御本願をたのみて、上品上生の往生をこひ《（乞）》ねがふ《（願）》べし。かく《（斯）》有りがたき御説法を聴聞の衆、各くわんぎ《（歓喜）》のおもひをなし、しん《（信）》心をこらして仏をらい《（礼）》し、奉行御会座を退き給ふなり。扨御法の末代につたわり《（伝）》、今に絶へせぬ御法成るを流通といふなり。

阿弥陀経和談抄下巻終

此の阿弥陀経和談抄わ《（マヽ）》、愚痴蒙昧のため、ひらがな《（平仮名）》にのべ《（述）》、絵を入おわんぬ。誠に此の書を見て菩提心

をおこし、未来仏果のたねとなりなんこと、知識の教化をも聞くにひと《（等）》し、しからばすこしのいとまにも此の書を見、弥陀信心の念おのづからいづるときわ《（マヽ）》、衆生利益のたすけともなりなんと、これをあずさ《（梓）》にちりばめ、世におこ《（行）》のふものなり。

于時寛文十二年壬子十月十夜の内に之を刊す。

押小路通柳馬場西へ入る町

書林堂山本七郎兵衛弘貞板行

2　正信偈絵抄

編者架蔵

序

仰いで惟《おもん》みれば、西方極楽の教主、六百年のむかし、迹《あと》を此の国に垂れて、祖師聖人と示し給ふ。華夷六十年の御化導あり、竟《つい》に満九十歳にての御往生も、娑婆の風俗にしたがひ、ひとり残らせ給ふべきにあらず、今は年極まりて候得ば、定めて往生し候はんずるぞ、必ず浄土にて待ち参らせ候べく候とて、末の世の我等が為に数々の聖教を貽《のこ》したま（給）へり。其の中殊に正信偈和讃は、在家の内仏まで御免ありて朝夕是れを誦《とな》ふれば、せめては文句の梗概《あらまし》をも会得させばやと、同業の人かつて此の書を著しけるが、未だ其の業畢《ことお》はらずして世まかりければ、貧道その志しをつぎ、是れを梓に鏤《ちりば》めて、あまねく遐邇《おちこち》の同行に示し、御報謝相続の助縁たらしめんといふ。

安永癸巳の夏　　粟津釈義圭書

正信偈絵抄上

釈皆遵撰

此の偈文は、祖師聖人御宗旨の根本たる教行信証といふ六巻の聖教を著し給ひたる中、第二の行の巻の終はりに結び置かせられたるを、御在世の頃よりも別に採り出して諷誦《ふしつけとなえ》歌歎たる事にて、遂に在家の人々迄朝夕是れをもちて報謝の経営《つとめ》とする事なり。例せば法華経の中より普門品を別行《とりだ》して観音経と称し読誦する類ひなり。誠にわづか六十行《くだり》百二十句のうちに、浄土真宗の奥義、七高僧相伝の骨髄、遺失《のこり》なく綴りたま（給）ひたる偈文にて、六巻の御本書は勿論、御一代化導此の外に出る事なし。先づ此の偈文を製作し給ふ思し召しは、行の巻に、大聖の真言に帰し大祖の解釈を閲して、仏恩の深遠を信知して正信念仏偈を作ると仰せられて、釈尊の説き給ふ三部経の金言、三国伝来の七祖の御釈にて報土往生の信心決定なされたるゆへに、報恩のために此の偈文を製作し給ふとなり。されども自信教人信とて、御自身の報恩のみならず、末代のわれ〳〵まで其の道理をおしえ(教)玉はんが為に製作し給ふなり。和讃に如来二種の廻向を十方にひとしくひろむべしとの給ふ意なり。又御本書に、此の書を見聞せん者、信順を因とし、疑謗を縁とすと仰せられたは、祖師のあらは(著)し給ふ聖教を拝見し聴聞せん者、教へのごとく信ずる者は、報土往生疑ひなし。若し疑惑し誹謗などする者も、猶御縁となりて竟《つい》には信をうる(得)基《もと》ひとなるべしとなり。疑謗はおそろしき罪なれども、夫《それ》すら悪《にく》み給はず。まして教へのごとく信じたらん人はいふもさら也。是れを御製作の大意といふなり。さて是れを在家の内仏に誦《とな》ふることは、第三代覚如上人已来《このかた》なり。則ち御製作の御書物に、念仏行者の軌則、阿弥陀経六時礼讃を誦すべしといへども、在家止住の輩称名念仏なを懈怠す。

(頭注)

六時礼讃は善導大師の御作なり。

何《いか》にいはんや誦経礼讃に堪へんや。此の機の為のゆへに、此の偈及び和讃をつくりて朝夕これを誦せしむ。かつは相承の恩徳をしり、かつは係念《けねん》相続のために是れを授与せらるゝものなりとしるし置かせられたり。蓮如上人の御代には、山科の御堂へ朝など参詣すれば、僧衆・児《ちご》達・女房衆までうちあつまりて此の偈文など稽古し給ふ声のいと賑はしき風情なりと承り侍る。誠に其の風儀推しはかりて貴ぶべきに侍らずや。

正信念仏偈《しょうしんねんぶつげ》

此の五字は題号なり。題は一部の惣標なれば、此の偈文六十行百二十句の意はみな此の題号の内にこもる(籠)なり。然るに常は略して正信偈といへども具《つぶさ》には正信念仏偈といふ。正信とは、かたよらず側目《わきめ》せぬなり。二河《にが》の御喩へに正直に進んでとあり。頼め助かるとの御意に随ふて余所見せぬを正信といふなり。念仏とは、此の名号をたゞとなへては助からずと仰せられ、又は世間にみな人の

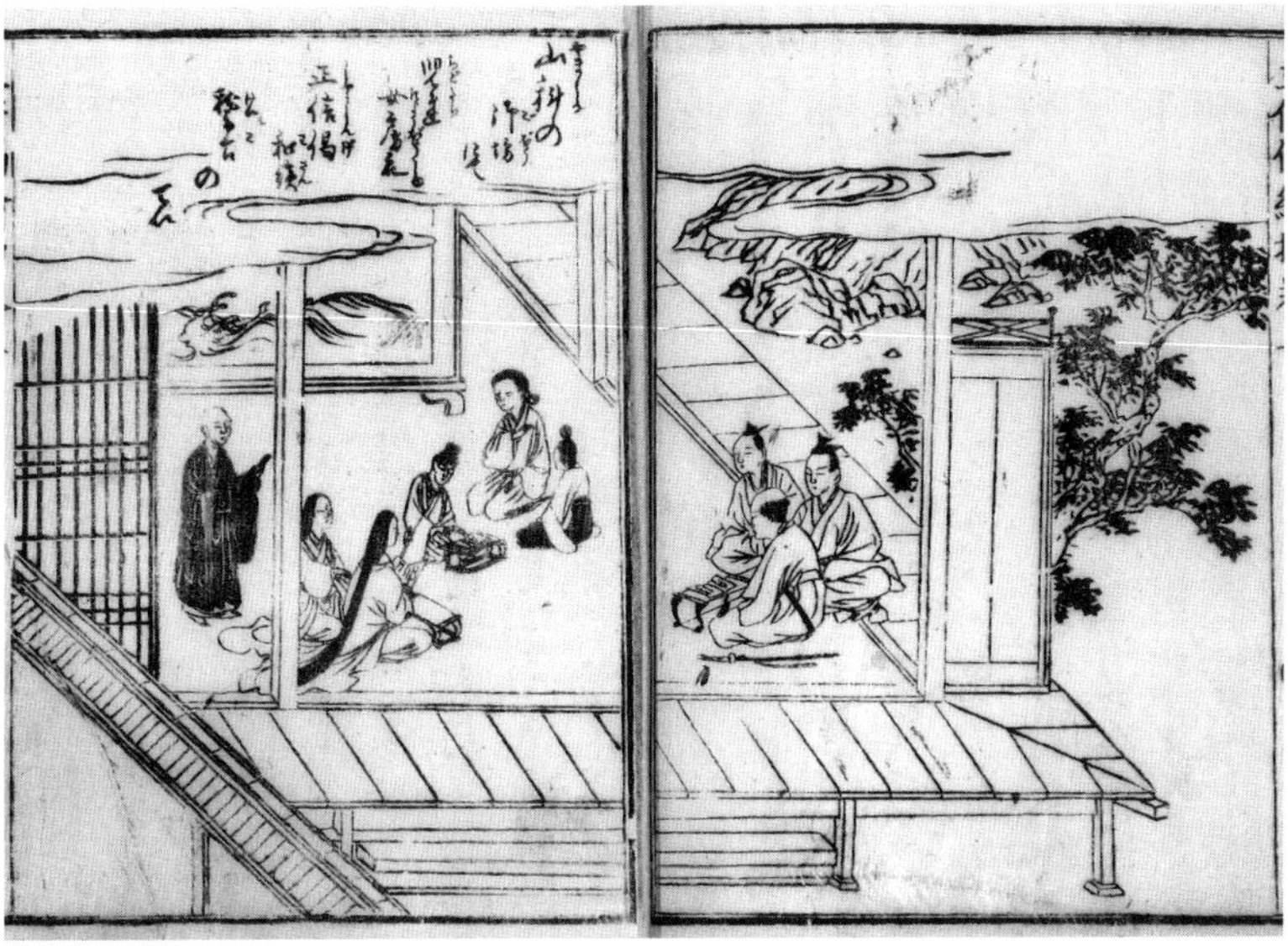

山科の
御坊にて
児達《ちごたち》
女房衆《にょうぼうしゅ》
正信偈
和讃
稽古
のてい

心得たる通りは、口にたゞ称名のみをとなへたらば、極楽に往生すべきやうにおもへり。それは大きに覚束《おぼつか》なき次第なりとのたまひて、唯口に称へたばかりでも、心に本願をたのむ真実の信心がなければ、正信の念仏にてはなきなり。今は衆生本願のいはれを聴聞して、さてもありがたひと心に往生を安堵したれば、信心には必ず名号を具する道理なれば、口に申しあらはすをまたず信ずる当体が正信の念仏なり。其のうれしさから南無阿弥陀仏と申し出るは、もとより正信の念仏なり。譬へば大寒のさむさが身に徹したれば、あらさむやといひ、炎天のあつさが身にこたへたれば、あらあつやといふ。如来の御慈悲が骨髄に徹したれば、己をわすれ《（忘）》てあら貴やと喜ぶなり。是れが正信の念仏にて信行具足の姿なり。今其のことはり《（理）》を顕し給ふなれば、正信偈と題号を置き給ふなり。偈とは、天竺の言葉にて唐の言葉にすれば美なりといふて、仏の功徳相好などを称《ほ》め奉る事なり。今他力本願の不思議をほめて仏恩を報じ給ふゆへに偈といふなり。

帰命無量寿如来《きみょうむりょうじゅにょらい》　南無不可思議光《なむふかしぎこう》

此の二句を初めに置きて専ら他力往生のおもむきを知らしめ給ふ。帰命といひ南無といふは、ともに往生を如来に任せて凡夫の計らひをはなれ《（離）》たるなり。およそ他力の極意は往生を仏力に任せ奉るより外なし。夫《それ》ゆへ此の二句を最初に置き給ふなり。天竺で南無といふを唐土では帰命といひ、我が朝の語に助けたま《（給）》へといふ。改悔《がいけ》の文にもろ〳〵の雑行雑修自力の心をす《（捨）》てゝ一心に阿弥陀如来今度の我等が一大事の後生御助け候へとしかと頼み申して候といふの意なり。しかし口さき《（先）》計りでたの《（頼）》むにあらず。心から彼尊《あなた》を頼むなり。夫《それ》を南無とも帰命ともいふ。無量寿とは、唐土の言葉、天竺にては阿弥陀といふ。寿命に限りなきみほとけといふ意なり。源氏物語に、死なぬ仏の御国と

善導大師
二河白道《にがびゃくどう》の
御たとへ

あるは極楽の事にて、因位の寿命無量の願に酬《こた》へ給ひて、かぎりなき寿命を得給ふゆへ、無量寿如来と申し奉るなり。其の如来を一心に頼むを帰命といふ。聖人の御釈に、帰命とは本願招喚の勅命なりとの給ひて、如来の方より参れ来たれとよびかけ給ふ御よび声を帰命といふなり。其御声にゆすりをこされて、斯かるいたづら者が、御助け候へと大悲にすがる身とはなるなり。然れば行者の帰命するは、本願の方より招喚《よびかけ》たまふ御声が此方のむねにこたへたるなれば、行者のはたらきにあらずと知らせて、帰命とは本願招喚の勅命なりと仰せられたり。二河の御喩へに、西の岸より汝一心正念に直ちに来たれ、我よく汝を護らんとのたまふ、則ち此の意なり。

（頭注）

二河のたとへ《（譬）》は、善導大師の散善義といふ書物にみへたり。和讃に善導大師証をこひ、定散二心をひるがえし《（翻）》、貪瞋二河の譬喩をとき《（説）》、弘願の信心守護せしむとありて、此の御たとへ《（譬）》にて行者の信心をまもりたまふ《（給）》ありがたき御ことなり。

南無不可思議光とは、南無は前にいふごとく、不可思議光とは、下にある十二光のごとき弥陀の光明は心も語も及ばぬ不思議の徳をそなへ玉へり。煩悩に眼をさえられて大悲の御光を拝まね共、其の御利益は今我等が身に顕れたまへ《（給）》り。唐人の詩に、叔《（淑カ）》気催黄鳥といふ句あり。此のこゝろは、冬の間は寒気にとぢられて幽谷《たにぞこ》に隠れ居たる鶯も、春になれば谷を出て里に遷《うつ》り長閑《のどか》に鳴くなり。鶯が心に春になりたれば里へ出て、わつさりと鳴ひて聞かそふといふ気はなけれ共、春の陽気に催ふされて我しらず鳴くなり。今も其のごとく、我等は久しく三界の谷底にありて煩悩の寒気にとぢられし身が、大悲の光明に照らされて宿善の春をむかへ、信心の陽気がめぐりたれば、今は往生治定、南無阿弥陀仏と、御恩を悦ぶ身となり得たり。是れ目には見ね共またく光明の御利益なり。かゝる御利益を備へ給ふゆへに不可思議光といふ。此の二句は光明寿命の二徳とて、和讃にも光明寿命の誓願を大悲の本とし給へりとの給へり。仏も御寿命みじか(短)ふては衆生済度し給ふ事なく、光明の力うす(薄)き時は、悪人女人を度し給ふことかな(叶)ひがたし。故に此の二徳を大悲の根本とし給ふなり。

法蔵菩薩因位時《ほうぞうぼさついんいじ》　在世自在王仏所《ざいせじざいおうぶっしょ》

是れより下、難中之難無過斯《なんちゅうしなんむかし》といふまでは、大経の意により給ひて、上に帰命し給ひたる如来のなりたち(成)(立)をしめして、仏恩の深重なる事をしらしめ給へり。法蔵菩薩とは、弥陀如来いまだ仏になり給はざる間の御名なり。因位とは、最初発心し給ひてより、正覚の時までの時節をさしていふ。法蔵とは、仏法《みのり》の蔵といふこゝろにて、弥陀如来むかし一切衆生のために諸善万行の功徳を修し給ひ、庫蔵《くら》に納めかく(隠)したるごとく無量劫の間に蓄積《たくわえ》給ひて、令諸衆生とて今日のわれ〳〵にゆづ(譲)り与へ給ふゆへに、法蔵と申し奉るなり。菩薩とは、天竺の詞にて、唐にては大心有情とて、大きなる心をおこして修行する人といふ事也。その菩薩、世自在王仏といふ仏の御説法の座に詣で給ひて、悪人女人の為に発願して思ひ立ち給ひたる事、大経にくは(詳)しく説き給ふところなり。まことにはるかなるものは陸奥へ下る人の逢坂の関をこ(越)ゆると千日の精進はじめと、清少納言もいひ置かれたれ共、無量永劫の御修行をはるぐ〳〵と覚しめし立ち給ひたる御心のほど、いかなる大悲にてかおはすらん。身を粉にしても報ずべし。骨をくだきても謝すべし。

観見諸仏浄土因《とけんしょぶつじょうどいん》　**国土人天之善悪**《こくどにんでんしぜんあく》
建立無上殊勝願《こんりゅうむじょうしゅしょうがん》　**超発希有大弘誓**《ちょうほつけうだいぐぜい》

観見とは、二字ともに見るとよむなれど、近くみるを観といひ、遠くみるを見といふなり。法蔵菩薩、世自在王仏の御説法の座にて、浄土を建立して末代の悪人女人をむかへ取らんと発心し給ひたるゆへに、世自在王仏、さらば諸仏の国々を見給ひて、いづれなり共、是れこそと思ひあたり給ふをゑらび取り給へとて、くはしく《（詳）》諸仏の国々の差別を説き給ひ、猶も仏力にて其の国々をま《（目）》のあ《（当）》たり現じて示し給ひたるゆへに、つら〳〵その国土を見給ふに、或ひはその浄土に生まるゝ因種《たね》に戒行をたもち布施をなすなどいふ諸善万行の因《たね》あり。又其の国々の有りさま御心にもかな《（叶）》はず。殊に末代の凡夫布施持戒などは及びがたく、かゝる事にては往生かたかるべしと思し召して、新たに四十八願をたて給ひたるなり。譬へば諸方の寺々に堂を建立せふと思ふにつゐて、其の寺の住持所々寺々の普請を見てまはるに、あの寺の恰好はわるし、此の寺の恰好はよし、此れは牀《ゆか》が卑《ひく》く、彼《あれ》は檐《のき》がみぢか《（短）》しなど〳〵、いろ〳〵みくら《（見比）》べてわるいをすて《（捨）》、好《よ》きを標準《てほん》とし、さていよ〳〵普請にかゝる時、処々寺々の基《もと》だてを聞くに、其地《そこ》の寺はかふした事で金銀をあつめ、彼地《かしこ》の寺はかやうの事をして建立が出来たといふ。いづれを聞きてもみな門徒に奉加し、人に苦労をかけてこしらへる手段、いづれも我が本意でなし。願はくは奉加をせず、無心をいはず、縦令《たとい》年数はかゝる共、我が一力にて建立せばやと思ふ勇猛の勲志《（マヽ）》からなんなく普請成就するごとく、法蔵菩薩、世自在王仏の御もとにて二百一十億の諸仏の浄土を御覧なされ、麁をすて《（捨）》妙を取りて、あの浄土はすぐれぬ、此の浄土こそ好《よ》けれと、すぐれたるを取りて手本となされ、さて諸仏の浄土御取り立てのやうす《（様子）》、参る衆生に苦労が有るや否やを鑑み給ふに、いづれ諸仏の浄土は知行の二つをした〻めて参る事なれば、末代の凡夫女人は一人も顔出しするものなし。此の上は衆生を兼ねず、難儀をかけず、夫《それ》を我が身に引き受けて、我計り苦労すればもろ〳〵《（諸々）》の衆生は其の儘にて引きうけらる〻ぞと、勇猛の手強き心ざしをかためさせられて、麁相な国をすて《（捨）》〻、善妙の世界を手本とし給ひて、真実報土の勝相をかざり、自力の往生をすて《（捨）》〻、他力の生因を彼尊《あなた》より南無阿弥陀仏と定めさせられ、つゐに本願御成就ありて、阿弥陀如来とならせ給へり。しかれば末代の我等いそぎて御慈悲にすがり奉るべきなり。今はかの法蔵菩薩、御誓願

法蔵菩薩
世自在王仏の
御前にて
四十八願をおこし
たまふ所

を初めて発し給へる事をあらはして、建立無上殊勝願、超発希有大弘誓としめし給へり。

五劫思惟之摂受《ごこうしゆいししょうじゅ》　重誓名声聞十方《じゅうせいみょうしょうもんじっぽう》

劫とは、芥子劫・盤石劫などいふ事あり。四十里四方の城の中に芥子粒をみ《（満）》てゝ、長寿の天人三年に一度づゝあまくだりて、かの芥子粒を一粒〳〵取り尽くしたるを一劫といふなれば、かぎりも知れぬ久しきことなり。それを五つなれば五劫といふ。其の永き年月思ひわづら《（煩）》ひ給ひて、いかゞして悪人女人を助けんぞと御工夫なされたるなり。摂受とは、浄土を構へ悪人を迎へ給ふにつゐて、さま〴〵《（様々）》の功徳善根を貯へ給ふといふ事なり。譬へば医者の病を療ぜんとて、いろ〳〵薬種をあつめ置くがごとし。法蔵菩薩、我等が無明業障のおそろしき病を癒《なお》し下されんとて、諸善万行の功徳をあつめさせられたを、摂受し給ふといふなり。

重誓名声聞十方とは、四十八願の次に三誓の偈といふあり。それをさして重誓といふ。其の偈の中に、我仏とならば名を十方に聞こえて残る所なからんと誓ひ給へり。其の御願御成就ありしゆへ、十方法界布流行と六字の名号、法界海にゆき《（行）》とゞ《（届）》ひてひろまらぬ処はなし。去るほどに、猟師が山に入りて鹿を追ひながらも南無阿弥陀仏、漁者が浜辺に出でて魚を釣りながらも南無阿弥陀仏、何となく口ずさみ申してちぎりけり。仏の御名は南無阿弥陀仏、かやうにひろまり給ふは、かの御誓ひましますゆへなり。何の為に名号を弘め給ふなれば、聞き得るにつゐて歓喜の一念治定すと示し給ひて、末代我等が為に阿弥陀如来御辛労ありて此の名号を御成就なされしぞと聴聞すれば、さてはかゝる悪人の為に御苦労ありし事のさてもありがたひと歓喜の心の起こる時に、即ち往生を定め下さるゝ其の為に御名をひろめんと御誓ひあられたるなり。

普放無量無辺光《ふほうむりょうむへんこう》　無碍無対光焔王《むげむたいこうえんおう》
清浄歓喜智恵光《しょうじょうかんぎちえこう》　不断難思無称光《ふだんなんしむしょうこう》
超日月光照塵刹《ちょうにちがっこうしょうじんせつ》　一切群生蒙光照《いっさいぐんじょうむこうしょう》

此の六句は、遂に成仏し給ひて御願のごとく光明の利益ひろき事をのべ《（述）》給へり。普放とは、あまねくはなつ《（放）》にて、次下につらね給ふところの十二光をはなち《（放）》給ひて十方世界をてらし給ふとなり。光明の徳益を大経に十二の名を以て説き給へり。

（頭注）
たとへば《（譬）》一人にていろ〱芸ある人の笛をふけば《（吹）》ふへふき《（笛吹）》といひ、つゞみ《（鼓）》をうてばつゞみうち《（鼓打）》といふごとく、如来のくはうめう《（光明）》は一色なれども御利益いろ〱ましますゆへ十二光の名をそなへたまへ《（給）》り。

一つに無量光とは、仏の光明いかほどゝはかり得べきにあらず。無辺光とは、いかほどをてらし《（照）》給ふといふほとり《（辺）》もなし。無碍光とは、さはり《（障）》なしといふ意にて、いかなる深重の悪業をも、さは《（障）》りなくてらし《（照）》給ふゆへなり。無対光とは、光明にくらべ《（比）》比すべき物なしといふ意なり。焔王光とは、焔はほのほにて火の勢ひなり。火よく物を焼くの勢ひあり。仏の光明も三毒妄念の薪《たきぎ》をこと〴〵くやき《（焼）》つくし《（尽）》給ふゆへに炎王光といふなり。清浄光とは、衆生の貪欲の煩悩を消し給ふ。歓喜光とは、瞋恚の煩悩をやはらげ《（和）》給ふ。智恵光とは、愚痴の闇をてらし《（照）》給ふなり。

（頭注）
貪欲とは、をもに《（主）》色欲のことなり。かねて《（兼）》は一切のよく《（欲）》も此のうちにこもる《（籠）》なり。

超日月光とは、仏の光明は日月の光に同じからず、昼夜のわかち《（分）》なく墻壁のへだて《（隔）》もなくてらし《（照）》たまふ《（給）》ゆへに、日月にこへ《（超）》すぐれ給ふといふ意なり。照塵刹とは、上の光明塵刹の数かぎりもなき世界をあまねくてらし《(照)》給ふとなり。塵はちりとよみ、刹はくに《(国)》とよむ。即ち十方世界なり。其の国々の一切群生とは、一切衆生と同じ。蒙光照とは、光明の照触をかふむる《(蒙)》といふ意なり。我等いかなれば罪深き身ながらかゝる光明の御利益をかふむり《(蒙)》、無明業障の闇はれ《(晴)》て無上浄信の曙になりしぞとおもへば、おもへば広大の御慈悲いやましに悦び給ふべし。

本願名号正定業《ほんがんみょうごうしょうじょうごう》　至心信楽願為因《ししんしんぎょうがんいいん》

本願の名号とは、第十七願の名号なり。即ち南無阿弥陀仏をもちて末代の悪人凡夫が往生のたねと正しく定め置かせられたといふ事で本願名号正定業といふなり。至心信楽願為因とは、第十八願に至心信楽欲生我国の三信を誓ひ給ふゆへ至心信楽の願といふ。三信とはあれ共、唯これ行者帰命の一心なりとあれば、此の願の御約束に任せて、仏智を信じて疑はねば、それが報土往生のたねなるがゆへに、至心信楽願為因との給ふなり。業もたねなり、因もたねなれば、浄土参りのたねが二つあるやうなれ共、左右《そう》ではなきなり。安楽仏国にいたるには、無上宝珠の名号と真実信心ひとつにて、無別道故ととき《(説)》たまふ《(給)》とあり。又行を一声すと聞きて疑はねば信をはなれ《(離)》たる行もましまさず。信と行とは、御誓ひを申すなり。御誓ひとは南無阿弥陀仏なり。其の名号をたゞ称えては助からざるなり。故に六字のいはれを聞けとおし《(教)》へ給ふ。六字のいはれとは、阿弥陀仏のむかし法蔵比丘たりし時、衆生仏にならずば我も正覚ならじと誓ひまします時、其の正覚既に成《じょう》じ給ひし姿こそ、すなはち今の南無阿弥陀仏にてありけりとおもふべきものなり。これすなはちわれら《(我等)》が往生の定まりたる証拠なり。然れば本願の名号は私が為に往生を定め下されたる御姿にて有るぞと聞こえて疑はぬが即ち往生の業因なれば、それをしらせんとて本願名号正定業、至心信楽願為因とのたまふなり。故に信と行とは御誓ひを申すなりとの給へり。物の名も処によりてかは《(変)》りけり。難波のあし《(葦)》は伊勢の浜をぎ《(荻)》といふごとく、処によりて名はかは《(変)》れども、其の物はひとつなり。十七願にありては名号といひ、十八願にありては信心といふ。其の体はたゞひとつの南無阿弥陀仏なりと心得べし。かゝる取り得もなき我等が為に、往生のたねをかねて定め置かれし事の頼母《たのも》しさよと、いよ〳〵大悲の深重なる事をおもひて念々に捨てず、仏恩報謝の称名に油断あるまじき也。

成等覚証大涅槃《じょうとうがくしょうだいねはん》　必至滅度願成就《ひっしめつどがんじょうじゅ》

此の二句は、浄土の証果とて極楽にてさとり得る位を示し給ふ。上の如くの信心の因によりて顕るゝ果報なり。等覚を成ずとは、等覚は弥勒菩薩のごとき次の生に決して仏になりたま《(給)》ふをさして等覚といふなり。覚は仏のさとりにて、夫《それ》に等同也といふ意なり。仏は十五夜の満月のごとく、等覚の弥勒菩薩は十四夜の月のごとく、すこしの違ひあるなり。しかるに御自註に正定聚なりと有るをもちてみれば、念仏の行者願力不思議の功によりて罪悪の身ながら信決定の時より正定聚の人となり、等覚の菩薩に同じと云ふ意なり。菩薩と凡夫と雲泥のちが《(違)》ひなれども、此の度の命終はりて次の生に決して仏になるかたから見れば、全くひとしきいはれあるゆへに、念仏の行者を弥勒にひとしとも等覚に同じとも賛《ほ》め給へり。和讃に、五十六億七千万、弥勒菩薩は年をへ《(経)》ん、まことの信心う《(得)》る人は、このたび《(度)》さとりをひらく《(開)》べしとの給へり。譬へば谷底より生ひたちて数百年経たる大木より、今年初めて嶺に生へたる草の高きがごとく、自力修行の谷底からくみたて給ふ菩薩より、仏智他力の高根に芽《は》へ出でた信心の徳にて、弥勒に先立ちて此の度さとりを開く身となれり。証大涅槃とは、浄土に生まれてさとる果報なり。

一切の衆生光照を
かうむるてい

証はさとるなり。大涅槃とは、天竺の詞なり。唐の詞にて不生不滅といふ。則ち生住異滅の四相にうつされず、死ぬる事もなく、煩ふ事もなく、年寄ることもなし。常住にして移らずかはら《（変）》ず。永き世楽の身となるを涅槃とも滅度共不生不滅ともいふなり。其の貴きさとりを臨終一念の夕《ゆうべ》、枕のうへに露の命きゆる時、速やかに証《さと》り得る事、是れ全く第十一の願、必至滅度の御誓ひ御成就のしるしなりと結び給ひたり。今ははや一夜の旅となりにけり、ゆきゝあまたのかり《（仮）》の宿々とよみし如く、無量永劫なが〱の間、生死の旅路にはてしなく流転せしに、思ひよらずも今生を迷ひのおさめとして、次の生には浄土に生まれ、目出度《めでた》くさとりの身となるべき事をおもへば、是れにすぎ《（過）》たる悦びはあらじ。

如来《にょらい》所以《しょい》興出世《こうしゅっせ》　唯説《ゆいせつ》弥陀《みだ》本願海《ほんがんかい》
五濁《ごじょく》悪時《あくじ》群生海《ぐんしょうかい》　応信《おうしん》如来《にょらい》如実言《にょじつごん》

上の二句は、真宗の教へを示し給ひ、次の二句は信心をすゝめ給ふ。真宗の教へとは、惣じては三部経、別しては大経なり。大経の中に、釈迦如来此の悪世に出世し給ふは、末代の凡夫に弥陀の本願をしらしめて、極楽往生をすゝめんが為なりと説き給へり。釈尊出世の御本意は、唯他力本願を説きたま（給）ふにあり。それゆへ今如来とは釈尊なり。所以はわけといふ意なり。興出は世にあらはれ給ふなり。釈尊の此の世にあらはれ給ふわけはと問えば、ひたすら弥陀の他力本願海を説き給はんが為なりといふ二句の意なり。海とは、本願の広く御慈悲のふか（深）ひ事を、海にたとへ（譬）給ひて、凡夫も聖者も一同に願力にすがれば、上下のへだて（隔）なく一味のさとりを開く事は、海のよろづ（万）の水をおさめてともに一つのうしほ（潮）となすが如くなり。扨さほど他力本願を説き給はんが為に出世し給ひたる仏ならば、初めより本願を説き給はずして、聖道自力の教へを長々と説き給ふはいかにといふに、仏法には因縁といふことありて、今日にても本願の御縁なき人は弥陀の大悲も力及ばせ給はぬなり。釈尊も本願を説きたま（給）はんと思し召せ共、機縁調ひ時至らざるゆへに、余教有縁の人の為にさま〴〵の教へを説き給へり。然るに時節到来して韋提希夫人《いだいけぶにん》のごとき逆縁をこ（起）りて初めて浄土の教をさかん（盛）に説き給へり。さればいよ〳〵五濁悪世に生まれたる者は、如来の如実とてたしかにすゝめたま（給）ひたる金言を信ずべしといふ、次の二句の意なり。五濁とは、弥陀経に説き給ふごとく、劫濁・見濁・煩悩濁・衆生濁・命濁なり。濁は滓穢の義にして、をりかすの事なり。末代今の世は世くだ（降）り、人つたなくして何もかもをりかすになりたるわろ（悪）き時節をさして五濁悪世といふなり。

大聖釈尊、右に阿難、
左に目蓮、虚空をあゆみ
たま《（給）》ひて、韋提希《いだいけ》
夫人《ぶにん》を済度に
きたり給ふ

群生海とは、一切衆生の夥《おびただ》しくかぎりなきを海にたとへ《（譬）》給へり。

能発一念喜愛心《のうほついちねんきあいしん》　不断煩悩得涅槃《ふだんぼんのうとくねはん》
凡聖逆謗斉回入《ぼんしょうぎゃくほうさいえにゅう》　如衆水入海一味《にょしゅしにゅうかいいちみ》

能発とは、能はみごと《（見事）》といふこゝろなり。譬へば稚孩《おさなき》子共に手習ひをおしゆる《（教）》に、初めの程は爪形をつけ、手を持ちて書かせて、扨も見事によう書いたとほめるは、実に見事といふにあらず。年も行かぬぐはんぜ《（頑是）》なしにしては見事味やりたといふほどの事也。我等が如き罪悪の凡夫、真実信心の発《おこ》るべき身でも心でもなきものを、阿弥陀如来の大悲よりかゝる信心をこ《（起）》さしめ下されたゆへ、ほそ〴〵も御恩を喜ぶ心になれば、さても見事、よう信心をおこ《（起）》したれと称《ほ》め給ふ意なり。一念喜愛心とは歓喜愛楽なり。即ち他力信心の事にて経文に歓喜踊躍《かんぎゆやく》と説き給ふ。往生の一大事を他力の不思議にてやすく定め下されたを聴聞して、さても有りがたひと重荷をおろしたる心地して喜ぶ。其の心から御慈悲をしたひ奉る様になりたるを喜愛心とはいふなり。不断煩悩得涅槃とは、凡夫の方には一毫の煩悩をも断する事なけれ共、仏力より消しほろぼし《（滅）》給ひて、涅槃のさとりをひらかせ《（開）》下さるゝをいふなり。凡は凡夫なり。聖は菩薩などの煩悩を断じたま《（給）》ひし聖者なり。逆は五逆にて親を殺しなどするものなり。謗は誹謗正法とて仏法をそしりたる悪人なり。かゝる悪人も善人も斉《ひと》しくとは、差別なく助け給ふとなり。回入とは、回心懺悔《えしんさんげ》の意なり。中納言家隆八十の年初めて後世の道に立ち入り、七首の和歌をよまれたる中に、斯くばかりちかひ《（誓）》まします弥陀仏をしらで久しく年を経にけりとつらね給ふごとく、有りがたき御法を今までしらずすぎし《（過）》事の浅猿《あさまし》さよと、うち驚きて御慈悲にたち入るを回入といふなり。斯くのごとく御法義に立ち入らば、もろ〳〵の水の海に流れいり《（入）》て同じく一味の鹹《うしお》味となるごとく、善悪の別ちなく、凡聖の隔てなく、みな一種真妙の証《さと》りを開かせ下さるゝぞとなり。

摂取心光常照護《しょうしゅしんこうじょうしょうご》　已能雖破無明闇《いのうすいはむみょうあん》
貪愛瞋憎之雲霧《とんあいしんぞうしうんむ》　常覆真実信心天《じょうふしんじつしんじんてん》
譬如日光覆雲霧《ひにょにっこうふうんむ》　雲霧之下明無闇《うんむしげみょうむあん》

此六句は、摂取の光明の徳を示し給ふ。摂取の心光とは、仏の御心に常々念仏の行者をまもり《（守）》給ふなり。其の御心しばらくも御油断なきを常照護といふなり。已能雖破無明闇とは、迷ひに帰るべき無明の本源の闇は、光明の日輪の徳にてはやすで《（既）》にやぶり《（破）》をはり給へども、凡夫のならひとして、一生涯のうちはあらぬ妄念の貪欲瞋恚の煩悩は、雲霧のごとくしていつを晴れ間ともしらず、常に真実信心の天をおほひ《（覆）》かくし《（隠）》て、はれ〴〵《（晴々）》しからぬ事のみなりといふ意なり。譬如日光といふより又一重譬へをあげてしめしたまふ《（給）》。譬はたとへ《（譬）》にて、たとへ《（譬）》ていはゞ已《すで》に夜あけて昼なれ共、もし雲霧覆ふたれば日光を拝む事なくうちくもり《（曇）》たる気色なり。されどもさすがは昼の徳にて、闇の夜とはちがひ《（違）》、燭《ともしび》いらずに物を見るなり。今もそのごとく、摂取心光の日輪にてらさ《（照）》るゝ身なれ共、煩悩の雲霧つね《（常）》に信心の天をおほひ《（覆）》たれば、心の内かきくもり《（曇）》てはれ〴〵《（晴々）》敷くはなけれ共、摂取の光明の日輪出で給ふしるしには、折々思ひ出だして報謝の称名もうかゞひ、仏恩の深き事をも喜ぶなり。是れまたく摂取心光の御ちからにて、無明の闇のはれ《（晴）》たるしるしなりといふ意を、雲霧の下明らかにして闇なしとの給ふなり。いづれ煩悩妄念は凡夫の生得なれば、臨終までは暫時《しばらく》もやむいとまはなきなり。それをやめてから喜ばふとしかゝるは大きなる僻事《ひがごと》なり。向阿上人の語に、やめんとすれば妄念いよ〳〵おこ《（起）》る、をこ《（起）》らばおこ《（起）》れとうちす《（捨）》てゝ念仏申すが手にて候としめされたれば、貪瞋煩悩にてかきくもる《（曇）》中から、斯かる者を御助けある事の有りがたひと喜ぶべし。歌に、川ぎり《霧》がたちこめつれば高瀬舟わけ《分》ゆく《行》棹のこゑ《声》のみぞするとよめるは、川を秋ぎり《霧》がうづみ《埋》しゆへ、舟のすぐる《過》は見へざれ共、人声も聞こえ、櫓声も聞こゆれば、舟は行くぞとしらるゝなり。今衆生の胸のうちに貪瞋煩悩の雲霧ふさがりて、信心の舟は見へね共、うれしや有りがたやの声もきこへ、南無阿弥陀仏の櫓声もするからは、信心の舟の相続して行くぞとしられたり。ある人五月雨の頃、近江路にをもむきしに、名にしあふ《負》景色の見へざりければ、五月雨や八景も三井の鐘ばかりと口号《くちずさみ》けるとなん。信心決定の人も其の如く、三毒煩悩の五月雨に降りこめられて何国《いづく》の景色やらいづれが成仏の風景やら、途方にくれ《暮》たおりからも、南無阿弥陀仏の声ばかりはかくれ《隠》ねば、信心

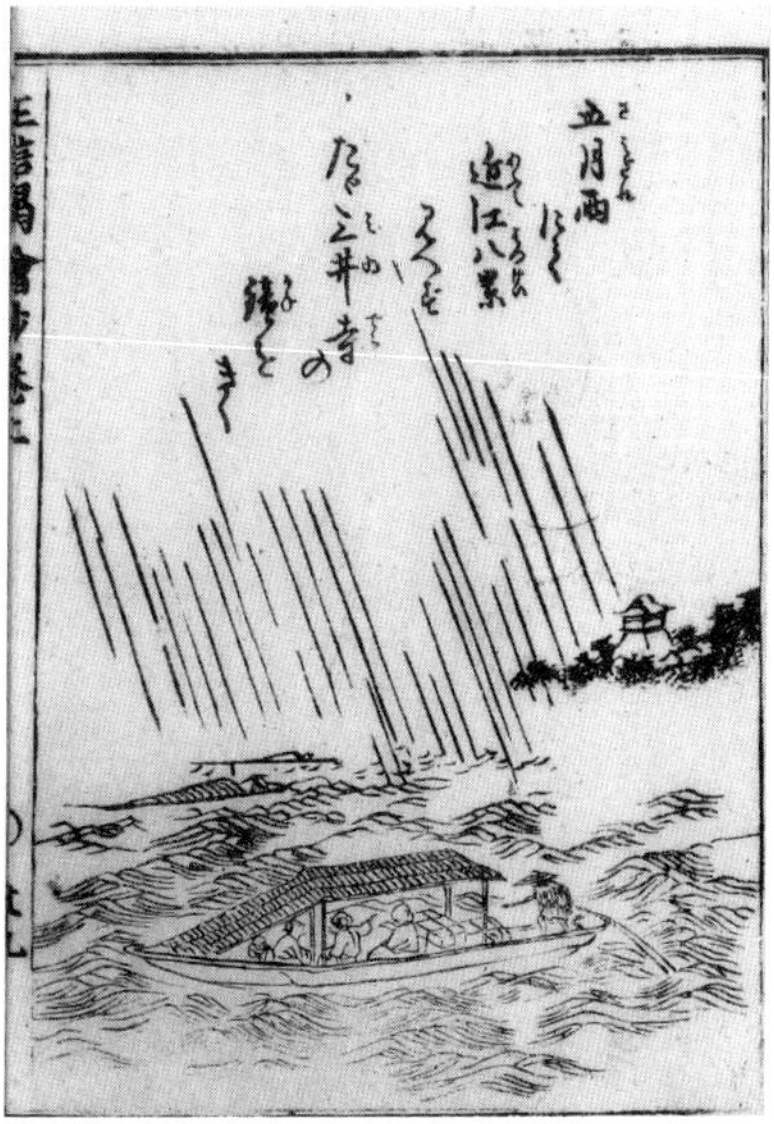

五月雨にて
近江八景
見へず
たゞ三井寺の
鐘をきく

の景色あるにちが《（違）》ひはなきなり。いかに霧がふればとて、舟の消へたるにあらず。如何に雨が降るとても、八景の消へたるにてはなきなり。舟ある証拠には人声がするなり。八景ある証拠には三井寺の鐘が鳴るなり。信心あるしるしには、うれしや南無阿弥陀仏のこゑ《（声）》が聞こゆるぞかし。三毒の煩悩はしばしばをこ《（起）》れ共、まことの信心はかれにもさへられずと、いやましに喜び給ふべし。

獲信見敬大慶喜《ぎゃくしんけんきょうだいきょうき》　即横超截五悪趣《そくおうちょうせつごあくしゅ》

（頭注）

元祖上人の御釈に、天にあほ《（仰）》ひでもよろこぶべし、地にふし《（伏）》てもよろこぶべし、此のたび《（度）》本願にあへることを。

上につゞきて横超他力の徳をしめし給ふなり。獲信とは信心を得るなり。見敬とは、信心の人は恭敬の心あるべしといふ意なり。大慶喜とは大きによろこぶなり。即横超截とは、即はそのまゝなり、横はよこさまなり。竪に対する字にて、はる〴〵《（遙々）》自力の修行して仏になるを竪といふ。他力本願を信じて、上のごとき慶喜を得る人は、其のはるばる《（遙々）》の修行路をよこさまにとび《（飛）》こゆるといふ意なり。截とは截断にてきりはなすなり。五悪趣とは、地獄・餓鬼・畜生・人間・天上の此の五趣の迷ひを横に飛びこえ一刀にきりはなして、無為のさとりをひらく《（開）》といふ意なり。親がさま〴〵苦労してをき《（置）》たればこそ、子が逸《らく》をするなり。阿弥陀如来の因位にいろ〳〵御辛労なされたればこそ、今は何の造作もいらぬ事よと、いよ〳〵広大の御恩を貴むべし。

一切善悪凡夫人《いっさいぜんあくぼんぶにん》　聞信如来弘誓願《もんしんにょらいぐぜいがん》
仏言広大勝解者《ぶつごんこうだいしょうげしゃ》　是人名芬陀梨華《ぜにんみょうふんだりけ》

此の四句は、信心の行者を経釈に賛《ほ》め置かせられたるを引ゐて我等に信心をすゝめ給ふなり。一切善悪凡夫人は十方衆生なり。如来の他力本願を聴聞して疑ひなく信ずる者を、釈迦如来は広大勝解の者とほめ給ふ。ならびなき智恵者といふ意なり。たとひ一文不知の尼入道なりといふとも、後世をしるを智者とすといへりとの給ふもまた此の意なり。是人名芬陀利華とは、その人は芬陀利華のごとしと美《ほ》め給ふなり。芬陀利は天竺の語にて、唐には白蓮華といふしろ《(白)》きはす《(蓮)》なり。蓮《はちす》の泥の中より生じて、しかも泥にそま《(染)》ずいさぎよきがごとく、念仏の行者妄念煩悩の泥の中より往生治定と信心の華を生ずるは、まことに泥より出でたる蓮なりとほめ給ふなり。わが賢くてかくなりたるにあらず。ひとへに大悲の御めぐみとますます御恩を喜ぶべきなり。

弥陀仏本願念仏《みだぶつほんがんねんぶつ》　邪見憍慢悪衆生《じゃけんきょうまんあくしゅじょう》
信楽受持甚為難《しんぎょうじゅじじんいなん》　難中之難無過斯《なんちゅうしなんむかし》

（頭注）
> これによりて大経には、易往而無人とこれをとか《(説)》れたり。此の文の心は、信心をとりて弥陀を一向にたのめば、浄土へまい《(参)》りやすけれども、信心をとる人まれなれば、浄土へはゆき《(行)》やすうして、しかも人なしといへるは、此の経文の心なりと。此の所よく〱あぢ《(味)》はふべし。

此の四句は、大経・弥陀経の意によりて誡めたま《(給)》ふと勧め給ふと両様なり。およそ他力本願の念仏は、愚痴無智にうちかたむ《(傾)》きて信ずれば上のごとくの利益あれども、邪見とてよこしまなる領簡《りょうけん》ををこ《(起)》し、憍慢とて我を高ぶる者などは信ずること中々かたかるべし。かたしといふ中にも、是れにすぎ《（過）》たるかたき事なしといふを、難中之難無過斯といふなり。小智は菩提の妨げなれば、愚痴無智のありべかゝりなるこそよけれ。いかにおろか《（愚）》につたなげなる煩悩具足の凡夫にて、ありにかざる所なき姿にて侍らんこそ、浄土真宗の正機たるべけれ。かまへて自力のさしでがましき心をはなれ《（離）》て、唯不可思議の仏智を仰ぎ奉るべき事、かへす〴〵肝要なり。上来は皆大経の意によりて御宗旨の法をのべ《（述）》たま《（給）》へり。

正信偈絵抄上巻終

正信偈絵抄下

釈皆遵撰

印《いん》度《ど》西《さい》天《てん》之《し》論《ろん》家《げ》　中《ちゅう》夏《か》日《じつ》域《いき》之《し》高《こう》僧《そう》
顕《けん》大《だい》聖《しょう》興《こう》世《せ》正《しょう》意《い》　明《みょう》如《にょ》来《らい》本《ほん》誓《ぜい》応《おう》機《き》

（頭注）

天竺は流沙葱嶺《りゅうさそうれい》の山河をへだ（隔）て、十万余里の西にあり。

上来は、釈迦如来の勧め給ひし経説を以て、真宗の法門をしめし給ひ、此れより下は三国の七高祖の勧め給ふところを挙げて相承のたしか成る事をしめしたまふ（給）。印度とは天竺なり。西天とは唐、日本よりは遙かの西にある国ゆへに西天といふなり。論家とは、菩薩はみな御経につゐて論を造り、仏の教法をひろめ給ふゆへに、惣じて論家といふなり。今は別して龍樹・天親の二菩薩をさすなり。中夏とは唐土なり。日域は日本なり。此の三国に顕れ給ふ高僧をの〱（各々）大聖釈尊世に出興し給ひたる本意をあらはし給ひ、かつは他力本願の末代有縁にして下機相応の要法なる事を念頃《ねんごろ》にすゝめたまひしといふ意なり。

釈《しゃ》迦《か》如《にょ》来《らい》楞《りょう》伽《が》山《せん》　為《い》衆《しゅ》告《ごう》命《みょう》南《なん》天《てん》竺《じく》
龍《りゅう》樹《じゅ》大《だい》士《じ》出《しゅつ》於《お》世《せ》　悉《しつ》能《のう》摧《ざい》破《は》有《う》無《む》見《けん》
宣《せん》説《ぜつ》大《だい》乗《じょう》無《む》上《じょう》法《ほう》　証《しょう》歓《かん》喜《ぎ》地《じ》生《しょう》安《あん》楽《らく》

是れは第一祖龍樹菩薩の徳を出だし給ふ。此の菩薩は釈尊かねて御説法の時に、滅後にかやうかやうの菩薩ありて仏法をひろめ念仏をすゝめんぞと説き置き給へり。その御説法は楞伽山といふ山にて説き給へり。楞伽経の中に見へたり。為衆とは、その会座につらなり（列）給ひたる人々に対してなり。告命とは、仏の仰せらるゝやうは、南天竺に龍樹大士といふ菩薩世に出でて、すべて仏法におひて有無の見とてひがさまに心得たる者をうちくだきて正見にもとづかしめ、其の身は歓喜地といふ位に登り、しかも極楽を願ふて弥陀の浄土に往生すべしと説きたまえ（給）り。

（頭注）
蓮師の云はく、安心とはたゞ心のはて場也。とかくはからひなきが有無をはな《（離）》れたるなり。

果たして如来入滅の後三百年を経て、南天竺に龍樹菩薩出世し給ひ、大乗の法義を伝へ、他力本願をあらはし給ひ、極楽往生を願ひ給へり。しかれば龍樹菩薩のすすめ給ふ所は、釈迦如来かねてしろしめして仰せおか《（置）》れたるなれば、いよ〱信ずべしとなり。

（頭注）
仏法に大乗・小乗のかは《（変）》りあり。大乗はすぐれたるみのり《（御法）》なり。其の大乗の中にて無上の法とてことにすぐれたる他力本願のみのり《（御法）》なり。

顕示難行陸路苦《けんじなんぎょうろくろく》　**信楽易行水道楽**《しんぎょういぎょうしどうらく》
憶念弥陀仏本願《おくねんみだぶつほんがん》　**自然即時入必定**《じねんそくじにゅうひつじょう》
唯能常称如来号《ゆいのうじょうしょうにょらいごう》　**応報大悲弘誓恩**《おうほうだいひぐぜいおん》

此の六句は、龍樹菩薩造り給ふ十住毘婆沙論の易行品によりてつらね《（列）》給ふ。難行陸路苦とは、易行品に譬へを挙げ給ひて、聖道門の教へは、たとへ《（譬）》ば陸地を歩むごとく、たやすく行き著《つ》く事かたし。いわんや《（況）》山坂の険難なるは、中々常なみの者すらあゆみ《（歩）》なやむ《（悩）》ことなり。まして病人・婦人・小児などは及びなき事なり。他力本願は水路を舟にてわたる《（渡）》ごとく、いかなるものも船に乗じたれば一船に何のうれひ《（憂）》なく、やす〱と向ふの岸につくごとく、安楽なることいふばかりなし。是れを易行道といふ。末代の衆生は五障三従の病をも《（重）》く、十悪五逆の重荷をもちたるもののみなれば、本願他力の大船に乗じて、生死の海をわたれ《（渡）》とおしへ《（教）》給ふを易行道といふなり。生死の海無辺なり。苦を渡す船いまだ立たず。いかんぞ睡眠を楽しまんやと有るごとく、我等は目の前に生死の大河をひか《（控）》へたれば、これを渡るべき船筏がなくばねざめ《（寝覚）》もやすからず。湯水も通るまじき事なり。然るに今本願の御船にてやす〱わた《（渡）》し給ふと聞かば、いそぎ其の御船に乗るべし。初めの二句此の意なり。次の二句は弥陀仏の本願念仏を憶念すれば、われ知らず自然に正定聚に入りて決定往生の身となるとなり。必定とは、かならず定めて往生する人といふこゝろなり。唯能常称如来号、応報大悲弘誓恩とは、つね〲《（常々）》念仏申して如来の御恩を悦べとなり。和讃に弥陀大悲の誓願をふかく信ぜんひとはみなね《（寝）》てもさ《（覚）》めてもへだ《（隔）》てなく南無阿弥陀仏をとなふべし。むかし大唐の善道《（マヽ）》大師は、三十年別の寝所なしとて御寝間を構へたま《（給）》

教信沙弥、戸板に蕎粒《そばつぶ》を
ちらし、裸形にて其の上に
寒夜ねむらずして
念仏のてい

はず。ねむ《（眠）》たければ仏前にてねむ《（眠）》らせられ、片時も御前をさ《（去）》り給はず。播磨の沙弥教信は、戸板に蕎粒《そばつぶ》をち《（散）》らし、裸形にて其の上に座し、寒夜よもすがらねむ《（眠）》らず、仏恩を報ぜられたるむかしも有れば、能々思ひめぐらして仏恩報謝の称名に油断あるまじきなり。

天親菩薩造論説《てんじんぼさつぞうろんせつ》　帰命無碍光如来《きみょうむげこうにょらい》

此の下は第二祖天親菩薩の徳を挙げて勧め給ふなり。天親菩薩、往生論といふを作りたま《（給）》ひて西方の往生をしめし給ひしを、此の下に引きたま《（給）》へり。此の菩薩は、龍樹菩薩の滅後六百年程を隔てて出世したま《（給）》ひ、往生論を造りたま《（給）》ひて、最初に世尊我一心帰命尽十方無碍光如来願生安楽国との《（述）》べたま《（給）》へり。第二の句その意なり。無碍光如来とは、弥陀の光明の徳を挙げて呼び給ふ。帰命とは、最初の帰命無量のごとし。天親菩薩も往生極楽の為には余の事なく、唯一心に帰命し給ふ。いは《（況）》んや末代の凡夫をや、とすゝめたま《（給）》ふ意なり。

依修多羅顕真実《えしゅたらけんしんじつ》　光闡横超大誓願《こうせんおうちょうだいせいがん》

此の下は、往生論の意をあげて他力本願を示したま《（給）》ふなり。修多羅とは御経の事なり。即ち三部経の意によりたま《（給）》ひて、往生論に如来の功徳のすぐれたま《（給）》ふ事をの《（述）》べ給へり。真実とは、論に真実功徳相とあり。祖師聖人の釈なされて、真実功徳相とは、誓願の尊号なりとのたまひて、即ち南無阿弥陀仏の事なり。故に煩悩具足火宅無常の世界は、よろづ《（万）》のこと虚事《そらごと》たはごと《（戯言）》、まことある事なし。唯念仏のみぞまことにては候なり。かゝる貴きみのり《（御法）》を弘め給ふゆへに、顕真実といふなり。光闡とは、ひろくのぶるといふ事なり。横超大誓願とは他力本願なり。

広由本願力廻向《こうゆほんがんりきえこう》　為度《いど》群生彰一心《ぐんじょうしょういっしん》

広由とはひろくよる《(由)》といふ事。智者・愚者・男子・女人いづれも浄土へ参るには、みな弥陀の他力に縋《すが》るより外なし。惣々がよりすがるゆへに、広く由るとのたまへり。譬へば芝居狂言を見物にゆくに、入口は一方口なれ共、札さへ持てばさり《(去)》きらひなく内へ入りて見物するなり。極楽参りも他力廻向の一方口へかゝり、信心の切手を指し出せば、善悪智愚のえらびなくみな往生を遂ぐるなり。惣々此のみちより参るといふことを示したま《(給)》ひて広由本願力回向との給へり。為度群生彰一心とは、惣々をみな参らするに、紛らはしからぬやうに他力信心の一枚切手と定めたま《(給)》へりといふ意なり。

帰入功徳大宝海《きにゅうくどくだいほうかい》　必獲入大会衆数《ひつぎゃくにゅうだいえしゅしゅ》

功徳大宝海とは他力本願の事なり。願海に帰入しぬれば、極楽浄土大海衆の一人となりて正定聚の人なるゆへ、娑婆にあるうちより聖衆の仲間に入るといふこゝろなり。称ふれば爰に居ながら極楽の聖衆の数に入るぞうれしき。聖衆の数に入りてつね《(常)》に如来に見らるゝ身なり。つね《(常)》に如来に見らるゝとおもはゞ、御冥見に慙《は》ぢて身も心もたしなむべし。稲荷の禰宜が狐に化かされてはすまぬなり。後世を願ひ法義を貴ぶ身が、人に後ろ指さゝるゝやうでは第一御法義に疵《きず》がつくなり。去るによりて身も心もたしなむべきなり。但し斯くいへばとて、たしなむ力にて往生するにはあらず。かゝるいたづらものを助けたま《(給)》ふ御慈悲に面《(マヽ)》じて、慎む気になりたきものなり。阿弥陀如来は悪人を助け給へども、悪は御嫌ひとしるべし。此のむね《(旨)》大経悲化の段にみへたり。慎むべし、恐るべし。

得至蓮華蔵世界《とくしれんげぞうせかい》　即証法性真如身《そくしょうほっしょうしんにょしん》

蓮華蔵世界とは、極楽の異名なり。蓮華蔵世界に生むるゝ時は、即ち法性真如身とて仏果をさとるといふ意なり。不生不滅のさとりを法性真如身といふなり。不生不滅とは、うつらずかは《（変）》らぬなり。世にうつりかわ《（変）》るほどのかなしき事はなきなり。小野の小町の歌に、面影のかは《（変）》らで年のつ《（積）》もれかし、たとひ命にかぎりありともと読めり。され共おもふやうにならぬが此の世のならひなるいかゞせん。然るに浄土に参れば、いつまでもうつらずかは《（変）》らぬさとりを得るを法性真如身といふなり。

遊煩悩林現神通《ゆうぼんのうりんげんじんづう》　入生死園示応化《にゅうしょうじおんじおうげ》

此の二句は、上のごとくさと《（悟）》りひら《（開）》きて後は、還相廻向《げんそうえこう》とて此の娑婆にかえりて心のまゝに衆生済度する事をあかし給ふなり。煩悩林とは、八万四千の煩悩の林のごとくなる中に、我が身はさとりひら《（開）》きて衆生済度をたのしみ慰みとするなり。生死の園とは、三界二十五有の間、いづれもみな生死の境ひなり。その園に入り来たりて応化とはそれ〴〵に機類に応じて済度するをいふなり。釈迦牟尼仏のごとくにて利益有情はきは《（際）》もなしとある和讃の意なり。我が身ばかりさとるのみにあらず。六親眷属法界の衆生をも導き救ふ事、みな願力の不思議なりと知りて、いやましに御恩を貴ぶべし。娑婆にあるうちこそ身がちなる根性なれども、浄土へ参れば三明六通皆具足、憶我閻浮同行人とて衆生をあはれむ大慈大悲を得るなり。先徳の我だにもまづ極楽へ生まれなば、しるもしらぬもみなむかへてんとよまれしは此の意にてありけり。

本師曇鸞梁天子《ほんしどんらんりょうてんし》　常向鸞所菩薩礼《じょうこうらんしょぼさつらい》
三蔵流支授浄教《さんぞうるしじゅじょうきょう》　梵焼仙経帰楽邦《ぼんしょうせんきょうきらくほう》

此の下は第三祖曇鸞大師の徳を讃したま《（給）》ふ。本師とはうやまひの語。根本の御師匠といふ意なり。曇鸞大師を梁の天子蕭王常に大師のまします方に向かふて生身の菩薩なりと敬礼し給ひしほど、徳行すぐれたる祖師なりと賛歎したまふ《（給）》。高僧和讃にも具に大師の徳行を随喜し給ふ。曇鸞大師はじめ陶隠居といふ仙術養生を学ぶ人に従ふて、仙家の書をさづかり給ひ、途中にて天竺より来たりたまふ《（給）》流支三蔵といふ高僧に逢ひ給ひて、仏法の中にも不老不死のをしへ《（教）》ありやと尋ねたまふ《（給）》に、三蔵懐中より一巻の御経を取り出だして、是れこそ不老不死の教へなりとて授けたまふ《（給）》。開き見たまへ《（給）》ば今の観経なり。そのまゝかの仙人の書を焼きすて《（捨）》ゝ、ながく他力本願に入りたまひ《（給）》しと伝文に明らかなり。浄土他力のをしへ《（教）》は、不老不死の道を教へたるめで度《たき》経文なり。死なぬ仏の御国に生まれて、無量寿のさとりをひらく《（開）》事、これにすぎ《（過）》たるみち《（道）》はなし。深く信じたまふ《（給）》べきなり。

曇鸞大師《どんらんだいし》、仙経を
焼きすて、流支三蔵《るしさんぞう》より
観経を授かりたまふ

天親菩薩論註解《てんじんぼさつろんちゅうげ》　報土因果顕誓願《ほうどいんがけんせいがん》
往還廻向由他力《おうげんえこうゆたりき》　正定之因唯信心《しょうじょうしいんゆいしんじん》

曇鸞大師、天親菩薩の往生論に註を添へたま《（給）》ひて弥《いよいよ》他力の御ことはり《（理）》明らかになりたるよしを挙げたまへ《（給）》り。かの論註の文に、報土の因、報土の果、みな他力本願のしからしむる所なるむね《（旨）》をひろくのべ《（述）》たまへ《（給）》り。往還回向とは、往相・還相の二種の回向なり。浄土に生ずるを往相といひ、再び此の界に来たりて衆生済度するを還相といふ。これみな他力よりなさしめたまふ《（給）》となり。正定之因とは、決定往生のたねは唯信心にして口称をまたず、その信心さへ決定すれば自然と行は具足するなり。故歌《こか》に、あれば鳴るなければなら《（鳴）》ぬ鈴玉のむねに六字の有ればとなへん。但し斯くあればとて、称名をはげ《（励）》むは自力など心得るは大きなる僻事なり。か丶る造悪の者をやすく助け給ふ事のありがたさをおもはゞ、随分御恩を思ひ出だして称名に油断あるまじきなり。

惑染凡夫信心発《わくぜんぼんぶしんじんほつ》　証知生死即涅槃《しょうちしょうじそくねはん》
必至無量光明土《ひっしむりょうこうみょうど》　諸有衆生皆普化《しょうしゅじょうかいふけ》

惑染の凡夫とは、惑は迷惑にて仏法の真理に迷ふなり。染は染汚にて心性をけがすなり。一すじにおもひそめ《（染）》にし其の色のまたしら《（白）》糸に帰るべきかはと詠めるごとく、多生曠劫のあいだ、煩悩悪業の泥をもちて染めぬい《（抜）》たる我等が心を惑染といふなり。その者も信心発得したれば生死の迷ひをはな《（離）》れて、そのま丶、涅槃のさとりに至ると安堵すべしとおしへ《（教）》給ふ意なり。無量光明土とは、極楽の別名なり。必ずその浄土に往生を遂げて諸有衆生をみな普く化益する事自在なるべしとなり。和讃に、安楽浄土にいたる人、五濁悪世にかえりては、釈迦牟尼仏のごとくにて、利益衆生はきは《（際）》もなしとのたまふ、すなはち此の意なり。

道綽決聖道難証《どうしゃくけつしょうどうなんしょう》　唯明浄土可通入《ゆいみょうじょうどかつうにゅう》
万善自力貶勤修《まんぜんじりきへんごんしゅ》　円満徳号勧専称《えんまんとくごうかんせんしょう》

此の下、第四道綽大師の釈を引きたま《（給）》へり。此の祖師曇鸞大師の教へを伝へて観経を講釈したま《（給）》ふこと二百遍、安楽集といふ二巻の聖教をあらはしたま《（給）》ひ、其の中に末代の衆生は釈尊の御在世を去る事遠くして、たとひ修行するとも一人もさとりを得ることなし、唯浄土他力の一門のみ善悪男女をしなべて通入すべき成仏の道なりと定めたま《（給）》へり。万善自力とは、万行諸善の自力の修行なり。貶勤修とは、貶はおとしむるなり。勤修ははげ《（励）》みつとむるなり。たとひいか計りはげ《（励）》みつとむれ共、自力修行は機教相応せざるゆへ益うすしとおとして専修念仏をすゝめたま《（給）》ひたるを、勧専称といふなり。道理こそ、聖道自力の教へも上代なれば機教相応して其の利益あれども、末代の今では衆生の根機に叶はぬゆへに、有れどもなきがごとくなり。今の時の悪衆生の為には唯弥陀の本願のみなり。時過ぎて益なき法《のり》をすてよかし。五劫思惟はた《（誰）》が為に、そも能々おもひはかりて他力の御慈悲に帰すべしとなり。

三不三信誨慇懃《さんふさんしんけおんごん》　像末法滅同悲引《ぞうまっほうめつどうひいん》
一生造悪値弘誓《いっしょうぞうあくちぐぜい》　至安養界証妙果《しあんようかいしょうみょうか》

三不とは具に三不信といふ。一つには信心あつからず。二つには信心一すじならず。三つには信心相続せず。此の三不信の人は往生遂げがたし。三信とは信心あつく、其の心一すじにして外にうつらず、しかも相続するなり。是れは三不信の裏なり。此の者は決定往生なりとをし《（教）》へ給へり。誨はをし《（教）》へなり。慇懃はねんごろといふ事なり。像末とは、仏御入滅の後五百年を正法の時節といひ、其の次千年を像法といひ、その次を末法といふ。像法末法の時にいたりては、たとひ修行する人有りとも証《さと》りを開く事なしと仏のかねて説き置きたま《（給）》へり。法滅とは、末法万年の末にては釈尊一代の御法もみな〳〵滅亡してあとかたもなし。其の時にても他力本願の教へばかりは利物偏増とてます〳〵利益さかんなり。此の旨をつぶさにおしへ（教）給ふゆへに悲引し給ふといふ。悲引はあはれみみちびくなり。何ゆへなれば、他力本願はたとひ一生造悪の者も、弘誓のちからにあふて心を西にかけぬれば、かならず安養世界に至りて妙なるさとりを得るがゆへなりとおしへ（教）たまへ（給）るを斯くのたまひたるなり。目なしどち〳〵声につゐてましませといへるごとく、智恵のくらみたる盲目同前のわれら、祖師達の御引導にすがりて御意をまもり往生の一大事をよく〳〵とぐ（遂）べきなり。

善導独明仏正意《ぜんどうどくみょうぶつしょうい》　矜哀定散与逆悪《こうあいじょうさんよぎゃくあく》
光明名号顕因縁《こうみょうみょうごうけんいんねん》　開入本願大智海《かいにゅうほんがんだいちかい》

此の下は第五祖善導大師なり。其の頃諸宗の高僧達、念仏の法門をあしく心得たま（給）ふを、善導大師のみひとり他力不思議の道をのべ（述）て仏の御本意をあきらかにおしへ（教）給ひたるを賛歎し給ふなり。矜哀はあはれむなり。其の頃の高僧みな観経の説を善人の為のやうに心得給ふゆへ、善導大師定散の諸機逆悪の罪人をあはれみかなしみたま（給）ひて、あきらかに仏の光明名号因縁となりて、悪人ながらやすく往生するよしを示したま（給）へり。定とは、心をしづめて観法を修する人なり。散とは、心をしづむる事ならね共、さま〴〵の善根を修する人なり。逆は五逆なり。悪は十悪の人なり。か丶る善人悪人の諸機をもらさず助け給ふをこそ弥陀の大悲といふべし。開入とはひらきしめし引入し給ふなり。本願の大智海とは他力の広海なり。もと善導大師は阿弥陀如来の大心海の御証《さと》りの内よりあらはれ給ふゆへ、極楽の案内くはしく（詳）御存じなれば、往生の道を開きて御ねんごろに導き下されしとなり。

行者正受金剛心《ぎょうじゃしょうじゅこんごうしん》　慶喜一念相応後《きょうきいちねんそうおうご》
与韋提等獲三忍《よいだいとうぎゃくさんにん》　即証法性之常楽《そくしょうほうしょうじょうらく》

行者まさしく金剛の信心を得れば、その金剛心すなはち他力回向の大信心にして、われらが心にう《(浮)》かみあらはれては慶喜といふよろこびを得るなり。此の心をしゑ《(教)》とよく相応する所が即ち機法一体なり。むかしの韋提希夫人ま《(目)》のあた《(当)》り仏の御説法を聴聞して喜悟信の三忍をさとりたま《(給)》ふに等しきなり。故にいつにても娑婆の因縁つき《(尽)》ぬれば、すなはち往生して法性真如のさとり、常住不滅の果を得るといふ意なり。三忍とは、一つには喜忍、歓喜してよろこぶこゝろなり。二つには悟忍、仏智をさとりてうたがひなきなり。三つには信忍、是れ即ち信心成就の所なり。忍とは、とくとおち《(落)》つ《(着)》きたるをいふなり。

(頭注)

三忍とて物がら三つあるにあらず。信心のとゞをほめて三忍の名あり。

源信広開一代教《げんしんこうかいいちだいきょう》　偏帰安養勧一切《へんきあんようかんいっさい》
専雑執心判浅深《せんぞうしゅうしんはんせんじん》　報化二土正弁立《ほうけにどしょうべんりゅう》

此の下第六祖日本叡山横川の源信僧都也。世に恵心僧都といふこれなり。此の祖師ひろく釈迦如来一代の教法を開きて末代有縁の法を求めたま《(給)》ひ、つゐに心を定めてひとへに唯極楽浄土を願ひたま《(給)》へり。又われ〳〵がごとき悪人凡夫をもすゝめたま《(給)》ひしといふ。初めの二句の心なり。専は専修一行、雑は雑行雑修なり。しかるに専修念仏の執心は一すじに堅固にしてしかもふか《(深)》し。雑修の人の執心は一すじならず。然もあさ〳〵《(浅々)》しきなり。此のわけをねん頃に判談《ことわり》たま《(給)》へり。即ち往生要集といふ二巻の聖教をつくりたま《(給)》ひて、其の中にくはしく見へたり。報化二土とは、弥陀の浄土に報土と化土とあり。他力専修の人は報土に往生し、疑心自力の行者はみな化土に生まるゝなりとわきまへしらせたま《(給)》へりといふ意なり。

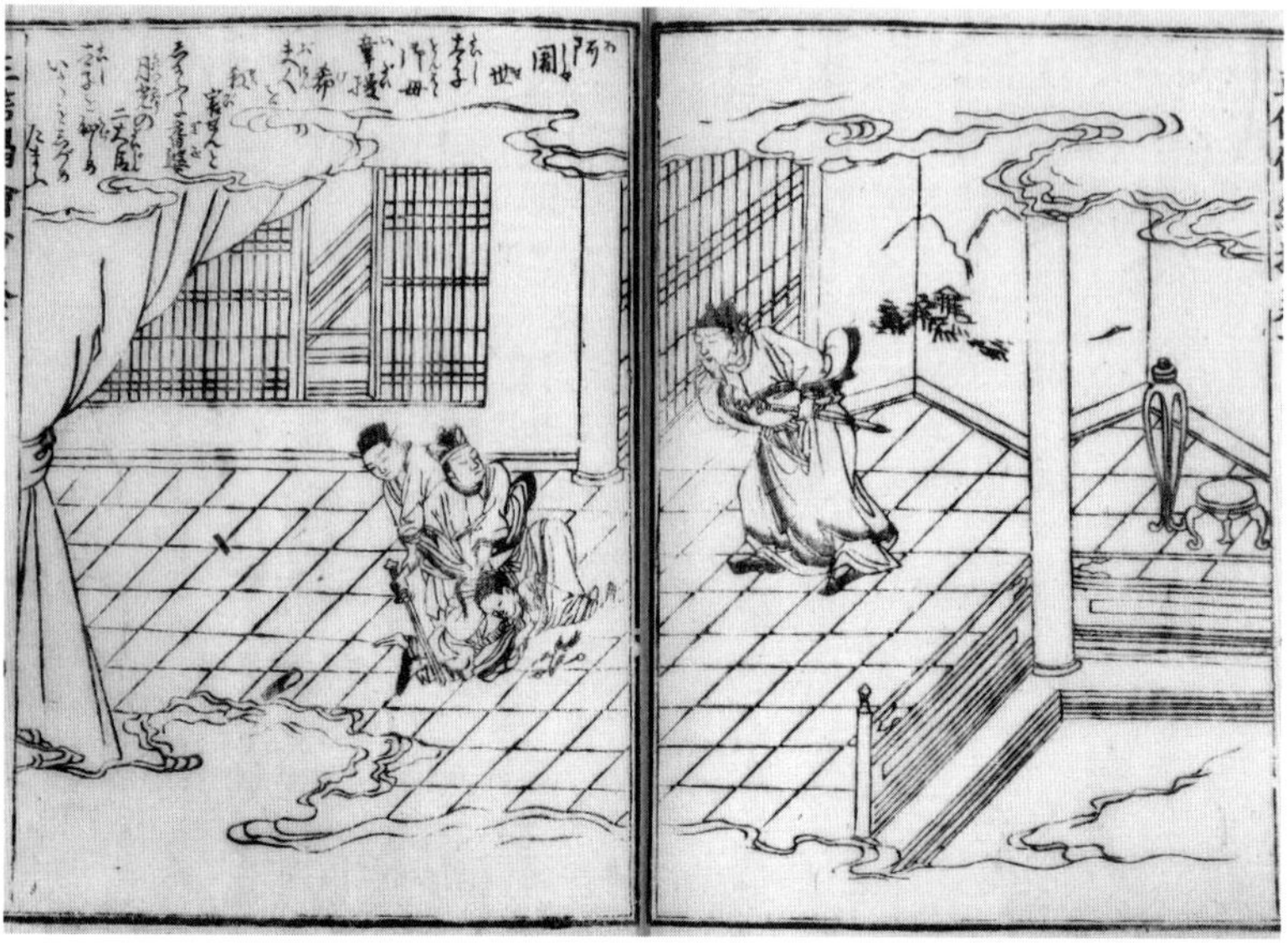

阿闍世
太子
御母
韋退希
夫人を
殺害せんと
し給ふに耆婆
月光の二大臣
太子を恥しめ
いかりをしづめ
たまふ

極重悪人唯称仏《ごくじゅうあくにんゆいしょうぶつ》　我亦在彼摂取中《がやくざいひしょうしゅちゅう》
煩悩彰眼雖不見《ぼんのうしょうげんすいふけん》　大悲無倦常照我《だいひむけんじょうしょうが》

極重悪人とは今日の悪人女人なり。かゝる極重悪人は、外にうかむべき方便なし。唯弥陀の名号のみ悪人往生の因なりとおしへ《（教）》給へり。此の一句は往生要集に極重悪人無他方便、唯称弥陀得生極楽とある四句の文をつゞめ《（約）》たまへ《（給）》り。源信和尚入滅の後、天子より叡山に勅詔ありて、心やすく成仏すべき道やあると尋ねさせられたる時、一山の学者達、彼の往生要集の四句の文を写して答へ奉られければ、かぎりなく叡感ありしとなり。まことにいみじき利益ならずや。我亦在彼摂取中とは、我とは十方衆生なり。みな〳〵仏の摂取の光明にてら《（照）》されて光明の中にあれども、煩悩に智恵の眼をさえられて見たてまつ《（奉）》る事かな《（叶）》はず。されども如来のそれをはりあひなしともおぼし《（思）》めさ《（召）》ず。つね《（常）》にてら《（照）》し守り給ふとなり。譬へば盲人は目がしゐたれば日輪のひかりを見ねども、日にてら《（照）》さるゝしるしには、こゝは陽《ひなた》、かしこは陰と知るごとく、煩悩におほはれ《（覆）》て智恵の眼は見へざれども、大悲の光明にてら《（照）》さるゝしるしには、御慈悲の陽を身に覚へて、さても貴や南無阿弥陀仏と喜ぶなり。

本師源空明仏教《ほんしげんくうみょうぶっきょう》　憐愍善悪凡夫人《れんみんぜんあくぼんぶにん》
真宗教証興片州《しんしゅうきょうしょうこうへんしゅう》　選択本願弘悪世《せんじゃくほんがんぐあくせ》

此の下は、第七祖法然上人は、即ち祖師上人の御師匠なり。諱《いみな》を源空と申し奉る。如来一代の教法を学し極めたまひ《（給）》て、しかも末世の要法は弥陀の本願にしく事なしとて、御年四十三歳にして東山吉水に御庵室をむすばせられ、浄土真宗最初門の額をうちて、専修念仏の一宗をひらき《（開）》たまへ《（給）》り。世の中の人のこゝろにかはりつゝ世をいとふ《（厭）》とて山を出でけるとは、此のときの御歌なり。憐愍は二字ともにあはれむなり。善悪凡夫人とは一切の衆生なり。善悪凡夫をあはれみたまひ《（給）》、浄土他力真宗の教へを片州とて此の日本国中にひろめたま《給》へり。選択本願念仏集と云ふ二巻の聖教をあらはし給ひて、阿弥陀如来諸仏の浄土の中よりえらび出だして建立ましく〵たる他力往生のことはり《理》を示し給ふ。智恵光のちからより本師源空あらはれて、浄土真宗をひら《開》きつゝ、選択本願のべ《述》たま《給》ふと賛したま《給》ふ、これなり。又曠劫多生のあひだにも、出離の強縁しらざりき。本師源空いまさずば、このたび《度》むなしくすぎ《過》なまし。元祖の御弘めによつて此の御宗旨にあひ奉れり。信心を得ぬと往生せぬとは、此の方の無調法なり。御法義繁昌に不足はあらじ。往生は世にやすけれども、みな人のまことの心なくてこそせねと詠じ給ふ。これまた元祖の御歌なり。よく〵おもひ給ふべし。

還来生死輪転家《げんらいしょうじりんてんげ》　決以疑情為所止《けついぎじょういしょし》
速入寂静無為楽《そくにゅうじゃくじょうむいらく》　必以信心為能入《ひついしんじんいのうにゅう》

選択集三心章の文の意によりたま《給》へり。生死の迷ひはてしなく、車の輪のめぐるごとく三界のすみ家をいでやらず。み《身》も迷ひかへりてくるしむは、まつたく疑ひのこゝろによりて、これがために引きとめらるゝなり。すみやかに寂静無為のさとりの楽しみの国にいたらん事は、かならず唯一つの信心にあれば、信心を決定して涅槃の大楽によく入るべき事なりとおしへ《教》給へり。

弘経大士宗師等《ぐきょうだいじしゅうしとう》　拯済無辺極濁悪《じょうすいむへんごくじょくあく》
道俗時衆共同心《どうぞくじしゅうぐどうしん》　唯可信斯高僧説《ゆいかしんしこうそうせつ》

此の四句は、上来を結びたま《給》ひて信順をすゝめたま《給》ふなり。弘教の大士とは菩薩をさすなり。宗師とは曇鸞大師以下の五高祖をさしたま《給》ふなり。等とは御一人ならざれば等といふ。此の七高祖みなく〵無量無辺の極濁の末世に生まれたるものを拯済《すくひ》たま《給》ふとなり。道俗は出家在家なり。時衆は祖師の御在世および末の世の今日の我々までを時衆といふ。共同心とは、末代無智の在家止住の男女たらん輩は、心をひとつにしてとのたまふと同じ意なり。上代上智の智者上人は格別、末代濁世の悪人凡夫は、わき目をふらずうちかたむ《（傾）》ゐて七高僧の御すゝめを信じ、御あとを慕ふて往生の素懐をとげ《（遂）》よとなり。

安永二癸巳歳六月吉旦　京都書林　朝倉儀助
北村四郎兵衛
菱屋治兵衛

3　法華自我偈絵抄

龍谷大学図書館蔵

自我偈絵抄序

余常憫、我檀越輩読経漫過、不知意之所在、故表出于法華経如来寿量品之偈文、援引以天台疏荊渓記及古鈔等、間加愚見、作国字抄解一巻、以授檀越某、某受読深、以為迷津之慈航、繕修校正、加之図画増為二巻、欲以梓公于世、又請余序、余曰、此小冊子一時浪作、豈足謀不朽耶、某固請不已、余因謂、我輩文字外之人、其言之陋、亦何愧之、有且夫衆生迷惑、資之以為問津之助、則亦不徒然者歟、因序

洛南沙門日弁題

自我偈絵抄巻之上

自我得仏来《じがとくぶつらい》　所経諸劫数《しょきょうしょこうしゅ》
無量百千万《むりょうひゃくせんまん》　億載阿僧祇《おくさいあそうぎ》

此の二十五行半の偈頌は、三世益物と申し奉るなり。抑も釈尊の大慈大悲は久遠の久遠にして絶へず現在の十方法界に遍満し奉り、未来永々究まり無く此の一切衆生を教化あそばし、御利益をあた(与)へた(給)まふ趣きを説き給ふ御偈頌也。其のはじめ自我得仏来より令顛倒衆生《りょうてんどうしゅじょう》、雖近而不見《すいごんにふけん》といふまでは、過去の益物と申し奉り、釈尊五百塵点の実修実証より已来《このかた》、一切衆生を教化あそばし、仏になさんと思し召して、生々世々非生現生非滅現滅の御苦労あそばされし事を説きたま(給)ふ文也。夫《それ》我とは、釈迦如来みづから御自身のことを仰せのたまふ御詞なり。得仏とは、成仏といふこと也。上の経文には、四ヶ所まで成仏々々と説き給ひ、此には得仏とのたまへど同じ意《こころ》なり。又得法とい

釈迦如来
自我偈を
説きたま（給）ふ

ふも得道といふも得仏の意なり。○惣じて得の字の訳は、軽き金言にあらず。既に次下の文に、久修業所得《くしゅごうしょとく》とのたまふ。即ち是れ懇ろに得給ふやうを説き給へり。此の久修業所得といふは如何といふに、業とは修一円満といふて妙法蓮華経の一実円頓の行業を修して得たると也。唯いたづらに明かし暮らして得たるにはあらず。其の行業の一日片時にては得られず。いかにも久しく功を積み、徳を累《かさ》ねて修行して仏になることを得たるぞと也。

さて所経諸劫数の文に劫とは、芥子劫《けしこう》、盤石劫《ばんじゃくこう》など、いふことあり。其の経論の大概《おおむね》をあらく〳〵いはゞ、四十里四方の城のうちに芥子粒を満《いれみち》て、長寿の天人が三年に一度づゝ来たりて、芥子一粒づゝ取り尽くしたるを一劫といふ。しかれば限りもしれぬ久しきこと也。よつて釈尊成仏してより已来《このかた》、百千万億載、阿僧祇かさねたる程久しき年月を経たるぞといふことを、上の経文には五百塵点劫とのたまふ。譬へをあげて久遠といふ長々久しき事を明かし、今の偈には所経諸劫数、無量百千万、億載阿僧祇とは説き給ふ也。○億載阿僧祇とは、これ亦数限りもなきことにて、則ち音義にいふ億載に三つあり。謂はく上中下、下数は十万を億といふ。中は百万を億といふ。上は万万を億といふとなり。○又補註に云はく之を略す。是《か》くの如く釈迦如来の御寿命の長遠なることは、弥勒菩薩の等覚深位の智恵をもつてもしることなしとなり。

○金光明経に云はく、一切海水可知滴数、無有能知如来之寿云云。此の文の意は、たとへ海の滴の数はよしかぞへしることありとも、如来の寿命をかぞへしることは及ばずと也。海水の滴数はしらるべしといふことを古歌に曰く

すみの江の目にちか《（近）》ゝらんきし《（岸）》にゐて
なみのかず《（数）》をもよむべきものを

わが恋をしらんとならばいせ《（伊勢）》のうみに
たつしらなみのかず《（数）》をかづへん

常説法教化《じょうせっぽうきょうけ》　無数億衆生《むしゅおくしゅじょう》
令入於仏道《りょうにゅうおぶつどう》　爾来無量劫《にらいむりょうこう》

是の四句は、中間の益物とて釈尊五百塵点の往古《おおむかし》成仏したま（給）ひてより、今日已前其の中間において生々世々種々様々の身をしめして、常に法華経を説いて一切衆生を教化し、仏道に入れしめ給ふ。それより已来《このかた》、亦無量劫なりといふことなり。故に上の経文には、処々自説、名字不同、年紀大小と説きたま（給）へり。これを天台大師の文句《もんぐ》に釈していはく、処々とは、竪論すれば即ち過去の処々、行因の国土なり。横に論ずれば即ち昔日十方の国土なり。名字不同とは、形即ち現ずるときは名字有り。名に因て体を召《よ》ぶ。機に大小有り、形に勝劣有り。劣は是れ劣応。即ち三十二相の身、蔵通二教の機に被《こうむ》る。勝は是れ勝応。即ち八万四千相好の身、別円二教の機に被る。此れ仏法界の身を示現するに約するの名字の不同なり。若し九法界の身を現ずる名字の不同は、無量無辺なり。意を以て得べし。年紀大小とは、此の寿命長短を明かす。年長太は即ち勝応、年短小は即ち劣応なり。劣応は寿の有量を現ず。勝応は寿の無量を現ず。此れ皆度すべき所に随ふて、其の為に身及び命の長短を現ずるのみ。この釈の九法界の身の中に、人間に取つて名字の不同あるべし。天照、八幡、春日大明神等、皆釈迦如来の名字不同の内なるべし。神託常の如くしげきゆへに之を略す。

為度衆生故《いどしゅじょうこ》　方便現涅槃《ほうべんげんねはん》
而実不滅度《にじつふめつど》　常住此説法《じょうじゅうしせっぽう》

是れより令顛倒衆生、雖近而不見といふまでの八句は、釈尊不生不滅の仏体にして、常にこの所にましますぞといふことを説きたま（給）ふ文なり。然れども迷ひの衆生のために、中間垂迹のときは、仏方便力をもつてかり（仮）に入涅槃をしめし、生者必滅の道理を以て教化し給ふぞといふことを、為度衆生故、方便現涅槃とは説きたま（給）ふなり。○されば

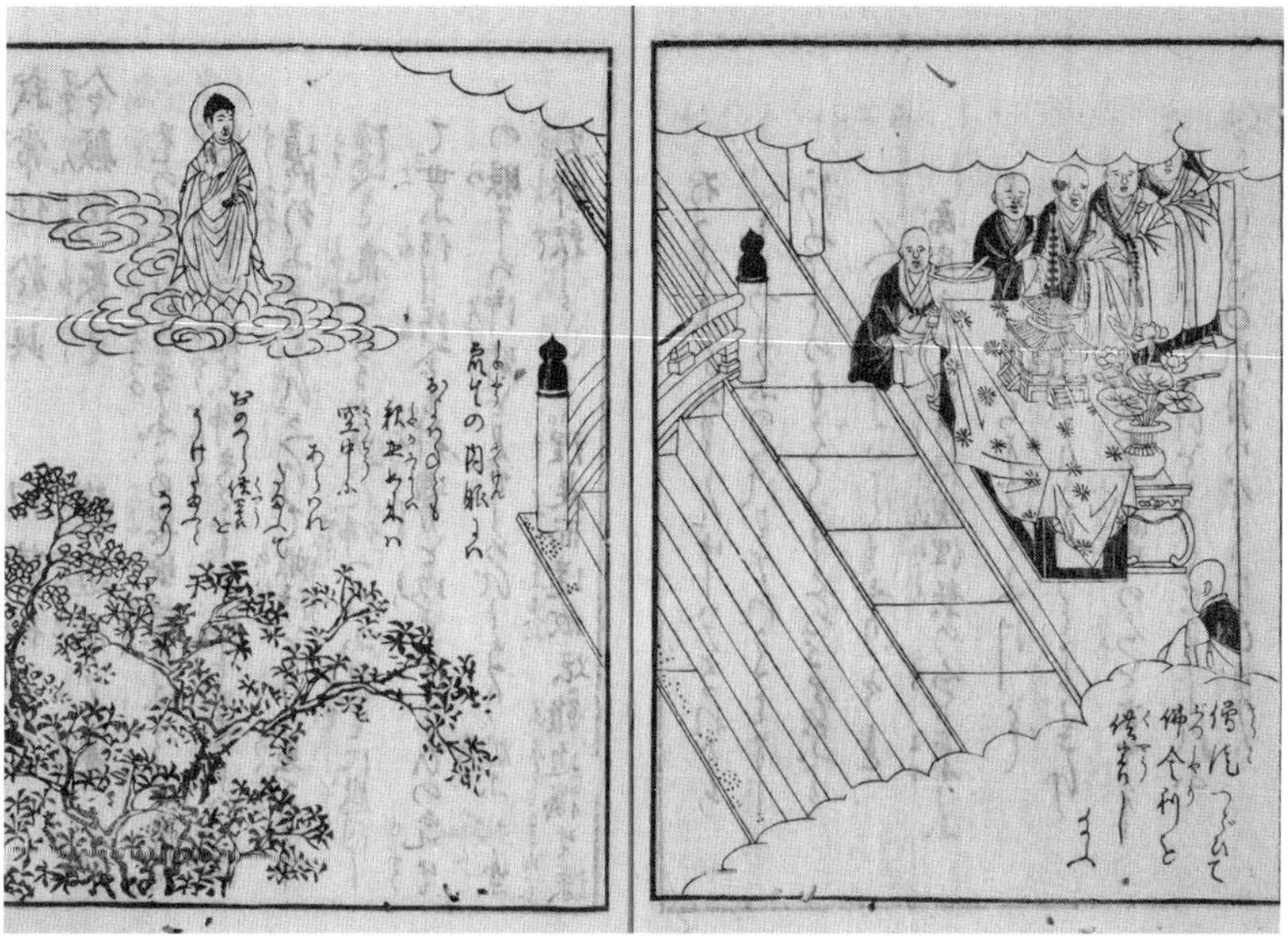

僧徒つどひて
仏舎利を
供養し給ふ

衆生の肉眼には
およばねども
釈迦如来は
空中に
あらはれたま《（給）》ふて
おのづから供養を
うけたま《（給）》ふとなり

今日も釈尊は霊山を出でて沙羅林にいたり入涅槃し給ひ、天台大師は煬帝の勅命をうけて、仏瀧《ぶつろう》の北、螺渓《らけい》の金地を出でて、天台山の麓と石城寺にいたりて入滅し、宗祖師日蓮大菩薩は身延山を出でて、池上にいたりて入滅したまふ《(給)》は、皆これ迷ひの衆生のために生死無常をしめしたまふ《(給)》の利益なりとしるべし。

まてといふにちら《(散)》でしとまるものならば
なにをさくら《(桜)》におもひまさまじ

されば我等迷ひの凡夫は、法身の理に大いにそむきたる故に、既に生あるはかならず滅すべしとて、仏は生者必滅とをしへ《(教)》給へり。然れども釈尊は本来不滅の仏なれば、実に滅度したまふ《(給)》にはあらず。常にこの娑婆世界にあつて、法を説ひて一切衆生を教化したまふ《(給)》ぞといふことを、而実不滅度、常住此説法とは説きたまふ《(給)》なり。〇天台智者の文句に、仏涅槃をしめし給ふ因縁を釈していはく、若し仏常に在すと見ば、便《すなわ》ち憍恣の心を起こす等。故に損有り。恭敬を生ずること能はず。故に益無し。妙楽大師の疏記に云はく、損有りて益無し。常に在すに由ての故に。この釈の意は、仏常住この世界にましますならば、悪業深重にして善根微薄なる衆生、忽に憍恣厭怠の心を生じ、見恣の煩悩をます《(増)》こと有るべし。故に釈尊、久しく世に住し給はず、滅度をしめしたまふ《(給)》ことなり。

ちれ《(散)》ばこそいとゞさくら《(桜)》はめでたけれ
うき《(憂)》よ《(世)》になにかひさし《(久)》かるべき

ちれ《(散)》ばこそいとゞ花は愛せらるれ。よ《(世)》の中に久しくあるものは、はては必ず悪事どもありといふこゝろを、何か久しかるべきといへり。底のこゝろは、栄へるも衰へるも何か久しかるべき、はてしあればこそ感情深く侍れとなり。

あかでこそおもはん中ははなれ《(離)》なめ
そふだにのちのわすれがたみに

あふことのもはらたえ《(絶)》ぬるときにこそ
人の恋しきこともしりけれ

為度衆生故、方便現涅槃の心を古歌に
花のちり《(散)》もみぢ《(紅葉)》ながる《(流)》ゝ山川も
人をわた《(渡)》さんためとこそきけ《(聞)》

方便現涅槃、而実不滅度の心を古歌に
しばしこそかげ《(影)》をもかく《(隠)》せわし《(鷲)》の山
たかねの月は今もすむなり

我常住於此《がじょうじゅうおし》　以諸神通力《いしょじんつうりき》
令顛倒衆生《りょうてんどうしゅじょう》　雖近而不見《すいごんにふけん》

是の意は、釈尊常にこの娑婆世界にましませども、悪業深重の衆生、仏常にましますとおもはゞ、仏道修行にすゝまず、かへつて誹謗をなし、悪道に堕すべき衆生なるがゆへに、仏つね《(常)》に衆生に応同して世に住し給へども、神通力を以てまよひの衆生の眼には御姿を見せしめずとなり。故に妙楽大師釈していはく、理是れ迷ふ故に雖近と云ふ。機生《なま》しき未だ契せざる故に不見と云ふ。是のこゝろを歌に

うき《(憂)》よ《(世)》にはうれ《(憂)》への雲もしげゝれば
人のこゝろに月ぞかく《(隠)》るゝ
わし《(鷲)》の山へだつ《(隔)》る雲やふか《(深)》ゝらん
つね《(常)》にすむなる月を見ぬかな

衆見我滅度《しゅけんがめつど》　広供養舎利《こうくようしゃり》
咸皆懐恋慕《げんかいえれんぼ》　而生渇仰心《にしょうかつごうしん》
衆生既心伏《しゅじょうきしんぶく》　質直意柔軟《しつじきいにゅうなん》
一心欲見仏《いっしんよくけんぶつ》　不自惜身命《ふじしゃくしんみょう》
時我及衆僧《じがぎゅうしゅぞう》　倶出霊鷲山《ぐしゅつりょうじゅせん》

是れより以下、汝等不聞此《にょとうふもんし》、但謂我滅度《たんいがめつど》までの五行は、現在の益物を明かすと申し奉りて、二千余回以前、釈尊天竺に御出世まし〳〵て一切衆生を御利益あそばされし旨を説きたまふ《(給)》文なり。其の中にはじめの二行半は、非生現生の御利益を説きたまふ《(給)》文なり。

衆見我滅度とは、上の方便現涅槃を、一切衆生が見てからといふことなり。此の滅度を見て舎利を

供養し、恋慕渇仰の心を生じ、衆生既に信伏し、質実に意柔軟にして、一心に欲見仏、不自惜身命のまことにて有る衆生の手前にて、今日霊鷲山に出でて法を説きたま（給）ひて、一切衆生を教化するぞといふことを説きたま（給）ふ文なるがゆへに、現在の益物を明かすとは申すなり。

一心欲見仏のこゝろを古歌に

わし（鷲）の山だれ（誰）かは月を見ざるべし
　　こゝろにかゝる雲しなければ

我時語衆生《がじごしゅじょう》　**常在此不滅**《じょうざいしふめつ》
以方便力故《いほうべんりきこ》　**現有滅不滅**《げんうめつふめつ》
余国有衆生《よこくうしゅじょう》　**恭敬信楽者**《くぎょうしんぎょうしゃ》
我復於彼中《がぶおひちゅう》　**為説無上法**《いせつむじょうほう》
汝等不聞此《にょとうふもんし》　**但謂我滅度**《たんいがめつど》

この二行半の文は、非滅現滅を頌すると申して、釈迦牟尼世尊、霊山一会の大衆に対してかたりたま（給）ふやうは、我常に此の娑婆世界にあつて滅することなし、然れども仏方便力を以て衆生の滅度をみて得道すべきもの丶ために、かり（仮）に涅槃をしめし、亦仏常住この土にましますと聞きて得脱すべき衆生のためには、仏常住不滅にして常に此の娑婆世界にましますぞといふことを、以方便力故、現有滅不滅とは説き給ふなり。余国有衆生とは、釈尊非生現生、非滅現滅の仏なれば、今日法華経を説き終はりて入涅槃したま（給）ふといへども、此の娑婆世界の外、十方の国土いづくにもせよ、其の所々の衆生等、仏を恋慕《したい》、恭敬信楽するものありし時は、いづくにもせよ、それ〴〵の国土の中に出世し、彼の衆生のために此の無上道なる法華経を説き教化したま（給）ふことぞといふことを、余国有衆生、恭敬信楽者、我復於彼中、為説無上法とは説きたま（給）ふなり。

是《か》くの如く釈尊の神通神変自在にましまします事を
ば、迷ひの衆生はしらずして、今日界内の衆生の憍恣厭怠の心に随つて、仮りに八十入滅をして凡

釈尊未来の衆生を
見たまふ（給）に、仏とも法とも
しらぬ機るい（類）をあはれみ
苦しみの海に
たとへ給ふ

娑婆の有りさまは
かくのごときぞ
たのしみと思ふも
みなくるしみなり
かやうのことに
心をよせ
仏道を
ないがしろにして
一生を過ぎ行くことの
あさましさよ

夫に見せ給ふを、仏は実に入滅したまふ《（給）》とおもへりといふことを、汝等不聞此、但謂我滅度とは説きたまふ《（給）》なり。

　ちる《（散）》花をなにかうらみ《（恨）》んよ《（世）》の中に
　　わが身もともにあらんものかは
いざさくら《（桜）》おれもちり《（散）》なんよ《（世）》の中に
　　ありなば人にうき《（憂）》め見えなん
のこり《（残）》なくちれ《（散）》ばめでたきさくらばな《（桜花）》
　　ありてよ《（世）》の中はてのうけ《（憂）》れば

今年ちる《（散）》とは見えたれども、又明年も咲くゆへに、さらに花は断えざるなり

　うへしうへば秋なきときやさか《（咲）》ざらん
　　花さへちらめ《（散）》根さへかれ《（枯）》めや

釈尊も今日機縁の薪つき《（尽）》て、八十入涅槃したまふ《（給）》といへども、実に入滅したまふ《（給）》にはあらず。若し余国に衆生の恭敬信楽し、仏を感ずるの機おく《（起）》れば、すなはち出世し給ふゆへに、三世不断の御利益にして尽くる期あることなきなり。然るを迷ひの衆生、これを知らずして釈尊実に滅度し給ふと思ふは、愚かなる心にてはことわり《（理）》なれども、全くさにはあらずとしるべし。

我見諸衆生《がけんしょしゅじょう》　**没在於苦海**《もつざいおくかい》
故不為現身《こふいげんしん》　**令其生渇仰**《りょうごしょうかつごう》
因其心恋慕《いんごしんれんぼ》　**乃出為説法**《ないしゅついせっぽう》

これより下、久修業所得《くしゅごうしょとく》までは、未来の益物を説きたまふ《（給）》文なり。○其の中に此のはじめ一行半は、未来の機応を明かせると申して、釈尊未来世の一切衆生を見給ふに、苦海に没在して迷ひにまよひをかさね、仏道といふこともしらず、よつて仏を信じ感ずる機類もさらになきゆへ、仏はこれをあはれみ、此の衆生のために御身を現じ給はずといふことを、我見諸衆生、没在於苦海、故不為現身とは説きたまふ《（給）》なり。○次に令其生渇仰、因其心恋慕、乃出為説法とは、若し滅後の衆生渇仰を生じ、仏を恋慕し、したひしたふ機類あるとき

は、その衆生のために御出世なされて説法教化し給ふぞといふことなり。

神通力如是《じんつうりきにょぜ》　**於阿僧祇劫**《おあそうぎこう》
常在霊鷲山《じょうざいりょうじゅせん》　**及余諸住処**《ぎゅうよしょじゅうしょ》
衆生見劫尽《しゅじょうけんこうじん》　**大火所焼時**《だいかしょしょうじ》
我此土安穏《がしどあんのん》　**天人常充満**《てんにんじょうじゅうまん》
園林諸堂閣《おんりんしょどうかく》　**種々宝荘厳**《しゅじゅほうしょうごん》
宝樹多華果《ほうじゅたけか》　**衆生所遊楽**《しゅじょうしょゆうらく》
諸天撃天鼓《しょてんきゃくてんぐ》　**常作衆伎楽**《じょうさしゅぎらく》
雨曼陀羅華《うまんだらけ》　**散仏及大衆**《さんぶつぎゅうだいしゅ》

この文は、釈迦如来の未来常住不滅を説き給ふなり。其のこゝろは、釈尊の神通力如是と申して、上より段々説きたま《（給）》ふ所のごとく、於阿僧祇劫と申して、五百塵点の実修実証より已来《このかた》、生々世々いづれの所にて垂迹示現したま《（給）》ふぞといふに、次下にその所を挙げて常住霊鷲山、及余諸住処とは説きたま《（給）》ふなり。常在霊鷲山とは、謂はゆる実報土なり。及余諸住処とは、謂はゆる方便有余土なり。妙楽の記にいはく、これは且《しばら》く報土の外を指し、通じては則ち亦、十方の若しくは浄、若しくは穢に遍《あまね》し。私にいふ、此の釈のごとくんば、西方安養浄土の阿弥陀如来も、釈迦尊の一仏の分身にして、一月万影の化道なり。月輪二つなきことわり《（理）》ゆへ、彼の安養も釈尊垂迹示現の土なるべし。吾が祖大菩薩の御書にいはく、今は打ち返してこの土は本土となり、十方の浄土は垂迹の穢土なると仰せられしも此のこゝろなりし。問ふていはく、実報土は周遍無際の土にして、純諸菩薩の砌なり。霊山は摩訶陀国の人天充満の所なり。何ぞ彼を実報土といふべきや如何。答へていはく、土の本質に約すれば難問のごとし。衆生の業力にしたがつて、四土の見やうおなじからざるなり。具縛の凡夫は瓦礫の土と見、通或断尽の人は方便土と見、断無明の菩薩は実報土とみるなり。故に釈にいはく、豈に伽耶を離れ、別に寂光を求

衆生の業力《ごうりき》にしたがつて
実報寂光もわが業力の
肉眼にへだてられては
瓦礫の山と見る也
たとへば餓鬼は
水を火と見る
魚は水を宮殿楼閣
のごとくに思ふて
あそびたはむる、
となり

これを見て
凡夫の業力
にひかれて
善き事も悪敷《あし》き
こと、思ひしは
教導のとゞかぬ
から一生迷ひ
の（晴）はる、ことなし
いそぎ仏教を心かけ
みのりをうくべし

めんやと云々。此の意は、事相の霊山を離れて別に寂光なしといふこゝろなり。かくのごとく実報寂光の境界なれども、我が業力の肉眼に隔てられて、瓦礫の山と見るなり。業力所隔等と釈するも、このこゝろなり。されば経文にも衆生の所見を出だす時、見の字を二ヶ所にお《(置)》けり。衆生見劫尽、而衆見焼尽と説けり。劫末の三災も衆生の三毒がなる也。火は瞋恚なり。水は貪欲なり。風は愚痴なり。滅劫の三災も三毒なり。この三毒強盛《ごうじょう》の眼には、此の霊山も大火に焼きつく《(尽)》すと見るなり。そのときも釈尊の御さとりの眼には、実報寂光の浄土なりと見たま《(給)》ふぞといふことを、我此土安穏、天人常充満とは説きたま《(給)》ふなり。餓鬼の眼には、恒河を炎と見るがごとし。又ちかくいへば魚は水を宮殿楼閣と見るたぐひなり。又天人の目には水を甘露とみるごとく、それ〴〵に見やうまち〳〵也としるべし。学生式にいはく、霊山の報土は劫火にも焼けず。常寂の厳土は無明豈に汚さんや。御書にいはく、本地の娑婆世界は三災を離れ四劫を出でたる常住の浄土なり。

常在霊鷲山のこゝろを歌に

よ《(世)》の中の人のこゝろのうきぐも《(浮雲)》に
そらがくれ《(空隠)》するあり《(有)》明の月　　寂蓮法師

つね《(常)》にすむわし《(鷲)》のたかねの月だにも
おもひしれとぞ雲がくれ《(隠)》ける　　俊成

自我偈絵抄巻之上終

自我偈絵抄巻之下

我浄土不毀《がじょうどふき》　而衆見焼尽《にしゅけんしょうじん》
憂怖諸苦悩《うふしょくのう》　如是悉充満《にょぜしつじゅうまん》
是諸罪衆生《ぜしょざいしゅじょう》　以悪業因縁《いあくごういんねん》
過阿僧祇劫《かあそうぎこう》　不聞三宝名《ふもんさんぼうみょう》

是の八句は、不見の因縁を説きたまふ（給）文也。中にも下の四句は過去の因に約し、上の四句は衆生の果に約したまふ（給）経文なり。既に我が浄土は毀《くづ》れざるに、貪欲・瞋恚・愚痴の三毒の煩悩強盛《さかん》なる衆生ゆへ、焼き尽くさるゝと見る也。是《か》くのごとく仏国の浄土を見ざることは、過去にては仏法を蔑（閑）ろにして法を謗り、われも法を聞かず、人にもきかさず。夫故諸《それゆえもろもろ》の悪業のみ積みかさねたる無道心によりて阿僧祇劫といふ。永々の時節過ぎ行くまでも三宝の名をだに聞かず。よつて無上の浄土も見ずといへるこゝろ也。さて此の三宝といふに三種の三宝あり。一つには一体三宝、二つには別相三宝、三つには住持の三宝あり。住持の三宝とは、絵像・木像の仏を仏宝とし、黄紙・朱軸の経巻を法宝とし、剃髪染衣の比丘・比丘尼を僧宝とす。是れは別相の三宝より出でたり。別相の三宝とは、十方浄土に居する妙覚究竟の仏を仏宝とし、その仏の宣説したまへ（給）る大小権実の法を法宝とし、普賢菩薩・文殊菩薩・観音・勢至等の菩薩を菩薩僧とし、舎利弗・目連等を声聞僧とす。これは一体三宝より出でたり。一体三宝とは、遠く十方に求むべからず。本より一心に具足せり。心性覚知なるをば仏法とし、心性離別なるをば法宝とし、心性無諍なるをば僧宝とす。一心の上に三宝をたつ。故に一体三宝といふ也。よつて住持の三宝、別相の三宝、此の二つは我等が一心の体の三宝より出生し給ふなり。一体三宝は、空の月のごとし。住持と別相の三宝は水の月のごとし。空の月顕るれば水月一時に現ず。空の月一たび（度）陰《かく》るれば水の月同時に現ぜず。これをもつて知るべし。われらが心性の一体の

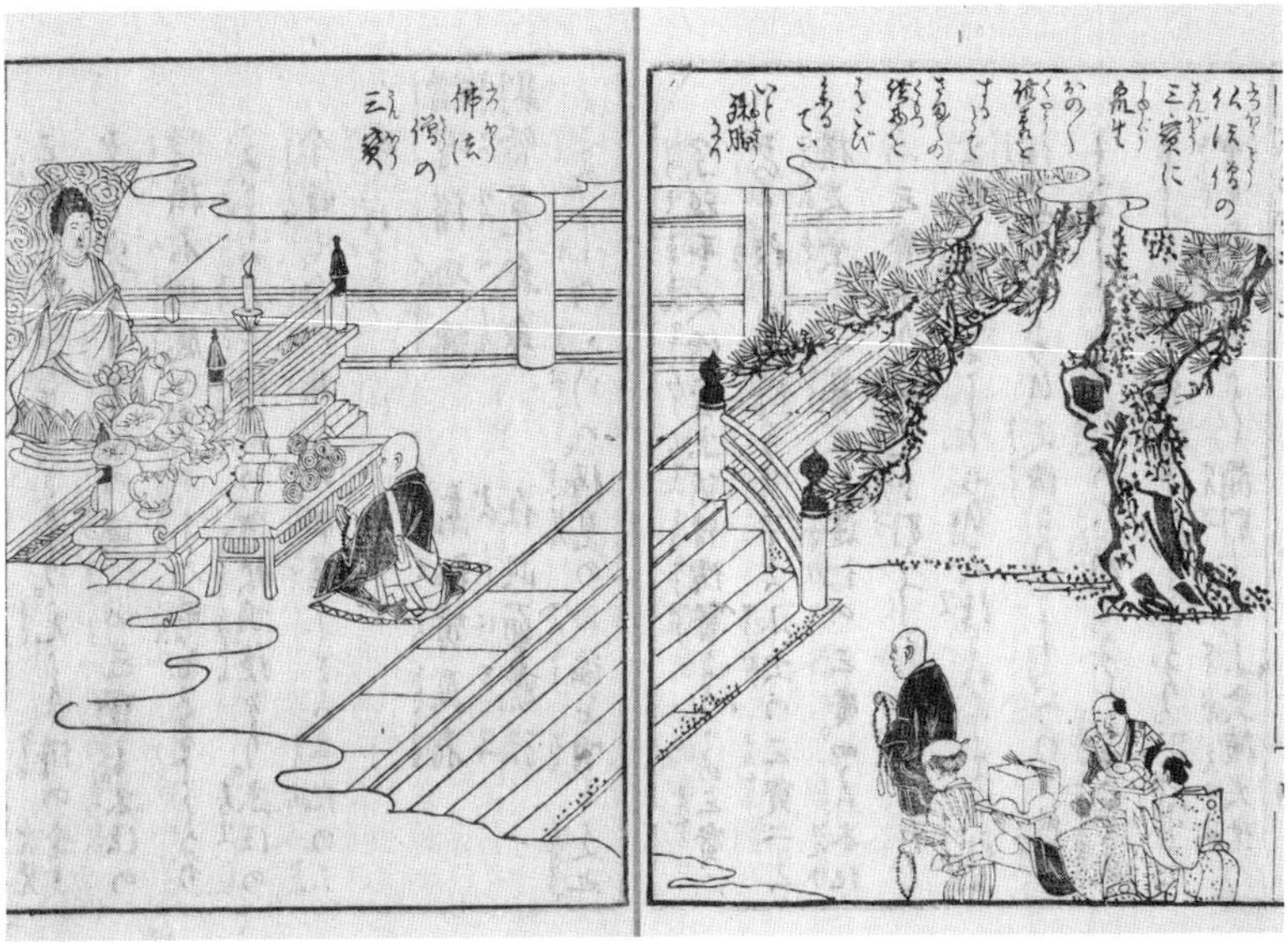

仏法僧の
三宝に
衆生
おの〳〵
供養を
するとて
さま〴〵の
供物を
はこび
参るてい
いと殊勝なり

仏法
僧の
三宝

三宝をおもひ隔て、別に仏をもとむるは、空の月をかくして水中の月をもとむるがごとし。廬書に云はく、仏をば梵には仏陀といひ、法をば梵には達摩といふ。僧をば梵には僧伽といふ也。一体三宝は三宝の源なり。一念了別覚了の心を指して仏法と名づくる也。この覚了の心が増長して仏とはなるなり。故に仏をば覚者・智者と名づくるなり。一念の無染無着の体を以て法宝と名づくるなり。迷ひの中においても一念の万境に転変しけるは住着なき謂はれなり。しかれども迷ふ心は後々の境に執着を生ずる也。真実の法体は一分も染着する所なきなり。是れを法宝といふなり。僧宝とは、一念無染無着なるゆへに曽て一物としても争ふべき義分これなし。故に和合といふなり。○宗義に約していはゞ、大曼陀羅に三宝あり。常の如し、之を略す。又聖人滅後に約していはゞ、木絵の像は仏宝也。唱ふる所の御題目は法宝なり。宗祖聖人僧宝、末弟皆僧宝なり。この三宝において種々の差別あり。一つには小乗の三宝。二つには権大乗の三宝。三つには迹化の三宝。四つには本化の三宝なり。是《か》くの如く分別な(無)ふしてたゞ仏なればいづれも崇ぶべきことゝ思ひ、又法なればとていづれも信ずべきことゝ思ひ、又僧なればとていづれも供養すべきことゝおもひ、何の分別もなく三宝を尊敬すとも、還りて悪道に堕すべきなり。かくのごとく重々の不同をよく簡別して、小乗・権大乗の三宝をばこれをす(捨)つべきなり。元より仏の金言なるがゆへなり。第三の迹化の三宝も末法の時機不相応なり。去年の暦を見るごとくなり。このことは天台伝教の御釈明鏡なり。末法の今の時と今の機とに相応したるは、本化の三宝これなり。

諸有修功徳《しょうしゅくどく》　柔和質直者《にゅうわしつじきしゃ》
則皆見我身《そくかいけんがしん》　在此而説法《ざいしにせっぽう》

この下の三行は、得見の因縁を明かす文也。則皆見我身とは、実報浄土にまします所の釈尊を見奉るといふことなり。是《か》くの如くの仏を見奉ることはいかなる因縁ぞといふに、次上に諸有修功徳、柔和質直者とは説きたまふ《（給）》なり。妙楽大師のいはく、諸有修功徳者、即ち縁了具足せる者を指すなり。此の釈の意は、実報土にいたるの功徳は縁了の二つにすぎたるはなきなり。法華経の法門を、一句一偈にても聴聞せしは了因なり。香華灯明を献ずるは縁因なり。此の二つは実報土の釈尊を見たてまつる《（奉）》因縁ぞといふ釈の意也。然らば法門を聴聞するが了因にて、香華灯明の恭敬が縁因なるから願はくは飽くまで注文を聞き、朝夕香華供養の恭敬におこたり《（怠）》なく、これのみにこゝろを委《ゆだ》ねなば、身心妙法にとゞまるゆへに、終に仏を拝見することと疑ふべからずとなり。

　このもと《（木）》をすみかとすればおのづから
　　はなみる人になりにけるかな　　花山法皇

或時為此衆《わくじいししゅ》　説仏寿無量《せつぶつじゅむりょう》
久乃見仏者《くないけんぶっしゃ》　為説仏難値《いせつぶつなんち》

これは未来益物の文段なり。さてこゝに或時為此衆とある或ひはの字のこゝろは、若或不定と申して、若の字、又は或の字のある所は、物事たしかに定まらぬこと也。是れ即ち上にいふごとく、滅後の衆生は、或ひは娑婆穢悪と見、或ひは劫尽大火に所焼《やかるる》とみる。然れども実報土の機類は、娑婆世界を即《そのまま》実報土とみる。此の衆生のために常に顕本を説きたまふ《（給）》なり。娑婆同居の機類は、一向に五濁の障り重くしてこれをしらざるゆへに、実報土の説法をきかず。これに約して或る時とはいふなり。是れ則ち滅後に仏なく説法なしと思ふものに対して、滅後なれども或る時此の衆生の為に、仏の寿命長遠なりと説く。仏常にましますといふことなり。久乃見仏者、為説仏難値とは、五濁の重き者を指すと釈して、此のこゝろは、今日釈尊御在世の衆生のごとく、五濁の障り重きがゆ

朝夕花の下に住みなれては
いつとなく身心に花
のにほひとまりて終に
花のあるじとなるごとく
つねに仏道
に心をよせ
みのりを
あくまでも
聞く人は
いとたの
もしくぞ
ありける

へに、於一仏乗分別説三と申して、久しく四十余年の歳霜を経て、後に法華経御説法の席にいたりて、常在霊鷲山の仏を見るぞといふこゝろなり。

我智力如是《がちりきにょぜ》　慧光照無量《えこうしょうむりょう》
寿命無数劫《じゅみょうむしゅこう》　久修業所得《くしゅごうしょとく》

この我智力如是とは、釈尊自受用の智体をさとり得たま《（給）》ふによつて、是《か》くの如くこの智恵の力用をもつて常住不断娑婆ならびに十方世界に遍《あまね》くして利益したま《（給）》ふぞとなり。其の力用を次下に、慧光照無量、寿命無数劫とは説き給ふなり。慧光照無量とは、本覚真如の智体に照了分別の徳を施したま《（給）》ふは智用にて有るなり。寿命無数劫とは、報力といふて長遠の寿命を得たま《（給）》ふことは自受用の智恵のちからなり。此の智恵の力にあらずんば、争《いか》でかかくのごとく不思議の長寿を得て衆生を利益したま《（給）》はんや。其の智恵の力用、寿命の長遠なることは、いかなる修行によつて得給ふぞといふに、次下に、久修業所得と説きたま《（給）》ひて、久しく中道一実相たる妙法蓮華経を修行したる功徳によつて得たま《（給）》ふとなり。

寿命無量劫のこゝろを
　むかしよりたま《（玉）》のを《（緒）》をながくとくのりに
　むす《（結）》ぶいくよのちぎりなるらん　頓阿法師

汝等有智者《にょとううちしゃ》　勿於此生疑《もつおししょうぎ》
当断令永尽《とうだんりょうようじん》　仏語実不虚《ぶつごじつぶこ》

この四句は皆実にて虚ならざるを頌すると申して、汝等智恵あらんもの、釈尊の過去遠々劫、現在曼々劫、未来永々劫まですこしもやすみたま《（給）》ふことなく、常にましまして衆生利益し給ふ。三世物益において疑ひを生ずることなく、仏語に虚妄はさら〳〵なければ、真実なること信受せよといふことを、当断令永尽、仏語実不虚とは説き給ふなり。

如医善方便《にょいぜんほうべん》　為治狂子故《いぢおうしこ》
実在而言此《じつざいにごんし》　無能説虚妄《むのうせつこもう》

これより下は、医師の譬へとて薬のたとへ（譬）を説けり。こゝに智恵ふかく医学もたけ、しかも療治も上手なる善き医者あり。大勢の子供をもちたるが、事の子細ありて他国にゆくに、その留守のあいだに他人が毒をのませたれば、おさなきものゆへ何の弁へもなく是れをのみて苦しみもだへて地うへに転《まろ》び倒れぬ。その時父の医者かへりて是れを見て、よき薬どもをあはせて子供に飲ませたり。其の子供の中に正念をうしなはざるものは、其の薬を飲んで毒の病ことゞく癒へたり。その中に正念なきものは、先づ一旦は父にたすけたま（給）へといひしかども、本心をうしなへるゆへに其の薬を与ゆれどもかつて是れを飲まず。其のとき父其の子を憐れむことふかければ、何とぞして飲ますべきとおもひて、其の子にかたりていはく、よき薬をこゝに剤《あわ》せておくほどに汝等これこれをとつて飲めといひ教へて、其の後は又他国へ往きて、それより人使ひをして其の子供がもとへ遣はして其の使ひにかたらしめていはく、汝等が父は既に死せりといふ。此の時子供等、父死せりと聞きてそれに驚き、すこし正念つきておもはく、父この世にましまさば、我等を憐れんで療治したま（給）ふべきに、今すでに他国にて果てたま（給）ひしうへは、我等みなし子となれり。此の剤せおきたま（給）へる薬を飲むべしとて直ちに是れを飲みしかば、それらも毒の病ひことゞく癒へぬ。そのとき父また本国にかへり来たりて、相まみゆるがごとしといふたとへ（譬）也。かくの如く子供の三毒の病ひを治せんが為に、実にはあらねどもかり（仮）に死するといふを、誰かありてその父の虚妄のとが（咎）を説くものあらんやといふこゝろなり。

親はいつまでも在《ましま》すと
おもひの外はやく死せり
ときゝて驚き、さてもこゝに
残し置かれし薬は親の
かたみ也とふかく信じて
用ゆるに忽ち病平癒
するごとくとたとへ
たればよく〳〵心を
とゞめて
仏道を
尊み
信ずべき
ことなり

我《が》亦《やく》為《い》世《せ》父《ぶ》　救《く》諸《しょ》苦《く》患《げん》者《しゃ》

是れより下は合譬を明かす文なり。上のたとへ《（譬）》の中の医師とは、五百塵点成仏の釈尊なり。大勢の子供とは、その教化を受けし三乗等の衆生なり。事の故ありて他国に至るとは、昔もこれらの衆生を教化し給ひしかども、そのときの機縁つきしゅへに、すなはち滅度をしめしたまへ《（給）》るにたとふ《（譬）》。他人の毒薬を飲むとは、邪師の説ける邪法をうけしにたとふ《（譬）》。地にまろび倒るとは、邪法をおこなはせしゆへに、六道に流転し、三途に堕在するなり。其の父家にかへりて薬を合はして飲ましむるとは、仏この娑婆世界天竺へ出世して、一代教の薬をあたへて教化し給へる也。其の子の中に正念をうしなはざるものは、此の薬を飲みてことゞく癒ゆとは、此の衆生の中にむかしの法華経の善根をうしなはざるものは、法華経にして皆成仏するにたとへ《（譬）》たり。その中に正念なきものは薬を飲まずとは、むかし邪師外道等の邪法の毒をふかく信ぜしゆへに、たま〱仏にあふといへども、法華経を修行せざるがごとし。さて父方便して又他国にいたるとは、此の衆生の為にかり《（仮）》に八十入滅をしめしたまふ《（給）》がごとし。使ひを遣はして父死せりと告ぐとは、滅後四依の菩薩とて、仏法弘通の菩薩たちをいだして仏は既に入滅し給ふ、この仏の経教を修行せよとすゝめたまふ《（給）》にたとふ《（譬）》。さて子供驚ひて薬をとつて飲みて病ひ癒ゆとは、衆生の仏の入滅をいたん《（悼）》で経教を修行し、一分得益あるにたとふ《（譬）》。その父また後に来たりて子に見《まみ》ゆとは、仏また未来に別の仏と現じて、その衆生をことゞく仏にならしめたまふ《（給）》がごとしとなり。

宗祖大菩薩は高橋入道殿御消息に云はく

我等慈父大覚世尊、人寿百歳の時、中天竺出現御座《ましま》して、一切衆生の為に、一代聖教を説きたま《（給）》ふ。仏在世の一切衆生は、過去の宿縁有つて仏縁厚かりしかば、既に得道成して、我が滅後の衆生をば如何《いかが》せんと歎きたまひ《（給）》しかば、八万聖教を文

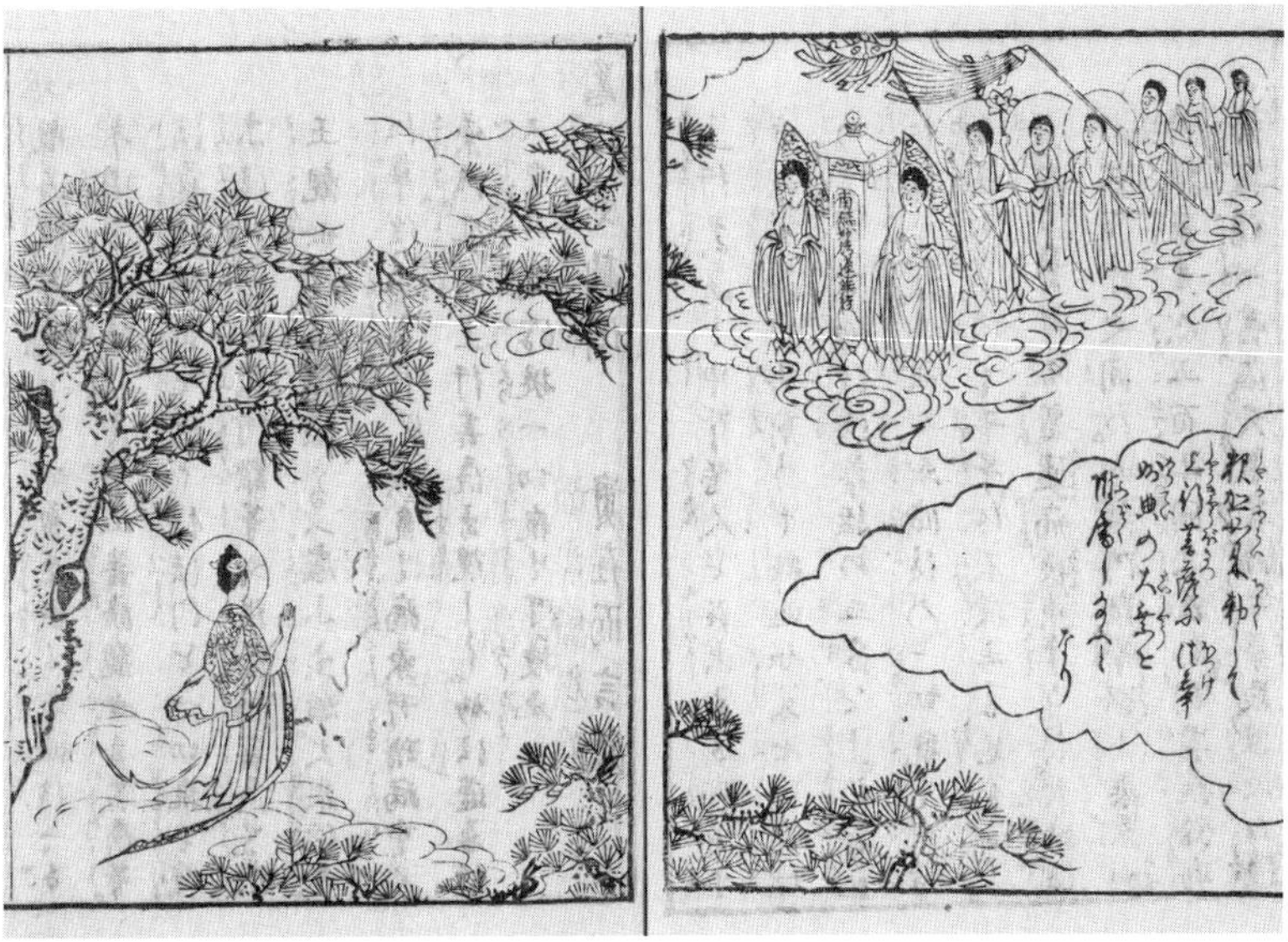

釈迦如来勅して
上行菩薩に法華
妙典の大乗を
附属し給ふとなり

字となして、一代聖教の中に、小乗経をば迦葉《かしょう》尊者に譲りたま《（給）》ふ。大乗経并に法華経・涅槃等をば、文殊師利《もんじゅしり》菩薩に譲りたま《（給）》ふ。但し八万聖教、肝心の法華経眼目たる妙法蓮華経の五字をば、迦葉・阿難等にも譲らず、又文殊・普賢・観音・弥勒・地蔵・龍樹等の大菩薩にも授《ゆず》りたま《（給）》はず。此等の大菩薩の望み申せしかども、仏許し給はず。大地の底より上行菩薩と申せし老人を召し出だして、多宝仏十方の諸仏の御前にして釈迦如来七宝の塔の中にして、妙法蓮華経の五字を上行菩薩に譲りたま《（給）》ふ。其の故は、我が滅後の一切衆生は皆我が子にて、何れも平等に不便也と思《おぼ》し食《め》すなり。然れども医師の習ひ、病に随ふて薬を与ふ事なれば、我が滅後の五百年の間は、迦葉・阿難等、小乗の薬を以て一切の衆生に与ふ。次の五百年の間、文殊師利菩薩・弥勒菩薩・龍樹菩薩・天親菩薩等、華厳経・大日経・般若経等の薬を一切衆生に与へよ。我が滅後一千年過ぎて像法の時には、薬王菩薩・観世音菩薩等、法華経の題目を除ひて余の法門を一切衆生に授けよ。末法に入りなば、迦葉・阿難等、文殊・弥勒菩薩等、薬王・観世音等、譲られたま《（給）》ふ処の小乗経・大乗経并に法華経は文字は有れども衆生の病の薬と成らず。所謂病に重く薬は浅《かる》し。其の時上行菩薩出現して、妙法蓮華経五字を、一閻浮提の一切衆生に授くべきなり。

為凡夫顛倒《いぼんぶてんどう》　**実在而言滅**《じつざいにごんめつ》
以常見我故《いじょうけんがこ》　**而生憍恣心**《じしょうきょうししん》
放逸着五欲《ほういつぢゃくごよく》　**堕於悪道中**《だおあくどうちゅう》
我常知衆生《がじょうちしゅじょう》　**行道不行道**《ぎょうどうふぎょうどう》
随応所可度《ずいおうしょかど》　**為説種々法**《いせつしゅじゅほう》

此の十句は、現在合譬の文なり。上に委しく和解するが故に之を略す。見合はせて解すべし。

又此の偈頌は、開譬・合譬ともに未来を頌せず。経文略なりと心得べし。

毎自作是念《まいじさぜねん》　以何令衆生《いがりょうしゅじょう》
得入無上道《とくにゅうむじょうどう》　速成就仏身《そくじょうじゅぶっしん》

天台文句云、毎自作より下一行には、不虚を合することを頌す。開三顕一開近顕遠、衆生をして速やかに仏道に入らしめんと欲す。此の事必ず虚ならざることを得るなり。

この意は、釈迦如来の久遠五百塵点劫より已来《このかた》、未来永々劫まで御苦労遊ばされし其の御念願は、一切衆生に開三開近の無上道たる法華経を説きて速やかに仏になさんと思し召すより外に他念なし。この念は慈悲の意なり。三世の諸仏は、慈悲の二字によつて出世成道し、難行苦行したまふ（給）なり。

慈悲なければ世間出世ともに成就すべからず。所詮一代聖教は慈悲の二字をうつすと習ふこのこゝろなり。

　くら（暗）かりしくも（雲）ははさながらは（晴）れつきて
　又うへもなくすめるそら（空）かな　後京極

十不二門聞書に云ふ法勝寺上人、云毎自作是念等と云ふ、是れ受用の一実無縁の慈悲、久遠劫より已来《このかた》、我等を作仏せしむべしと思し食す慈悲に酬《むく》ひて、我等衆生は皆得脱するもの也。忝《かたじけな》き御恩なりと云云。

又梨本の明快座主、此の文を誦するたび（度）に、涙を流したりといへり。感涙するにはかならず、楊子岐に泣く、墨子糸に悲しむ、卞和《べんわ》玉に泣く、伯瑜杖に泣く、これみな意あり。

阿私陀《あしだ》仙人が悉達太子を見て泣く。今の明快座主がなきし意は、仏の慈悲の深重なることの久しき処を思ひて泣き、又かゝる慈悲を久しく蒙るといへども、今我等が生死に流転することをおもふて泣くなり。

得入無上道のこゝろを
　まど（惑）ふ人のこゝろの行にしたがふや
　うへなきみち（道）のしるべなるらん　慈鎮和尚
分け入りしゆき（雪）の大山のつもりには

いちじるかりしありあけ（有明）のつき（月）　西行法師

南無妙法蓮華経〳〵

自我偈絵抄巻之下終

画工　平安下司其亭

皇都東洞院三条上ル町

村上勘兵衛

二、経典和訓図会の隆盛

1　阿弥陀経和訓図会　編者架蔵

真心浄寂渾無跡
眇夜尊厳倍有光
竹翁

往昔本師能仁世尊、以無蓋大悲哀一切衆生、辞彼西方浄土、出此娑婆濁世、示現八相、震玉音、随類応機覆三蔵、十二密雲灑八万四千法雨、浴群蒙含霊、此沢潤普涸槁敗種、生発心修行根芽、成菩提涅槃花果、可謂枯樹再栄曝骸重完、就中此経者、如来大悲本懐、施化利生実義、五乗斉入要門、一乗究竟真教也、故不依請問発起、特自開説、一軸四紙簡而復略、然尽善尽義信之願浄土、易修易行易往易悟不離一法而逗諸機、誠知多善根多功徳妙経也、是偏阿弥陀如来因中法蔵菩薩時、思惟五劫修行永劫、所以済度有縁無縁也、可信可尊爾云

阿弥陀経和訓図会巻之上

仏説《ぶっせつ》阿弥陀経《あみだきょう》

仏とは、梵語天竺の詞にて翻訳すれば覚者といふ事にて、和名日本の詞保止計《ほとけ》なり。説とは、仏の説きたまふ（給）詞をいふ。阿弥陀は、梵語にて翻訳すれば無量寿といふ事なり。経とは、仏の説き給ひし事を記録せし書物の名なり。此の経は、阿弥陀仏の極楽の体相《ていそう》を説き給ふ故、斯く名付け給へり。

姚秦三蔵法師鳩摩羅什奉詔訳《ようそうさんぞうほうしくまらじゅうほうしょうやく》

姚秦とは、秦の始皇の末孫、東晋の安帝の時に自立して後秦と国号を立て、文桓帝と称す。字を姚興と謂へり。故に姚秦といふ也。三蔵法師鳩摩羅什とは、此の経を翻訳したる僧の名なり。奉詔訳とは、詔《みことのり》は上命にて帝王よりの仰せをいふ。奉は承《うけたまわ》るといふ事。訳とは、天竺の詞を梵語といふ。それを中華の辞《ことば》に引きなほす事にて、諸《もろもろ》の経は皆梵語にて、中華にては通じがたき故、中華の詞に翻訳《ひきなお》し、又唐の辞は日本にて通じがたき故、倭言《にっぽんことば》にするをも翻訳するといへり。早く云へば、鳩摩羅什と云ふ法師が、王の詔《いいつけ》を奉《うけたまわ》りて、此の経を中華の辞に翻訳《ひきなお》したりといふ事なり。鳩摩羅什は、原《もと》天竺の産まれなりしが、故有つて亀茲国《きじこく》といふ所へ移り住みしを、姚興彼の羅什が博学多才にて天竺震旦の語に通ぜし由を聞き、亀茲国を攻め伐つて羅什を虜にし、我が国へ迎へて深く尊び、国師と仰ぎ諸《もろもろ》の仏経を翻訳せしむ。羅什詔命《みことのり》を奉り訳する経論八百余巻に及ぶといへり。此の阿弥陀経も其の中の一つなり。

抑も此の阿弥陀経は、因位の昔、阿弥陀仏より釈迦如来へ附属し給ひしを、釈尊忍土へ下生の後、祇園精舎に於いて一切衆生の為に御説法ありしを、仏弟阿難尊者記録して三国唐・天竺・大日本に伝はれり。夫れ釈迦如来と申し奉るは、西方極楽浄土の善慧菩薩と申す尊き御仏にて在《まし》しけるが、一切衆生を済度せんため、中天竺摩伽陀《まがだ》国の主浄飯大王《じょうぼんだいおう》の后摩耶夫人《まやぶにん》の胎内に生を託し給ひ、四月八日御降誕在り、悉達太子《しったたいし》と呼ばれ、聡明たとふるに物なし。然れども九五の宝位を望み給はず、十九才にて宮中を忍び出でたま（給）ひ、遠く檀特雪山《だんとくせっせん》に分け登り、阿羅々《あらら》・伽羅々《からら》・毘羅梵士《びらぼんし》なんどの神仙を師とし、難行苦行捨身の行をなし給ふ事十二年、遂に正覚成道して本師本仏釈迦牟尼世尊と仰がれ給ひ、臘月八日暁の明星を拝して出山なし給ひ、諸州《くにぐに》を巡り経論を説き給ふ。其の中にも殊更この

出山の
釈迦如来の
御像

中天竺摩伽陀国浄飯王の
皇子悉達太子十二年の難行を積み
衆生済度の為、雪山を出で給ふ図なり

阿弥陀経は功徳広大なり。そも釈迦如来の御本願は、一切衆生を化益して、極楽浄土安楽国へ往生させんとの広大無遍大慈大悲の仏恩言語に述べがたく、諸《もろもろ》の御示し百般《さまざま》にて、或ひは小乗の教へに難行苦行を勤めしめ、或ひは大乗の教へに一心三観の旨を自ら悟り、即身成仏の素懐を遂げしめ給ふ。然れども是等は上根上智の人の教へにて、末世下根の衆生の及ぶ事にあらず。さるに依つて西方浄土の阿弥陀如来、久遠劫千万年といふがごとしの昔より、末世下根の衆生を御利益あらんため、浄土門十八願を立て給ふ。是れ下根の者、又は煩悩に迷ふ女人たりとも、行ひがたき自力に着せず、他力本願を頼み奉り、唯一心に南無阿弥陀仏の六字の法号を朝夕怠りなく唱ふれば、一人も漏らさず西方極楽へ引接《いんじょう》せんと、有りがたき御誓願なり。其の極楽の体相を説き給ふが、則ち此の阿弥陀経なり。

如是我聞《にょぜがもん》一時《いちじ》仏在《ぶつざい》舎衛国《しゃえこく》祇樹給孤独園《ぎじゅぎっこどくおん》

如是我聞とは、何れの経文にも発旦《ほったん》に用ゆる詞なり。釈尊御入滅の時に臨み、御弟子達、仏滅後の事、五箇条を問ひ奉りし中に、経論を説くには始めに如是我聞《かくのごとくわれきく》の四字を用ゆべしと曰《のたま》へり。一時とは、或る時といふ事なり。在舎衛国祇樹給孤独園とは、舎衛国は天竺の国の名なり。此の国の王を波斯匿王《はしとくおう》と申す。御子を祇陀太子《ぎだたいし》といふ。此の太子の別荘の地を祇陀園と号し極めて荘麗なり。又波斯匿王の大臣に、須達長者《しゅだつちょうじゃ》といふ人在りけるが、家富み栄へて貯ふる金銭幾億万の数をしらず。此の須達は大善根の人にて、孤とて幼《いとけな》ふして両親なき者、独とて老ひて養ふ子なき者等に金銀米穀を施しける故に、世の人其の徳を称して給孤独長者と号せり。給孤独とは、孤独の者に給はるといふ事なり。此の長者我が子の婚姻の事に就き、隣国の月蓋《がっかい》長者といふ人の家に到り、始めて釈尊の法顔を拝し、御説法を聴聞して、信心肝に

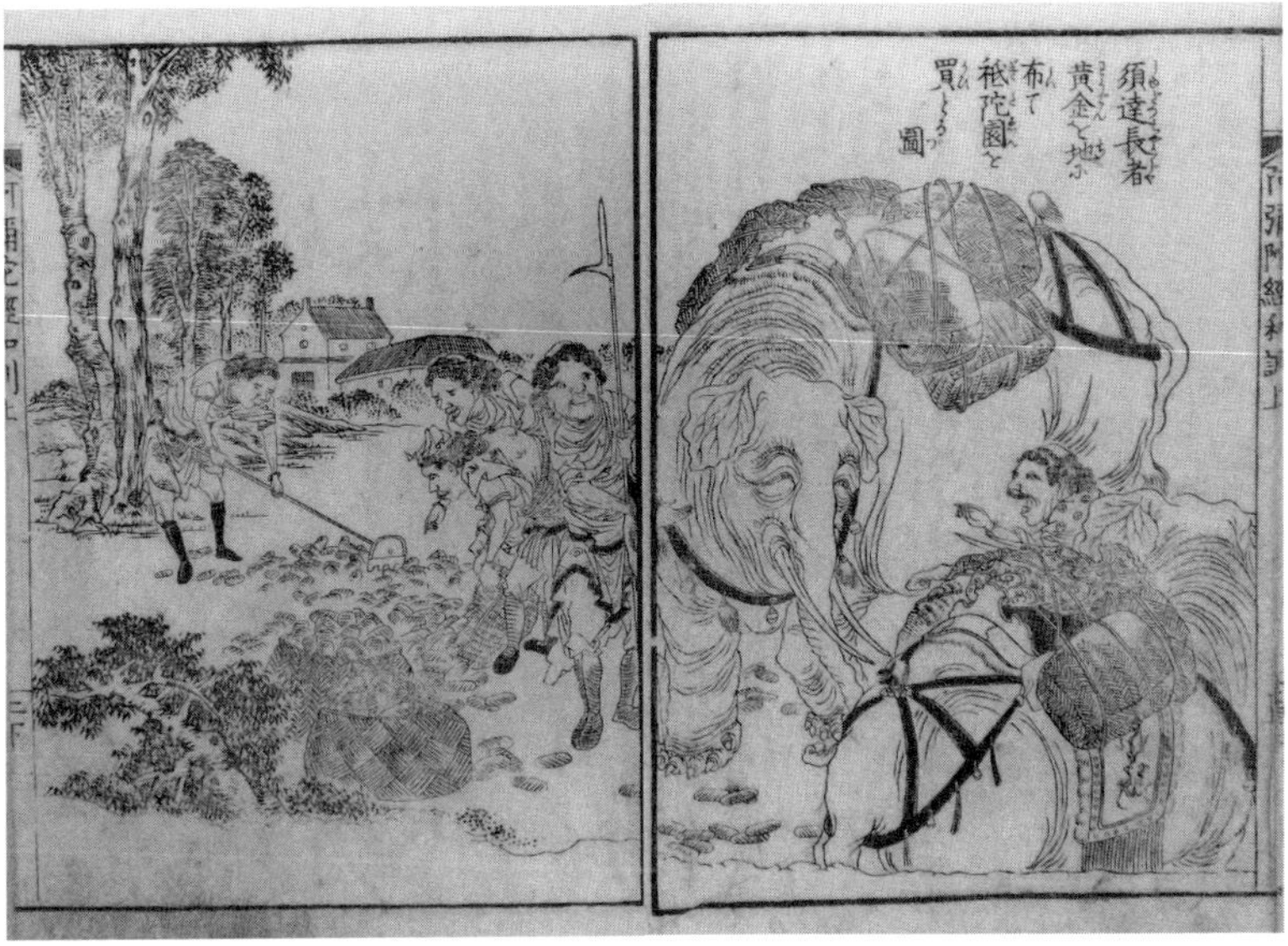

須達長者
黄金を地に
布《し》いて
祇陀園を
買ひとる図

銘じ、何卒我が舎衛国へも御来臨ありて、国中の者に御法を説き聞かせ給へと願ひけるに、如来曰く、你《なんじ》が舎衛国には住すべき道場なし。若し道場を建立せば、我到りて説法すべしと仰せければ、須達大いに歓喜《よろこび》、然らば道場の地を見立つる羅漢を一人借し給へと乞ふ。釈尊即ち十大弟子の中に智恵第一の舎利弗尊者を長者に従はしめ給ふ。須達舎利弗と同道して舎衛国にかへり、東西南北の地を舎利弗に見せしむるに、皆舎利弗が意に合《かな》はず。只祇陀太子の園のみ、道場を建つる地に好しといふにぞ、須達迷惑し、此の地は国王の太子遊楽の園なれば購ひ得がたし。別に他の地を択《えら》み給へと云へども、舎利弗頭を揮《ふ》り、否《いな》此の地より他に如来の住し給ふべき道場の地なしと云ひければ、須達止む事を得ず、舎利弗を我が家に待たしめ、太子の宮中に参りて、祇陀園を買はん事を求むれども、元来《もとより》富貴の太子なれば、園を売る事を許さず。須達猶百般《さまざま》に詞を尽くし求めんとして止まず。太子も今はもてあまし、渠《かれ》斯く迄に強《し》い求むれども、其の価を貴くいはゞ、財を厭ひて望みを止むべしと思惟《しあん》し、戯れに曰く、你《なんじ》さほどに彼の園を望まば、彼の園の地を寸分も余さず、黄金をもつて布き満てよ。然《しか》せば其の黄金をもつて売り与ふべしと云はれけるに、須達一議にも及ばず大いに悦び、王者に戯言《けげん》なし、必ず違変し給ふなと、約を固めて立ち帰り、大象七頭に無数の黄金を負はせて祇陀園に到り、数百人の人歩をかけて、さしもに広き園を寸分の地も残さず、黄金をもつて布き満ちけり。其の光目も羞明《まばゆく》、さながら金色世界のごとし。祇陀太子是れを見て惘然《あきれはて》、我戯れに価を貴くいひしは、渠《かれ》が望みを止めしめんためなるに、豈計らん斯く無数の黄金を抛ちて、釈迦の為に道場を建つべしとは、渠《かれ》斯くまで心を傾けて尊信する釈迦の法は、世に有り難き妙法なるべし。我も園地の樹木及び地に布きたる黄金を釈迦に寄附し、須達に力を併《あわ》し道場を建立すべし

摂州
四天王寺
西門の図

と大善心を起こし、須達に其の旨を告げ、ともに工匠を励まして道場を建てられたり。指図は舎利弗尊者是れを司り、三百宇の僧房、六十三所の堂塔、厨《くりや》、浴室、圊厠《かわや》、洗脚所にいたるまで備はらずといふ事なく、其の荘厳眼を駭《おどろか》す許《ばか》りなり。されば祇陀太子樹木を寄附ありしを以て祇樹といひ、給孤独長者の建立せし道場ゆへ、給孤独園と号《なづ》けたり。一名を祇園精舎ともいへり。祇陀園の字を用ゆされば仏在祇樹以下の文は、仏此の道場に在《いま》してといふ事なり。

因《ちなみ》に曰ふ、摂州荒陵山四天王寺は、右の祇園精舎を模写《うつ》したる伽藍にて現世《このよ》の極楽浄土なり。一度参詣の輩は安養浄土へ生ずる便りとならんこと疑ひなし。又曰く、伽藍とは、梵語にて翻訳すれば園といふ義なり。天竺にては僧伽藍摩《そうがらんま》といひ、漢土にては衆園といふ。近く謂へば僧此の所に住みて仏法の種を植える園といふを、梵語の儘に伽藍とはいふなり。

与大比丘衆千二百五十人《よだいびくしゅせんにひゃくごじゅうにん》

大比丘とは、釈尊の御弟子達なり。比丘とは、梵語で訳すれば苾芻《びしゅ》といふ草の名なり。此の草天竺の雪山にのみ生ずとぞ。性柔軟《やわらか》にして梗《こわ》き刺《はり》なし。花葉とも潤ひあり。僧の貪瞋痴《とんじんち》の梗《こわ》き刺《はり》なきに喩へて比丘と号《なづ》けたり。千二百五十人とは、釈尊の御弟子是れに限るにあらねども、釈尊世に仏道を弘め給ふ始めに、大迦葉《だいかしょう》兄弟三人、一千人の徒弟《でし》と倶《とも》に如来の御弟子となる。次に舎利弗・目連、二百五十人の徒弟を率いて仏弟となる。さればば如来成道の始めの比丘なるゆへ、其の人数を挙げたり。此の余数多の僧衆の数を挙げざるは経文の略なり。

倶皆是大阿羅漢《ぐかいぜだいあらかん》

倶皆是とは、ともに皆是れと千二百五十人を指したる詞。大阿羅漢とは、梵語也。訳しては、応供殺賊無生といふ義なり。其の説甚だ長し。早く云へば、応供は衆生の供養を応じ受くる義。殺賊とは、煩悩の賊を殺す義。無生とは、生死の輪廻を離れ、再び苦界に生まるゝ事なしとの義なり。

衆所知識長老《しゅしょちしきちょうろう》

衆所知識とは、一切の衆人《もろびと》が、其の徳を知り識る所の長老といふ事なり。長老とは智徳備はり、仏道に能く達したる僧を称して云ふなり。あながち年齢の長じたるをいふにはあらず。博学の人を年若けれども先生と云ふがごとし。

舎利弗《しゃりほっ》

是れより衆人《もろびと》の知るところの長老の名を挙げたり。先づ舎利弗とは、釈迦如来の十大弟子の一人にて、智恵第一と称せられし人なり。舎利を訳すれば鶖子《しゅし》とす。是れ鳥の名なり。舎利弗が母の眼いたつて浄《きよ》く鶖子《もず》の眼に似たる故、舎利と号《なづ》く。弗は訳すれば子といふ義なり。舎利女妊娠してより才智弁論頃日《ひごろ》に百倍せり。或る人の曰く、是れ孕める子の智徳によれりと。果たして男子を産めり。母の名の舎利を其の儘とつて舎利弗と名づく。幼《いとけな》きより智才弁舌衆に勝れ、博く諸論に通じ、年八才にして諸《もろもろ》の学生と論義するに、一人も舎利弗に勝つ者なし。是れより其の名遠近に震ふ。始め外道の法を学びけるが、後釈尊の法門に帰し十大弟子の一人と称せらる。

摩訶目犍連《まかもくけんれん》

是れも十大弟子の一人なり。摩訶を訳すれば大となる。目犍連は姓なり。目連の類族多し。故に大といふ字を以て別つ。舎利弗と親友たり。倶に外道の法を学びけるが、舎利弗が仏門に帰する時、ともに門弟を連れて釈尊の徒弟《みでし》となり、神通第一と称せらる。或る時如来忉利天《とうりてん》に昇り給ふ時、路に毒龍在つて障碍《しょうげ》をなす。目連大神通を以て是れを降伏すとあり。

摩訶迦葉《まかかしょう》

是れ十大弟子の第一の高弟なり。二人の弟あり。皆迦葉と名のる。故に是れも大の字を加へて別《わ》かつ。此の人を優楼頻羅《うるびら》迦葉と呼びて、博覧にて頗る神通あり。外道の法を学び極め、五百人の徒弟あり。釈尊出山ありて迦葉が住む里に行き暮らし給ひ、迦葉が家に立ち寄り、是れは摩訶陀国浄飯王の子悉達なるが、一切衆生を化益せんため、檀特雪山に修行する事十二年、今已に正覚成道し、出山して這《こ》の里に行き暮らせり。一夜の宿を借し給へと乞ひ給ふに、迦葉心中に是れを悔り、渠《これ》難山に入りて十二年修行するとも、何ぞ我が修するに及ぶべき。好々《よしよし》渠《かれ》が肝を拉《とりひし》ぎて我が道の勝れたるを見すべしと思ひ、釈尊に対《むか》ひ安き事なれども我が家は数多の徒弟ありて你《なんじ》を宿すべき所なし。我が後園に一箇の石室ありて人なし。然れども一頭の毒龍在つて宿する者を害す。されば彼処《かしこ》にも留めがたしと曰ふ。釈尊些《つと》も怖れ給ふ色な

釈尊三迦葉を帰伏せしめ給ふ図

く、毒龍在りとも苦しからず。其の石室を借し給へと曰ふにぞ、然らばとて迦葉、童子に導路《あんない》させて釈尊を石室へ伴はせけり。釈尊は彼の石室に入り給ひ、中央の石上に座禅して在《おわ》しけるに、日は已に暮れて案の如く毒龍あらはれ出で、口より火を吐きて釈尊を焼き殺さんとすれども、如来の金剛体、さしもの毒火も焼く事能はず。其の火石室に燃え移りて炎々たる焰《ほのお》天を焦がす許《ばか》りなり。迦葉は杳《はるか》に火光を見て大いに嗤《わら》ひ、憐れむべし悉達、果たして毒龍のため火《や》き殺されつらめとて、徒弟を引き連れて火場《やけば》へ到り見るに、石室は灰燼と成りけれども、釈尊は自若として石上に端座し給ふにぞ。迦葉駭《おどろ》き夜来毒龍は来たらざりしやと問ふ。釈尊完爾《にっこ》と笑はせ給ひ、いかにも毒龍来たり火を吐きて我を害せんとしつれども其の事能はず。却つて石室毒火の為に焼亡せり。毒龍は我降伏して此処《ここ》に在りと傍《かたえ》なる鉄鉢を採りて見せ給ふ。迦葉が徒《ともがら》是れを見れば、彼の毒龍如来の神通力に降伏せられ、僅か尺余の小蛇となり、鉄鉢の裡《うち》面に蟠《わだかま》り居たり。迦葉驚嘆し、此の沙弥の神通侮りがたしとて尚屡《しばしば》釈尊の法徳を試し見るに、我が及ばざる所多ければ遂に心を傾け法門に帰す。二人の舎弟迦耶《かや》迦葉・那提《なだい》迦葉も是れを聞きて同じく釈尊の御弟子となり、各《おのおの》阿羅漢果を得たり。中にも大迦葉を頭陀第一と称す。

摩訶迦旃延《まかかせんえん》

是れも十大弟子の一人なり。迦旃延を眉垂とも好眉とも翻訳す。此の人前生に五戒を持《たも》ち、常に堂塔の庭を掃除せし功徳にて、生得《うまれつき》面貌端正に眉麗しく長し。故に好眉と名づく。仏弟となりて論義に長じ、弁舌滞らず流水のごとく、然も声甚だ美《うるわ》し。依つて論義第一の名を得たり。

摩訶倶絺羅《まかくちら》

倶絺羅を大膝と翻訳す。此の人膝の骨極めて大なり。故に名とす。舎利弗が母の兄なり。弗がためには叔父にて、始め外道を学び、後仏弟となる。

離婆多《りはだ》

離婆多は室宿と訳す。室宿は二十八宿の中北方七星の一つなり。其の母室宿を祈りて生みし故に名とす。此の人一時《あるとき》路に雨に値《あ》ひ、神祠《ほこら》の内に入り雨を避けけるに、日已に暮れたり。離婆多恐ろしく思ひ、梁《うつばり》の上に隠れて、夜の明くるを待つに、忽ち小鬼人の尸《しがい》を負ひて祠へ入り来たる。其の後より又大鬼入り来たり、小鬼の負ひ来たりし尸《しがい》を我が得物なりと謂ひて已に喰らはんとす。小鬼是れを支へ、是《こ》は我が負ひ来たりし也と、互ひに争ふて止まず。小鬼呼ばはりて曰く、梁の上の人は

離婆多
両鬼の争ひを
見る図

宵より子細を見て知るべし。我が物か彼が物か、下り来たりて実否を分けよといふにぞ、離婆多想道《おもへらく》、我爰に潜むを彼等疾《はや》く知れり。今は遁る、に道なし。迚《とて》も死する命ならば実を告げて死すべしと旨を定め、梁より下りて、尸《しかばね》は小鬼の負ひ来たる所なりと曰ひければ、大鬼尸《かばね》を喰らふ事能はず。大いに怒つて、離婆多が片脚を曳き抜きて是れを喰らひ立ち去りけり。小鬼は離婆多が実を告げたるを感じ、尸《しがい》の片脚を抜きて、離婆多が抜かれたる脚の跡へ接ぎ補ふに、其の儘癒へ合ひて旧《もと》の脚のごとし。小鬼は礼謝を述べて立ち去り、夜は已に明けわたたれり。離婆多嘆息し、我量らず一命を助かるといへども、片脚は我が脚に非ず。か、る業因も有るものかと打ち歎き、釈迦如来の御許へ参り、有りし子細を告げければ、仏曰く、元より人体は地水火風の仮に結べる処にて、無常の刀風に植(値カ)はば忽ちに解けん事霜の旭に消ゆるがごとし。何ぞ悟る事の遅きやと宣ふにぞ、忽ちに悟道し、即時に髻《もとどり》をはらひ、仏弟となりて羅漢果を得たるとなん。

周利槃陀伽《しゅりばんだか》

周利槃陀伽を路辺生と翻訳す。其の母路の辺《ほとり》にて是れを生めり。依つて名とす。亦一名を槃特《はんどく》とも云ふ。天性《うまれつき》至愚にて、麦と菽《まめ》とをだに見分くる事能はず。兄あり。莎伽陀《しゃかだ》といふ。先達つて仏弟となる。弟の槃特も又仏弟となる。如来羅漢達に命じて鳩摩羅の一偈を教へさせ給ふに、槃特は極鈍根の者なれば、一句の偈を習ふに九十日に及べども一字も覚ゆる事能はず。兄の莎伽陀大いに誡め、你《なんじ》は迚《とて》も僧となる事能はじ。速やかに俗家に帰れよとて、祇洹精舎《ぎこうしょうじゃ》の門外へ追ひ出だす。槃特門外に在つて泣き居たるを、釈尊見給ひて其の故を問ひ給ふ。槃特有りの儘に語りければ、如来憐れみ給ひ、你《なんじ》憂ふる事勿れ、終には得道すべしとて、其の手を牽いて静室へ連れ行き、箒を与へて室中を掃かしめ給ふ。槃特つく〴〵と心中に思ひけるやう、塵埃も箒にて除《はら》へば浄潔《きよき》なり。煩悩は是れ心の塵埃なり。智恵の箒をもつて除《は》かば心浄潔《きよらか》なりと。我しらず心に斯くの如く悟ると思へば、郭然として心開け愚鈍の雲霽《は》れて終に得道せしとぞ。

難陀《なんだ》

仏弟に難陀といふ羅漢三人あり。阿難陀《あなんだ》伝次に紀す、孫陀利難陀《そんだりなんだ》身の丈一丈五尺とあり、放牛難陀《ほうぎゅうなんだ》。茲に出だせるは放牛難陀なり。釈尊の類族なりしが、零落して牧の牛飼となりしが、釈尊仏道を弘め給ふと聞きて御弟子となれり。

阿難陀《あなんだ》

阿難陀を歓喜と翻訳す。其の形容《かたち》極めて麗しく、見る人皆歓喜す。故に名とす。浄飯王の弟斛飯王《こくぼんおう》の二男。提婆達多《だいばだった》が弟にて、釈尊の従弟なり。如来の法弟《みでし》となり、御側を去らず給侍する事二十五年。其の間に聴く所の経論を悉く暗記《そらん》じて一字も忘れず。大迦葉是れを讃《ほ》めて、仏法大海の水、阿難の心に流れ入ると謂へり。如来も其の記憶を讃《ほ》め給ひ、多聞第一と称し給ふ。此の阿弥陀経も阿難の述記する所なり。十大弟子の一人たり。

羅睺羅《らごら》

羅睺羅を翻訳すれば覆障となる。是れ釈尊の御子にて、母公を耶輸多羅女《やすだらにょ》と申せり。浄飯王悉達太子の出塵の望みを覆ひ障《さまた》げんと、普く天下に美人を求めて太子の新宮に備へ給ふ。耶輸多羅女其の随一なり。然れども太子一会《いちど》も幸ひし給はず。十九才にて宮中を忍び出で給ふ時、耶輸多羅女に導《あない》させ、別離《わかれ》に臨みて太子右の手の指を以て耶輸多羅女の腹を指さし給ひ、予《われ》出宮の後三年一説に六年にして你《おこと》孕むことあるべし。是れ予が因位の種なり。其れ遺物《かたみ》と見よとて、遂に留むる袖を引き裂きて、檀特山に赴き給ふ。妃《ひめ》は御別れの悲しさに、太子の御詞をおぼろげの事に思ひ、更に信《まこと》とも思ひ給はざりしに、果たして三年過ぎて自然と孕《みごも》り、月充ちて皇子《みこ》を生み給ひけり。浄飯王をはじめ諸人、耶輸多羅女密夫《かくしおとこ》の子を生めりと誹《そし》り嗤《わら》ひぬ。妃《ひめ》は太子の御詞を告ぐるとも、諸人誠とはせじと念《おも》ひ、恥を忍び憂きを堪へて皇子《みこ》を育み年月を送りけるに、十二年過ぎて釈尊正覚成道し給ひ、古郷摩迦陀国伽毘羅城《かびらじょう》へ帰り入らせ給ひ、浄飯大王に御対面ありし時、耶輸多羅女生む所の皇子《おうじ》に遺物《かたみ》の片袖を持たせ、是れを御身の父君に進《まいら》せ給へとて出だしければ、皇子《おうじ》つか〳〵と歩みて一千二百五十人の僧衆の中に未だ対顔もし給はざる御父如来の前に跪きて、持ちたる片袖を捧げ給ふ。釈尊御手に把《と》り給ひ、是れ我が因位の子なり、耶輪多羅女の生む所なるべしとて、其の時の事を語り給ふにぞ、浄飯王を先として諸人はじめて疑ひを解きけり。如来此の幼君を徒弟《みでし》となし、羅睺羅と名づけ給ふ。是れ出塵の心を覆障《さまた》げんために迎へ給ひし耶輪多羅女の生む所なる故に、然《しか》名づけ給ふとぞ。十大弟子の一人にて密行第一とあり。

憍梵波提《きょうぼんばだい》

憍梵波提を牛呞《ぎゅうし》と翻訳す。此の人前々生に僧なりしが、米の穂を地に摘み捨てたる報ひにて、死後牛と生まれたり。然るに寺の辺《ほとり》の垣に繋がれ、干したる袈裟の散り来たり、其の角に掛りし因にて、今生また人と生まれ仏弟となる。然れども前業尚尽きず、足の爪牛の如く破《わ》れたり。如来憐れみ襪《したうず》股なき足袋也をはかせて隠させ給ふ。又常に呞哨《ねりかむ》の癖あり。如来入滅の後火定に入寂す。

賓頭盧《びんずる》頗羅随《はらだ》

賓頭盧は名なり。不動と訳す。頗羅随は姓なり。梗疾と訳す。原《もと》婆羅門なりしが、仏弟となり頗る神通を得たり。如来王舎城に在《いま》せし時、樹提長者といふ者、旃檀木をもつて木鉢を造り、柱の末に置き、諸人に向かひ、梯竿《はしご》を用ひず是れを採らん者に与へんといふ。衆《もろもろ》の外道集まり、手を伸べ足を翹《つまだ》てて是れを把《と》らんとすれども、取る事能はず。賓頭盧神通を弄《つか》ひ、手を伸ばして木鉢を把《と》り、猶も諸人を駭《おどろ》かしめんと、件の木鉢を天に投げ揚げ日光を弊《おお》ひければ、諸

人大いに驚き、女子は地に仆《たお》れ、孕み婦《はらおんな》は胎を堕とす。釈尊聞こし食し大いに誡め給ひ、你《なんじ》無益の事をなして孕み婦《はらおんな》の胎を堕とさしむ。今より我が門下に在るべからず。永く滅度する事を許さじと責め給ふ。是れに依つて賓頭盧力なく弟子を牽いて西瞿陀尼州《さいぐだにしゅう》に赴き、諸人を化度し供養を受く。如来入滅後三百余年に及ぶ迄賓頭盧猶も滅度をとらず。後行く所をしらず。此の故に今以て賓頭盧ばかりは五百羅漢の中に交へず。堂の外に置くは其の謂はれなりとかや。

迦留陀夷《かるだい》

迦留陀夷は黒光と翻訳す。此の人面貌《かお》も全身《そうみ》も甚だ黒く光れり。故に名とす。曽て日晡《ひぐれ》かたに市中に行き鉢を乞ふ。天已に闇《くら》うして迦留陀夷が眼《まなこ》ばかりきら〱と光れり。諸人黒鬼なりと怖れ惑ふ。故に如来迦留陀夷許《ばか》りは晡時の托鉢を誡め許し玉はざりしとぞ。

摩訶劫賓那《まかこうひんな》

摩訶は大なり。劫賓那は房宿と翻訳す。房宿は星の名にて、二十八宿の内東方七星の一つなり。父母房宿を祈りて生む所の子なる故、名とす。

薄拘羅《はくら》

薄拘羅は善容と翻訳す。此の人相貌端正なる故、斯く名づく。曽て前生に不殺戒を保ち、且つまた病める僧に薬を施せし善報にて、今生へ生まれ出でて、形容端正《かたちきよらか》にして一百六十才まで長寿《ながいき》し、生涯無病なりしとぞ。

阿㝹楼駄《あどろだ》

阿㝹楼駄又は阿那律ともいふ。翻訳して無滅、又如意、又無貧と三名となる。浄飯王第四の弟、甘露飯王《かんろぼんおう》の子。釈尊の従弟なり。過去の世に天下大飢饉す。辟支仏《へきしぶつ》餓え人と化し乞食す。阿那律の前身は貧人なりけるが、是れに稗飯を施せし功徳により皇子と生まる。福徳滅することなく意の如く楽しみ貧しきこと無し。依つて三つの名あり。如来の従弟《みでし》となり、七日眠らずして両眼盲たり。然れども天眼通を得、心眼を以て三千大千世界を細かに見る。故に如来天眼第一と称し給ふ。十大弟子の一人なり。

如是等諸大弟子《にょぜとうしょだいていし》

とは、是《か》くの如く諸《もろもろ》の大弟子といふ事にて一段の結びなり。右舎利弗以下の御弟子の外に五百羅漢及び数多あれども、悉く名を挙げざるは経文の略なり。

并諸菩薩摩訶薩《へいしょぼさつまかさつ》

并はならびにといふ義。諸はもろ〳〵なり。菩薩は菩提薩埵《ぼだいさつた》の略言にて諸説有れども長ければ略す。近く謂へば菩提を訳すれば覚と成り、薩埵を訳すれば有情となる。是れ上求菩提下化衆生の義となるなり。又摩訶薩とは略言にて、具に謂へば摩訶菩提薩埵なり。摩訶は大なり。菩薩の中にても殊に徳の勝れたるを摩訶薩といふ。大菩薩と云ふもおなじ事也。

文殊師利法王子《もんじゅしりほうおうじ》

所謂文殊菩薩なり。文殊は妙徳とも妙吉祥とも翻訳す。過去久遠劫に宝蔵如来世に出で給ひし時、転輪王まします。御名を無浄念王と号す阿弥陀仏の前身也。此の王に数多皇子まします。第一を観音と号《なづ》け、第二を勢至と号《なづ》け、第三を文殊師利と号《なづ》く此の余の皇子は名を略す。此の菩薩を愚鈍の者念じ奉れば智恵を授け給ふ。法王子とは、仏を法王と申す。其の仏の御子なれば、法王の子といふ義なり。

阿逸多菩薩《あいつたぼさつ》

阿逸多を無能勝と翻訳す。能く勝る者無しとの義なり。是れ世に知る所の弥勒菩薩なり。弥勒は翻訳して慈氏といふ。此の菩薩の誓願には、今より五十六億七千万歳の後、前仏は滅し、後仏出世の時世に出でて、再び仏法を龍華樹の下にて三会説かんとなり。是れを弥勒仏龍華三会の暁を待ち給ふと謂へり。弘法大師高野山にて入定し給ひしも此の弥勒仏の出世を待ちて衆生を済度せんとの御誓ひとぞ聞こえし。

乾陀訶提《けんだかだい》菩薩《ぼさつ》

乾陀訶提を不休息と訳す。是れ一切衆生を化益して休み息《いこ》はずとの義なり。

常精進《じょうしょうじん》菩薩《ぼさつ》

常精進とは、一切衆生を利益する心進みて少しも退かざるの義なり。僧の仏道修行の心頻りに進みて退屈の念起こらざるを勇猛精進といふ。俗人の五辛肉食を禁ずるを精進といふも、麁食して仏道に心を進むる故なり。凡そ不休息と常精進とは大体《たいてい》同じ意なり。

与如是等諸大菩薩《よにょぜとうしょだいぼさつ》

とは、是《か》くの如き等《しな》の諸大菩薩与《と》といふ義にて、是れまた一段の結びなり。此の法座に観音・普賢を首《はじめ》とし、諸《もろもろ》の菩薩居給へども、悉く名を挙げざるは経の略なり。

及釈提桓因等《きゅうしゃくだいかんいんとう》

及は并にといふに同じ。釈提桓因等とは、釈は帝釈の事、提は諸天の事、桓因とは、帝釈諸天の眷族といふが如し。

無量諸天大衆倶《むりょうしょてんだいしゅぐ》

是れも聴衆の略文なり。三界の諸天甚だ多し。故に無量諸天といへり。大衆とは、道俗はじめ八部の龍神もこめたり。倶は、ともにといふ義にて、諸羅漢、諸菩薩、諸天、道俗、天龍迄倶に集まり、如来の御説法を聴聞するとの結びなり。是れまでを序文とす。是れより以下が御説法なり。

爾《に》時《じ》仏《ふつ》告《ごう》長《ちょう》老《ろう》舎《しゃ》利《り》弗《ほつ》

是れより御説法にて正宗分と謂ふ。爾時とは、時《そのとき》にといふ義にて経説を説き起こす詞なり。仏告とは、仏告げ給はゞといふ詞にて、舎利弗に告げて曰くと聞くべし。但し舎利弗一人に告げ給ふにはあらねども、智恵第一の舎利弗なれば、此の人をめどゝして極楽の体相を説き給ふを、億万の聴衆も倶に聞くなり。

従《じゅう》是《ぜ》西《さい》方《ほう》過《か》十《じゅう》万《まん》億《おく》仏《ぶつ》土《ど》有《う》世《せ》界《かい》名《みょう》曰《わつ》極《ごく》楽《らく》

従是は、是れよりといふ義にて、此の娑婆世界よりといふ事。過十万億仏土とは、世界は四方上下とも皆仏の土《くに》なり。其の西の方十万億の路を過ぎてといふ義なり。是れ強《あなが》ち十万億里と里数を限るにあらず。数限りもなく遠き路を過ぎてといふ事と聞くべし。有世界名曰極楽とは、一つの世界が有つて極楽と名づくるとなり。極楽を楽しみ極まると聞くは悪し。楽しみ極まりなしといふ義なり。物極まれば必ず更《あらた》まる。楽しみ極まれば哀《かな》しみ生ず。只極まりなきこそ誠の楽しみといふべし。

其《ご》土《ど》有《う》仏《ぶつ》号《ごう》阿《あ》弥《み》陀《だ》今《こん》現《げん》在《ざい》説《せっ》法《ぽう》

とは、其の極楽といふ土に仏が在《まします》すが、其の御名を阿弥陀と号し奉ると也。阿弥陀は無量寿と翻訳す。極楽国の御主にて永劫末代滅度をとり給ふ事なし。故に久遠劫とて限りなき昔より、今現在まで一切衆生のために説法とて仏法の有り難き事を説き聞かせ給ふとなり。

舎《しゃ》利《り》弗《ほつ》彼《ひ》土《ど》何《か》故《ご》名《みょう》為《い》極《ごく》楽《らく》

とは、釈尊舎利弗に向かひ、你《なんじ》は彼の国を何故に極楽と名付くるぞと思はんがと也。

其《ご》国《こく》衆《しゅ》生《じょう》無《む》有《う》衆《しゅ》苦《く》但《たん》受《じゅ》諸《しょ》楽《らく》故《ご》名《みょう》極《ごく》楽《らく》

とは、其の国の衆生は衆《もろもろ》の苦しみといふ事有る事なく、但《ただ》昼夜ともに諸《いろいろ》の楽しみをのみ受くるが故に、極楽とは名付くるぞとの義なり。倩《つらつら》娑婆世界の有りさまを見るに、物として苦しみにあらずといふ事なし。蓼《たで》に生《わ》く虫は蓼の辛きをしらず。厠の虫は臭穢《きたなき》をしらず。人間の目より是れを見れば、浅間《あさま》しく穢《きたな》しと思へり。其の人間の所行を仏の目より見給ふときは、一つとして苦しみにあらざる事なし。子を生みて目出たしと悦び楽しめども、是れが望む事を叶へてやりたく、味《うま》き物あれば先づ是れに喰はせたく、好《よ》き衣服を見れば是れに着せたく、泣けば是れをあんじ、病めば是れを憂ひ、我に先立つて早世すれば、天に悲しみ地に

忌みあき
宮参りの図

悶へ、ともに死にたく思ふは親のならひなり。然れば始め平らかに産まれしと思ふ楽しみは却つて苦しみの種なり。其の余の事も人間の心に楽しみとおもふは、皆苦しみの種ならぬはなく、仏是れを憐れみたまひ（給）、此の娑婆世界の苦を助け、極楽国へ往生させんと百千般《いろいろさまざま》に仏法の有りがたき事を説き聞かせ給ふは、此の上もなき広大の御慈悲ならずや。されば万事を抛つて只一心に念仏申すべき事なり。

又舎利弗極楽国土七重欄楯七重羅網七重行樹《うしゃりほつごくらくこくどしちじゅうらんじゅんしちじゅうらもうしちじゅうぎょうじゅ》

又舎利弗とは、更《あらた》めて舎利弗に曰《のたま》ふなり。極楽国土七重欄楯とは、欄《らん》は欄《おばしま》と云ひ、楯《じゅん》は楯《たて》と訓む。堂の高欄の事なり。それを七重に造るとの義。羅網は二字ともあみと訓む。金銀珠玉の荘厳を、悪鳥などの来たりて損ぜざるやうに羅網を七重に張る事。行樹とは、極楽の堂塔の辺《ほとり》に種々《いろいろ》の珍木を植え行《つら》ねしをいふ。七重《しちじゅう》とは強《あなが》ち七重《ななえ》に限るにあらず。幾重にもといふ義にて、何れも極楽の荘厳の結構なる事を述べ給ふなり。

皆是四宝周帀囲繞是故彼国名曰極楽《かいぜしほうしゅうしいにゅうぜこひこくみょうわつごくらく》

とは、堂塔行樹の欄楯《てすり》・羅網《あみ》皆是れ四宝とて、金銀瑠璃《るり》玻瓈《はり》の四品《よしな》の宝を鏤《ちりば》めて飾るとなり。周帀《しゅうし》は周帀《めぐり》と訓み、囲繞《いにゅう》は囲繞《かこむ》と訓みて四方をとり囲むとの義なり。是故彼国以下は、是の故に彼の国を極楽と名付くるぞと告げ給ふなり。

又舎利弗極楽国土有七宝池八功徳水充満其中《うしゃりほつごくらくこくどうしっぽうちはつくどくすいじゅうまんごちゅう》

とは、又舎利弗に曰《のたま》ふなり。極楽国土有七宝池以下は、極楽国に七宝池といふ池が有つて、八功徳水といふ水が其の池の中に充ち満ちたりとの義なり。八功徳水とは、第一には澄み浄《きよ》らかに、第二には清く涼《ひや》やかなり。第三には甘く美《うま》く、第四には軽く柔らかにて、第五には潤ひ沢《おお》く、第六には安く和《やわ》らかに、第七には飲めば忽ち飢え渇《かつ》えを忘れ無量の患《うれ》いを除き、第八には飲み畢《おわ》りて後四大諸根を長養すとて、目明らかに耳聡く、鼻よく臭《き》き、口よく言ひ、心意《こころ》智恵を増し、五体壮健にて種々《いろいろ》の善根を生ずとなり。

池底純以金沙布地《ちていじゅんいきんしゃふち》

とは、右のごとく霊水充満するのみならず、池の底には純《いちめん》に金の沙《すな》をもつて地に布きたりとの義なり。

四辺階道金銀瑠璃玻瓈合成《しへんかいどうこんごんるりはりごうじょう》

四辺とは、右の池の四方に階道とて階《きざはし》をかけたる道あり。其の階《きざはし》は金銀瑠璃玻瓈《るりはり》の四つの宝を合はせ成したりと也。此の四宝の上に瑪瑙《めのう》・琥珀・珊瑚を加へて七宝とす。其の中にても金《こがね》の徳を随一とするは、金は久しく土中に埋まりても錆を生ぜず。百度《ももたび》蕩《とらか》せども目方軽くならず。不浄を除《はら》ふ功徳あるをもつて三千世界ともに金《こがね》を第一に尊ぶなり。

上有楼閣亦以金銀瑠璃玻瓈硨磲赤珠瑪瑙而厳飾之《じょううろうかくやくいこんごんるりはりしゃこしゃくしゅめのうじごんしょくし》

上とは池の上といふにはあらず。上はほとりと訓みて池の辺《ほとり》に楼閣が有るとの義なり。楼は重屋なりと有りて二階座敷なり。閣といふも大体同じ意にて、二字たかどのと訓む。其の楼閣《たかどの》、皆金銀瑠璃玻瓈硨磲赤珠瑪瑙の七宝をもつて飾れりとなり。厳飾とは、厳かに飾ると訓む字にて、念に念を入れしなり。

池中蓮華大如車輪青色青光黄色黄光赤色赤光《ちちゅうれんげだいにょしゃりんしょうしきしょうこうおうしきおうこうしゃくしきしゃっこう》白色白光微妙香潔《びゃくしきびゃくこうみみょうこうけつ》

右の池に蓮の華が生じ、其の華の大きさ車の輪の如く、五色紫其の余の色、華の色に応じ光るばかりに麗しく、微妙とて詞に述べられぬ程妙なる香ばしき匂ひが潔く薫るとなり。茲に華の色を青黄赤白の四色のみ挙げしは経文の略にて、種々の色も其の中にこもれり。此の蓮華は、人界の蓮花の泥中より生ずるとは違ひ、金の沙《すな》の中より生じ、四季ともに花咲きて、其の色其の香えもいはれず妙にして、是れを見れば皆歓喜の心を生じ、楽しまずといふ事なし。今諸国の伽藍に蓮池有るは、此の極楽の宝池を模《うつ》せるなり。それ人界にも種々《さまざま》妙なる池あれども、功徳なくして人を過《あやま》つ事多し。唐土殷の紂王は、酒池肉林の遊びに荒《すさ》みて武王の為に亡ぼされ、後漢の武帝は昆明池を造り栄曜を尽くせしも、其の身滅しては跡も残らず。呉王が故《(姑カ)》蘇台の池に西施を愛し、晋の石崇が涼楼台の池に緑珠と戯れしも、皆身を亡ぼす坑《おとしあな》となれり。されば人間の園池楼閣は、只一睡の夢の楽しみのみ。極楽の宝池は是れと等しからず。楽しみ極まり尽くる期なし。信心決定して念仏怠りなく、彼の国に往生し、永く快楽を受くべきなり。

舎利弗《しゃりほつ》極楽《ごくらく》国土《こくど》成就《じょうじゅ》如是《にょぜ》功徳《くどく》荘厳《しょうごん》

とは、又舎利弗に曰《のたま》ふなり。極楽国土成就とは、成就は成り就《な》ると訓みて十分に物の調ひ揃ひし事。功徳荘厳とは、池水の徳、楼閣の飾り、蓮華の光など十分に調ひしぞとの御説法なり。

阿弥陀経和訓図会上之巻畢

阿弥陀経和訓図会巻之中

又舎利弗彼仏国常作天楽《うしゃりほつひぶっこくじょうさてんがく》

又舎利弗とは、又更《あらた》めて説き給ふなり。彼仏国土常作天楽とは、極楽には歌舞の菩薩とて二六時中音楽を奏して、諸人の心を楽しめ善心を生ぜしむとなり。楽《がく》の字は楽《らく》とも楽《ねが》ふとも楽《がく》とも訓む。楽《がく》と読むときは音楽舞楽の事なり。夫《それ》楽は宮商角徴羽の五音を調べて是れを奏す。唯《ただ》人の耳目を悦ばす為ならず。五音の清み濁りに依つて世の治乱を察せん為に作り設けられたり。宮は君、商は臣、角は民、徴は草木、羽は万民に当てたり。されば宮の音乱るゝ時は帝王の行ひ正しからざるか、又は帝王の身に災ひある兆《きざし》なり。商の音乱るゝ時は臣下に叛く者あるか、臣下に禍《わざわい》有るの兆なり。角の音乱るゝときは民に災ひあるの兆とし、徴の音乱るゝ時は草木災ひあり、五穀凶作の兆とす。羽の音乱るゝときは天下の人民危ふき事有るの兆とす。されば楽は国を治むるの器なり。然れども世下り、人の智明らかならず成り行きて、音楽をもつて世の治乱を知る人希《まれ》にて、専ら酒宴遊興の扶《たす》けとのみなり行きぬ。唐の玄宗皇帝は羅公遠といふ道術の者を愛しけるが、羅公遠八月十五夜の隈なき月に向かひ杖を採つて虚空に投げ上げけるに、其の杖忽ち白銀《しろがね》の橋となる。公遠玄宗を伴ひ其の橋を昇りて月宮殿に到る。天帝天女に令して紫雲曲といふ舞楽を奏でしめ饗応《もてな》し給ふ。玄宗其の楽の調べを記憶《おぼ》へて下界へ帰り、伶倫の宮女に教ゆ。其の楽を霓裳羽衣《げいしょううい》の曲と名づけ、楊貴妃に舞を教へ舞はせけるが、一時《あるとき》驪山《りさん》の華清宮といふ離宮にて、右の霓裳羽衣の曲を舞はせ、楽を奏して酒宴を催し楽しまれけるに、安録山（マヽ）といふ臣下謀叛を起こし、漁陽といふ所より攻め、皷を撃つて押し寄せけるにぞ、さしもの羽衣の妙曲破れて、周障《あわ》て騒ぎ帝も貴妃も車にとり乗り、蜀といふ国へ落ちられけるが、馬嵬《ばかい》が原といふ所にて、高力士といふ者楊貴妃を縊り殺し、是れより唐の世大いに乱れたり。是れのみならず、殷の紂王は北里の曲といふ楽を作りしより政《まつりごと》みだれ、周の平王は秋水の楽より徳衰へ、隋の煬帝も新曲の楽を作りしより遂に国家を亡ぼし身を弑せらる。往古《いにしえ》は楽を以て天下を治めしに、末世には楽を以て国家を亡ぼすぞ浅猿《あさま》しき。極楽の音楽は夫《それ》とはひとしからず。阿弥陀如来大慈大悲の仏心より建てさせ給ふ所の音楽なれば、吹く風も是れに和して微妙の音をなし、人は素より鳥獣虫けらまで是れを聞きて歓喜の善心を生ぜずといふ事なし。誠に有り難き御事也。今も大寺の大法事にはかならず音楽を奏するは、極楽の体相をうつすものなり。

羅公遠の道術
玄宗帝を
月宮殿に伴ふ図

黄金為地昼夜六時而雨曼陀羅華《おうごんいぢちゅうやろくじにうまんだらげ》

極楽はすべて黄金を以て地に布くゆへ、黄金為地と説き給へり。其の黄金の名を閻浮檀金《えんぶだごん》と号《なづ》けて、南州といふ国の北岸に閻浮樹といふ微妙の大樹あり。其の下に五百流の大河あり。彼の閻浮樹の菓《きのみ》は甚だ大にして、熟し河へ落つるとき、菓《きのみ》の汁川中の石に染めば悉く黄金《こがね》となる。是れを閻浮檀金といふよし、経に説き給へり。偖《さて》昼夜六時とは、晨朝・日中・日没・初夜・後夜・中夜、是れなり。唐土廬山の恵遠禅師《えおんぜんじ》白蓮社といふ庵を結び、般若雲台精舎に阿弥陀如来の像を安置し、木蓮華を造り、水をしかけて昼夜六時を量り、念仏行法を勤められしとなり。今の六時礼讃は、恵遠禅師より始まれりとぞ。而雨曼陀羅華とは、而は助字《たすけじ》なり。雨はあめふらすと訓みて妙なる花の降るをいふ。曼陀羅華は一名天妙華ともいへり。五色なるも有り。又白色なるも有りとぞ。極楽には昼夜六時に此の華を雨《ふ》らすとなり。又曼殊沙華といふ華をも雨《ふ》らすとあり。曼陀羅華は日本に無けれども、曼殊沙華は有り。一名鬼短檠《きたんけい》といふ。極楽の曼殊沙華も是れなりや否や。それはともあれ、極楽には常に右の妙華を雨《ふ》らすが故、今も法事に花を散らすなり。

其国衆生常以清旦各以衣裓盛衆妙華供養他方《ごこくしゅじょうじょういしょうたんかくいえこくじょうしゅみょうげくようたほう》十万億仏《じゅうまんおくぶつ》

其国衆生とは、極楽に生まれし衆《もろもろ》の人なり。常は不断といふが如し。以清旦とは、清旦は日の地上に出づる時にて夜の明け始めなり。衣裓《えこく》は華を盛る器なり。日の出づる頃を以て各衣裓《めいめいはなかご》に天《そら》より雨《ふ》るところの曼陀羅華を盛りて、他方とて極楽の外なる東方・北方・南方等の浄土に飛び行き、十万億仏とて数限りなき仏に供養し奉ると也。十万億に限るにはあらず。無数の仏といふ義なり。供養とは、仏に進め奉るなり。但し供養に二種《ふたしな》あり。一つは法供養。是れは諸《もろもろ》の法を修して仏を供養する事にて、真の供養といふ。二つには財供養。是れは財宝及び香花を備へて供養する也。今富める人、仏及び僧尼に金銀絹帛を以て供養するは、財供養にて善根也といへども、其の心真実に仏法僧を帰依せずして、名聞の為に供養するときは少しも善根にはならず。昔仏在世の時、修羅陀《しゅらだ》長者《ちょうじゃ》といふ人、家富みて無数の財宝を貯へ

比羅陀夫婦
貧をかなしむ図

三法に帰依し、例年臘月八日毎に釈尊をはじめ衆《もろもろ》の羅漢を請じて供養する事怠らず。此の長者年老ひ已に臨終のとき、其の子比羅陀《ひらだ》といふ者に遺言し、我死するとも如来羅漢達に供養する事を廃する事勿れと、くれ〴〵言ひ遺して往生せり。其の子父の遺言を守り、毎年臘月八日に釈尊師弟を請じて供養しけるに、過去の因縁にや漸々《しだい》に家貧しくなり、或る年臘月八日も近くなりけれ共、銭財乏しく供養すべき便りなし。然るに釈尊は比羅陀が貧しくなりしを聞こし食し、目蓮を使ひに立て、当年も八日には供養せらるゝやと問はせ給ふに、比羅陀答へて、いかにも来たる八日には供養し奉り候間、例のごとく日中に来臨し給ふべしと言ひて目蓮を帰し、其の後にて比羅陀其の妻を招き涙を流して曰く、父の遺言なれば去年《こぞ》までは如来師弟を供養せしが、你《なんじ》も知るごとく年々に家貧しくなり、今年は供養すべき米銭なし。然れども供養を廃する時は、先亡《さきだつ》父への不孝なり。さるに

より我如来の使僧に相変はらず供養申すべしと答へて帰せり。你《なんじ》何卒富貴の人の方へ奉公に身を売りて、其の銭財を我に得させよ。然らば其の財《たから》をもつて当年の供養を営まんとぞ頼みける。其の妻諾《うべな》ひて曰く、是れ甚だ安き事也。如来の御説法にも、此の世は仮の宿なりと説き給へば、後の世にて永く添ひ進《まいら》せなん。三法の為に身を売りて供養を営まん事、素より望む所なりと少しも憂ふる色なく、直ちに富貴なる人の家に行き、子細を告げて黄金百両に身を売り、其の価を夫に与ふ。比羅陀涙を流して怡《よろこ》び、夫妻《ふうふ》あかぬ別れをなし、右の身価《みのしろ》を以て供養の品を調へ、其の日を待ちけるに、程なく臘月八日にもなりしかば、釈迦如来は千二百五十人の法弟《みでし》を従へ、比羅陀が家に到り給ひ、供用の施物を受用して精舎へ帰り給ふ。比羅陀は大いに満足し、其の翌日求むる物ありて、故庫《ふるぐら》の内へ行きけるに、昨烏《きのう》までも前夕《ゆうべ》までも、米一俵もなかりし故庫《ふるぐら》、金銀米穀充満して、富有の昔にも増したり。比羅陀夢かと駭《おどろ》きしが、又おもへらく、此の故庫《ふるぐら》に斯《か》ほど金銀米穀の有るべきやうなし。若し他人の入れ置きしにや。妄《みだり》に是れをとらば、官《おおやけ》より科《とがめ》を受けん事も知るべからず。先づ釈尊に問ひ奉らんとて、即時に祇園精舎へ赴き、右の由を如来に尋ね奉りければ、如来微笑し給ひ、善哉々々善男子、你《なんじ》孝心厚く父の遺言を守り、且つ仏道に信心深し。其の善心を賞し、天より汝に賜ふところの七財なり。憚る事なく用ひて身を売りたる妻をも購ひ返すべし。それ七財とは信・戒・慚・愧・聞・施・恵、是れなり。此の天の財《たから》を得るが故に、你《なんじ》一生はいふに及ばず、子々孫々まで貧しからずとて、偈を説き聞かせ給ひしかば、比羅陀感涙を流して、仏法の不可思議功徳を謝し奉り、益《ますます》信心堅固の道心決定し、妻をも購ひ返し子孫永く大富貴を保ちたりとぞ賢愚因果経ノ説。されば誠の信心を以て三宝に供養すれば、其の功徳広大なり。信ずべし仰ぐべし。

即以食時還到本国飯食経行《そくいじきじげんとうほんごくおんじききょうぎょう》

即以食時とは、即ち食時を以てといふ事なり。食時とは、午《うま》の時をいふ。往昔《そのかみ》如来法恵菩薩に説き曰《たまわ》く、旦《あさ》時は諸天の食する時なり。午《ひる》時は法《のり》の食時なり。晡《ひぐれ》時は畜生の食時なり。夜《よる》時は鬼神の食時なり。故《かるがゆえ》に三世の諸仏日午《ひるうま》の時を以て法の食時とす。是れを過ぎては下趣に同じうして上食に非ず。故に日午《ひる》を過ぐるを非時食と号《なづ》くと云々毗羅三昧経説。されば極楽の衆生清旦《みめい》に他方へ飛行して十万億仏に花を供養し、午の時に又本の極楽国へ還るとなり。還到本国とは、本の国へ還り到るとの義なり。飯食経行とは、飯を食し経を誦して仏殿のほとりを行きもどる事にて、是れ食をこなし血脈を養ひ気を順にするの活法なり。譬へば紅夷人《おらんだじん》の食後座中を徘徊するが如し。日本の人といふとも食し終らば歩を静かに運び食をこなすべし。然らざれば食物胸の隔《あいだ》に滞りて疾《やまい》をなすと謂ふ。但し極楽の衆生は飯を炊《かし》ぎて食するには非ず。食事せんと思へば、忽然と七宝の皿鉢に百味の飲食を盛り陳《つら》ねて其の前に現ず。然れども真に食する者なし。唯《ただ》其の色を見、香を嗅《き》けば、自然に腹満ち足り、今は飽けりと思へば器皿諸味自ら化し去ると云々取意抄説。然らば経行せずとも食物滞るにあらざれども、猶経行するは、正体の智を益し、自姓の真理を開き、着相我所の病を生ぜざら

紅夷《おらんだ》酒宴の図

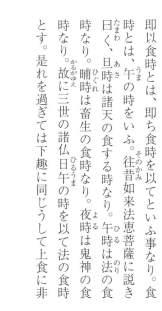

ん為なり。因みに曰く、経行とは、経は機《はた》の経《たていと》にて幾筋も行き回《かえ》りたるごとく、行きては回《かえ》り回《かえ》りては又行く事をいふなり。

舎利弗《しゃりほつ》極楽《ごくらく》国土《こくど》成就《じょうじゅ》如是《にょぜ》功徳《くどく》荘厳《しょうごん》

右前段と同じ文にて註解も前に同じ。

復次《ふくじ》舎利弗《しゃりほつ》彼国《ひこく》常有《じょうう》種々《しゅじゅ》奇妙《きみょう》雑色《ぞうしき》之鳥《しちょう》

復次とは、復次《またつぎ》にといふ事にて、又舎利弗に説き給ふ也。彼国常有種々奇妙雑色之鳥とは、彼の国には常に種々《さまざま》奇妙な色を雑《まじ》へたる鳥が有るとなり。

白鵠《びゃっこう》孔雀《くじゃく》鸚鵡《おうむ》舎利《しゃり》迦陵頻伽《かりょうびんが》共命《ぐみょう》之鳥《しちょう》

白鵠とは白き鶴なり。但し鵠に二種あり。只鵠とばかり呼ぶは小鳥にて和名は鵠《くぐい》といふ。飛び歩くこと最も疾《はや》し。故に弓射る者、是の鳥を的として射を習ふ。射場の的にも此の鳥を描きて目当とす。中庸に、諸《これ》を正鵠に失すといふも鵠《くぐい》の事なり。又白鵠といふは鶴なり。鶴は霊禽にて生まれてより一千六百年にして、黒きは漆のごとく、白きは雪のごとし。卵を産まず胎生すと云ふ。されば目出度《めでた》き鳥なれば万国とも是れを重んぜり。〇孔雀は一名を越鳥とも、南客ともいふ。南国に産する故なり。詩にも、越鳥南枝に巣くひ、胡馬北風に嘶《いば》ふと賦せり。雄《おどり》は羽毛《はねいろ》金翠の色麗しく尾長く玉の如き紋連なり、人の眼を怡《よろこ》ばしむ。雌《めどり》は尾短く毛色も劣れり。〇鸚鵡は能く言語《ものい》ふ鳥なり。其の色、赤・紫・白、又五色を兼ねしも有り。礼記にも、鸚鵡能く言へども飛鳥を離れずとあり。唐の開元年中に嶺南といふ所より白き鸚鵡を献ず。玄宗帝大いに是れを愛し、雪衣娘《せついじょう》と名を呼び、詩を教へ誦せしむるに、鸚鵡三四遍にして善く覚へうたふ。楊貴妃宮女と双六を拍《う》ち碁を囲むに、貴妃まさに負けんとする時は、玄宗帝傍らに在《いま》して、雪衣娘と呼び給へば、件の鸚鵡飛び来たりて

共命之鳥《ぐみょうしちょう》

迦陵頻伽鳥《かりょうびんがちょう》

盤の上に下り、石を踏み乱して勝負を分かたしめず。或ひは対手《あいて》の者の手を啄《つつ》く。其の伶利《さと》きこと人に勝れり。倚《よ》つて帝も楊貴妃も益《ますます》是れを寵愛す。然るに貴妃或る夜の夢に、雪衣娘が鷹に搏《う》たれて死すと見て夢覚めぬ。是れを帝に語りければ、玄宗帝大いに其の夢を忌み給ひ、貴妃に命じて雪衣娘に般若心経を教へしめ給ふに、雪衣娘程なく心経を覚へて是れを読誦す。帝聞きて歓喜あり、今は你《なんじ》が禍を禳《はら》ふに足れりと宣へば、鸚鵡頻りに喜ぶ体をなせり。其の後貴妃雪衣娘を籠より出だし、餌をあたへ寵愛して在りけるに、忽地《たちまち》荒鷹飛び来たり、件の鸚鵡を抓《つか》み去つて苑に投げ撃ちければ、雪衣娘其の儘死したりけり。帝をはじめ、貴妃・女官声を放つて泣き惜しむこと、さながら親族を喪へるがごとし。帝雪衣娘が骸《むくろ》を苑の中に瘞《うづ》ましめて鸚鵡塚と号《なづ》け給ふ云々明皇雑録ノ説。○舎利は梵語也。翻訳すれば春鶯《うぐいす》とも又は鷺鷥《しらさぎ》ともいひて二説一定ならず。○迦陵頻伽、是れも梵語なり。訳すれば妙音鳥といふ。其の声諸鳥に勝りて美しく妙にして聞く者耳を側だて心を傾けずといふ事なし。此の鳥卵の内にあるうちより声を出だす。其の声衆鳥に勝ると云々。和州当麻寺《たいまでら》曼陀羅の変相に迦陵頻伽の図あり。頭は美《うるわ》しき少女のごとく頂に花あり。両の翅《つばさ》の下より両手生じ、指爪とも人のごとく、胸より下毛羽生じ、五采《ごしき》にして尾は鳳凰のごとく、足は鶏に似たり。○共命之鳥は一身二頭の鳥なり。梵名は耆婆耆婆迦《ぎばぎばか》といふ。此の鳥も二つの頭は人の如くにして、目口耳鼻とも具足し、骸《からだ》は全く鳥なり。説あれども長ければ略す。

是諸衆鳥昼夜六時出和雅音《ぜしょしゅちょうちゅうやろくじしゅつわげおん》

是諸衆鳥とは、右にいふ六種の鳥及び一切の鳥をいへり。素より極楽国の鳥、只六種に限るにはあらざれども、茲に六種を挙げしは経文の略なり。此の外種々《いろいろ》の禽《とり》ありと知るべし。昼夜六時は、前の段に説くがごとし。出和雅音とは、和は調ひ適ふの義、雅は清く素《しろ》きの意にて、濁りなく微妙なる義なり。音とは、声文《あや》を成すとありて、衆《もろもろ》声のひとしく発し揃ふを音と謂ふ。一人の歌を声といひ、大勢声を合はせ歌ふを音とも同音ともいふなり。諸《もろもろ》の鳥がひとしく囀《さえず》る音が和雅とて、和《やわ》らかに清く妙に聞こゆるとの義なり。

其音演暢五根五力七菩提分八聖道分如是等法《ごおんえんちょうごこんごりきしちぼだいぶんはちしょうどうぶんにょぜとうほう》

其音演暢とは、衆《もろもろ》の鳥の囀る音は種々の法《のり》を演《の》べ暢《の》ぶるとなり。演も暢ものぶると訓む。○五根とは、一つに信根、二つに精進根、三つに念根、四つに定根、五つに恵根、以上を五根といふ。○五力とは、一つに信力、二つに精進力、三つに念力、四つに定力、五つに恵力、以上を五力といふなり。○七菩提とは、一つに択法菩提、二つには精進菩提、三つに喜菩提、四つに除菩提、五つに捨菩提、六つに定菩提、七つに念菩提、以上をいふ。○八聖道分とは、一つに正見、二つに正思惟、三つに正語、四つに正業、五つに正命、六つに正精進、七つに正念、八つに正定、以上をいふ。右五根・五力・七菩提・八聖道に就いて註解あれども長ければ略す。極楽の諸鳥の音、右の法《のり》を演《の》べ暢《の》ぶるとなり。

其土衆生聞是音已皆悉念仏念法念僧《ごどしゅじょうもんぜおんいかいしつねんぶつねんぼうねんそう》

其土衆生とは、其の土《くに》の衆《もろもろ》の生《ひと》といふ事にて、極楽国の人を指していふなり。聞是音已とは、是の音《こえ》を聞き已《おわ》りてといふ義なり。皆悉は皆悉《みなことごと》くといふ事。念仏念法念僧とは、衆鳥の妙音に諸《もろもろ》の法《のり》を暢《の》ぶるを聞きて、心に仏法の尊き事を益《ますます》信じ、仏を念じ法を念じ僧を念ずとなり。念は念《おも》ふと訓む。仏法僧の三宝を念《おも》ふなり。仏法僧の三つは邪《よこしま》の路を出でて正《まこと》の道に入るの要門なり。

舎利弗《しゃりほつ》汝《にょ》勿《もつ》謂《い》此《し》鳥《ちょう》実《じつ》是《ぜ》罪《ざい》報《ほう》所《しょ》生《しょう》

舎利弗汝とは、舎利弗に向かひ汝と指して宣ふなり。勿謂とは、謂ふ事勿れとの事。此鳥実是罪報所生とは、此の極楽の鳥は実に是れ前世の罪の報ひに依つて生ずる所かと謂ふ事なかれとの意なり。それ娑婆の禽獣《とりけだもの》は、皆前生の罪業の報ひに依つて生を受くる所なり。十悪五逆の罪を犯せし者は地獄に生じ、慳貪嫉妬の者は餓鬼道に生じ、愚痴闇蔽の者は畜生道に生を受くるなり。是れを三悪道とは謂へり。極楽の衆鳥は左にあらず。阿弥陀如来衆生の為に法《のり》の妙音を聞かせ、益《ますます》信心堅固ならしめんと思《おぼ》し食《め》す。その仏心諸《もろもろ》の鳥と化し、五根五力以下の法《のり》の音を発せしめ給ふなり。されば舎利弗に向かひ、汝極楽の衆鳥も娑婆の鳥のごとく罪の報ひに因つて生ずる所かと謂ふ事勿れとの御事なり。

所《しょ》以《い》者《しゃ》何《が》彼《ひ》仏《ぶっ》国《こく》土《ど》無《む》三《さん》悪《あく》趣《しゅ》舎利弗《しゃりほつ》其《ご》仏《ぶっ》国《こく》土《ど》尚《しょう》無《む》三《さん》悪《あく》道《どう》之《し》名《みょう》何《が》況《きょう》有《う》実《じつ》是《ぜ》諸《しょ》衆《しゅ》鳥《ちょう》

所以者何とは、所以何《ゆえいかん》となればといふ義。彼仏国土無三悪趣とは、彼の極楽には三悪趣とて十悪五逆一、慳貪嫉妬二、愚痴闇蔽三、等の罪を造る者はなしとなり。舎利弗其仏国土尚無三悪道之名とは、舎利弗に亦説き給ふは、其の極楽国土には尚三悪道（地獄餓鬼畜生）などの名も無しとなり。何況有実是諸衆鳥とは、三悪道といふ名さへなければ、何《いか》に況んや実に是《もろもろ》の衆鳥の有るべきやうあらんや。衆《もろもろ》の鳥と見ゆるは皆阿弥陀如来の仏心の化す所ぞと宣ふなり。

皆是阿弥陀仏《かいぜあみだぶつ》欲令法音宣流変化所作《よくりょうほうおんせんるへんげしょさ》

皆是は皆是《みなこ》れと前文をさす詞。阿弥陀仏欲令法音宣流とは、如来法《のり》の音を宣べ流して衆生に聞かしめんと欲し給ひてといふ義なり。変化所作とは、阿弥陀仏の仏心変化して衆《もろもろ》の鳥と作《な》る所なりといふ義なり。

舎利弗《しゃりほつ》彼仏国土《ひぶっこくど》微風吹動《みふうすいどう》諸宝行樹《しょほうぎょうじゅ》及宝羅網《ぎゅうほうもうら》出微妙《しゅつみみょう》音《おん》譬如《ひにょ》百千種楽《ひゃくせんしゅがく》同時《どうじ》倶作《ぐさ》

舎利弗とは、又更《あらた》めて説き給ふなり。彼仏国土といふより微妙音といふまでの意は、彼の極楽国には、微風とて柔らかに吹く風が、前に説きたる七重の行樹《なみき》七重の羅網《あみ》等を吹き鳴らすに、微妙とて得もいはれぬ妙なる音を発するとの義なり。譬如百千種楽同時倶作とは、譬へば百千種《いろ》の音楽を同時《いちどき》に倶に作《な》すが如しとの事なり。楽とは、笛・琴瑟《こと》・琵琶以下の楽器を吹き鳴らし弾き鳴らすをいふ。往昔《むかし》釈迦如来祇園精舎に在《いま》せし時、舎衛国の城中に五百人の乾闥婆《けんだつば》あり。是れ天の楽を奏する神なるが、常に諸《もろもろ》の楽を奏して如来を供養し奉る。其の事遠近《おちこち》に知らざる者なし。時に城の南方に又一人の乾闥婆あり。名を善愛といへり。此の人も又巧みに音楽を作《な》す。曽て自ら深く心に憍慢し、我が技《げい》に勝る者凡そ天下に有るまじと思ふ所に、城の北方に善く楽を作《な》す者五百人有りと聞きて甚だ妬み心生じ、自己《みずから》琴を携へて、国王波斯匿王に見《まみ》へ、北方五百の乾闥婆と楽を捔《くら》べんことを望む。波斯匿王おもへらく、彼憍慢の心十分満ちたれば、もし北方の乾闥婆負くるときは、彼益《ますます》自負して北方の者を侮るべし。また己負くるときは瞋怒《いか》りて闘争に及ぶべし。如かじ釈尊に告げて如来の方便に任さんにはとて精舎にいたり、如来に此の事を告げけるに、釈尊諾《うべな》ひ給ひ、予《われ》思ふ旨あり、其の者を此の精舎へ伴ひ給へと宣ふにより、国王怡《よろこ》び即ち退きて、南方の善愛に向かひ、北方の乾闥婆皆祇園精舎に在り。你《なんじ》彼所《かしこ》にいたり楽を搊《くら》べよと申されければ、善愛然りとして、波斯匿王に将《ひ》かれ祇園精舎に到る。其の時釈尊大神通をもつて一人の乾闥婆王に化し給ひ、楽神の眷族般遮尸棄《はしゃしき》といふ者に瑠璃の瑟《こと》を持たせて後《しりえ》に従へ、立ち出でて善愛に対面ある。国王善愛に向かひ、你《なんじ》先づ楽を調べよと令《げち》せられけるにぞ、善愛声に応じて瑟を鼓《く》するに、其の音色微妙にして聴く者酔えるが如くあつと感ず。善愛意気揚々として瑟を止めければ、次に釈尊従者に持たせし瑟を採つて一曲を弾じ給ふに、其の音雅亮清徹にして聴く人心耳を澄まし、歓娯愛楽の心を生じ、感涙を流さずといふ者なし。善愛も此の妙音を聞く。さしも憍慢の心霜の如く消え、已が瑟の音の遙かに劣りたるを慚愧し、以後《こののち》は師父と仰ぐべしと礼拝す。其の時釈尊本相に還り給ひ、善愛が為に偈を説き給ふ。善愛益《ますます》信心肝に銘じ、遂に道果を得たりとぞ百縁経説。抑も釈尊といへども猶人界を離れ給はず。其の楽すら善愛が慢心を消ぜしめ給ふ。増して況んや阿弥陀仏の法心より生ずる所の微風にて鳴り響く行樹《なみき》・羅網《あみ》の音なれば、百千種の楽器の音にも勝りて、是れを聞く衆生争《いかで》か善心を生ぜざらん。有り難きかな極楽国の荘厳、斯くのごとく諸鳥の声、風の音まで無比の楽しみを設け、念仏信心の衆生を待ち請け給ふ。されば万事を抛《なげう》ちて世の営みの暇ある毎に念仏怠らず、此の世の縁尽きなば彼の国に往生し、永く快楽《けらく》を受くべきなり。

聞是音者皆自然生念仏念法念僧之心《もんぜおんしゃかいじねんしょうねんぶつねんぽうねんそうししん》

聞是音とは、行樹羅網の音を聞く者はとの義。自然生念仏念法念僧之心とは、右の妙音を聞く者は自然《おのずから》仏法僧の三宝を念ずるの心を生ずるとの義なり。

舎利弗《しゃりほつ》其《ご》仏国土《ぶっこくど》成就《じょうじゅ》如是《にょぜ》功徳《くどく》荘厳《しょうごん》

是れも一段の結句《むすび》にて註解前のごとし。

舎利弗《しゃりほつ》於汝意云何《おにょいうんが》彼仏《ひぶつ》何故《がこ》号《ごう》阿弥陀《あみだ》

又舎利弗に更《あらた》めて説き給ふなり。於汝意云何とは、汝が意に於いて云何《いかん》がおもふぞとの義なり。彼仏何故号阿弥陀とは、彼の仏を何故に阿弥陀と号するぞと不審に思はんがとの義なり。

舎利弗《しゃりほつ》彼仏《ひぶつ》光明《こうみょう》無量《むりょう》照《しょう》十方《じっぽう》国《こく》無所障礙《むしょしょうげ》是故《ぜこ》号《ごう》為《い》阿弥陀《あみだ》

又舎利弗に説き給ふ也。彼仏光明といふより号為阿弥陀までは、彼の仏の光明無量にして十方の国を照らし給ひ障り礙《さえぎ》る所なし。是の故に号《なづ》けて阿弥陀と為《す》るぞとの事なり。前の巻にも註するごとく、阿弥陀を翻訳すれば無量となる。光明《ひかり》の量り無きゆへに阿弥陀と号《なづ》け奉るとの義なり。

又《う》舎利弗《しゃりほつ》彼仏《ひぶつ》寿命《じゅみょう》及《ぎゅう》其《ご》人民《にんみん》無量《むりょう》無辺《むへん》阿僧祇《あそうぎ》劫《ごう》故名《こみょう》阿弥陀《あみだ》

又はまた更《あらた》めて舎利弗に説き給ふなり。彼仏寿命といふより故名阿弥陀といふまでは、彼の仏は寿命及び其の国に生まれし人民《ひと》まで寿命《いのち》の長きこと量《かぎ》り無く辺無く、阿僧祇劫とて限りなきゆへに、阿弥陀と名づけ奉るとなり。阿僧祇劫とは梵語にて、翻訳すれば無数といふ事なり。されば阿弥陀仏とは無量寿仏と申す事なり。

舎利弗《しゃりほつ》阿弥陀仏《あみだぶつ》成仏《じょうぶつ》已来《いらい》於今《おこん》十劫《じゅうごう》

成仏已来於今十劫とは、彼の阿弥陀仏が仏と成り給ひてより已来《このかた》、今に於いて十劫とて限りなく久しき事なりとの義なり。

又《う》舎利弗《しゃりほつ》彼仏《ひぶつ》有《う》無量《むりょう》無辺《むへん》声聞《しょうもん》弟子《でし》皆《かい》阿羅漢《あらかん》

又舎利弗に説き給ふなり。彼仏有無量といふより阿羅漢といふ迄は、彼の阿弥陀仏には量り無く辺《かぎり》無きの声聞の弟子とてあり。其の弟子は皆阿羅漢なりとなり。声聞とは四諦の御法《みのり》とて仏道の極意を聞き悟りを開きたるをいふ。阿羅漢の事は前巻に註せし如し。近くいへば仏の妙説を聞きぬきたる弟子なり。

非是《ひぜ》算数《さんすう》之所《ししょ》能知《のうち》諸《しょ》菩薩《ぼさつ》衆《しゅう》亦復《やくぶ》如是《にょぜ》

非是算数之所能知とは、是れ筭《そろばん》の数を以て能く知る所に非ずとの義にて、其の弟子の多き事無量との意なり。諸菩薩衆亦復如是といふも、声聞の弟子の無量なるごとく、諸《もろもろ》の菩薩衆の多きことも亦《また》復是《またか》くの如しとなり。それ算数は唐土黄帝の臣隷首といふ者始めて数を立て算を作るとあり。易に曰く、大極是れ両儀を生ず。両は則ち数の名なり。周の武王の弟周公旦九章の算術を作り給ひしより、算数の道追々開き、高天の高き日月星の度数、山野海陸の広きも算数を以て量るときは知れずといふ事なし。然れども阿弥陀仏の弟子菩薩衆の多き事は、算術にても知りがたしとなり。

舎利弗《しゃりほっ》彼《ひ》仏国土《ぶっこくど》成就《じょうじゅ》如是《にょぜ》功徳《くどく》荘厳《しょうごん》

是れ又一段の結句にて註前に同じ。

又《う》舎利弗《しゃりほつ》極楽《ごくらく》国土《こくど》衆生《しゅじょう》生者《しょうじゃ》皆是《かいぜ》阿鞞跋致《あびばっち》

又更《あらた》めて説き給ふなり。極楽国土といふより阿鞞跋致といふ迄は、彼の極楽に生まれし衆生は皆是れ阿鞞跋致なりとの事也。阿鞞跋致とは、梵語にて翻訳すれば不退転といふ義にて、極楽へ往生したる者は再び娑婆世界へは立ちかへらぬといふ事を退き転《うつ》らずといふ。それを梵語にては阿鞞跋致といふ也。

其中《ごちゅう》多有《たう》一生《いっしょう》補処《ほしょ》其数《ごしゅ》甚多《じんた》非是《ひぜ》筭数《さんじゅ》所《しょ》能知之《のうちし》

其中とは、極楽の衆生の其の中にといふ義。多有一生補処とは、多く一生補処多く有りとの事。一生補処とは、皆等しく覚《さと》るの菩薩にて、娑婆の衆生を利益せんために娑婆《このよ》へ生まれ出で給ふをいふ。譬へば行基菩薩・弘法大師、又は法然上人・親鸞聖人、其の余の名僧皆等覚の菩薩の娑婆の衆生を化度利益せんために化身し給ふなり。是れを一生といふ。補処とは補は補ふことにて、仏法の欠けたる処を補ふ義なり。譬へば迦葉仏《かしょうぶつ》の法欠けたる処へ、釈尊世に出で給ひて是れを補ひ、釈尊の法衰へ欠くる時節には、弥勒仏世に出でて是れを補ひ給ふ。斯くのごとく次々に仏出世し給ひ、廃れるを興し補ひ、衆生を利益し給ふを補処とはいふなり。其の一生補処の菩薩の多き事は、中々算数《そろばん》を以ては知りがたしとなり。

但可以無量無辺阿僧祇劫説《たんかいむりょうむへんあそうぎごうせつ》

但可以無量といふより以下の文意《こころ》は、但し一生補処の菩薩の数は中々人智の算数にては知りがたし。但《ただ》無量無辺なれば、阿僧祇劫を以て説くべしとなり。阿僧祇劫は前に註せしごとく、無数にて仏の大数をもつて説かば説くべしとなり。

舎利弗衆生聞者応当発願願生彼国《しゃりほつしゅじょうもんしゃおうとうほつがんがんしょうひこく》

衆生聞者とは、娑婆の衆生極楽有り難きことを聞かばとの義。応当発願願生彼国とは、当《まさ》に願ひを発《おこ》し彼の極楽浄土へ生まれん事を願ふべしとの御説法なり。

所以者何得与如是諸善人倶会一処《しょいしゃがとくよにょぜしょぜんにんくえいっしょ》

所以者何とは、所以《ゆえ》何《いかん》となればとの義にて、次の文を説き起こす辞《ことば》なり。得与如是諸善人倶会一処とは、極楽国へ往生すれば、声聞の弟子、又は一生補処の菩薩等の是《か》くの如く諸《もろもろ》の善人と倶に一処《ひとところ》に会ふ事を得るぞとの義なり。娑婆にては観音・勢至・文殊等の菩薩は、其の正身を拝み奉る事だに凡夫の身にては難き事なり。然るに極楽国にては諸《もろもろ》の仏菩薩と一処《ひとところ》に住し、倶に会ふ事を得るは最《いと》も尊き事ならずや。されば願ひを発《おこ》し念仏の信

空海和尚五筆を
もつて書をかき給ふ図

者となり、一心に阿弥陀仏を念じ奉りて、極楽へ往生させ給へと願へよとの御説法なり。それ娑婆人界の交はりは面に笑みを含めども、内心には剣を磨くもの少なからず。適々《たまたま》中睦じく交はり兄弟同然におもふ朋友も、只一言の違ひ一事の間違ひより忽ち仇敵の想ひをなし、昨日までは一椀の飯《いい》を喰ひあひしも、今日は毒害の心をさしはさむは浅猿《あさまし》き事ならずや。極楽の交はりは、仏も衆生も更に隔てなく親しく交はりて争論《あらそい》といふ事努々《ゆめゆめ》なきは有りがたき国といふべし。

舎利弗《しゃりほつ》不《ふ》可《か》以《い》少善根《しょうぜんこん》福徳《ふくとく》因縁《いんねん》得生《とくしょう》彼国《ひこく》

此の文の意は、衆生願を発《おこ》し、彼の極楽へ往生せんと欲すとも、少しの善根や聊かの福徳の因縁を以て、中々彼の極楽浄土へ生ずる事は得べからずとの義なり。少善根福徳因縁といふ文に就きて種々《いろいろ》の師説あれども、近くいへば、念仏を信ぜずして唯少々の善根を施したる其の福徳の因縁ぐらゐにては彼の国へ生まるゝ事はならぬぞ。極楽往生せんと思はゞ唯一心に阿弥陀仏を頼み奉り、懈怠なく念仏すべしとの義なり。念仏の功徳を多善根といひ、念仏の外の善根を少善根といふなり。

舎利弗《しゃりほつ》若有《にゃくう》善男子《ぜんなんし》善女人《ぜんにょにん》聞説《もんせつ》阿弥陀仏《あみだぶつ》執持名号《しゅうじみょうごう》

若有とは、若し有つてといふ事。善男子善女人とは、念仏浄業の人をいふなり。善の字に意味ありて、念仏して一心乱れざる人にあらざれば、善男子善女人とはいはず。聞説阿弥陀仏とは、阿弥陀仏の功徳広大無辺なる事の説法を聞いてとの義なり。執持名号とは、執は執り受けるの義、持は住《とど》め持《たも》つの義。名号とは、阿弥陀仏の法号を申すなり。此の意は、善男子善女人の阿弥陀仏の功徳の説を聞き、其の御名号を執り持ちて称へ奉る者有つてとの義なり。

若一日《にゃくいちにち》若二日《にゃくににち》若三日《にゃくさんにち》若四日《にゃくしにち》若五日《にゃくごにち》若六日《にゃくろくにち》若七日《にゃくしちにち》一心不乱《いっしんふらん》

若し一日といふより若し七日といふまでは、強《あなが》ち七日に限るにあらざれども、天竺はとりわけ七の数を貴《たっと》むゆへ、七日にて止められたり。唯日久しくとの意なり。七を貴《たっと》む訳は、已に此の経にも七重の欄楯といひ、七重の行樹といひ、七宝といふがごとく、七の数を用ひられたり。抑も七は老陽の数にて一気の循環《ひとめぐり》する所なり。譬へば病を療ずる薬も七日を一廻りとし、斎《ものいみ》するも七日を期とし、人生まれて七日過ぐるを一七夜《ひとしちや》といひ、人死して七日目を一七日《ひとなぬか》といふごとく、此の余七の数を用ゆる事天竺に限らず、和漢とも是れ多し。一心不乱とは、一心乱れず阿弥陀仏の法号を執り持《たも》ちて日久しく称へ奉るをいふなり。念仏の功徳広大無辺なる事は種々《さまざま》例ある中に、昔一人の大商賈《おおあきびと》ありて、五百人の小商賈《こあきうど》を従へ、数多の貨物を大船に積み、諸国を廻りて交易す。然るに一日《あるひ》洋々

大魚船を呑まんとし
念仏を聞いて得脱する図

たる大海に船を乗り出だし、帆を張つて走らす所に、俄然として行く前《さき》に一座の大山湧き出で、山の上に三つの日輪暉《かがや》き出でたり。船中の衆人《おおぜい》大いに怪しみ見るうちに、山下に忽ち巨大なる洞穴あきて、海水の流れ入ること低きに落つる谷水よりも疾《はや》し。益《ますます》駭《おどろ》き近付く儘によく見れば、山と見えしは一尾《ひとつ》の巨魚《おおうお》の頭にて、三輪《みつ》の日と見えしは、中なるは真の日輪にて、左右の二つは巨魚《おおうお》の眼なり。且つ洞穴と見えしは大魚の口を張つて潮を呑むにぞ有りける。其の潮につれて船の走ること矢よりも疾《と》く。今や此の船大魚のために呑まれんとす。船中の衆人《おおぜい》争《いかで》か周章せざらん。各《おのおの》色をうしなひ声を放つて啼《な》泣き号哭《さけ》ぶばかりなり。時に大商賈《おおあきびと》は兼ねて阿弥陀仏を信じければ、躬《みずから》船の舳《へさき》に立つて合掌し、一心に礼拝し、大声に南無阿弥陀仏と唱へけるにぞ、此の声を聞いて船中衆人《もろびと》も同じく同音に念仏を唱へけるに、不思議なるかな、さしも猛悪の大魚も仏名を聞いて心にや感じけん。忽ちに口を閉ぢ海底に沈みけり。是れに依つて船は無難に其の所を走り過ぎ、船中の衆人《おおぜい》は万死の大難を免れけるも、偏に念仏の功力《くりき》なりけり。彼の大魚は一たび弥陀の法号を聞いて歓喜し、是れより人をとり喰らはず、久しからずして命終はりけるが、信心の功徳で人間に生まれ、後に釈迦如来の徒弟《みでし》となり、福増比丘と呼ばれ羅漢果を得たりとぞ福増長者経説。此の余猶許多《あまた》例あれども略す。

其人臨命終時阿弥陀仏与諸聖衆現在其前《ごにんりんみょうしゅうじあみだぶつよしょしょうじゅげんざいごぜん》

此の文の意は、前にいふごとく、阿弥陀仏の法号を日久しく一心不乱に唱ふる人は、娑婆の縁尽きて命終はらんとする時に臨み、阿弥陀仏諸《もろもろ》の菩薩と倶に其の人の前に来降し給ふとの事なり。聖衆とは諸《もろもろ》の仏菩薩をいふなり。

是人終時心不顛倒即得往生阿弥陀仏極楽国土《ぜにんしゅうじしんぷてんどうそくとくおうじょうあみだぶつごくらくこくど》

前にいふごとく、念仏信心者命終の時、阿弥陀仏諸菩薩と倶に来降し給ふ故、是の人仏の功力《くりき》にて命終はる時、心顛倒せず。即ち阿弥陀仏の引接にて極楽国土へ往生するぞとなり。それ人間は臨終の苦悩にて心顛倒し安し。顛例（倒カ）の二字は顛《さかさま》に倒るゝと訓みて、平日の丈夫なる心も愛著の迷ひと煩悩の苦痛にて顛倒《ひっくりかえり》悪趣に落つるなり。是れ平日《つね》に三宝を帰依せざるが故、往く前《さき》を知らず。命の終はるを悲しみ、或ひは積み貯へたる財宝を惜しみ、或ひは恩愛の妻子に心ひかれ、死しても魂魄浮かむ事能はず。業障の雲に支へられ、終には地獄・餓鬼・畜生の三悪道へ堕《お》つるなり。念仏の信者はそれと事変はり、阿弥陀仏の功力《くりき》にて諸《もろもろ》の苦痛なく結構なる極楽浄土へ往き生まるゝぞと思ふ一心顛倒せず、少しも迷ふ心なきゆへに成仏するなり。されば起きても寝ても平生に只念仏を唱へ阿弥陀仏を頼み奉るべきなり。

舎利弗《しゃりほつ》我見《がけん》是利《ぜり》故《こ》説《せつ》此言《しごん》若有《にゃくう》衆生《しゅじょう》聞《もん》是《ぜ》説者《せつしゃ》応当《おうとう》発願《ほつがん》生彼国土《しょうひこくど》

此の文の意は、前段の意を受けて釈尊の宣ふは、我是の利を見るが故に、此の言《ことば》を説くとなり。此の言《ことば》とは則ち此の阿弥陀経なり。若し衆生有つて此の阿弥陀経を説くを聞く者は応《まさ》に当《まさ》に願ひを発《おこ》し、念仏信心して彼の極楽国土に生まれよと、再び慇《ねんごろ》に勧め給ふなり。此の一段は別して大事の妙文なれば等閑《なおざり》に聞くべからざるなり。

阿弥陀経和訓図会中之巻畢

阿弥陀経和訓図会巻之下

舎利弗《しゃりほつ》如我《にょが》今者《こんしゃ》讃歎《さんだん》阿弥陀仏《あみだぶつ》不可思議《ふかしぎ》功徳《くどく》

又舎利弗に説き給ふなり。如我今といふより以下の文は、我今阿弥陀仏の不可思議功徳を讃歎するが如くとの意にて、次の文を引き起こす辞なり。不可思議功徳とは、功徳の広大無辺なる事思ひ議《はか》るべからずとの義。讃歎は讃《ほ》める事、歎は讃《ほ》めても猶余りありとの事なり。

東方《とうほう》亦有《やくう》阿閦鞞仏《あしゅくびぶつ》須弥相仏《しゅみそうぶつ》大須弥仏《だいしゅみぶつ》須弥光仏《しゅみこうぶつ》妙音仏《みょうおんぶつ》

東方亦有とは、東の方の浄土にも数々仏有りとなり。先づ其の首《はじめ》には、阿閦鞞仏と申すは、梵名《てんじくな》にて翻訳すれば不動といふ義なり。法身寂《しず》かにして動かずとの義。次に須弥相仏とは、須弥山は山の極めて高き者也。それに徳を准《なぞら》へて須弥相仏とは申せり。須弥は梵語にて訳すれば妙高といふ義なり。高さ八万由旬《ゆじゅん》、根は金輪際《こんりんざい》下界の名より出でて、日月その山の半腹を回り、諸天神常に此の山に遊ぶとあり。大須弥仏・須弥光仏も、おなじく仏徳の高く広き事を須弥山に準《なぞら》へし名なり。妙音仏とは、説法し給ふ其の音声《おんじょう》の妙なる故、名付け申すなり。

如是等《にょぜとう》恒河沙数《ごうがしゃしゅ》諸仏《しょぶつ》

如是等とは、是《か》くの如き等《しな》といふ義。右の五仏をさしていふ。恒河沙数諸仏とは、無数の仏といふ事にて、恒河は天竺の極めて広く大なる河也。其の大川の沙《いさご》の数ほど〻いふ意にて、数も限りもしれぬ程の仏といふ意と聞くべし。

各於其国《かくおごこく》出広長舌相《しゅつこうちょうぜつそう》偏覆《へんぷ》三千大千世界《さんぜんだいせんせかい》説誠実言《せつじょうじつごん》

各於其国より説誠実言までの意は、東方浄土の諸仏各《おのおの》其の国に於いて広く長き舌相を出だし、偏《あまね》く三千大千世界を覆ふて、誠実《まこと》に阿弥陀仏の功徳広大なる事を説き給ふとの義なり。仏の三十二相の中に、舌は広く長く面を覆ふとあり。然れども茲に舌の相を出だして三千大千世界を覆ふと有るは、恐らくは舌を以て世界を覆ふにはあらず。阿弥陀仏の功徳を説き給ふ其の説法の偏《あまね》く三千世界に満ち及ぶを覆ふといふなるべし。

汝等衆生《にょとうしゅじょう》当信是《とうしんぜ》称讃《しょうさん》不可思議《ふかしぎ》功徳《くどく》一切《いっさい》諸仏所護《しょぶつしょご》念経《ねんきょう》

汝等衆生とは、汝等衆生《なんじらもろもろのひと》といふ事にて、聴衆を指し給ふなり。当信は当《まさ》に信ずべしと訓む。是称讃不可思議功徳一切諸仏所護念経との文は、一切の諸仏も是の阿弥陀仏の不可思議功徳を称し讃《ほ》め給ひ、此の阿弥陀経を護《まも》り念じ給ふとの意にて、されば汝等此の経を信ずべしと也。

舎利弗《しゃりほつ》南方《なんぽう》世界《せかい》有《う》日月灯仏《にちがつとうぶつ》名聞光仏《みょうもんこうぶつ》大焔肩仏《だいえんけんぶつ》須弥灯仏《しゅみとうぶつ》無量精進仏《むりょうしょうじんぶつ》

此の段は、東方に次いで南方の浄土に有る諸仏を挙げ給ふ文なり。日月灯仏とは、其の仏の徳を日・月・灯《ともしび》三つの光り明らかなるに比して号《なづ》けし名なり。それ月・日・灯《ともしび》の三つの光は闇を照らす徳あり。此の仏も衆生の無明の闇を照らし給ふ徳有るを以て斯く号《なづ》け給へり。抑も日の光は闇を破る徳あるを以て是れを般若に比して一切智と号《なづ》けたり。月の光は清涼を以て夜を照らす徳あるにより解脱に比し道種智と名付く。灯《ともしび》は昼夜に通じ、日月に継いで暗きを照らすゆへ、法身に比して一切種智と号《なづ》けたり。名聞光仏とは、其の名其の声偏《あまね》く十方世界に聞こえて、喩へば日の光の照らさゞる所なきが如くなる故号《なづ》けたり。それ智能有る者は、其の名声足なくして千里に走り、翼なくして万邦に飛ぶ。たとへ跡《あと》を山林に隠し名を遁れ

大峯
山上参りの図

ても、世の人猶よく是れを知る。然れども今の世の僧は、たゞ面ばかり知識の真似をし、道徳なくして名声を売らんとする徒《ともがら》多し。其の内心の邪欲は仏是れを憎み給ふべし。此の仏の如きは、名を聞きても功徳をかふむるとなり。大焰肩仏とは、焰はほのをなり。理を照らすに表す。肩《けん》とは肩《かた》なり。其の意は、両肩より焰を発し、一切の事理を照らすに喩へて号《なづ》けたり。按ずるに焰肩の相は、不動明王の迦楼羅焰《かるらえん》、弥陀十二光の中の焰王《えんおう》なども此の相なり。須弥灯仏は、前に演《の》ぶるごとく、須弥山に灯《ともしび》を照らすがごとく、此の仏の徳の高く明らかなるに比《たと》へし名なり。無量精進仏とは、無量は量りなしとの義、精進は進みて退く事なきをいふ。此の仏正覚の道に進む事量り無しとの名なり。

如是等《にょぜとう》恒河沙数《ごうがしゃしゅ》諸仏《しょぶつ》各於《かくお》其国《ごこく》出広長舌相《しゅっこうちょうぜつそう》徧覆《へんふ》三千大千世界《さんぜんだいせんせかい》説誠実言《せつじょうじつごん》汝等衆生《にょとうしゅじょう》当信是称讃《とうしんぜしょうさん》不可思議《ふかしぎ》功徳一切諸仏所護念経《くどくいっさいしょぶつしょごねんきょう》

以上の文は前段と同じ文にて、註も前に演《の》ぶるが如し。以下皆同じ。

舎利弗《しゃりほつ》西方世界《せいほうせかい》有《う》無量寿仏《むりょうじゅぶつ》無量相仏《むりょうそうぶつ》無量幢仏《むりょうどうぶつ》大光仏《だいこうぶつ》大明仏《だいみょうぶつ》宝相仏《ほうそうぶつ》浄光仏《じょうこうぶつ》

此の段は西方浄土の仏の名を挙げたり。但し此の西方世界は極楽土の事にはあらず。極楽国より猶西にある浄土なり。無量寿仏とは、阿弥陀仏と同名なれども別の仏なり。仏の数極めて多ければ同じ名の仏も数多あり。無量相仏は、相好無量なるゆへ号《なづ》く。それ相好は三十二相、八十種好、或ひは八万四千相、又は微塵数の相とて、福徳も無量なれば相好も又無量なり。故に名付けたり。無量幢仏は、幢は即ち幢播《どうばん》にて播《はた》なり。播はしるしにて是れを高く建てて其の所を知らしむる器《どうぐ》なり。

唐山《もろこし》にても高徳の僧の住所には幢播を建てて諸人に遠方よりも其の所を知らしむ。此の仏の徳の高き事幢のごとしとの名なり。大光仏・大明仏とは、光と明とはともに仏智に喩ふ。大光・大明と大の字を用ゆるは、諸天諸菩薩みな光明ありて日月の光を借り用ひず。然れども此の仏の光明に比ぶれば猶小とす。故に大の字を加へたるなり。宝相仏とは、相好殊に妙にして、尊き事宝の如しとの喩へにて号《なづ》けしなり。経に仏の眉間の白毫の相を瑠璃筒と云ひ、肌《はだへ》の相を紫磨金と云ひ、肉髻《もとどり》の相を甄叔迦《けんしゅくか》と云ふ。皆宝に喩へて名付けたり。此の仏も其れと同じ意なり。浄光仏とは、浄は浄《きよ》しと訓み、垢穢れなく潔白なるを浄といふ。光は光明なり。浄《きよ》き光明といふ意にて浄光とは号《なづ》けたり。それ野火《きつねび》・蛍灯《ほたるともしび》みな光あれども浄《きよ》からず。此の仏の光明《ひかり》は勝れて浄《きよ》しとなり。

如是等《にょぜとう》恒河沙《ごうがしゃ》数諸仏《しゅしょぶつ》各於《かくお》其国《ごこく》出広長舌相《しゅつこうちょうぜっそう》偏覆《へんぷ》三千大千世界説誠実言汝等衆生当信是称讃《さんぜんだいせんせかいせつじょうじつごんにょとうしゅじょうとうしんぜしょうさん》不可思議《ふかしぎ》功徳一切諸仏所護念経《くどくいっさいしょぶつしょごねんきょう》

前と同文にて註も前に同じ。

舎利弗《しゃりほつ》北方《ほっぽう》世界《せかい》有《う》焔肩仏《えんけんぶつ》最勝音仏《さいしょうおんぶつ》難沮仏《なんくぶつ》日生仏《にっしょうぶつ》網明仏《もうみょうぶつ》

此の段は北方浄土の仏の名を挙げたり。焔肩仏とは、南方の段に挙げし大焔肩仏と同じ意なり。此の下の上方の段にも大焔肩仏あり。無数の仏の中同名数多ある事、前の無量寿仏の類なりと知るべし。最勝音仏とは、説法する其の音声最も勝れて妙音なるを以て号《なづ》けしなり。それ仏の功徳を演《の》ぶるにも音弁なくんば説き弘める事能はず。仏弟富楼那尊者《ふるなそんじゃ》は能弁にて、如来に代はつてしば〱説法し、弁舌第一の名を得たり。其の外和漢の名僧弁舌を以て名を揚げし人枚挙するに遑《いとま》あらず。音声の功徳は人間のみならず。諸天も歓喜し鬼神

説法勧戒の図

も感悦す。されば音弁の功徳を尊びて最勝音仏とは号《なづ》けしなり。難沮仏とは、沮《く》の字阻《そ》の字を用ひしもあり。諸説一定ならず。近くいへば阻は阻《はば》むと訓みて此の仏の功徳阻み難しとの義なり。蕩《とろ》かしがたしとの意と知るべし。日生仏とは、日の出でて闇を破り照らすが如く、此の仏の功徳を以て衆生の煩悩の闇を照らすとの意を以て号《なづ》けたり。

網明仏とは網《もう》は網《あみ》なり。此の仏の功徳細かなる事網の目の連々につなぎて止め終はりなきが如しとの喩へにて名付けたり。

如是等《にょぜとう》恒河沙数《ごうがしゃしゅ》諸仏《しょぶつ》各於《かくお》其国《ごこく》出広長舌相《しゅっこうちょうぜつそう》偏覆《へんふ》三千大千世界《さんぜんだいせんせかい》説誠実言《せつじょうじつごん》汝等衆生《にょとうしゅじょう》当信是称讃《とうしんぜしょうさん》不可思議《ふかしぎ》功徳《くどく》一切諸仏所護念経《いっさいしょぶつしょごねんきょう》

註解前に同じ。

舎利弗《しゃりほつ》下方世界《げほうせかい》有《う》師子仏《ししぶつ》名聞仏《みょうもんぶつ》名光仏《みょうこうぶつ》達磨仏《だるまぶつ》法幢仏《ほうどうぶつ》持法仏《じほうぶつ》

此の段は下界の浄土の仏の名を挙げたり。獅子仏とは、獅子は獣《けだもの》の中の王にて、遊行するに百《もも》の獣みな畏れ蹲《うづく》まる。又獅子一度吼ゆれば百獣畏れ怖る。其のごとく此の仏の法威を天魔外道おそれ伏するに喩へて号《なづ》けたり。仏の言を発し給ふを獅子吼《ししく》といふも同じ意なり。名聞仏・名光仏は、前の南方の段に註せし名聞光仏と同じ意にて、名聞は徳を表し、名光は智を彰《あらわ》すの義にて、ともに此の仏の功徳を誉めて号《なづ》けしなり。達磨仏とは、達磨は梵語にて翻訳すれば法といふ義なり。此の仏法を以て身を立て徳を持《たも》ち給ふ故に名とす。法幢仏とは、前にも註するが如く、幢は旗にて目じるしなり。此の仏の徳の高きこと幢のごとく、人天は遠く見て慕ひ来たり、外道悪魔は遠く見て怖れ避けるとの名なり。持法仏とは、持法は梵語にては陀羅尼といふ。法を持《たも》つて傾き動く事なしとの意にて持法仏と名付けたり。

如是等《にょぜとう》恒河沙《ごうがしゃ》数諸仏《しゅしょぶつ》各於《かくお》其国《ごこく》出広長舌相《しゅつこうちょうぜつそう》偏覆《へんぷ》三千大千世界《さんぜんだいせんせかい》説誠実言《せつじょうじつごん》汝等衆生《にょとうしゅじょう》当信是《とうしんぜ》称讃《しょうさん》不可思議《ふかしぎ》功徳《くどく》一切諸仏《いっさいしょぶつ》所護念経《しょごねんきょう》

註解前に同じ。

舎利弗《しゃりほつ》上方《じょうほう》世界《せかい》有《う》梵音仏《ぼんおんぶつ》宿王仏《しゅくおうぶつ》香上仏《こうじょうぶつ》香光仏《こうこうぶつ》大焔肩仏《だいえんけんぶつ》雑色《ざつしき》宝華厳身仏《ほうけごんしんぶつ》娑羅樹王仏《さらじゅおうぶつ》宝華徳仏《ほうけとくぶつ》見一切義仏《けんいっさいぎぶつ》如須弥山仏《にょしゅみせんぶつ》

此の段は上界の浄土の仏を挙げたり。梵音仏とは、梵は浄《じょう》にて浄《きよ》き音《こえ》の仏と申す義なり。梵音は大梵天王の出だし給ふ所の声にて、一切の音声の中に殊に勝れ、遠く聞きても小さからず。近く聞きても大いならず。よく三千大千世界に満ち聞こゆ。此の仏の徳も梵音の如しと喩へし名なり。宿王仏とは、宿は天の星の名にて、星の王は月天子也。是れ即ち宿王仏と申すなり。香上仏とは、香は戒徳を誉めていふ。上は此の上に過ぐる者なしとの義なり。真の香にはあらず。仏の徳を香に喩へしなり。それ香は離穢とも号《なづ》けて、是れを焼くときは其の匂ひ馥郁《ふくいく》として上に徹し下に徹し、四方に薫じて穢れ不浄をはらひ、神明も来たり給ひ、諸仏諸天も其の匂ひをきゝて歓喜し給ふ。されば神前仏前にも香を焼《た》くなり。昔韓寿字《あざな》は徳真

賈充が女、韓寿に名香を贈る図

といふ人、堵陽《とよう》といふ所の産なるが、天性美男なりければ、時の司空官名賈充《かじゅう》といふ人の女《むすめ》、韓寿が美《うるわ》しき質《うま》れに懸想して、艶書数通をおくり、遂に情を通じけるが、其の頃西域西の国也より名香を帝に献上す。帝是れを貴び愛し、少しを分かちて司空賈充に賜りければ、賈充大いに怡《よろこ》び是れを秘蔵しけるに、充が女《むすめ》の名香を竊《ぬす》みて韓寿に与へけり。韓寿件の香を身に帯びけるより、其の香気あたりに薫じて隠れなく、人々異《あや》しまざるはなし。賈充韓寿が身の香気を嗅《き》きて、是れ我が女《むすめ》と密通し、女《むすめ》の手より西域の名香を得しなるべしと覚り、遂に韓寿を婿とし女《むすめ》に娶《めあわ》しけり世説。凡そ香に十種の名有り。梅檀《せんだん》・沈水《ぢんすい》・蘇合《そごう》・薫陸《くんろく》・欝金《うっこん》・白膠《はくぎゅう》・青木《せいほく》・零陵《れいりょう》・甘松《かんしょう》・鶏舌《けいぜつ》是れなり。此の外猶名香多し。然れども遠く芳《かお》る事能はず。香上仏の徳香は、功徳利生の薫郁ありて、遠く十方世界にきこゆ。何ぞ塵世《じんせい》の香の及ぶべき。香光仏、是れも香上仏と同じ意なり。それ常に香に近着《ちかづ》く者はおのづから香気あり。仏の徳香に近着《ちかづ》く者も又是《か》くの如し。是れを香光荘厳と謂へり。此の二仏の名も是れに因《よ》つて名付けられたり。大焔肩仏は前の段と同名にて註も同じ。雑色宝華厳身仏とは、此の仏の智徳を色を雑《まじ》へたる華に喩へ、其の宝の華を以て身を荘厳するとの喩へを設けて号《なづ》けしなり。昔釈尊御在世の時、羅閲国の大王、十余人の宮女を国中に使はして妙なる花を採り来たれよと命じけるに、其の中に一人の宮女殊に妙なる花を採り得て帰る路にて釈尊に遇ひ奉り、其の御相好の端正微妙なるを尊み、我が身の罪に行はる丶事をも厭はず、採り得たる花を釈尊に奉り供養す。釈尊其の志を賞して善哉と宣《のたま》ひけり。宮女は父母の家にかへり、両親に向かひて曰く、妾《わらわ》王宮へ参らば必ず刑《つみ》に行はれ侍るべし。されば是れぞ今生の御別れならめと云ひければ、父母大きに駭《おどろ》き、其の故《わけ》を問ふに、宮女有りし一五一十《いちぶしじゅう》を語りけるにぞ、父母愁ひ悲しみ、花を入れし筥《はこ》を開き見れば、種々《いろいろ》の珍花筥《はこ》の中に満ちたり。父母も女《むすめ》も是れを不測《ふしぎ》と思ひながら、以前に増して妙なる花多ければ、是れを宮女は携へて王宮へ参り献上す。然るに王は其の帰りの遅きを怒り、宮女を市に出だして刑《つみ》に行はんとす。されども宮女は少しも哀しみ愁ふる色なし。王異《あや》しみて其の故を問ふ。宮女少しも包まず、釈尊に花を供養し、帰りて見れば筥《はこ》の中に以前の花より麗しき花種々《いろいろ》有りし由を申しける。王不審におもひ、釈尊の精舎へ到り問ひ奉るに、如来、其の女の申すごとしとのたまふ。是れによりて羅閲王仏法の不可思議功徳を感じ、三宝帰依の善心を生じ、宮女の罪を宥せしとぞ採花授決経説。惣じて仏に花を供ずるは其の功徳尤も深し。然れども人界の花は散り安くうつろひ安し。されば飛花落葉を無常に喩へたり。今此の仏の雑色宝華は、功徳所感の花なるが故に万劫を歴《ふ》るとも散りうつろはず。法身を荘厳して永く萎衰の愁ひなし。色香光明常住厳麗なる事宜《むべ》なるかな。娑

卯月八日
華を供する図

羅樹王仏とは、娑羅は梵語にて翻訳すれば堅固といふ義なり。冬夏ともに凋《しぼ》まざる樹といふ意にて娑羅樹と号《なづ》けたり。此の仏の法身変易する事なく、常住不滅なるに喩へし名なり。それ娑羅樹は枸尸那国跋提河《くしなこくばつだいが》のほとりに有り。木の皮青白く、葉は甚だ光潤《つや》ありと云ふ西域記説。昔釈迦如来跋提河の辺《ほとり》にて背痛の御病しきりなるが故、阿難に命じて娑羅樹の下に牀《ゆか》を布き設けしめ給ふ。此の林四方に四双八樹の娑羅樹ありて、勝れて梢高し。東方の一双《ひとならび》を常と無常とに喩へ、南方の一双《ひとならび》を楽と無楽とに喩へ、西方の一双《ひとならび》を我と無我とに喩へ、北方の一双《ひとならび》を浄と不浄とに喩へ給ふ。四方相双《あいなら》ぶをもつて娑羅双樹《しゃらそうじゅ》とも又娑羅双林とも号す。如来其の中にして頭北面西右脇臥にして終に入滅し給ふ精しくは釈迦如来御一代記に述べたり。此の時娑羅樹惨然とて一双毎に一樹は枯れて白く、一樹は栄へて青く、遠くこれを臨み見れば、青白交じりて鵠《しろづる》・鶴《あおづる》の群れ集まるがごとし。故に鶴林とも又は鵠林とも号《なづ》く涅槃経後分の説。然れども娑羅王仏は、堅固不変の義をとりし也。

宝華徳仏とは、前に宝の華をもつて仏身を荘厳するに喩へ、是れは又宝の華の徳を以て名とす。抑も宝華に四徳あり。一つには凋落せざるの徳、二つには人の意を怡《よろこ》ばしむるの徳、三つには宝華は外に讃美の名を求めざるの徳、四つには宝華の体は瑩潔なるの徳、此の四つの徳を常楽我浄と謂ふなり。見一切義仏とは、一切万法の甚深なる妙義を見るとの義を以て名とせり。如須弥山仏とは、前の東方の段には相好光明を須弥山の高きに喩へ、茲に仏徳の好妙高大なるを喩へしなり。

如是等《にょぜとう》恒河沙《ごうがしゃ》数《しゅ》諸仏《しょぶつ》各《かく》於《お》其国《ごこく》出《しゅつ》広長舌相《こうちょうぜつそう》偏覆《へんふ》三千大千世界《さんぜんだいせんせかい》説誠実言《せつじょうじつごん》汝等衆生《にょとうしゅじょう》当信是称讃《とうしんぜしょうさん》不可思議《ふかしぎ》功徳《くどく》一切諸仏所護念経《いっさいしょぶつしょごねんきょう》

前と同文、註前に同じ。

舎利弗《しゃりほつ》於汝意云何《おにょいうんが》何故名為《がこみょうい》一切諸仏所護念経《いっさいしょぶつしょごねんきょう》

此文の意は、舎利弗汝が心には何故に名付けて一切の諸仏の護《まも》り念《おも》ふ所経と為《す》るやと思はんが、阿弥陀仏の功徳は不可思議にて、余の仏にも杳《はる》かに超え勝れたれば、一切の仏たち此の経を護念し給ふぞ。然る上は念仏信心の衆生は勿論、一切の仏たちが護念《まもり》給ふ所ぞとの義なり。夫《それ》諸仏の護念《まもり》なき者は邪道に入り易く、成仏は遂げがたし。昔仏在世のとき、一人の道人有つて或る河の辺《ほとり》なる樹下に座し、仏道修行する事十二年に及べども、遂に妄念を除き去ること能はず。目に見、耳に聞く毎に魂動き、其の身は静かなるやうなれども、意は十方に騁《は》せ散りて妄念起こり、道を成就する事を得ず。釈尊渠《かれ》を憐れみ給ひ、いざや化度し得させんと、化して沙弥となり、彼の道人の樹下に到り宿し給ふ。須臾《しばらく》ありて月さし出で朗らかに照らして隈なかりしに、一つの亀川より出で陸《くが》へ這ひ上がる。時に又一頭《いっぴき》の水狗《かわうそ》出で来たり、亀を見て忽ち噉《く》らはんとす。亀は即時に頭と尾と四つの脚を縮めて甲の内に蔵《かく》しけり。水狗《かわうそ》百計《さまざま》すれども噉《く》らふこと能はず。せんかた尽きて身を退けば、亀は頭手脚を舒《の》べて歩みぬ。水狗《かわうそ》また追ひ行きて噉《く》らはんとすれば、亀又縮まり蔵《かく》る。斯くの如くする事三・四度にして、水狗《かわうそ》精根を労《つか》らし遂に亀を捨てて川の中へ入りけり。道人始めより其の争ひをながめ居けるが、膝を拍《う》つて嘆息し、噫《ああ》此の亀

亀蔵六の比喩
道心を励ます図

命を護《まも》る甲ありて、水狗《かわうそ》噉《く》らふこと能はずと独《ひと》り言《ごと》す。其の時沙弥釈尊が曰く、今の世の仏道を学ぶものを見るに、彼の亀にだも及ばず。徒《いたずら》に年月を送り、無常の眼前に来たる事をしらず。只六根の欲に引かれて外道悪魔のために弄せらる。若しよく六情惜欲嬉悲悪愛を治むること亀の六つ頭尾手脚を蔵《かく》すがごとくせば、天魔の障碍《しょうげ》をまぬかれ、速やかに成道すべしとて、偈を説いて曰く、六つを蔵《かく》すこと亀の如く、意を防ぐこと城の如く、魔と戦ふて勝つときは患ひ無し。道人此の偈を聞きて俄然として悟道し、道に入ることを得たり法句譬喩経の説。人間も又是《か》くのごとし。適《たまたま》仏門に入るといへども信心堅固ならざれば動《やや》もすれば外道の為に心を惑乱せられ悪趣に堕《お》つ。みな是れ諸仏の護念なき故なり。諸仏の護念《まもり》を得んと思はゞ唯一心に念仏し妄念を除き去るべきなり。

舎《しゃ》利《り》弗《ほつ》若《にゃく》有《う》善《ぜん》男《なん》子《し》善《ぜん》女《にょ》人《にん》聞《もん》是《ぜ》諸《しょ》仏《ぶつ》所《しょ》説《せつ》名《みょう》及《ぎょう》経《きょう》名《みょう》者《しゃ》

善男子善女人とは、前に説くごとく、念仏の信者をいふ。聞是以下は、是の諸仏の説く所の阿弥陀仏の名及び経の名を聞くことあらばとの義なり。

是《ぜ》諸《しょ》善《ぜん》男《なん》子《し》善《ぜん》女《にょ》人《にん》皆《かい》為《い》一《いっ》切《さい》諸《しょ》仏《ぶつ》共《ぐ》所《しょ》護《ご》念《ねん》皆《かい》得《とく》不《ふ》退《たい》転《てん》於《お》阿《あ》耨《のく》多《た》羅《ら》三《さん》藐《みゃく》三《さん》菩《ぼ》提《だい》

右の文の意は、諸仏の説く所の名及び経の名を聞きし念仏の信者は、共に諸仏に護念せらるゝが故に、成仏の道を退転《しりぞ》かざることを得て、上も無き正しき等《しな》の正《まこと》の覚りを得べしとの義なり。不退転、退き転ばずと訓みて、成仏の道を退かざる義。阿耨多羅を翻訳すれば無上といふ義、三藐を訳すれば正等といふ義、三菩提を訳すれば正覚といふ義なり。是れ成仏するを謂へり。不信心なれば外道の障碍にて仏道を願ふ心を退転《ひっくりかえ》さるゝなり。信心堅固なれば諸仏が護念《まもり》給ふゆへ、外道も信者の心を退転《ひっくりかえ》す事能はず。是れを不退転とは謂ふなり。

是《ぜ》故《こ》舎《しゃ》利《り》弗《ほつ》汝《にょ》等《とう》皆《かい》当《とう》信《しん》受《じゅ》我《が》語《ご》及《ぎゅう》諸《しょ》仏《ぶつ》説《せつ》

此の文は、前の文を受けて是の故に舎利弗汝等当《まさ》に我が語《い》ふところ及び諸仏の説き給ふ所を信《まこと》に受け持《たも》つべしと聴衆に勧め給ふなり。

舎《しゃ》利《り》弗《ほつ》若《にゃく》有《う》人《にん》已《い》発《ほつ》願《がん》今《こん》発《ほつ》願《がん》当《とう》発《ほつ》願《がん》欲《よく》生《しょう》阿《あ》弥《み》陀《だ》仏《ぶっ》国《こく》者《しゃ》是《ぜ》諸《しょ》人《にん》等《とう》皆《かい》得《とく》不《ふ》退《たい》転《てん》於《お》阿《あ》耨《のく》多《た》羅《ら》三《さん》藐《みゃく》三《さん》菩《ぼ》提《だい》於《お》彼《ひ》国《こく》土《ど》若《にゃく》已《い》生《しょう》若《にゃく》今《こん》生《じょう》若《にゃく》当《とう》生《しょう》

此の文の意は、若し人有つて已に願を発《おこ》し、今願を発《おこ》し、当《まさ》に願を発《おこ》し、彼の阿弥陀仏国に生まれんと欲する諸《もろもろ》の人等《たち》は、皆信心を退転《ひるがえ》せず、無上正等正覚を得て、彼の国へ已に願を発《おこ》せし者は已に生じ、今願を発《おこ》す者は今生じ、当《まさ》に願を発《おこ》す者は当《まさ》に生ずべしとの義なり。爰に已にといひ、今といひ、当《まさ》にといひ、三段に説き給ふは、已・今・当の三字は是れ過去・現世・未来の三世なり。喩へていはゞ釈尊御出世より前世に願を発《はっ》せし者は已に彼の極楽国に生じ、釈尊御在世の今願を発《おこ》す者は今彼の国に生じ、釈尊御入滅の後、願を発《おこ》す者は当《まさ》に彼の国へ生ずべしと悃《ねんごろ》に説き給ふなり。不退転、阿耨多羅は前の註のごとし。

是故舎利弗諸善男子善女人若有信者応当発願生彼国《ぜこしゃりほつしょぜんなんしぜんにょにんにゃくうしんじゃおうとうほつがんしょうひこく》

此の文は、前の文を受けて、是れ故に諸《もろもろ》の善男子善女人、若し信心有る者は当《まさ》に願を発《おこ》して彼の阿弥陀仏の国へ往生すべしと、再び丁嚀に勧め給ふなり。此の当の字は、未来の事ならず、早く願を発《おこ》せよとの義なり。されば極楽往生せんと願ふものは、他力本願の旨を疑はず、唯一心に念仏すべきなり。往昔《そのかみ》摂州勝尾寺《かちおじ》七代目の証如上人は、法然上人の大往生を羨ましく思はれ、勝尾寺の奥般若が嶺に庵室を結び、たゞ一人閉ぢ籠もり、十二年が間無言の行を勤め、往生の素懐を遂げんことをぞ願はれける。然るに或る年八月十五日の夜、庵室の戸を敲《たた》き、証如御坊やおはすると呼ぶ者あり。上人無言の行中なれば、鈴《れい》を振つて其の在庵を知らされけるに、外面《そとも》より我は播州加古郡に住する教心といふ者に候。只今極楽へ往生し候なり。御房は来年の八月十五日の夜、彼の国へ往生あるべし。此の事を告げまゐらせんため来たれりといひ終はり、其の後は音もせず。上人不審に思はれ、柴の戸を開き見給ふに、人影さらになく、遙か西の空に微妙の音楽の音幽《かすか》に聞こえたり。偖《さて》は加古の教心といふ僧の極楽往生するを聖衆の迎へ給ふならめとて、其の翌日弟子僧証閑といふ者を招き、你《なんじ》播州へ下り加古郡にて教心といふ僧や有ると問ひ来たれよと命ぜられけるにぞ、証閑坊心得候とて即時に旅立ちし。播州加古郡へ到り教心といふ出家ありやと土《ところ》の人に問ひけるに、いかにも有り、其の者の家は彼所《かしこ》なりと教へけり。証閑其の教への家へ尋ね往き見るに、いとも矮《わび》しき藁家の内に、忍びやかに女の泣く声聞こえたり。不審ながらも音なひて内に入り見れば、母子《おやこ》とおぼしき二人の女泣き居たり。証閑詞をうけ、你達《おことら》は何事をかく愁ひ悲しむやと問ひければ、母なる者よふ〳〵涙をとゞめ、妾《わらわ》が夫なる者二日以前に死没《みまかり》候が、貯へ乏しく野送りする便りもなく、如何にせんと娘もろとも身の貧しきをかこち候なりと答ふ。証閑聞きて不便におもひ、それは便なき事なり。拙僧路銀の余分あれば力となりて野送りを営み進ずべし。先々亡者に影向《えこう》せん。死骸《ほとけ》は何処《いづれ》にやと問ふに、彼処《かしこ》に迚《とて》証閑を伴ひ屋《いえ》の後戸《せと》を出で、野径の石の辺《ほとり》に到り、夫の骸は是れにて

加古の教心、証如上人に往生の機を示す図

証閑坊教心が草屋に到る図

候と指し示す。証閑是れを見れば、見苦しき拾徳《じつとく》を着たる禅門石上に端座合掌し、西に向かひて命終せし体にて、色も変ぜず、さながら眠れるが如し。証閑大いに感じ、偖《さて》も奇特なる往生かな、是《こ》は何《いか》なる高徳の名僧ぞや、名は何と申せしぞと問ふに、妻答へて、徳も学もなく一字の仮名さへ知らぬ人にて候が、唯念仏を好きて、人に雇はれ野挊《のかせぎ》をするにも只管《ひたすら》念仏を申されける故、人々阿弥陀房〳〵と呼ばれ候。主の名は教心と申せりといふにぞ。証閑おどろき、其の教心といふ僧をこそ尋ねて下りたれ。偖《さて》は此の亡者が教心御房にて有りけるかやとて、感涙と倶に影向《えこう》なし果て、師の房への上産《いえづと》にとて、十徳の片袖を乞ひ請け、棺を調へ骸を収めて悃《ねんごろ》に野送りし、母子に別れを告げて勝尾寺へ立ちかへり、証如上人に見《まみ》へ、有りし一五一十《しだい》を語り、十徳の袖を呈しければ、上人大いにおどろき給ひ、偖《さて》は教心といへるは一文不通の禅門なりけるか、さる賤しき者も一心不乱に念仏の信者となればこそ、往生の機を示し、我が命終の月日をさへ教へたれ。是れ全く凡夫ならず。一生補所の仏菩薩の化身ならめ。我も念仏の尊き事は知るといへども、なまじいに一切経を読み、自力を恃《たの》んで十二年無言の難行を勤めしに、露ばかりの功徳もなく、却つて妻帯文盲の教心には劣れりと、大いに慚愧後悔あり。ふつ〳〵無言の行を止め、是れより専修念仏して、教心が示しのごとく、翌年八月十五日の夜、大往生の素懐をとげ給ひけり。されば念仏の信者は極楽国土へ生まるゝ事、教心房の事を以ても推して知るべし。釈尊の御説法努々《ゆめゆめ》疑ふべからず。

舎利弗《しやりほつ》如我《によが》今者《こんしや》称讃《しやうさん》諸仏《しよぶつ》不可思議《ふかしぎ》功徳《くどく》彼諸仏等《ひしよぶつとう》亦称説我《やくしやうせつが》不可思議《ふかしぎ》功徳《くどく》而作是言《にさぜごん》

此の文は、今我諸仏及び弥陀仏の不可思議功徳を称《ほ》め讃《ほ》むるが如く、諸仏も亦我が不可思議功徳を説くを称讃して我が是の言《ことば》のごとく説法を作《な》し給ふべしとなり。

釈迦牟尼仏《しゃかむにぶつ》能為《のうい》甚難《じんなん》希有《けう》之事《しじ》能於《のうお》娑婆国土《しゃばこくど》

釈迦は梵語なり。翻訳すれば能仁といふ義にて、能く仁《めぐ》むと訓む。一切衆生を能く仁《めぐ》み給ふとの御名なり。又牟尼も梵語にて訳すれば寂然といふ義となる。寂は人の声なく寂《しず》かなる事、然は語らざるなりと有り。是れ寂《しず》かに居て語《ものい》はずとの義なり。或る人難じて曰く、釈迦一代に諸経を説いて法を弘む。然るに寂《しず》かに居て語らずとの名は如何にと。答へて曰く、いかにも如来御一代五十年の間に一切諸経を説いて衆生を済度し給へども、其の奥意は一言も宣べ給ふ所なし。依つて不可以言宣とも一字不説とも宣へり。誠は一字も宣ふ所なけれども、仮に言説をなして衆生を愉(論カ)し導き給ふにあらずんば、何を以てか理の至極を知らしめ給ふべき。此の所には甚深の秘説有るべし。其《そ》は知識に就いて問ひ明らむべし。但し此の段よりは此の経の記者阿難尊者の説なるべし。偖《さて》能為甚難よ り娑婆国土といふまでの意は、能く甚だ難き希有の事を能く娑婆国土に為すとの義にて、甚難は甚だ難しといふ義。希有とは希れに有ると訓み、未だ見た事もなき事といふ義。娑婆国土とは、人界の事也。娑婆は、梵語にて翻訳すれば堪忍といふ義にて、堪は堪《こら》ゆると訓み、忍は忍ぶと訓む。それ人間界は諸《もろもろ》の煩悩苦患《くげん》が身に逼《せま》り来る苦しき国なり。其の苦しみを堪《こら》へ忍びて生涯を送るを以て、堪忍土とも又は略して忍土ともいふは此の世の事なり。実《げに》も人界の有りさまは、楽しみといひて悦ぶ事は皆悲しみの種にて、子を孕みては世嗣を儲くる目出度《めでた》き事よと祝ひ悦べども、母は十月が間諸《もろもろ》の苦しみを堪《こら》へ忍び、父は何卒平らかに生まれよかし、もしくは不具にてはあらぬかと、夜の間もあんじ煩ふ苦しみを堪《こら》へ忍ぶ。適《たまたま》無難に出生しても、仮初の病にも父母ともに気遣ひ愁ひ、神仏に祈誓し、断ち物までして心を苦しむる。其

韓信
市人の
跨をくゞる図

の憂苦を堪《こら》へ忍ぶ。その余《ほか》万の苦患《くげん》を堪《こら》へ忍ぶが此の世の有りさまなり。張良は恥を堪《こら》へ忍びて三度石公が履《くつ》を取り、韓信は辱めを堪《こら》へ忍びて市人の跨《また》を潜《くぐ》るなんど、皆堪忍の二字を守れり。されば此の世に生まれては、何事も堪忍せざれば生涯を送りがたし。依つて堪忍土といふを、天竺の語《ことば》にては娑婆国土とはいへり。かゝる悪世にて仏道を修し成仏せんとするは甚だ難き事なるを、かやうに下根の凡夫に如来の説き勧め給ふは希有の事なりとの文意なり。是れ阿難尊者が如来の広大御慈悲を称讃し、衆生に仏意の有り難きことを説き聞かされしなり。よく〱味はふべき段なり。

五《ご》濁《じょく》悪《あく》世《せ》劫《ごう》濁《じょく》見《けん》濁《じょく》煩《ぼん》悩《のう》濁《じょく》衆《しゅ》生《じょう》濁《じょく》命《みょう》濁《じょく》中《ちゅう》得《とく》阿《あ》耨《のく》多《た》羅《ら》三《さん》藐《みゃく》三《さん》菩《ぼ》提《だい》為《い》諸《しょ》衆《しゅ》生《じょう》説《せつ》是《ぜ》一《いっ》切《さい》世《せ》間《けん》難《なん》信《しん》之《し》法《ほう》

此の文は、前の娑婆国土といふ文の続きなれども、注長きを以て引き分けたり。偖《さて》娑婆国土は、五濁悪世とて五つの濁りある悪しき世なりとの義にて、先づ劫濁とて上代人間の寿命は八万歳なりしに、漸々《しだい》に世下り、釈尊御在世の頃は人間の寿命百歳になり、それさへ希にて、七十才六十才乃至三十才二十才にて命終はるも多し。斯く寿命の短くなるに従ひ、人の心邪見非道になりしを劫濁といふなり。次に見濁とは、見る物に就いて欲心萌し心の清水を濁す、是れを見濁といふ。次に煩悩濁とは、煩は煩ひ、悩は悩みにて、欲しい惜しい悪《にく》い愛《かわい》い嬉しい悲しい、以上の六情のために我と我が心を煩はし悩まして、心の水を濁すを煩悩濁といふ。次に衆生濁とは、衆生は衆《もろもろ》の生《ひと》といふ義にて、一切世間の人をいふ。是れも上代は質朴《すなお》にて悪事を造る者なかりしに、漸々《ぜんぜん》世下り人間の徳衰へて、父母に孝心なく、君に忠義もなく、朋友に信愛もなく、日々に貪瞋痴の三毒のために身を苦しむるを衆生濁といふなり。次に命濁とは、前にもいふごとく、人間の寿命漸々《しだい》に短くなり、人の根気も薄く天然の寿《ことぶき》の百歳をだに保つは希にて、財《たから》を貪りては心を労《つか》らし、飲食を貪りては五臓を労《つか》らし、淫欲を貪りては生気を損じ、命の危ふき事風の前の灯《ともしび》、波の上の泡のごとく。もし無常の刀風に遭はば忽ち呼吸の息絶ゆるをもしらず。唯徒《いたずら》に百千年も生きるごとく思ひて後世の大事にも心付かず、うか〳〵と暮らすを命濁とはいふなり。得阿耨多羅より難信之法といふ迄は、右のごとく五濁悪世の中にて無上正等正覚を得るといふ甚だ難く希有《な》る難信の法を、諸《もろもろ》の衆生の為に説き給ふは誠に有り難き御事なりとの意なり。是一切世間難信之法とは、かゝる悪世の下根凡夫が、たとへ念仏信心すればとて、争《いかで》か尊き極楽国へ往生する事がならふぞと、一切世間の者が信《まこと》しからず思ふほどの法といふ義なり。

舎利弗《しゃりほつ》当知《とうち》我《が》於《お》五濁悪世《ごじょくあくせ》行此難事《ぎょうしなんじ》得《とく》阿耨多羅《あのくたら》三藐三菩提《さんみゃくさんぼだい》為《い》一切世間《いっさいせけん》説此難信之法《せつしなんしんしほう》是《ぜ》為甚難《いじんなん》

此の段は、又如来の御言《ことば》と聞くべし。舎利弗当知とは、你当《なんじまさ》に知るべしとの義にて、我於五濁悪世より三菩提までの意は、我此の世の中に於いて此の行ひ難き事を行ひて、阿耨多羅三藐三菩提を得しとの義なり。此の難事とは、上巻にもいふ如く、釈尊は摩迦陀国浄飯大王の皇子にて、御位と申し富貴といひ、人間の得がたき御果報を受け給ひし御身なるに、一切衆生の悪趣に堕つるを救はんがため、さしも千鈞《せんきん》の御身を以て十善万乗の富貴を捨て、鳥も通はぬ難山に分け入り、億万無量の辛苦を忍び、難行苦行をなし給ふ事十二年。是れ誠に前代にも例なく、後代にも又有るまじき難中の難事なり。是れ皆末世の衆生を済度せんとの大慈大悲の仏恩にて、実に勿体なき御事なり。阿耨多羅三藐三菩提は前の註のごとし。又為一切世間説此難信之法是為甚難とは、前段の文を再び挙げ給ひ、一切世間の為に衆生の信じ難きほどの此の法を説くは甚だ難き事にて、中々容易の事にはあらずとの義なり。

仏説《ぶっせつ》此経《しきょう》已《い》舎利弗《しゃりほつ》及《ぎゅう》諸《しょ》比丘《びく》一切《いっさい》世間《せけん》天人《てんにん》阿修羅《あしゅら》等《とう》聞《もん》仏《ぶつ》所説《しょせつ》歓喜《かんき》信受《しんじゅ》作礼《さらい》而去《にこ》

仏説此経已とは、仏此の経を説き已《おわ》り給ひてといふ義にて、是れ又記者阿難の詞也。舎利弗より以下は退散する聴衆の事。諸《もろもろ》の比丘一切世間の天人阿修羅まで、仏の説き給ふ所を聞いて歓び喜びて信《まこと》に受け持《たも》ち礼拝を作《な》して而《しこう》して去るとの義なり。天は天上の諸天菩薩の事、人は人間、阿修羅は人間の外の鬼類なり。面に悦びの見《あらわ》るゝを歓といひ、心に悦ぶを喜といふ。信受は仏の説き給ふ所を有り難くおもひ、信《まこと》に受け持《たも》つなり。信ずべし尊むべし。

阿弥陀経和訓図会下之巻大尾

阿弥陀経絵抄　全二冊
同　和訓図会　好華堂主人著 松川半山図画　全三冊
阿弥陀経の功徳広大なる事は、普く世人の知り給ふ所なり。しかれども其の意味深長にして容易にしりがたし。此の書は経文を平仮名付けにし、句ごとに注釈を加へ、和漢の故事をしるし、其の上悉く絵図を加へたれば、婦人童子まで見給ふに面白く、自然と仏道信心の導きとなる重宝の書也。

般若心経絵抄　全一冊
同　和訓図会　好華堂主人著 松川半山図画　全二冊

此の書は、般若心経を真読訓読両点とも平仮名付けにし、且つまた一字一句ごとに委しく註解し、悉く絵図を加へし珍書なり。夫《それ》この心経は大般若経六百巻の中より肝要の文を抜き萃《いだ》せし妙経にて、読み誦《よ》むする人は福を増し禍をはらひ、心経功力の広大なることをしりやすき書物これにまさる書なし。

観音経早読絵抄　全一冊
同　訓読図会　好華堂主人著 松川半山図画　全三冊

世に観音経の註書多しといへども、解きかたむつかしく、或ひは無用の事を載せて読むに煩はしきものすくなからず。此の書広く諸書を参《まじ》へ考へし、且つ解きやすきやうに和語にて註を加へ、また絵をくはへて童蒙まで見給ふに面白く、其の上三十三所の詠歌まで註したれば、此の経の御利益を仰ぎ給ふ御方必読の書也。

浄土宗回向文絵抄　好華堂主人著 松川半山図画　全三冊

浄土宗朝夕勤行の回向文をはじめ、発願経・焼香文・懺悔文・三礼九拝の評を委しく註解して功徳無量のことを知らしめ、また絵図を加へて解しやすきやうにし、元祖上人一枚起請まで記せし浄土宗必用の書也。

三都は申すに及ばず、諸国の書林へ出だし置き候間、御手寄りの本屋にて御求め下さるべく候

板元　大阪心斎橋通安堂寺町　秋田屋太右衛門

天保十五年甲辰正月新刻

発行書林　江戸日本橋通南一丁目　須原屋茂兵衛
同　浅草茅町二丁目　須原屋伊八
同　日本橋通二丁目　山城屋佐兵衛
同　芝神明前　岡田屋嘉七
同　中橋広小路　西宮弥兵衛
京　寺町通松原下　勝村治右衛門
大阪心斎橋通順慶町　秋田屋幸助
同　心斎橋通安堂寺町　秋田屋太右衛門

2 般若心経和訓図会

編者架蔵

南禅寺天授庵東嶺和尚筆

心外無法

松関（印）

三無差別絶言語
特説仏心般若経
這書要知端的道
分明塩味与膠青

露亭老人拝題（印）

般若心経和訓図会巻之上

心経起源

それ般若心経と申すは、大般若経六百巻の中の肝要の妙文を抜き萃《いだ》したる御経にて、字数わづかに二百六十字なりと雖も、其の功徳広大無辺なる事、凡慮を以て説き尽くし難けれども、婦女《おんな》・童蒙《わらべ》の為にその大概《あらまし》を説くものなり。抑も本師如来釈迦牟尼世尊、一切衆生を済度し給はんとて十善至尊の王位を捨て給ひ、御年十九才にして九重の玉殿を忍び出で、遠く檀特雪山の嶺に分け登り給ひ、難行苦行捨身の行を為し給ふ事十二年、御年三十一才にて遂に志願のごとく正覚成道なし給ひ、臘月《しわす》八日雪山を出山ありて衆生の為に初めて華厳経を説き給ふ。然れども是れ大乗の御法にして、大智上根の人は聞き解《わ》くることを得るといへども、中智中根以下の輩は是れを聞けども解すること能はず。是れに依つて釈尊、又鹿野苑にて中下根の徒《ともがら》のために三乗の法を説き給ふ。是れを阿含経といふ。所謂小乗なり。是《ここ》に於いて三乗根の人、大乗を捨てて小乗を信ず。如来また其の徒《ともがら》の癖《かたよ》り執《と》るを憐れみ給ひ、方等経を説き給ふ。此の御法を聞く者また方等不二の見に誇つて辟《かたよ》るが故に、又般若経を説き給ふ。大般若経六百巻是れなり。茲に於いて衆生の諸辟、霧のごとく霽《は》れ、

弘法大師は御名を空海と申し
又遍照金剛とも申し奉る、御父は
佐伯氏にて讃岐国多度郡
屏風が浦にて御誕生あり、十九歳にて
出家し給ひ、延暦二十三年遣唐使
藤原葛野麻呂が船に乗つて入唐し、遍く
仏法の蘊奥を究め、大同元年に
帰朝し給ひ、真言宗を
開き給ひ、般若心経を
信じ給へり、或るとき
唐土の谷川の
ほとりを通り
給ひけるに
一人の天童出現して

師は能書の
誉れ高し
願はくは此の谷川へ龍の
一字を書き給へ
とて筆硯を
さし出だして

望みければ、空海辞する
色なく筆を執つて龍の
字を草書にかき給ふに、筆勢
水に乱る、ことなし、童子がいわく
何ぞ点をうち給はざるやと、其のとき
空海龍の字に点を加へ給へは、忽ち
真の龍となり、童子とともに天へ昇りけるとぞ霜のごとく解けて、愈《いよいよ》釈尊の妙法を尊び信ず。此の妙経の三国に天竺、震旦、日本流通《るつう》する事は、大唐の武徳年中に玄奘三蔵といふ智徳兼備の僧、仏法を尊び信ずる事深く、唐の大（マヽ）宗皇帝に奏して天竺国へわたり、大般若経を求めて帰らん事を望みけるに、唐帝玄奘が才の秀でたると其の人品の美麗なるを愛し惜しみ、遠く西天《てんじく》へ赴かさば路上《みちすがら》の難に遭はんことを覚束《おぼつか》なく思《おぼ》し食《め》し、更に許し給はず。然《さ》れども玄奘は般若経を求めんとおもふ念願止まず、暗《ひそか》に帝に隠れて西天《てんじく》へ赴かんと、其の準備《こころがまえ》し、其の頃は霊巌寺といふ梵刹《てら》に住侶しけるが、庭上《にわ》の松を撫でて曰く、吾年来你《としごろなんじ》を愛する事深し。今吾西天に赴き大般若経を求め帰らんとす。你《なんじ》吾を思はゞ西に向かひて枝葉繁茂《しげ》れよと云ひ契り、あまたの徒弟《でし》に別れを告げ、高弟二人の僧を従へて遂に唐山《もろこし》を啓行《うちた》ちて天竺へぞ赴きける。然るに彼の庭樹の松、その翌日《あくるひ》より枝葉悉く西に向かふて栄へけるぞ不思議なりける。草木情非《こころな》しといへども、其の主を慕ひけるぞ殊勝なりける。斯くて玄奘は求法のために千辛万苦をいとはず、二人の徒弟と倶に長途の旅に明かし暮らしけるに、人迹絶へたる難山広野多く、雲霧路を塞ぎ、悪獣毒蛇処々に在つて障碍《さまたげ》をなしけるにぞ、二人の徒弟は艱難に堪へず、路上《みちのべ》にて両人とも命を損《おと》し、今は只玄奘一人となり、心細さ云はんかたなけれども、猶も志を屈せず、不知案内の難道を単身《ひとりみ》にて進み往きけるに、又々前面《ゆくさき》に峨々たる高山ありて雲霧晦冥《かいめい》とし、往くべきやうもなかりければ、さしもの玄奘も忙然として路に停立《たたず》み只管《ひたすら》嘆息して四方を見めぐらすに、杳《はるか》彼方なる茂林《もり》の裡に一宇《いっけん》の梵刹《てら》見えければ、玄奘大いに歓び荊蕀《けいきょく》を踏み分けて彼の寺へいたり見るに、一人の老僧在つて病牀に病み臥したり。其の相貌病みおとろへながら骨格凡俗《ただびと》ならず見えければ、玄奘進み入りて礼をなし、是れは唐山《もろこし》より西天《てんじく》へ経を求めんため赴く者に候、可憐《あわれ》一宿を恵み給へと乞ひけるに、病僧言語《ものい》ふことも叶はずと見え、たゞ点首《うなず》くのみなり。玄奘その許諾《ゆる》す体なるを

玄奘三蔵師弟
大般若経を求めんと
渡天に赴き、路にて
種々危難に遭ふ図

見て、草鞋をとき、座に着き、つく〴〵老僧の体を見るに、全身《そうみ》に悪しき瘡《かさ》あき処《ど》なく生《い》でて、膿汁流れ出で臭《くさ》気きこと限りなし。然《さ》れども侍病《かいほう》する者もなき体なれば、心に憐れみて是れより逗留し、躬《みずから》食事を調へて病僧に勧め、或ひは膿血に汚れたる衣服を洗濯《すすぎ》などし、師父に事《つか》へるごとく懇ろに侍病《かいほう》しけるにぞ、病僧歓喜《よろこ》び病すこし怠りてや言語《ものい》ふことを得、玄奘が厚意《しんせつ》を謝して曰く、我はからず你《なんじ》が侍病《かいほう》を受けて病怠る事を得たり。然れども報酬《むくい》に与ふべき物なし。是里《ここ》より西天へ赴く路には頗る障碍《さわり》多し。吾你《なんじ》に一部の妙経を授くべし。是れを暗記《そら》んじ平素《つね》に唱へなば、雲霧おのづから開き、悪獣毒蛇も害する事能はず。你《なんじ》が志願満足すべしとて、口づから妙経を授く。是れ即ち般若心経なり。玄奘深く歓

心経の功力にて
玄奘の大難を
すくふ図

び敬《つつし》んで妙文を授かり、不日にして暗記《そら》んじ唱ふる事を得たり。老僧が曰く、你《なんじ》すでに妙経を覚へし上は、路上《みちのべ》の障碍《さわり》有るべからず。早く渡天して望みの経を求めよと云ひけるにぞ、玄奘大いに歓喜《よろこ》び、深く恩を謝して別れを告げ、彼の心経を読誦して路を往くに、不思議なるかな是れより往くさきの雲霧おのづから霽《は》れひらけ、虎豹蛇蝎も玄奘を見れば逃げ退くにより、悪所難山も聊かの障りなく、安然《やすやす》と通りすぎ、往々《ゆきゆき》て麹闍国《きくじゃこく》の恒河のほとりへ到りける。然るに是の里のならひにて人の肉を牲《にえ》にして天を祭る例あり。其の度ごとに旅人を捉へ屠《ほふ》り殺して牲《にえ》になす。此の頃天を祭る時なれば、土《ところ》の人《もの》ども旅客《たびびと》の来たるを窺ひ居けるを、玄奘は努《ゆめ》にもしらず、何心なく河をわたらんとするに、待ち設けたる土人ども群がり出でて玄奘を捉へ、ひしぐと縛り搦めけるにぞ、玄奘大いに駭《おどろ》き、その故を問へども敢へて答《いら》へだもせず。衆《おお》くの土人相謂って曰く、此の僧の面体はなはだ美麗《きよらか》なり。這《こ》の者を牲《にえ》として天を祭らば、天帝も感納ありて今年の得物多かるべしとて、衆人《みなみな》立ちかゝりて玄奘を俎《まないた》の上に仰《の》けざまに引き伏せ、已に屠《ほふ》り殺さんとす。玄奘今は遁れがたしと思ひ、衆人に対《むか》ひて曰く、你《なんじ》等少時《しばらく》手を止めて吾が一言を聞けよ。吾は大唐の者なるが、大般若経を求めんため天竺へ渡るなり。然るに你《なんじ》達に捉へられ牲《にえ》となるも前生よりの業因なるべし。されば一命を惜しむにたらず。快く刃を受くべし。但し吾師父《ししょう》に経文を授かり、日夜是れを読誦するを勤めとせり。今最期に彼の経を読誦して死に着くべし。暫時の暇を得させよと云ひければ、土人ども聞きて少時《しばらく》の事ならば免《ゆる》しくれん、疾《はや》くその経とやらんを唱へよとせり立つる。玄奘は俎《まないた》の上に仰向きに伏しながら高声《たからか》に彼の心経を読誦しければ、忽然《たちまち》天地鳴動し、大風吹き発《おこ》り、恒河は高浪を揚げ、石を飛ばし、大木を吹き折り、衆《おお》くの土人をも吹き仆《たお》すにぞ、衆人《みなみな》仰天し周障（章カ）転倒して惘《あき》れるうち、玄奘が縛縄《いましめ》ふつ〳〵と断《き》れて肉盤《まないた》の上に突つ立ち、身より光明赫々《かくかく》と暉《かがや》きければ、土人等いよ〳〵怖れ惑ひ、此の人は仏菩薩なるべしとて衆人《みなみな》土に平伏《ひれふ》して免《ゆる》し給へと口を揃へて罪をわびけるにぞ、頓《やが》て風止み浪おさまりけり。玄奘も奇異の思ひをなし、彼の老僧は菩薩の化身などにて、我に此の妙経を授け、行路の難を避けしめ給ふものなるべしとて深く感慨し、彼の方を礼拝し、万死を遁れて麹闍国《きくじゃこく》を過ぎ、遂に天竺にいたり、宿願のごとく大般若経を得て大唐へぞ帰られける。それより以前に彼の霊巌寺の庭の松は玄奘が西天へ赴かれし後は年々西にむかふて繁茂しけるが、一夜の中に枝葉悉く東に向かひけるにぞ、徒弟《でし》の僧等評儀して曰く、先年吾が師西天へ赴き給ひしより松の枝みな西方に向かひて栄へけるに、今俄に東に向かふはもし吾が師帰国し給ふ兆《しるし》にや有るべき。試しに迎ひに出でて見よとて国境まで迎ひを出だしけるに、案のごとく玄奘帰国ありけるにぞ、徒弟等大いに歓び、蘇生の人に逢ふ心地し、其の恙なきを賀して梵刹《てら》へ伴ひ帰りけり。唐の太宗帝玄奘が大般若経を得て帰国せし由を聞き給ひ叡感斜めならず。急ぎ勅使を立てて玄奘を宮中へ請じ、長途の功労を賞し給ひ、種々の賜《たまもの》を下され、其の後玉華宮にて玄奘に命じて般若経を翻訳させ給ひ、時の博士二百余人に命《おう》せて、玄奘が訳せし経を書き写させ給ふ。六百巻の内三百巻より以下は終南山の翠微宮に於いて翻訳ありしとぞ。其の中に彼の神僧の授けし心経の文も有りしとかや。されば大般若経の中の肝心の秘文にて、功徳広大なる事は玄奘が渡天の路《みち》上にて厄難を免れしを以て知るべし。此の二百六十字の心経を持《たも》ち、朝夕読誦する輩《ともがら》は、七難消滅し七福相生する事疑ひなし。尊むべし、信ずべし。

因みに曰く、世上に流布する西遊記は、右玄奘が渡天の事を種として、孫悟空・猪八戒・沙悟浄の三人を徒弟とし、道路の横難種々の魔障を小説に綴りしものなり。其の文意奇怪に過ぎたりと雖も、種なき事にはあらず。勧善懲悪の一つにて邪心《よこしま》を誡むる方便なるべし。

摩訶般若波羅密多心経《まかはんにゃはらみったしんぎょう》

○摩訶とは梵語なり天竺の詞。唐土の文字にては大と翻訳す。翻とはひるがへすと訓み、訳はかへると訓みて、梵語《てんじくことば》を唐土《から》の詞に翻し訳《かえ》る事なり。唐《から》の音《ことば》を日本の詞に翻《ひ》き訳《なお》すも同じ理なり。○般若は梵語《てんじくことば》にて、翻訳すれば智慧といふ事なり。智は心の体、慧は心の用とて、我が心を暗まさぬを智といひ、人を説き諭すを慧といへり。此の智慧の二つの昧《くら》む人を愚といへり。喩へば鏡の錆び曇るがごとく成仏得脱する事能はず。それ智慧の鏡を曇らすは、五欲と云ひて愛憎喜欲惜の五つの欲心より曇るなり。それを釈迦如来憐れみ給ひて種々の経説を述べ給ふなり。○波羅密多とは梵語にて、訳すれば到彼岸といふ事なり。人の生き死にある現世《このよ》を此岸《しがん》といひ、生死の界《さかい》を離れし極楽浄土を彼岸といふ。然《さ》れば波羅密多とは、生死の界《さかい》を離れ、彼の岸へ到るといふ事なり。世に彼岸とて春は二月の節より十一日めを彼岸の入りとし、秋は

彼岸の功徳
貴賤参詣する図

八月の節より十五日めを彼岸の入りとし、各七日が間仏事作善をなすも、人間生き死にの此の岸をはなれ、不生不滅の極楽の彼の岸へ到らん事を願ふなり。猶諸説あれども事長ければ略す。○心経とは、喩へを以て名付けし也。人の五臓の中に心の臓を以て主とするごとく、此の経も大般若経の中の心の臓に等しき要妙の文を抜き萃《いだ》せし御経ゆへ、心経とは号《なづ》けし也。

観自在菩薩《かんじざいぼさつ》

○観自在とは、漢《から》の語《ことば》にて、梵語《てんじくことば》にては阿那婆婁《あなばろ》吉低輸《きってゆ》といふ。訳すれば観自在となる。是れ観世音の御事なり。○菩薩は梵語なり。訳すれば覚有情となる。覚はさとすと訓みて自ら心を覚《さと》し、また人をも覚《さと》す事、有情とは情《こころ》有るとの義にて者《ひと》といふ字にあたるなり。

行深般若波羅密多時《ぎょうじんはんにゃはらみったじ》

○是れ観音菩薩、深の般若波羅密多を行ひ給ふ時といふ事なり。それ般若に浅深の二義あり。浅きを人空般若といひ、深きを法空般若といふ。茲《ここ》に挙げしは法空般若なり。故に深き般若波羅密多を行ひ給ふ時と謂ふなり。般若の義、猶説多けれども略す。

照見五蘊皆空《しょうけんごうんかいくう》

○是れ五蘊を照らし見れば皆空なりといふ事なり。抑も五蘊とは人間の身の上に五つの蘊《しな》あり。漢の世には五陰といひ、晋の世には五集といひ、唐の世には五蘊といへり。○一つに曰く色蘊、是れ人の身あれば色あるをいふ。○二つに曰く受蘊、是れは人に六根とて眼・耳・鼻・舌・身・意の六つの根あり。此の六根各受け領《つかさど》する処あり。眼は諸《もろもろ》の色を見る事を受け領《つかさど》り、耳は諸《もろもろ》の音を聞く事を受け領《つかさど》り、鼻は諸《もろもろ》の臭ひをかぐ事を受け領《つかさど》り、舌は諸《もろもろ》の味を分くる事を受け領《つかさど》り、身は寒し暑しを受け領《つかさど》り、意《こころばせ》は好し悪しを受け領《つかさど》る。故に受蘊といへり。○三つに曰く想蘊、想はおもふと訓み、人の六根おの〳〵想ふところ有り。眼は好《よ》き色を見ん事を想ひ、耳は美《よ》き音《こえ》を聞かん事を想ひ、鼻・舌・身・意《こころばせ》も各想ひ望む所あるゆへ想蘊といふなり。○四つに曰く行蘊、意に想ふ事は必ず身に行ふ故に行蘊といへり。○五つに曰く識蘊、六根の欲する処に従ひて意に其の好し悪しを識《し》る。欲する処好《よ》きを得れば喜び、欲する処悪しきを得れば怒るの類なり。故に識蘊といふなり。右の五蘊は人間の身に暫くも離るゝ事なし。然《さ》れども深の般若を行ふ時、菩薩の智眼に照らし見る時は、皆空にして一物も有る事無しとの義なり。

度《ど》一切《いっさい》苦厄《くやく》

○度はわたすと訓み、此より彼へわたす義にて、近くいへば諸《もろもろ》の苦しみ厄《わざわ》ひを脱《のが》れしむる事なり。○一切とは俗にすべてといふに同じ。○苦厄とは人間の身に八苦四厄といふ事あり。先づ八苦といふは、○一つに生苦。人此の世へ生まるゝは苦しみの始めなり。故に生苦といふ。○二つに老苦。若きより次第に年のよるをいふ。○三つに病苦。病にそみて苦しむをいふ。○四つに死苦。病により或ひは不慮の事にて死するをいふ。○五つに愛別離苦。父子夫婦の別るゝ苦しみをいふ。○六つに怨憎会苦《おんぞうえく》。人に怨まれ又憎みに会う苦しみをいふ。○七つに求不得苦《ぐふとくく》。物を求めんとすれども得られざる苦しみをいふ。○八つに五盛陰苦。盛んなるも衰へゆく苦しみをいふ。○以上を八苦といふ。又四厄とは、○一つに欲厄。欲する事に就きて厄《わざわ》ひあるをいふ。○二つに有厄。物の有るに就きて厄《わざわ》ひあるをいふ。○三つに見厄。見るものに就きて厄《わざわ》ひあるをいふ。○四つに無明流厄。無明は迷ひ也。流は流転にて迷ふ心のいろ〳〵と流れ転《うつ》る厄《わざわ》ひをいふ。以上を四厄といふ。右八つの苦しみ、四つの厄《わざわ》ひも、五蘊を皆空なりと了《さと》るときは、一切の苦厄も有ること無しとの示しなり。是れを度するといふなり。

苅萱《かるかや》入道
石堂丸《いしどうまる》に
別るゝ図

舎利子《しゃりし》

○是れ仏の御弟子舎利弗をさす詞なり。○舎利は梵語にて、訳すれば鵞鷺《あおさぎ》といふ鳥の名なり。此の鳥の眼黒白あざやかにて麗《うるわ》し。中天竺の婆陀羅といふ人に女《むすめ》あり。眼の中あざやかにて件の鳥のごとし。故に舎利女と号《なづ》く。其の女《むすめ》の生める子なれば、舎利弗と名づく。母は鳥に因つて号《なづ》け、子は母に因つて名を呼ぶなり。○弗は梵語にて、訳すれば子といふ字なり。故に舎利子といへり。是れ梵漢混雑《まじり》し称《とな》へなれども、仏経には此の例多し。此の舎利弗尊者は、如来も智慧第一と宣ひし程の智者なれば、多くの聴衆の中にも、此の人に対して空の字の意を説き給ひしなり。是れを疑人と謂へり。阿弥陀経にも毎時舎利弗の名を挙げられしと同格にて、舎利弗に対して説き給ふを無数の聴衆の聴聞する事阿弥陀経と同じ事なり。

色不異空《しきふいくう》空不異色《くうふいしき》色即是空《しきそくぜくう》空即是色《くうそくぜしき》受想行識《じゅそうぎょうしき》亦復如是《やくぶにょぜ》

○色不異空とは、色は空に異ならずといふ事なり。此の色といふは、前に述べし五蘊の中の色蘊をさして謂へり。色蘊といふも本は空なり。故に空に異ならずと説き給へり。それ色と空とは本一《もとひとつ》如にて、氷は形あり、色もあれども、其の本は水なり。水は空にして形なく色もなし。然れども氷となれば形も色もあり。春は空にして形も色もなけれども、草木春にあへば花咲きて形も色もあり。是れ色は空に異ならず。空は色に異ならぬなり。人間も地水火風の四つは空なれども凝り結べば人体となり。形も色もあれども死して地水火風解け散るときは形も無く色もなく、本の空なり。然《さ》れば色は空に異ならず、空は色に異ならずと説き給ふなり。○色即是空空即是色とあるも前の文を打ちかへして、色は即ち是れ空なり、空は即ち是れ色なりといふ事なり。○受想行識とは、

春は諸木に
花さき
冬は池川の
水こほる、是れ
空にして
色ある也

五蘊の中の受蘊・想蘊・行蘊・識蘊をいへり。〇亦復如是とは、亦復《またまた》是《か》くの如しといふ事にて、色蘊が空なる上は残りの受想行識の四蘊も亦復《またまた》是《か》くの如く空なりとなり。

舎利子《しやりし》是《ぜ》諸法《しょほう》空相《くうそう》不生《ふしょう》不滅《ふめつ》不垢《ふく》不浄《ふじょう》不増《ふぞう》不減《ふげん》

〇舎利子とは、又更《あらた》めて舎利弗に対し説き給ふなり。〇是諸法空相とは、前にいふ五蘊おの〳〵好み悪《にく》む処あるを法といふ。其の好み悪《にく》む処の法も実相にはあらず。皆空相とて実に有る事にてはなし。必竟六根六塵の迷ひより我が身を有りとおもひ、それより五蘊の好み悪《にく》むところの法も有りと思へども、五蘊皆空なりと悟れば是の好み悪《にく》むところの諸《もろもろ》の法も皆空相なるぞとの義也。〇不生不滅とは、深の般若波羅密多を行ひて生死を離れし彼の岸に到れば生まれず滅《し》なざるなり。それ生まれざれば滅する事もなし。凡夫は只生死の間に流転して彼の岸へ到る事能はず。依つて好み悪《にく》むところの諸《もろもろ》の法も有るごとくおもひ、それに就きて一切の苦厄も生ずるなり。極楽の竟界には、さやうの迷ひなし。是れを不生不滅といふなり。○不垢不浄とは、垢は汚れなり。浄は清めなり。抑も凡夫は垢《けが》れをいとひ、浄《きよ》めを好めども、五蘊諸法皆空と了《さと》れば、垢《けが》れといふ事もなく、浄《きよ》めといふ事もなし。依つて不垢不浄と説き給へり。○不増不減といふは、半悟《なまざと》りの凡夫微《すこ》し仏道に帰依し、念仏修行の功によりて今は煩悩を払ひたりとおもふを減といふ。又念仏修行の功によりて今は菩提の本意を得たりと思ふを増といふなり。然れども般若の妙智を得るときは、更に減ずべき煩悩もなく、増すべき菩提もなし。是れを不増不減といふなり。

是《ぜ》故《こ》空《くう》中《ちゅう》無《む》色《しき》無《む》受《じゅ》想《そう》行《ぎょう》識《しき》　○凡夫所離

○是故とは、是の故にといふ義にて、前の諸法空相以下の文を受けて、後の文を起こす詞なり。○空中とは、前にいふ空相の中にはといふ事也。○無色とは、色蘊も無しといふ事にて蘊の字を略せしなり。○無受想行識とは、色蘊の余《ほか》の受想行識の四蘊も空相の中には無しとなり。皆蘊の字を略せり。

無《む》眼《げん》耳《に》鼻《び》舌《ぜつ》身《しん》意《い》

○無はなしといふ事。此以下皆同じ。○眼耳鼻舌身意は、前にもいふ六根なり。是れを六識ともいふ。空相の中には五蘊諸法も無き上は、此の六根も有る事なしとなり。それ人間の身に眼・耳・鼻・舌・身・意《こころばせ》の六根六識有るは、みな迷ひの根本にて、眼は佳《よ》き色を見て意を迷はし、耳は美《よ》き音《こえ》を聞きて意を迷はし、鼻は好《よ》き香《にお》ひを嗅ぎて意を迷はし、舌は厚《うま》き味《もの》を味はひて意を迷はし、身は安楽を欲して意を迷はし、意《こころばせ》は眼・耳・鼻・舌・身の欲に動き迷ひて心の鏡を錆び曇らす。故《かるがゆえ》に仏は是れを六賊と誡め給へり。六根ともに心を迷

深草の
少将
百夜通ひの図

はし、地獄へ堕落せしむる賊《ぬすびと》なり。彼の深草の少将は、一度小野小町の美貌《かおよき》を見て意を動かし、千策(束カ)の文を贈りけれども、小町は敢へて答《いら》へだにせず。少将ます〱恋ひ焦がれて、猶種々《さまざま》とかき口説きければ、小町も殆《ほとん》どもてあまし、此の上は難題を言ひかけて想ひ断《き》らせんとて、公《きみ》さほどに想ひ給はゞ百夜《ももよ》が間毎夜姿を変へて通ひ給へ、もし一夜にても怠り給はゞ恋路叶はず、百夜《ももよ》の数満ちなば其の時靡き従ひまゐらせんと偽りけるに、少将誠とおもひ、夫《それ》より毎夜衣紋《えもん》を更《あらた》め姿を変へて雨風雪の夜も厭はず一夜も怠らず小町が許《もと》へ通ひつめ、已に九十九夜に及び今は只一夜に成りぬと悦びけるに、心のゆるみにや、忽ち病に染み、百夜《ももよ》を待たずして空しくなりしとかや。是れ眼といふ賊《ぬすびと》有つて小町が美貌を見、意を迷はし九十九夜の辛苦を受けさせ、剰へ本意をも遂げず死するにいたる事、偏に眼の賊《ぬすびと》の所為《しわざ》なり。其の余、耳・鼻・舌・身の賊の為に身を亡ぼせし例挙げて算《かぞ》へがたし。然《さ》れば般若の妙智を以て空の字を了《さと》るときは、此の六根の賊もなしとなり。

無色声香味触法《むしきしょうこうみしょくほう》

○色声香味触法とは、是れを六塵といひて塵は物を垢《けが》すものなり。右の六つの物は眼・耳・鼻・舌・身・意《こころばせ》の六根を垢《けが》す塵なり。垢《けが》すとは迷はすといふ。先づ○色は眼を迷はし、○声は耳を迷はし、○香《にお》ひは鼻を迷はし、○味は舌を迷はす。○触はふれると訓みて、身は触れる物につきて迷ふ也。喩へば美《よ》き服《もの》を身に触れるときは、平日《つね》に美《よ》き服《きもの》を着たくおもひ迷ふ。又好《よ》き提《さ》げ物を身に触るれば、不断好《よ》き提《さ》げ物を持ちたく思ひ迷ふ。其の他何事も身に触れる物に就きて迷ふを触といふなり。○法とは、前にいふ五蘊の好む所を法といひて意《こころばせ》を迷はすなり。元来意《こころばせ》は物に移り易く騒がしき故に、馬に喩へて意馬といへり。心は一身の主にて、意馬の稍《やや》もすれば騒ぎ動くを、心が引き止むるを以て心を猿に喩へて心猿といふ。譬へば青楼《ちゃや》の門を通るに早意馬は動きて青楼《ちゃや》へ往きたく思ふを、否々《いやいや》止めにせふと心猿が引き止むるゆへ散財もせず帰るなり。万事此の理にて五蘊の好む法に引かれて意《こころばせ》の馬が駆け出さんとするを心の猿が止めるなり。然《さ》れども心の猿を養ふ智《ちえ》が薄きときは、意《こころばせ》の馬に引き連れられて倶に動き騒ぐなれば、慎みて心の猿を養ふ智《ちえ》を磨くべきなり。然《さ》ればは法は意《こころばせ》を垢《けが》す塵なり。しかれども般若の妙智を得て了《さと》るときは、其の色声香味触法の六塵も無しとの義なり。

無眼界乃至無意識界《むげんかいないしむいしきかい》

○眼界とは、眼識界といふべきを、識の字を略せしなり。抑も六根各識《し》る所あるを識界といふ。○眼は色の好し悪しを識《し》るを眼識界といひ、○耳は声の好し悪しを識《し》るを耳識界といひ、其の他鼻・舌・身・意《こころばせ》の四つも皆それ〴〵の識界あり。茲《ここ》には六識界の始めの眼識界と、終はりの意識界とを挙げて中の四つを略せり。○乃至とは略せし事をこめて上下をつなぐ詞なり。此の段も空相の中には六識界ともに無きぞとの義なり。

縁覚所離

無《む》無《む》明《みょう》亦《やく》無《む》無《む》明《みょう》尽《じん》乃《ない》至《し》無《む》老《ろう》死《し》亦《やく》無《む》老《ろう》死《し》尽《じん》

○是れは十二因縁の事を挙げしなり。尤も是の文も十二因縁の始めと終はりとを挙げて中を略せし事、前の六識界の中を略せしと同格なり。故に乃至といへり。それ十二因縁とは人間の過去・現世・未来の三世にわたりし因縁なり。○一つに曰く無明、これ過去の世已に現世《このよ》へ産まれ出づべき機を生ずるをいふ。三界に沈淪する初めなり。○二つに曰く行、これ已に人体を受くるに近きをいふ。三界に流転する初めなり以上二つは。過去に属す○三つに曰く識、これ已に人間の胎内に宿るべき機を得るなり。○四つに曰く名色、これ已に母の胎内に宿り定まるをいへり。○五つに曰く六入、これ母の胎内に宿りて形を結び六根具《そな》はるをいふ。○六つに曰く触、これ母の胎より生まれ出でて一・二才の間は、色を見、音《こゑ》を聞きても、只見るばかり聞くばかりにて、未だ愛し憎むの差別《しゃべつ》なきをいふ。○七つに曰く受、これ生まれ出でて四・五才までの間は、眼に物を見分け、耳に音《こゑ》を聞き分くれども、未だ強いて貪り慳《お》しむの情《こころ》なきをいふ。○八つに曰く愛、これ十二・四以上になれば、物を追ひ求め、愛し憎む情《こころ》生ずるをいふ。○九つに曰く取、これ成長するに従ひ、欲心生じ、六塵の為に垢《けが》さるゝをいふ。○十に曰く有、これ現世《このよ》にて諸《もろもろ》の煩悩を有《たも》ちて来世悪業の種を造るをいふ以上第三より第十までは現世に属す。○十一に曰く生、これ今生の行ひの善悪によりて、又来世にてそれぐ\の応報の生を受くるをいふ。○十二に曰く老死、これ来世に生を受

くれば又老死の苦を免れざるをいふ以上十一・十二は未来に属す。右のごとく一切衆生貴きも賤しきも、十二因縁を離るゝ事なく生死の間に流転し、各その生涯の行ひの善悪に因つてそれ〴〵の生を受くるなり。善を行ひし人は富貴の家に生まれ、或ひは一生衣食住に豊かなるも有り。悪を行ひし者は貧賤の家に生まれ、或ひは悪病に苦しみ、非業の死をなすも有り。是等は未《ま》だ前生にて造りし罪の薄きなり。悪行甚だしく、又は多く殺生を好みし輩は地獄に落ちて永劫呵責に苦しみ、人界へ生まるゝ事能はず。或ひは畜生道に落ち牛馬犬猫の腹へ生を受く。近き例は、京師《みやこ》嵯峨清涼寺

の牛の華縵《けまん》の縁起を聞きても、前業に因つて畜生に生まるゝ事を知るべし。恐れても恐るべきは因果の道理なり。然《さ》れば此の般若心経を信じ、多年朝夕読誦すべし。○無無明亦無無明尽とは、無明もなく亦無明の尽きるといふ事もなしと也。○乃至は前に述ぶるごとし。○無老死亦無老死尽とは、老死といふ事もなく亦老死の尽きるといふ事も無しといふ義なり。右十二因縁の始めと終はりとを挙げしは、経文の略にて般若智を得れば十二因縁といふ事も無しとなり。

無苦集滅道《むくしゅうめつどう》　○声聞所離

○苦集滅道とは、四諦とて声聞乗の人是れを修して得道すと言へり。声聞とは、仏の音声《おんじょう》を聞いて修行する人を云ふ。然れども般若智を得るときは、此の四諦といふ事も無きぞとなり。○四諦とは、苦諦・集諦・滅諦・道諦の四つなり。茲《ここ》には諦の字を略せり。○苦集の二諦は世間の因果な

巴狭の民、猿の子をとりけるに、親猿子の跡をしたひて泣き死にしけるとなり

り。それ凡夫の四厄八苦に悩めるは、物集まりて八苦四厄も生ずるなり。喩へば鳥集まれば樹木枯れるがごとし。人間此の世に生を受くれば六根の欲より物集まり、一つとして苦の種ならぬはなし。人間の楽しみとおもふ事は、仏菩薩の目より見るときは、悉く苦の種ならぬはなし。先づ子を平らに産むときは目出たしと祝ひ悦べども、是れ已に苦の種を生ぜしなり。奈何《いかん》となれば、其の子の愛にひかれ、美《よ》き服《きもの》を着せたくおもひ、厚《うま》き味《もの》を喰はせたくおもひ、其の余万の事につきて子の心を喜ばせんと苦を造るは親のならひなり。まして子が病に染まれば、医者よ加持よと心を苦しめ、もし早世などする時は、天に悲しみ地に悶《もだ》へて、同じ道へも追ひ行きたくおもふ。其の悲しみにくらぶれば、子を儲けざる昔がましなるべし。此の惑ひは人間のみならず、禽獣虫類《とりけだものむしけら》まで同じ事なり。昔唐土蜀の巴狭《はきょう》といふ所にて、或る者猿の子を見つけ、其れを擒《とら》へて船に乗り、谷川をさし

下りけるに、其の親猿我が子を取られしを悲しみ、泣き叫びて険しき道を遙々と船に添ふて追ひ慕ひけるが、其の親猿遂に川端にて泣き死にに死しけるにぞ。彼の小猿を擒《と》りしもの船を着けて親猿の骸を取り、皮を剥がんとて肚《はら》を切りあばきけるに、其の腸寸々《はらわたずたずた》に断《き》れて有りしとぞ。然《さ》れば子に別るゝ悲しみを腸《はらわた》を断つ思ひと云ふは、此の事より始まれりとぞ。かゝる苦悩《くるしみ》を受くるも子といふ者の有るゆへなり。故《かるがゆえ》に声聞乗の人是れを了《さと》らんため苦諦・集諦を修するなり。〇滅道の二諦は出世の因果なり。道を修すれば苦集滅す。道とは八正道をいふ。八正道は、〇一つに正見、〇二つに正思惟、〇三つに正語、〇四つに正業、〇五つに正命、〇六つに正精進、〇七つに正念、〇八つに正定、以上を八正道といふ。各解説あれども事長ければ略す。右八つの道を修すれば、苦集を滅するゆへ滅諦・道諦とはいへり。般若智で空と悟れば右の四諦も無しとなり。

般若心経和訓図会巻の上畢

般若心経和訓図会巻の下

無智亦無得《むちやくむとく》　○小菩薩所離

○智とは、菩薩の六度の末の智を謂ひて、前の五度を略せり。菩薩の六度とは、○一つに施、○二つに戒、○三つに忍、○四つに精、○五つに禅、○六つに智、以上をいふ。諸《もろもろ》の菩薩、右の六度を修し得て果を得るとなり。然れども般若中には空を尊ぶゆへ、此の六度も無しと説き給ふなり。元来般若は諸法空とすれば、其の空と了《さと》る智恵も無きなり。○亦無得とは、亦得る事も無しといふ義にて、凡夫に十八界、縁覚に十二因縁、声聞に四諦、菩薩に六度、みな空にて無なり。然れば何をか得る所有らんや。故に亦得るところも無きとなり。喩へば病已に癒ゆれば薬方も無用なるごとく、凡夫の十八界、縁覚の十二因縁、声聞の四諦、菩薩の六度、みな煩悩の病を癒やさんためにて、諸《もろもろ》の薬方に等し。般若智を得て煩悩の病治せし上は、皆用ゆる処なし。故に得る処なしと説き給ひしなり。

以無所得故《いむしょとくこ》

是れ前を受けて後の文を引き起こす詞なり。前に

人の疾病《やまい》は医薬を
もつて是れを治すべし
心の煩悩は心経の
徳ならでは滅し
難しとなり

六度もなく得るところも無しと謂ひしを、重ねて得るところも無きを以ての故にと、次の文を起こすなり。

菩提薩埵《ぼだいさつた》依《え》般若波羅密多《はんにゃはらみった》故《こ》心《しん》無《む》罣碍《けいげ》

○菩提薩埵とは、大菩薩といふに同じ。諸《もろもろ》の菩薩をさす。又始めに挙げたる観自在菩薩をさすといふ説もあり。○依般若波羅密多故とは、前に述ぶるごとく、得る所無き故に深の般若波羅密多に依つて涅槃の断果を得るぞとなり。○故はゆへにといふ事にて、後の文を引き起こす詞なり。涅槃の断果とは、不生不滅の彼の岸に到るなり。故に心に罣碍《さわり》無しと説き給へり。罣碍《けいげ》は二字ともさはりと訓む。般若の徳に依つて心に罣碍《さわり》無しとの義なり。

無《む》罣碍《けいげ》故《こ》無《む》有《う》恐怖《きょうふ》

○心に罣碍《けいげ》無きが故に一切の恐怖《おそれ》有ること無しとの義なり。それ凡夫二乗は惑ひと六塵に碍《さえ》られて常に恐怖《おそれ》絶ゆる事なし。然るに般若智を得て無所得の場にいたれば、惑ひもなく六塵のために碍《さえ》られず。何の恐怖《おそれ》か有るべき。されば凡夫の身にても此の般若心経を平日《つね》に読誦する時は、一切の魔障有る事なく、一身安然として恐怖《おそれ》なし。昔或る僧諸国を径歴し、越前の国浅倉の郷を通りけるに、一宇の廃《すた》れ寺あり。門塀かたむき瓦間荒《まばら》にて草茫々と生へ茂り、住侶の僧もなき体なれば、土《ところ》の人《もの》を招き、此の寺は何ゆへ斯く荒れ寺とはなりけるやと問ひけるに、其の者答へて曰く、此の寺は昔浅倉義景公建立有りし禅院にて、堂舎巍々とし、若干《そこばく》の寺領を寄せられたれば、頗る繁昌せしに、浅倉家滅亡の後は寺領を寄附する人もなく、年々に衰微し、果ては住侶の僧も死し、跡へ後住に居《す》はる僧あれども寺中に奇怪の事有りとて二日と住みとげる事能はず。度々僧をかへて住ましむれども、皆住み留まる人なし。如何なる故ぞと尋ぬるに此の寺には妖怪《ばけもの》あつて夜中になれば家鳴り震動し、種々《さまざま》の妖怪《ばけもの》出で来たりてとり喰らはんとす。さるに依つて住みがたしといふにより、諸人妖怪寺《ばけものでら》と称へて忌み怖れ、かく廃《すた》れ寺となれりといふ。旅僧聞いて、それは怪しき事かな。必竟狐狸などの所為ならめ。さもあれ斯くる大地の寺院を空しく朽ち果てさせんも惜しむべき事なり。拙僧試しに今宵は寺中に一宿すべしといふを、土人大いに諌め、それは無用になし給へ。已に先月も一人の旅僧来て、這《こ》の寺に住侶せんとて一宿しけるが、妖怪《ばけもの》のために命をとられ畢《おわ》んぬ。御僧も宿り給はゞ恐らくは変化《へんげ》のために命を損《おと》し給ふべしと詞を尽くして留めけるに、旅僧微笑して曰く、何ぞさる事あらん。よしや妖怪のために我が一命をとらるゝとも素より頼みなき露の命、更に惜しむに足らんやとて、土人の諌めを用ひず、荒れ寺の門内に入り、草踏みわけて庫裡《くり》に入りて見るに、屋根朽ち、柱歪み、間ばらにしきたる畳も腐り破れて、床の板間より茅萱《ちがや》生ひ出で、さもいぶせき光景《ありさま》なれども、些《すこ》しも厭はず。座具をのべて端座し、心徐《しず》かに般若心経を読誦して在りける内、日は全く暮れ果てけれども、油無ければ灯《ともしび》を点ずべき便りもなく、寺中暗々として咫尺《しせき》の間も見え分かずなり。風吹き入りて樹木を鳴らし、梟の啼く声など聞こえて物凄き事いはん方なけれども、猶も恐れず。いよ〳〵心経を繰り返し〳〵読誦する内、夜は漸々《しだい》に更《ふ》けて、二十日あまりの月朽ちたる屋根より影洩りて少し明かりを得たり。然るに奥の方に磐石を落とすがごとく倒《どう》と響く音すると比《ひと》しく壁障子等鳴り出だし、怖ろしさいはん方なし。然《さ》れども旅僧は自若として口に心経を誦しながら奥の方を見ゆるに、破れ襖忽然と打ち倒れて、内には一丈余の達磨の像あつて眼の光鏡のごとく、見る内に巨口《おおぐち》を開きてけら〳〵と笑ふありさま身の毛もよだつ計《ばか》りなれども、旅僧は更に怖れず。羯諦々々《ぎゃていぎゃてい》波羅羯諦《はらぎゃてい》と心経の大神呪を唱へければ、在りつる達磨の像悄然として消え失せけり。然るにまた庭の薄《すすき》の叢《くさむら》より青き陰火《おにび》燃え出で、見る〳〵一箇《ひとり》の妖怪《ばけもの》顕れ出で、此方へ歩み来る。旅僧其の者の面をつら〳〵見るに、頭には銀《しろがね》の針のごとき毛おどろに生へ、痩せ衰へたる腮《あぎと》にも同じく白き鬚《ひげ》狼藉と生へて両眼星のごとく、鼻高く聳《そび》へ、口は耳根《みみぎわ》まで裂けて焔のごとき息を吐

き、旅僧に飛びかゝらんず勢ひなれども、僧も身動きもせず。猶も神呪を唱へて在りけるにぞ、彼の妖怪皺《しわが》枯れたる声にて誠に御僧は般若智を得給ひし人かな。我も仏門に入りし身ながら、六塵の迷ひより物に執着し、呼吸の息は絶えながら妄念宙宇に迷ひ、今もつて成仏得脱する事能はず。幽魂此の寺を去り得ず。狐狸の障碍を幸ひに止宿す

心経の
功徳を以て
亡霊を得脱させ
廃寺を
再興する図

る僧俗を怖《おど》し、億（臆カ）病なる輩《ともがら》は恐怖に堪えず命を落とすも少なからず。故《かるがゆえ》に罪障いよ〳〵重なり、地獄の苦患《くげん》止む時なし。今宵も御僧を怖《おど》し試みるに、悟道の一心転倒し給はざる上に、般若心経の功力加はりて狐狸も障碍する事能はず。幽冥の鬼たる我も近着くこと叶はず。是れまで此の寺に宿る僧、幾人《いくたり》といふ数を知らざれど、御僧のごとく一心の動ぜざる人なし。可憐《あわれ》貧道が苦患《くげん》を助け給へとて掌を合はし涙を流して願ひけるにぞ、旅僧読誦の声を止めて曰く、そも你《なんじ》は如何なる者にて斯く無明の闇に迷ふぞや。時宜によりて跡を弔ひ得もすべしと云ひければ、亡霊涙を止めて曰く、我は此の寺に住侶せし者にて候ひしが、六欲のために心鏡曇り、心にもあらぬ座禅観法に人目を瞞《あざむ》き、法聞説法に俗を惑はし、女犯肉食あらゆる不如法せざる方もなく、不義の金銭を貯へ溜めて、後苑の石の下に埋づみ置きしが、命数尽きて死没するといへども、彼の遺財に執着し、後住する者の所得とならん事の嫉《ねた》ましきに、魂魄浮かむこと能はず。生前の罪業に依つて阿鼻地獄に落ち、無量の呵責を受くるといへども、執着の念は猶いやまし、此の寺に宿る僧あれば必ず是れをとり殺しぬ。然るに今宵御僧の大道心と般若心経の功徳に依つて、無明の闇はじめて霽《は》れ、懺悔の心を生じ、斯くは願ひ奉るなりと、涙と倶に告げけるにぞ。旅僧打ちうなづき、実《げ》にさる事有るべし。懺悔滅罪と説き給へば仏果を得る道開けたり。我懇ろに你《なんじ》が跡を弔ひ得さすべし。妄念の礙滞《ぎたい》を解き、再び障碍すべからず。南無幽霊出離生死頓生菩提と称へければ、亡霊歓喜の涙を流し、旅僧を伏し拝みて姿は消え〳〵となり、夜はしら〴〵と明けにけり。斯くて旅僧は土人を招き、有りし条《くだり》を語り、後の苑《つぼ》の飛び石を刎ね起こさせて捜し見るに、第三番目の石の下に果たして一箇《ひとつ》の壺に若干《そこばく》の金銀を蓄へて埋づみ有りけるにぞ。土《ところ》の人《もの》と相議《あいはか》りて右の蓄財を以て宝篋印塔を造立し、余の財を非人に施し、亡霊の跡を弔ひけるにぞ。其の村はいふも更なり、遠近の人民是れを聞き伝へて旅僧の道徳を尊び、集めざるに米銭集まりて、荒れたる寺を修理し、旅僧を住侶として絶へたる法脈再び続きけるとぞ。是れひとへに般若心経の功力によりて恐怖なきが故也。然れば此の御経を平日《つね》に読誦する人は一切の横難をまぬかれ、諸願成就せずといふ事なし。実に信ずべく尊むべき妙経なり。

遠離《おんり》一切《いっさい》顛倒《てんどう》夢想《むそう》究竟《くきょう》涅槃《ねはん》

○是れ一切の顛倒夢想を遠く離るるといふ事なり。○一切顛倒とは、六塵の為に惑ひて正しき理をうしなふを謂へり。○夢想とは、無中に物を見るを夢といひ、物を愛し憎むより意の動くを想ひといふ。般若智を得るときは、是等の惑ひを遠く離るゝとなり。列仙伝に曰く、呂巌字《あざな》は洞賓は、唐の会昌年中に二度まで進士に挙げられけれども、位階《くらい》進まず。年已に六十四才に及びける。呂洞賓はなはだ楽しまず。一日《あるひ》長安の酒肆《さかみせ》に遊びて居けるに忽ち一人の道士来たれり。青き巾《きん》、白き袍《うわぎ》を着たり。其の体凡庸《ていただびと》ならず見えければ、呂洞賓其の名を問ふ。道士答へて、吾《われ》は雲房先生と呼ばるゝ者なり。終南山の鶴嶺に住めり。子が相を見るに仙骨あり。我に従ふて仙道を楽しまずやと云ひけれども、呂洞賓心迷ひて未だ決せず。答ふる詞もなかりければ、雲房酒肆《さかや》の小僕《こもの》に命じて酒を温め来たらせ、呂洞賓を招きてともに酌みかはし、稍《やや》酔ひを催しければ、雲房が曰く、酒已に足れり、いざや飯《いい》を炊《かし》ぎて子と倶に喫せんとて自ら飯《いい》を炊《かし》ぎけるに、呂洞賓は酔ひに堪えかねて側《かたわら》に一

雲房が
仙術
呂洞賓に
栄花の
夢を見する図

睡をなしけるに、忽ち唐帝の勅使来たりて呂洞賓をよび起こし、唐帝汝を召して官に即《つ》かしめ給はんとなり。急ぎ王宮へ参るべしとて伴ひて王殿へいたりけるに、唐帝呂洞賓を郎署といふ官に即《つ》かしむ。是れより呂洞賓は王に事《つか》へて朝に在りけるに、事々唐帝の意に叶ひて、台諫、翰苑、秘閣等の高官に追々昇進し、権勢肩をならぶる者なく、富貴の家の女《むすめ》を娶りて婚姻善美を尽くし、程なく一子を儲け、三年の後又一女を産み、一門繁昌する事王侯のごとく、賄賂の使者門前に市をなし、遂に宰相の極官に進み、富貴栄曜心に適《かな》はざる事なく、国の政事《まつりごと》を執ること十余年、始め仕官せし年より已に五十年を経、一門親族広く権勢極まりなし。然るに呂洞賓が権威を妬む者有りて王に讒言しければ、忽ち罪を得て官を剥がれ、嶺表といふ遠島へ流罪に定まり、恩愛の妻子に離別し、互ひに嘆き悲しみながら、せんかたなく遂に親族に別れ、配所に謫せられて独り孤島に明かし暮らし、曩昔《きのう》の富貴歓楽に引きかへて今の憂苦に昼夜嘆き、顔色憔悴し、世を恨み身をかこちて、今は捨身して死なんものと海岸の巌に上り、身を躍らして海中へ投ずるとおもへば、愕然として夢醒め、身は長安の酒肆《さかみせ》に在り。雲房は側《かたわら》に飯を炊《かし》ぎて居けるにぞ。呂洞賓は忙《(茫カ)》然として惘《あき》れ果てたるばかりなり。時に雲房呂洞賓に向かひ、子今の一睡の夢を知れりや。富貴を得て楽しむ事五十年、遂に流罪せられて配所の一卒と成る。栄枯たゞ一瞬の間のみ。人世の栄辱得失も又夢のごとし。富貴を得るも喜ぶにたらず。是れを失ふも憂ふるに足らず。如《し》かず、我に従ひ仙道を修して不老不死の道を楽しめよと諌めければ、呂洞賓初めて悟り、雲房が教へに随ひ、相伴ふて終南山に入り、遂に仙客となりしと云々。世に語り伝ふる廬生が邯鄲の夢といふも、呂洞賓が夢と粗相《ほぼ》似たり。是れ皆六塵の惑ひより見る妄相にて、是れを夢想とはいへり。般若智を得て諸法空と了《さと》れば、かゝる夢想の惑ひに遠く離るゝとなり。○究竟涅槃とは、究竟は物を究め竟《つ》くす事をいふ。○涅槃は梵語なり。訳すれば円寂といふ義にて、円は徳に圭角《かど》なきをいひ、寂は塵の中に交はりても穏然《おだやか》なるをいふ。必竟は不生を涅といひ、不滅を槃といふ。釈迦如来の入滅し給ふを涅槃といふは、不生不滅の彼の岸に到り給ふといふ義なり。普通《よのつね》の人、死するを涅槃と思ふは非なり。経文の意は、一切顛倒夢想を遠く離れて不生不滅の彼の岸に到る事を究め竟《つ》くすといふ義なりとしるべし。

三世《さんぜ》諸仏《しょぶつ》依《え》般若《はんにゃ》波羅《はら》蜜多《みった》故得《ことく》阿耨多羅《あのくたら》三藐《さんみゃく》三菩提《さんぼだい》

○三世とは、過去・現世・未来をいふ。此の三世の一切諸仏、みな般若波羅密多に依るが故に、阿耨多羅三藐三菩提を得るぞとの事なり。○阿耨多羅は梵語なり。訳すれば無上といふ義なり。○三藐を訳すれば正等となる。○三菩提を訳すれば正覚となる。されば阿耨多羅三藐三菩提とは、無上正等正覚といふ義にて、三世の諸仏薩埵般若波羅密多の功徳に依るが故に無上正等正覚を得給ふとなり。

故知《こち》般若《はんにゃ》波羅《はら》蜜多《みった》是《ぜ》大神呪《だいじんしゅ》是《ぜ》大明呪《だいみょうしゅ》是《ぜ》無上呪《むじょうしゅ》是《ぜ》無等《むとう》等呪《どうしゅ》

○故《かるがゆえ》知るとは、前の文を受けて後の文を起こす辞《ことば》なり。○是大神呪とは、万の障りを除いて妙用あるを神といふ。○呪は邪をはらひ除くをいふ。神道に祝詞といふが如し。又曰く煩悩の障りを除く神呪といふなり。○明呪とは、痴《おろ》かに暗きを照らし破るを明といふなり。○無上呪とは、万物に勝れて徳極まりなきを無上といふ。是の上も無しとの義なり。○無等等呪とは、万物に秀でて抜群なるを無等等といふ。等しき等《しな》無しといふ義なり。○又曰く、無明をはらひ破るを明呪といひ、○発心より正覚を得るにいたるも、般若の功徳の上無き故に無上呪といふ。○般若の功徳にくらべては更に等しき等《しな》なし。故に無等等呪と謂へり。蓋し斯くいふは、後に挙げたる羯諦羯諦以下の四句をいふにはあらず。凡て此の般若心経二百六十字をさして大神呪・大明呪・無上呪・無等々呪

大神呪の威力
魔軍を破る図

といふなり。此の心経は二百六十字の字毎に般若の体なり。是の故に一字を誇りても仏身に血を出だし給ふといへり。されば一字毎に礼拝して句々を信受すべきなり。○観仏三昧経に曰く、阿修羅王心に瞋恚《いかり》を生じ、四部の大魔軍を領し、帝釈天を攻めんとて大海の水に立ち、須弥山の頂きを踏み、帝釈天の居所喜見城《きけんじょう》を攻め動かす。其の勢ひ天地を動かし、四大海動揺して波瀾を起こすにぞ、帝釈天大いに恐怖し色を失ひ給ふ。時に一位《ひとり》の神有つて帝に告げて曰く、さのみ驚き給ふ事勿れ。過去の仏、般若波羅密を説けり。天王今読誦し給はゞ魔軍自ら砕けて敗走すべしと。是れに依つて帝釈天、善法堂に座し、衆《おお》くの名香を焼《た》き、大誓願を発《おこ》して曰く、般若波羅密は是れ大明呪なり。是れ無上呪なり。是れ無等々呪なり。予《われ》今此の法を持《たも》つ。当《まさ》に仏道を成すべしと。誓ひ終はりて般若波羅密を読誦し給へば、不思議なるかな、忽然として虚空より刀輪とて刀《やいば》の輪幾千万とも数しらず、魔軍の上に落ちかゝるにぞ、さしもの阿修羅を首《はじめ》とし、無数の魔軍大いに駭《おどろ》き、周章狼狽《あわてうろたえ》みな散り〴〵に逃げ退きしとぞ。又元亨釈書に曰く、算学博士善為《みよし》康は越中国射水郡の産なり。治暦二年十八才にして京都《みやこ》に上り、算学博士善為《みよし》長を師として算学を学びけるに、天性智才秀でければ、悉く師の奥儀を学び究む。寛治の帝、其の算術に精《くわ》しきを叡感まし〳〵、為康を抽《ぬき》んで博士の官に任じ給ふ。然りしより追々昇進して朝議大夫にいたる。然るに為康若年の頃より常に如意輪観音の呪を持《たも》ち、康和元年より女色を禁じて念仏を修し、拾遺往生伝を著す。其の後永久四年より以来《このかた》毎日般若心経を読誦する事三百巻、一日怠懈《おこた》る事なし。斯くて其の齢七旬に向《なんなん》として老病に染み、已に命終近き事を知り、病床に臥しながら、猶三百巻の心経を日々誦して一巻も怠る事なし。一日《あるひ》門弟子に背を撫でさせて在りけるに、庭の外面《そとも》に微妙の音《こえ》有つて為康々々と呼びぬ。為康いぶかしく思ひ、誰なるらんとて門人に命じ障子を押し開けさせて外面《そとも》を見るに、築山の柳の梢に如意輪観音来迎し給ひ、為康に向かひ、汝多年仏道に心を傾け、三宝を帰依するを以て、西方浄土の阿弥陀如来、予《われ》を以て極楽国へ引接《いんじょう》させ給ふ。此の瓶水は是れ極楽浄土の七宝池の八功徳水也。汝が末期の水に与へんため持ち来たれり。是れへ来たりて受けよやと宣ふにぞ、門弟は此の奇特を見て、あな有り難やとて信心渇仰《かつごう》し、掌を合はして南無大慈大悲観世音菩薩と礼拝す。為康は何とか思ひけん。暗《ひそ》かに側《かたえ》なる弓箭《ゆみや》を把《と》り、脇に隠して彎《ひ》き番《つが》ひ、急に居なをりて観音を目ざして兵《ひょう》と切つて放ちけるに、過《あやま》たず菩薩の胸の正中《ただなか》を篦深《のぶか》に射通しけるにぞ、忽ちぎやつと吠えて梢より下へ倒《どう》と落ちけるが、其の儘樹林《うえごえ》の裡《うち》へ逃げ入りける。門人大いに駭《おどろ》き、吾が師は病苦に犯され狂気ばくしたまふか、何故菩薩を射落とし給ふやと難じけるに、為康完爾として汝が眼には真の観音と見ゆべけれども、吾が眼より見れば彼は正しく狐狸の類ひなり。矢坪を違へず射通したれば、必定樹林の内にて死しつらめ、往きて見届け来たれよと命ずるにより、門人は訝《いぶか》りながら築山の木の間へ往きて見るに、果たして一頭の古狸太腹を一箭《ひとや》に射貫かれて死し居けるにぞ、再び駭然として骸《むくろ》を引つ提げて立ち帰り、為康が面前《めどおり》にさし置き、師の仰せのごとく観音菩薩と見え候ひしはか丶る古狸にて候、吾が師は何故是れを知り給ひしやと問ふ。為康答へて、我年来《としごろ》般若心経を読誦する事昼夜三百巻一日一夜も怠る事なし。さる故にや、心神ほがらかにして物に惑ふ事なし。然るに

此の畜生、吾が病苦の虚を窺ひ、吾をたぶらかさんと菩薩の体に化け来たるといへども、吾が一心転倒せざれば、早く妖怪なる事を知り、斯く射留めしなり。思ふに十余年ばかり以前に我が邸宅《やしき》に狸住みて折々女童を怖《おど》しける故、吾是れを追ひ退け、其の穴を埋みけるにより、其の後は何地《いずち》往きけん、敢へて業《わざ》せざりしに、今又我病み衰へしに乗じ、冦《あだ》せんため化けて来たりしならめと語りければ、門人聞いて為康が識量を深く感じけるとぞ。されば般若心経は魔障を払ふ大神呪なる事疑ふべからず。

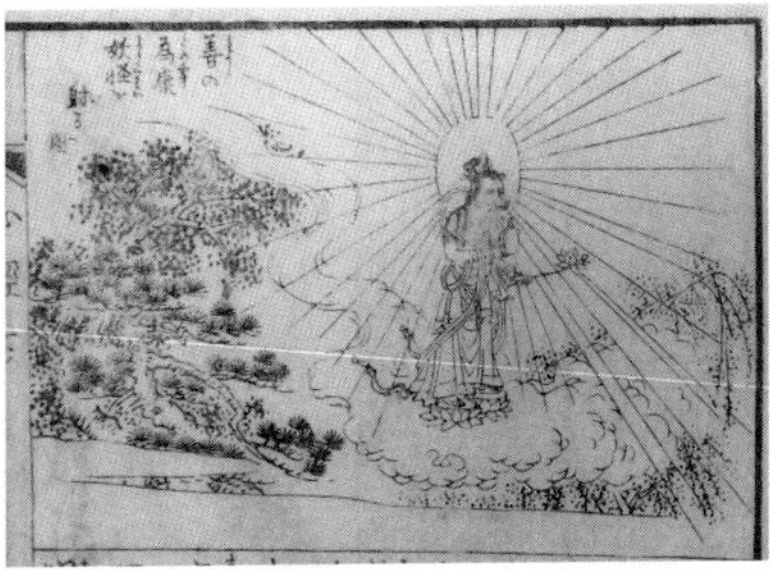

善《みよし》の為康妖怪を射る図

能除《のうじょ》一切《いっさい》苦《く》真実《しんじつ》不虚《ふこ》

○是れは能く一切の苦を除く事、真実《まこと》に虚《むな》しからずとの文なり。それ般若の妙智を得れば、十界同時に苦厄を脱《まぬか》るる事、夜半の鐘の声、世上無数の人の眠りを覚ますがごとし。此の文は前に挙げし度一切苦厄の文の終はりを結びしなり。○真実とは、色即是空なり。○不虚とは、空即是色を結べるなり。

故説《こせつ》般若《はんにゃ》波羅密多《はらみった》呪《しゅ》即説《そくせつ》呪曰《しゅわつ》羯諦《ぎゃてい》羯諦《ぎゃてい》波羅《はら》羯諦《ぎゃてい》波羅《はら》僧羯諦《そうぎゃてい》菩提《ぼだい》娑婆訶《そわか》

○是れは故に般若波羅密多呪を説く。即ち呪を説いて曰くといふ義なり。前に挙げし大神呪大明呪以下は、心経二百六十字をさすといへども、茲《ここ》に又諸仏の秘密の呪を挙げしなり。それ呪は義理はなはだ深く、一字に多くの理をこめたれば、註釈しがたし。抑も経に呪あるは、和歌の長歌に反《かえ》し歌の有るごとく、前文の大意を括りつゞめし者なり。元来此の御経始めの観自在菩薩といふ文より終はりの真実不虚といふ文までを顕了般若といふ。是れは註釈を加へて経文の意を説き知らしむべし。又羯諦羯諦以下の十七字は、諸仏の秘密の呪なれば註解すべからず。是れを秘密般若といへり。只是れを読誦すれば障りを除き福《さいわ》ひを増すなれば、禅真言に限らず、何宗の人なりとも、此の般若心経を不断に信心をこらして読誦すべし。旅行に是れを誦すれば、悪獣毒蛇の害をのがれ、山賊野盗の横難を免《まぬか》れ、又渡海の船中にて読誦すれば、悪風悪魚の災害ある事なく、其の外一切の諸願成就せずといふ事なし。先に著せし阿弥陀経の註に述べしごとく、唐の玄宗皇帝、白郎娘《はくろうじょう》と号《なづ》けし鸚鵡を寵愛ありけるに、楊貴妃が夢に件の鸚鵡鷹のためにとられしと見て甚だ心に憂ひ、玄宗帝に其の事を語りければ、帝も憂ひ給ひ、兼ねて般若心経を信仰ありて自ら註釈の書を著し給ふ程の信者にてましませば、楊貴妃に仰せけるは、もし白郎娘が禍《わざわ》ひを攘《はら》はんとならば、般若心経を教へ読誦させしむべしと命じ給ふ。楊貴妃命《おおせ》を奉《うけたまわ》りて

楊貴妃鸚鵡に心経を教ゆる図

彼の白郎娘に心経を教へけるに、件の鸜鵒十余日にして般若心経をよく覚へて読誦せしとあり。其の外心経の功力に依つて災ひを除きし例枚挙するに遑《いとま》あらず。

秘密般若略解

先に述ぶるごとく、羯諦羯諦以下の十七字は、諸仏の深秘の神呪にて、是れを秘密般若と称へ、凡庸の小子《やつがれ》なんどが解説する事能はずといへども、聞き及びしまゝを婦女幼童《おみなわらべ》のために大略《あらまし》を註する事左のごとし。

羯諦	羯諦
度上	度下

○度はさとすといふ義なり。○上の度は我をさとすなり。○下の度は他の人をさとすなり。○此の二句は、本経の観自在菩薩といふ文より一切苦厄といふ文までを密説とて此の二句にこめつゞめしなり。

波羅羯諦	波羅僧羯諦
彼岸度	彼岸衆度

上の彼岸度は、凡夫の生死流転の此の岸を離れて、不生不滅の彼の岸へ到らしむる事を密説せり。本経の無色無受想行識といふより無意識界といふまでを凡夫所離といひて、凡夫を度する文なり。是れを約《つゞ》めしを彼岸度といふなり。彼の岸へ度《わた》すの義なり。○下の彼岸衆度は、声聞・縁覚・小菩薩の三科を度する事を密説せり。本経の無無明といふより無老死尽といふ迄を縁覚所離といひて、縁覚を度する文なり。又無苦集滅道といふ文を声聞所離といひて、声聞を度する文なり。亦無智亦無得の文を小菩薩所離といひて、小菩薩を度する文なり。以上三乗の所離を約《つゞ》めしなり。

菩提	娑婆訶
道	成就

○菩提とは、道といふ意にあたる也。凡夫及び縁覚・声聞・小菩薩等各々生死流転の迷ひを般若の功力に依

つて解脱し、彼の岸に到るは即ち般若の道に叶ふなり。
○娑婆訶を訳すれば、速疾といふ字に当たる。速やかに疾《はや》しといふ義なり。経説を離れず、般若を悟れば、彼の岸へ到る事の速やかに疾《はや》しとなり。故に成就の義とす。猶此の外に奥深き説多かるべけれども、其《そ》は記者の小子《やつがれ》もしらず。信心の人は知識に知遇して聞き給ふべし。

神呪梵字

般若心経和訓図会巻の下畢

天保十五年甲辰三月
弘化三年丙午三月

作者　京寺町三条上ル

大阪書肆　大和屋圭蔵
高麗橋通壱町目　藤屋善七
心斎橋通安堂寺町　秋田屋太右衛門

三都 発行 書肆

江戸日本橋通壱町目　須原屋茂兵衛
同　日本橋通弐町目　山城屋佐兵衛
同　須原屋新兵衛
同芝神明前　和泉屋吉兵衛
同　岡田屋嘉七
同両国横山町　和泉屋金右衛門
同浅草茅町弐町目　須原屋伊八
京都寺町通松原　勝村次右衛門
同　三条通寺町　丸屋善兵衛
大坂心斎橋通安堂寺町　秋田屋太右衛門

3　観音経和訓図会　編者架蔵

山田意斎叟述
松川半山画
観音経和訓図会　三冊

浪花書林　群玉堂　宋栄堂

此の書は、法華経八巻の内、第廿五普門品といへるを訳し、観世音の広大無量なる御利益を最《いと》やわらかに述べたる書也。抑も此の菩薩は、日本・唐・天竺は申すに及ばず、何れの国土にいたるとも、是れを念じ奉る人々は、大火も焼かず、洪水も溺《ひた》さず、刀剣も破《き》らず、誠に怪《け》有《う》の仏徳在《まします》こと、本文を読みて知り給ふべし。

大悲作主
化降禎祥
無量福海
常泛慈航
竹翁居士謹題（印）

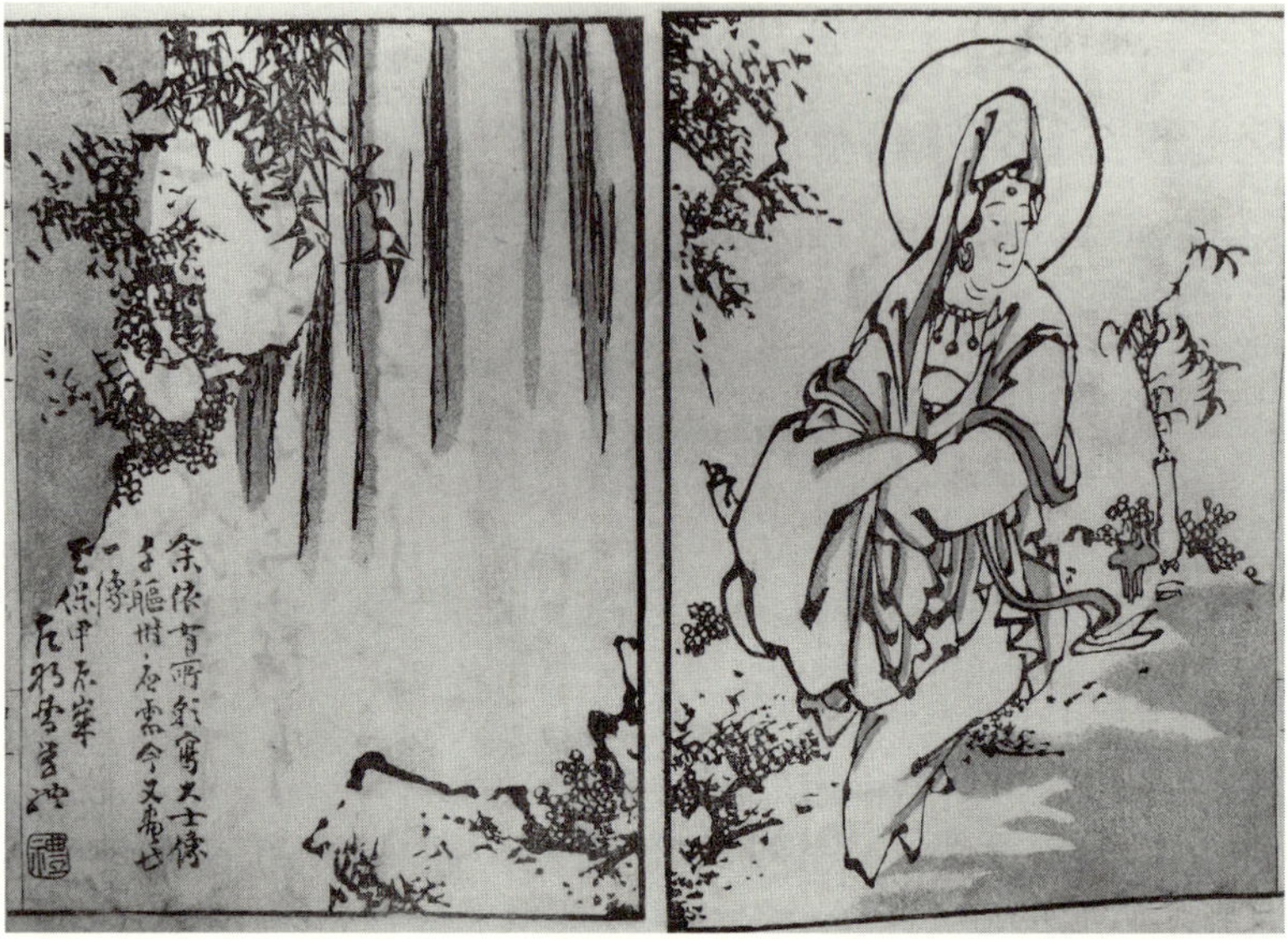

余依有所願写大士像千躯余
応需今又画此一像
天保甲辰歳
左将曹尊礼（印）

三十三つに身をわかちても自ら
　ひとつこゝろに世をすくふらし
　　　　　　　　　　　　大綱
皇都　紫野黄梅院現住

観音経和訓図会巻之上

題号

妙法蓮華経観世音菩薩普門品第二十五

○妙法蓮華経とは、法華経八巻二十八品の惣題号なり。抑も法華経と申すは、大恩教主釈迦牟尼如来釈迦如来の御事は委しく阿弥陀経に述べたれば之を略す霊鷲山《りょうじゅせん》に於いて八ヶ年の間に説き給ふ処の妙経にて、三世諸仏の本懐なれば、声聞・菩薩・天人・龍神を首《はじめ》とし、無量の衆生利益にあづからずといふ事なし。されば五逆の提婆達多《だいばだった》も此の御経の功力にて天王如来の記別にあづかり、八歳の龍女も南方無垢の正覚を唱へたり。仏も諸経の中の経王なりと宣へり。梵本天竺の本なりの法華経は巻数多く、十六里の地に敷き満つといへり。然るを羅什三蔵三蔵の事は心経にくわしく述べたれば略す肝要の文許《ばか》りを抜き萃《いだ》して八巻二十八品とせられたり。此の御経を蓮華経と号《なづ》け給ひしは深き謂はれあり。それ諸《もろもろ》の草木の花は何れも麗《うるわ》しけれども、或ひは枝繁り葉茂く、或ひは蔓《つる》にして結ぼれ、或ひは花と菓《み》と時を違へ、或ひは匂ひ潔からず。蓮《はちす》の華は泥の中より生ずれども、泥の汚れに染まず。是れ清浄の妙法は諸《もろもろ》の邪悪に碍《さえ》られざるが如し。又花と菓《み》と同時にきざす。是れ此の経を読誦すれば煩悩即菩提の悟りを開くがごとし。又蓮華は枝にあらず、蔓《つる》にあらず、一本《ひともと》の茎に一輪の花浄《きよ》く咲けり。是の経は小乗にあらず、権教にあらず、一仏大乗の妙法にして二もなく三もなきに喩へて蓮華を以て題号となし給ひしなり。最も蓮華の中にても白蓮華に喩へ給へり。故奈何《ゆえいかん》となれば、蓮華に四種《よしな》あり。梵名優鉢羅花《うはつらげ》といふは青き蓮華なり。拘物頭花《くもつずけ》といふは黄なる蓮花なり。鉢曇魔花《はつどんまけ》といふは紅き蓮花也。芬陀利花《ふんだりけ》といふは白き蓮花なり。それ白きはもろ〳〵の色の根本なり。此の

如来
霊鷲山
御説法

経も諸経の根本たりといふ意にて白蓮花に喩へ給へり。誠に上代末世の衆生の機に脇《かな》ひ、行ひ易く、然も其の理遺る所なく、利益広大無辺なり。この観音経は法花経の中の第二十五品めにあたる也。品はしなと訓み、俗にいへば二十五段目といふに同じ。〇観世音菩薩とは、元《もと》正法明如来と申す報身の仏にて在《ましま》せども、衆生を済度せんために、妙覚の位を辞し、菩薩の位に即《つ》き、南方世界普陀洛山《ふだらくせん》に住し給へり。それ観の字は、観察の義にて、見るともきくとも又思ひ遣《や》るとも訓む。世は世間の事、音《おん》は音《こえ》と訓む。約《つづ》めていへば世間の音《こえ》を観《き》くといふ事にて、世間の一切衆生が音《こえ》を出だして此の菩薩を祈り念ずれば、其の音《こえ》を観《き》き、大慈大悲の心を以て衆生の願ひを観《おも》ひ察《や》り、こと

〴〵その願を叶へ給ふゆへ、観世音と号《なづ》け奉るなり。猶観の一字に就いては種々《さまざま》むつかしき説々あれども長ければ略す。此の菩薩手に蓮花を持ち給ふは、即ち妙法蓮花の蓮花なり。又宝冠に弥陀を戴き給ふ謂はれは、観音は因位の菩薩、弥陀は果位の仏体なれば、因果一体の理を示し給ふ尊形にて、弥陀・観音本《もと》一体の因は、花果は菓《み》にて、花咲けば実を生ず、善を行へば福来たり、悪をすれば禍来たる、是れみな因果一体の理なり。蓮花の花菓《み》ひとしく萌《きざ》すも因果一体の理に協《かな》ふがゆへ、観音大士是れを持ち給ひ、又仏も妙経の題号に用ひ給ひし也。○普門品とは観音経一部の題なり。法花経二十八品とも皆それ〴〵に題号あり。或ひは方便品といひ、或ひは寿量品といふも、一段〳〵の題号なり。其の二十八品の中にも、四要品とて肝心の要文四品あり。是れを人の身の心・寿《いのち》・目・咽喉《のんど》に喩へたり。先づ方便品を心とし、寿量品を寿《いのち》とし、安楽行品を目《まなこ》とし、普門品を咽喉《のんど》とす。心寿目咽喉《しんじゅもくいんこう》みな肝要なりといへども、取り分けて咽喉《のんど》を重しとす。其の故は、食事の通ひ、息の出入り、みな咽喉《のど》の主《つかさど》る処なり。もし咽喉《のんど》塞がるときは心寿目も持《たも》ちがたし。故に此の観音経は、法花経の中の肝要中の肝要なりと知るべし。○普は、あまねくと訓みて広くといふも同じ義なり。観世音は普く十方国土に種々《さまざま》形を現して一切衆生を済《すく》ひ給ふゆへに普門といふ。○門は、喩へにて家に門口の有るごとく、観音菩薩大慈大悲の恵みを施し給ふ門口なりといふ意なり。○品は類なり、又しなと訓みて法花経二十八部を何の品、其の品と部類を分けし事なり。○第は次第の義なり。抑も普門品を観音経と称して貴賤僧俗とも普く読誦する事は、多くは現世《このよ》の祈禱となる故なり。昔中天竺に曇摩羅繊《どんもらせん》といふ沙門あり。普く諸経に通じ、智才勝れ、道徳高かりければ、諸人推し尊んで伊波勒菩薩《いばろくぼさつ》と称せり。此の僧仏法を弘めんがため、天竺を立つて葱嶺《そうれい》・流沙《りゅうさ》なんどの難所を凌ぎ、中華へわたり、西河といふ所へ到りけるに、其の頃北京の王沮渠蒙遜といふ人、癩病を患《や》み、諸《もろもろ》の名医を迎へて治療手を尽くせども、露ばかりの験《しるし》もなかりければ、件の伊波勒《いばろく》を請じて癩病の治すべき法や有ると問ひけるに、伊波勒《いばろく》、王の病相を見て曰く、是れ前生の報ひなれば医薬の力にては治しがたし。法花経の中普門品は分きて功徳広大にて、是れを読誦する者観音菩薩の利益を蒙らざるはなし。王信心を凝らし観音大士を念じ、朝夕普門品を読誦し給はゞ将《まさ》に業病平癒すべしと示しければ、蒙遜その教へに従ひ、法花経の中より普門品を抜き萃《いだ》して信を凝らし、旦暮《あけくれ》怠らず読誦しけるに、実《げ》にも観音薩垂（埵カ）の御利益空しからず、漸々《しだい》に病愈り、遂に平癒しけるにぞ。蒙遜歓喜に堪へず、深く観世音の仏恩を感じ、国中の閭巷《ちまた》に高札を立て、観音経を読誦すべきよしを万民に触れ知らしめけるにより、諸人皆普門品を読誦し、応験を蒙る者数をしらず。是れより諸国とも観音経を尊ぶ事盛んになり、吾が皇国《すめくに》まで伝はりて是れを読誦し、利益を蒙る人古《いにしえ》より今にいたるまで挙げて枚《かぞ》へがたし。誠に尊き御経なり。〇此の御経を中華《から》にては一名を周の穆王経《ぼくおうきょう》ともいふとぞ。其の故は周の穆王《ぼくおう》八疋の良き駒《うま》を得てそれに打ち乗り、普く四極八荒《とおきくにぐに》を往き巡りけるが、或るとき天竺の霊鷲山へ到りけるに、折節釈迦如来法花経を講じて御座《おわ》しければ、穆王も会座《えざ》に着きて聴聞せられけるにぞ、釈尊穆王の梵語《てんじくことば》に通じがたきを知ろし食《め》し、漢《から》の語《ことば》を以て普門品を説き聞かせ給ふ。是れを如来直説の漢語と云い伝へ、普門品を周の穆王経とも申すとかや。猶穆王の普門品を授かりしに就きて、菊水伝授といふ事あり。其《そ》は下の巻に精《くわ》しく記す。

爾時《にじ》無尽意《むじんい》菩薩《ぼさつ》即従《そくじゅう》座起《ざぎ》

〇爾時とは、爾《そ》の時といふ義なり。是れ釈尊此の普門品を説き給ふ前に法花経の二十四品目東方の妙音菩薩の功徳を説き給ひ、既に妙音品畢《おわ》りて次に南方観世音菩薩の功徳を説きにかゝり給ふ。爾《そ》の時無尽意菩薩、観音の功徳を釈尊に問ひ奉り給ふなり。故に初めに爾時といふ字を置きしなり。往古《そのかみ》源満仲公の末子美女丸、故有つて恵心僧都の法弟《みでし》となり給ひけるに、僧都美女丸に普門品　巻を授けて読み習はしめらるゝに、美女丸不日にして普門品を暗記《そらん》じて読誦し、師に向かひて此の経の前には何と申す御経の候やと問はれければ、僧都美女丸の智《ちえ》を試さんと、故意《わざ》と此の経の前には経文有る事なしと申されければ、美女丸色を正し、師は何ゆへ偽りをのたまふぞや、此の経の始めに爾《そ》の時とあれば、此の経の前に如来の説き給ふ御経無くんば有るべからずと難じけるにぞ、僧都おどろき、其の才機を感じ、法花経八巻を取り出して授け給ひしとぞ。○因《ちなみ》に曰く、美女丸発心の因縁を尋ぬるに、清和天皇第六の皇子貞純親王の御子を六孫王経基公と申し、其の御嫡男を左馬権頭満仲公と申して、摂州多田に在城し給ふ故、世に多田満仲公と称せり。此の満仲公に四人の御子あり。第一は猶子満茂、第二は頼光、第三は頼親、第四は美女丸なり。然るに満仲公、観世音を深く信仰ありて、何卒四人の子の中一人は出家させ、観世音に仕へさせなんと、末子美女丸を同国中山寺の善観和尚の許《もと》へ預け給ひけるに、美女丸出家を嫌ひ仏経を学びず、ひたすら放逸の挙動《ふるまい》多かりければ、満仲公甚だ怒り給ひ、臣下藤原仲光に命じ、急ぎ美女が首を討つて来たれよと命じ給ふ。仲光是れを百般《さまざま》に諫めけれども、聞き入れなければ是非なく宿所に帰りけるが、主君を討つに忍びず、一子幸寿丸といふ者の首を討つて美女丸の身代はりとし、美女丸を助けて、出家得道の事をくれぐ〵勧めて、密かに恵心僧都の許《もと》へ頼み遣はしけるにぞ、美女丸遂に恵心僧都の徒弟《でし》となり、後名僧の誉れを上げしとなり。○無尽意菩薩は、東方不瞬世界の教主、普眼如来《ふげんにょらい》の補所の菩薩

仲光
忠義の図

なり。此の菩薩一切《もろもろ》の衆生《ひと》を教化する意尽きる事無し。依つて無尽意と号《なづ》けたり。○菩薩は覚《さと》る有情《ひと》とも又道心とも翻訳す。猶後に委しく記す。○即従座起とは、即はすなはちと訓む。従座起は座より起《た》つてといふ事にて、無尽意菩薩霊鷲山の会座《えざ》に在つて八万の聴衆と倶に如来の説法を聴き居給ひしが、如来已に普門品を説きにかゝり給ふ。爾《そ》の時無尽意菩薩即ち座より起《た》つて仏に向かひ問ひを起こさんと先づ礼の形をなし給ふ也。

偏《へん》袒《だん》右《う》肩《けん》合《がっ》掌《しょう》向《こう》仏《ぶつ》而《に》作《さ》是《ぜ》言《ごん》

○偏は、ひとへにと訓みて心に裏なきなり。○祖右肩とは、袒はあらはすとよみ、右肩は右の肩にて右の肩を袒《ぬ》ぐ事なり。天竺にては主人または師《ししょう》に向かふには先づ座より起《た》つて右の肩を袒《ぬ》ぐを敬ひとす。是れ右の手は用を便ずる手なれば、何事にても御用あらば致さんといふ意にて、右の肩を袒《ぬ》ぐなり。震旦《もろこし》我が日本《ひのもと》にては貴人の前にて肩を袒《ぬ》ぐは無礼なりとて誡む。天竺とは相反《うらはら》なり。○合掌向仏とは、掌《たなごころ》を合はして仏に向かひ奉る事なり。是れも天竺の礼式にて掌《て》を合はして人に向かふを敬ひとす。是れ手は左右二つあり。然るを両手を合はして一つにするは二心《ふたごころ》なきを表すなり。○而作是言とは、而は助字《おきじ》也。又而《しこう》してともよむ。○作は、つくるともなすとも訓む。茲《ここ》にては是の言《ことば》を作《な》すといふ義にて、作《な》すは言《ことば》を発する事にて、次の詞を起こすなり。○扨始めの爾時といふより此の而作是言といふまでの二十三字は、経家の語《ことば》とて此の経文を記したる阿難尊者の語《ことば》なり。阿難は記憶《ものおぼえ》つよき人にて如来の説きたまふ一切諸経こと〴〵記憶して忘るゝ事なし。経を書記するを以て経家といふ。

世尊《せそん》観世音《かんぜおん》菩薩《ぼさつ》以《い》何《が》因縁《いんねん》名《みょう》観世音《かんぜおん》

是れより無尽意菩薩、釈迦如来に観世音の名の謂はれを問ひ給ふ語《ことば》なり。○世尊とは、釈迦如来をさす語《ことば》なり。世尊は十号の随一にして諸仏の通称なれども、今釈迦如来は此の娑婆世界の教主にてましますゆ故、世尊と崇め申すなり。殊に万徳を具足し給ひて、世間を利益し、世の為に尊まれ給ふを以て世尊と申すなり。○以何因縁名観世音とは、何の因縁《よりどころ》にて観世音と名づけ申すやと問ひ給ふなり。惣じて物を問ふに三種《みしな》の問ひあり。一つに曰く不解問、これ其の事を知らずして問ふなり。二つに曰く試問、これ我は知れども渠《かれ》は知らざる事もやと態《わざ》と知らぬ顔して問ふなり。三つに曰く赴機問、これは我は知れども其の座に居る人の未だ知らぬも有るべければ、其の儕《ともがら》に知らせんとて問ふをいふ。今無尽意の問ひは即ち赴機問なり。此の菩薩もとより観音と名づくる謂はれは疾《と》くより知り給へども、八万の聴衆に普く観世音と名づくる因縁を知らしめんとの方便にて問ひ給ふなり。此の末の問ひも皆此の格と知るべし。○惣じて一切の物には、名と義理と体と三つあり。喩へば蜜柑といふは名なり。其の義理は蜜のごとく甘き柑《たちばな》なるゆへ蜜柑といへり。其の体はといへば橘の種類なり。又利太郎は名なり。其の義理は利兵衛の一男なる故、利太郎と呼ぶ也。其の体はと問へば男なり。此《か》くの如く万物皆名義体の三つを具《そな》へずといふ事なし。然るに無尽意菩薩、観世音の名ばかりを問ひて、義理も体をも問ひ給はざ

声を聞いて
其の人をしる

るやと不審する人も有るべけれども、唯識論に名詮自性といふ事あり。是れ名は自ら性《みのもと》を詮《さと》すといふ義にて、名をいへば自ら義も体もあらはるゝなり。抑も名といふ文字は夕《ゆうべ》と云ふ字の下に口といふ字を添へたり。此の字の心は喩へば夜中に人来たつて門を叩くに誰《た》ぞと問へば名を答ふ。其の名を聞けば早誰なりと其の人の体がしれるなり。依つて夕《ゆうべ》の下に口を添へて名といふ字を作れり。されば無尽意菩薩も、義体の二つをさし置き、観音の名ばかりを聴衆になりかはりて問ひ給ひしなり。○因《ちなみ》に曰ふ。それ人間の其の名を聞きてその義理と体とを自ら詮《はか》り知るは、即ちこれ観音の功力なり。琴・三絃《しゃみせん》・鼓・太鼓の音を観《き》いて翌日《あす》の天気の晴れ曇りを知り、人の声を聞いて其の人の喜ぶか怒るか壮健《たっしゃ》なかを知り、馴染みの人は其の足音を観《き》いても其の人を知るは、皆是れ観音の功力ならざるはなし。されば仏も観音の功徳を重んじて此の御経に説き顕し給へり。観音の名号深く味はふべきなり。

仏告《ぶつごう》無尽《むじん》意《い》菩薩《ぼさつ》善男子《ぜんなんし》

○仏は十号の一つにて諸仏の通号なれども、唯仏と許《ばか》りいふとき釈迦如来の御事とす。他の仏は上に名号を置く。所謂阿弥陀仏、阿閦仏《あしゅくぶつ》などの類なり。山といへば叡山、祭といへば葵祭をいふがごとし。○告はつぐると訓む。是れ釈尊の無尽意の問ひに答へて告げ給ふなり。○善男子とは、二説有り。一つには仏道修行の人を善男子といひ、一つには観世音を信仰して念ずる人を善男子ともいふとなり。それ善とは少しも邪なく正直にして人畜ともに憐れみ恵み、正しき道を守るを善といふ。老子も善は水のごとし、万物を利して争ふ処なしと謂へり。されば誰も善はよき事と知りながら是れを為す事能はず。悪はあしき事と知りながら私の欲心に引かれ是れを為《す》る者多し。適《たまたま》善を行ふても是れを自慢して人を誹り貶める者あり。また悪を飾りて善に見するも有り。或ひは口には聖人の教へを囀《さえず》れども、親には不孝、他人には不義にて借りたる金銀を返さぬ族もあり。僧徒には猶多し。身には縮緬呂紗《ちりめんろしゃ》の衣を着し、金襴錦の袈裟を掛け、水晶の珠数をつまぐり、口に法語を唱へ、起《た》つにも居るにも念仏して外見《よそめ》はさも殊勝げに見ゆれども、内心には仏経の意味をも了解せんともせず、能を嫉み賢を謗り、強欲貪戻にて檀越の来たるにも財《たから》多き者は諂ひ、財《たから》少き者は憍《たかぶ》り、愚昧《おろか》の尼老婆を哆《たら》し、銭銀《ぜにかね》を上げさせて己《おの》が肉食女犯の代とし、不如法に一生を送る。是れらの徒《ともがら》観音経を生涯読みづめにするとも善男子とはいふべからず。正直正道を守りて仏法王法の掟に背かず、其の身〳〵の業を怠らず、観世音を信ずるが善男子也。

若有無量百千万億衆生《にゃくうむりょうひゃくせんまんおくしゅじょう》

○若はもしくはと訓み、○有はあつてと訓む。○無量ははかりなき事。○百千万億とは、十万の衆生の数限りもなきといふ事にて、百千万億人と限るにはあらず。○衆生とは、衆《おお》くの生《ひと》といふ事なり。此の文は次の文を起こす言《ことば》なり。

受諸苦悩聞是観世音菩薩一心称名《じゅしょくのうもんぜかんぜおんぼさついっしんしょうみょう》

○受はうけると訓み、○諸はもろ〳〵と訓む。いろ〳〵さま〴〵といふに同じ。○苦悩は苦しみ悩む事也。是れ前の文をうけし語《ことば》にて、若し数限りもなき衆《おお》くの生《ひと》有つて諸《いろいろ》の苦悩を受けんにといふ義也。但し一人の身に諸《いろいろ》の苦悩を受くるといふにはあらず。百千万人とも一人〳〵苦悩を受け、人と同じき苦もあり。又同じからざる苦しみもあり。人々によつて異同あり。苦悩の数も又量り無きなり。○聞是観世音とは、右苦悩《くるしみ》を受けし衆生《ひとびと》が、観世音菩薩の御名を聞きてといふ義にて、名の字を入れざるは経文の略なり。○一心称名とは、心を一つにして他念なく観音の御名を称ふとの義なり。一心といふ二字重く見るべし。心は動き易く一心には成りがたき物也。

観世音菩薩《かんぜおんぼさつ》即時《そくじ》観其《かんご》音声《おんじょう》皆得解脱《かいとくげだつ》

○即時とは時剋をうつさず其の御名を称へるとき直《じき》にといふ義なり。○観其音声とは、其の音声《こえ》を観《き》いてとい（衍カ）ふといふ事にて、苦悩《くるしみ》を受けし者が他念なく一心に南無観世音菩薩助け給へと称ふる其の時、即時《すぐ》に観音大士称へる音声《こえ》を観《き》き給ひてといふ義なり。音も声も二字ともにこゑと訓《よ》む。細かにいへば大勢一同《いちど》にいふを音といひ、一人いふを声といふ。また声の響きを音ともいふ也。○皆得解脱とは、皆解脱《たす》かることを得るといふ義にて、観世音の名を称へる者の其の音声《こえ》を観《き》き給ひて、大慈大悲の威力を以て救ひ給ふが故、皆解脱《たす》かることを得せしめ給ふとなり。○解はとけると訓み、脱はぬぐと訓みて、諸《いろいろ》の苦悩《くるしみ》または煩悩の迷ひなんども弊《やぶ》れ沓《ぐつ》を解くがごとく、破れ衣を脱ぐがごとく、菩薩の功力にて助かるを解脱するといふなり。亡者の成仏するを解脱といふも同じ意なり。○陰徳太平記に曰く、天文二十年八月周防の国主大内義隆の臣陶全姜、謀叛を起こして主君義隆の館へ押し寄せて攻め立てければ、義隆禦《ふせ》ぐ事能はず、愛妾をはじめとし、兼ねて都の乱を避けて大内家に客居せし公卿尹房《これふさ》・公頼《きんより》・良豊《よしとよ》以下、其の外近習等を引き連れて館を落ち、船にとり乗り長門の国へ落ち行きけるに、海上にて俄に悪風吹き出だし、逆浪《さかなみ》山の如く打ち来たつて、帆柱折れ楫《かじ》碓《くだ》けて船すでに覆らんとしければ、船中の上下大いに驚き騒ぎ、今や底の水屑と成るらんと生きたる心地もなかりけるに、前《さき》の関白尹房《これふさ》公は兼ねて洛東清水寺の観世音を信仰し、朝暮怠りなく普門品を読誦し給ひけるが、此の時一心を凝らし高声《たからか》に普門品を誦し給ふに、或漂流巨海《わくひょうるこかい》、龍魚諸鬼難《りゅうぎょしょきなん》、念彼観音力《ねんぴかんおんりき》、波浪不能没《はろうふのうもつ》の文を読み給ふ時より、漸々《しだい》に風なぎ浪しづまりけるにぞ。船中の男女必死を免れ、船安々と長門の国へ着きけると云云。されば四苦八苦はいふに及ばず、地獄・畜生・餓鬼・修羅の大苦患《だいくげん》を受くるとも、観

大内義隆、観音を
念じて難風を免る

世音の名号を一心に称ふるときは、菩薩其の声に応じて助け給ひ、皆解脱を得る事疑ひあるべからず。

若《にゃく》有《う》持《じ》是《ぜ》観世音《かんぜおん》菩薩《ぼさつ》名《みょう》者《じゃ》設《せつ》入《にゅう》大《たい》火《か》火《か》不《ふ》能《のう》焼《しょう》由《ゆ》是《ぜ》菩薩《ぼさつ》威神力故《いじんりきこ》

○仏無尽意に告げ給ふ語《ことば》なり。前の文には諸《もろもろ》の苦悩と許《ばか》りにて未だ苦悩の品を挙げ給はず。此の文より以下に七難解脱の義を説き給ふなり。七難とは、○一つに火難、○二つに水難、○三つに風難、○四つに刀杖難王難ともいふ、○五つに鬼難、○六つに羅刹難ともいへり、○七つに枷鎖《かさ》の難、○七つに怨賊難なり。茲《ここ》には先づ火難の事を説き給へり。○若はもしくはなり。○有はあらばといふ事、○持はたもつと訓《よ》み、観音の御名を受け持《たも》つ事也。此の持《たも》つに二義あり。口に称へるを誦持《じゅじ》といひ、心に念ずるを秉持《へいじ》といへり。○是観世音菩薩名者までを一句とす。此の心は、若し観世音菩薩の名《みな》を持《たも》つ者有らばといふ事なり。○設はたとひと訓《よ》む。○入大火は大いなる火に入るともといふ事。○火不能焼とは、火も焼く事能はずといふ事。○由是菩薩威神力故とは、是れ菩薩の威神力に由るが故なりといふ義なり。○威神力とは、観世音の功徳の力は天魔悪鬼も恐れをなし、毒龍悪獣をも降伏し、水火も溺らし焼く事能はず。広大無辺なるを以て威神力といふなり。偖《さて》此の段の意は、若し観世音菩薩の名を持《たも》つ事有らん者は設《たと》ひ大なる火の中へ入るとも火も焼くこと能はず。是れ菩薩の威神力に由るが故なりと也。○或る人曰く、観音菩薩の名を持《たも》ち念ずる者は火難に遭ふまじき筈なり。然るに此の文に菩薩の名を持《たも》つ者が大火に入るとあるは何故ぞと難ず。答へて曰く、成るほど平日《つね》に観世音を信仰し、他念なく一心に御名を持《たも》ち念ずる者は、火難に遭ふ事有るべからず。然《さ》れども信者恩愛の迷ひに心乱れ、又は不図《ふと》欲心萌《きざ》し思はず信心怠るときは不時の火難にあふ事あり。さやうの時以前持《たも》ちたる観音の御名を思ひ出だし、信心の怠りしを悔やみ、一心に御名を称へ念じなば、其の火難を免るべしとの義なり。又信心堅固なりとも前生の業に因《よ》つて一旦火難に遭ふ事もあり。左様のときも観音を念じ奉らば菩薩の威神にて火難を免れしめ給ふとなり。但し尋常《よのつね》の火難は猶防ぎ易し。凡夫の身には業火とて防ぎ難き火身内より燃え出でて其

清盛入道
火の病を煩ふ

の身を焼くなり。業火とは瞋恚とて心姦《かだま》しく人を嫉み恨めば身の内より火を生じ、今まで積みし善根を焼き尽くし現世《このよ》から鬼となり、終には其の業火の為に身を焼かれて死するなり。大和物語に物をねたむ女あまり胸熱く堪へがたしとて提子《ひさげ》に水を入れておきしかば、其の水湯となりしとあり。是れ瞋恚の業火の為に沸きしなり。謡曲《うたい》の詞にも瞋恚の焔《ほむら》は身を焦がすと書けり。又源平盛衰記に大政入道清盛火の病を煩ひしとあるも瞋恚の業火身の内より燃えて其の身を焼き亡ぼせしなり。伝には東大寺・洪(興カ)福寺などの大伽羅《がらん》を焼き亡ぼせし仏罰のごとくいへど、其の根本は頼朝は東国に旗を揚げ、義仲は北国に起こり、其の他諸国の源氏蜂起して、普代恩顧の輩《ともがら》まで平家に叛き源氏に荷担すると聞いて、清盛瞋《いか》り恚《いきどお》り、遂に其の身より瞋恚の業火燃え立つて身を焦がし狂ひ死にをなしけるなり。抑も清盛其の未だ若かりし時は身貧しかりけるに、或る僧の教へに従ひ、毎日法花経

を読誦する事数年怠らず。其の功力にて追々立身し、遂に日本六十八ヶ国の内過半を領する身となり、隠戸《おんど》の迫門《せと》を切り通して西海通路の道を開き、兵庫の築島を築きて摂津を天下の大都会とし、或ひは宮島の神殿を造営し、或ひは高野の仏堂を建立して種々の大善根をなしけるに、富貴を特(恃カ)んで心憍《おご》り、忽ち仏の戒めを忘れ、帝王を困《くる》しめ奉り悪逆増長しける故、三宝も見放し給ひ、遂に業火の為に焼き殺されぬ。清盛もと法花経の信者なりしかば、観音の功徳をも知り、其の御名をも持《たも》つべけれども、悪業の大火に遭へり。此の時心に非を悔やみて悪を翻し、一心に観音を念じ奉らば、定業の死は免れずとも業火の苦患《くげん》は解脱《たす》かるべきに、瞋恚の為に心顛倒し、観音の威神力を頼み奉る事をも打ち忘れ狂ひ死にしけるなり。されば観音の御名を持《たも》ちし人、悪業煩悩の為に菩薩の大慈大悲を忘れ、火難に遭ふとも、心に懺悔し一心に観世音を念じ奉らば、其の音《こえ》に応じて火難を救ひ玉はんとなり。

若為大水所漂称其名号即得浅処《にゃくいたいすいしょひょうしょうごみょうごうそくとくせんしょ》

此の段は七難の中《うち》の水難を免る丶事を説き給ふなり。それ小水は難をなさず、大水は人の命を害《そこな》ふ事火よりも甚だし。故に大水の難を挙げ給へり。○若為大水所漂とは、若し大水の為に漂わされんにといふ事なり。○漂はたゞよふと訓みて水に没《はま》り浮きつ沈みつするを漂ふと謂へり。○称其名号とは、其の名号《おんな》を称へなばといふ義なり。○即得浅処とは、其の時すぐに浅き処を得べしとの事なり。即は時剋をうつさず其の時すぐに浅き処を得べしとの事なり即ハ時剋をうつさず其時すぐにといふ字義なり。○唐の聖善寺の僧道憲といひし人は、法徳勝れ常に観音菩薩を深く信じけるに、刺史元といふ者観音の像七幅を画《えが》かん事を欲し、道憲が徳の高きを以て是れを頼みければ、道憲諾《うべな》ひて斎戒《ものいみ》し、観音の像七軸を描き、彩色の丹青《えのぐ》には膠《にかわ》を用ひず乳頭香を和し、遂に画《えが》き畢《おわ》つて史元に与へければ、史元大いに悦びて深く重宝しける。其の後道憲、預寧といふ所に到りて文殊堂を建立し、功畢《おわ》つて同侶とともに帰る路にて一つの江《おおかわ》を渡りけるに、道憲過《あやま》つて水中へ没《はま》りければ、同道の僧大いにおどろき、是れを扶《たす》け上げんとあせれども、水の流れ急《はや》くして遠く流れ行きけるにぞ、助けんやうもなかりけり。然るに道憲は水に溺れながら一心に観世音を念じける故にや、少しも苦しみを覚へず。水底を見れば前《さき》に画《えが》きし七観音の像、光を放つて並び立ち給ふ。道憲信心弥増《いやま》し、猶も菩薩の名号《みな》を心に称へけるに、いつしか身体軽くなり、水の上へ浮かみ上がり、見れば岸の辺《ほとり》なる故、頓《やが》て陸《くが》へ上がり助かりけるとぞ。今に至つて唐土《もろこし》大雲寺に右の七観音の軸を伝来し、道憲が水に溺れし図をも別に画《えが》きて其の霊験を誌せりとかや持験記の説。されば即得浅所の妙文違ふ処なし。不思議の御利益なり。

若《にゃく》有《う》百《ひゃく》千《せん》万《まん》億《おく》衆《しゅ》生《じょう》為《い》求《ぐ》金《こん》銀《ごん》瑠《る》璃《り》車《しゃ》磲《こ》馬《め》瑙《のう》珊《さん》瑚《ご》琥《こ》珀《はく》
真《しん》珠《じゅ》等《とう》宝《ほう》入《にゅう》於《お》大《たい》海《かい》

此の段は七難の中の風難を免る、義を説き給ふ。○若はもし也。○有はあつてといふ事。○百千万億は前にいふ如く数限りなき事。近くいへば誰でもといふにあたる詞也。○衆生はもろ〳〵の人といふ義。○為求は求めん為にといふ事な

食人鬼
捷疾鬼
観音を
怖る

り。○金は黄金といふ。其の色黄なるを以て号《なづ》く。七宝の随一にて其の徳、銀・銅《あかがね》・鉄・其の余諸《もろもろ》のかねに勝り、いかほど久しく土中に埋もれても錆を生ぜず。目方も諸《もろもろ》の金《かね》より重し。○銀白銀《ごんしろがね》といふ。色白きを以て号《なづ》く。南方より出づるもの至つて美《よ》し。是れを南鐐といふ。鐐はしろがねと訓む。○瑠璃は玉の類なり。其の色青し。○硨磲は天竺の玉石なり。其の色白く青し。漢《から》に貝に車磲と称へる物あり。別種同名なり。○馬瑙は玉石なり。色は青き、赤き、白、種々《いろいろ》あり。馬の脳に似たる故名とす。○珊瑚は震旦太秦《もろこしたいしん》の西南七百里隔てし海の底の石に生ずる玉の樹なり。枝多く有りて葉なし。大いなるは五・六尺、小なるは一・二尺、色は赤き物を貴ぶ。黄なる物又青き物も有り。八月十五日の夜ならでは取れずといへり。○琥珀は其の色赤黒くして透き通り光沢《つや》あり。松脂《まつやに》地に入り千年を経て茯苓《ぶくりょう》なり。茯苓《ぶくりょう》千年を経て琥珀となると謂へり。○真珠は海中に生ずる珠《たま》なり。薬に用ゆるは蜃珠《しんじゅ》とて貝の腸《わた》に有り。それにはあらず。貝の類の珠《たま》なり。以上七種を七宝とす。但し諸経に挙ぐる所の七宝少しづゝ異同あり。○等はしなと訓む。七種の等《しな》といふ義なり。○入於大海とは、大海を渡り七宝の有る国々へ行くをいふ。海の中へ入るにはあらず。次の文へつゞけて見るべし。

仮使《けし》黒風《こくふう》吹《すい》其《ご》船舫《せんぼう》飄堕《ひょうだ》羅刹《らせつ》鬼《き》国

○仮はたとひと訓む。前の設の字と同じ。○使黒風とは、黒風をしてといふ義なり。使《して》の字は二度よむ字なり。扠風は色なし。然るに黒風とは如何にといふに、黒き砂を吹き立つるを以て黒風といひ、又黒雲を吹き捲《ま》くゆへに黒風ともいふ。○吹其船舫とは、其の船を吹いてといふ義なり。船も舫もふねといふ字なり。○飄堕とは、吹き流さるゝ事なり。○羅刹鬼国とは、鬼の住む国なり。但し鬼に二種あり。一つは羅刹。是れを食人鬼《じきにんき》といふ。人の屍を喰らふ鬼なり。二つには夜叉。是れを捷疾鬼《しょしつき》といふ。人の精気を噉《く》らふて死せしむる鬼なり。皆海外とて世界の端に右夜叉羅刹の住む国ありとぞ。次へ続けて見るべし。

其《ご》中《ちゅう》若《にゃく》有《う》乃《ない》至《し》一《いち》人《にん》称《しょう》観《かん》世《ぜ》音《おん》菩《ぼ》薩《さつ》名《みょう》者《じゃ》是《ぜ》諸《しょ》人《にん》等《とう》皆《かい》得《とく》解《げ》脱《だつ》羅《ら》刹《せつ》之《し》難《なん》以《い》是《ぜ》因《いん》縁《ねん》名《みょう》観《かん》世《ぜ》音《おん》

○其中若有乃至一人とは、其の中に若し乃至《あるい》は一人といふ義なり。○称観世音菩薩名者とは、観世音菩薩の名を称ふる者あらばといふ事なり。○是諸人等皆得解脱羅刹之難とは、是の諸《もろもろ》の人等皆羅刹《おに》の難を解脱《たす》かることを得んとの義なり。○以是因縁名観世音とは、是の因縁を以て観世音と名付くるとなり。此の段の意は、若し人有つて金銀以下の七宝を求めんために友をかたらひ船に乗つて大海を往くに、悪風吹いて船を羅刹鬼国《おにのすむくに》へ吹き流され、已に噉《く》らはれんとするとき、船中の人の中に乃至《あるい》は一人観音菩薩の名を称ふる者有れば、其の人はいふに及ばず、諸人もともに羅刹《おに》の難を解脱《たす》かる事を得るべし。是の因縁を以て観世音と名づくるとの義なり。又観解の説、仏法は善き宝なり。世の人是れを求めんとするに煩悩の悪風吹き起こりて生死の海に飄《ただよ》はし、諸《もろもろ》の悪業を造らせ地獄へ堕つるを、羅刹の難に喩へしともいへり。何れにても観世音の御名を称へなば其の音《こえ》を観じて解脱《すく》ひ給ふ。其の因縁を以て観世音と名づくるとなり。

若《にゃく》復《ぶ》有《う》人《にん》臨《りん》当《とう》被《ひ》害《がい》称《しょう》観《かん》世《ぜ》音《おん》菩《ぼ》薩《さつ》名《みょう》者《じゃ》彼《ひ》所《しょ》執《しゅ》刀《とう》杖《じょう》尋《じん》段《だん》段《だん》壊《え》而《に》得《とく》解《げ》脱《だつ》

此の段は七難の中の刀杖難王難ともいふを免るゝ事を説き給ふ文なり。○若復とは、もし又といふ義。○有人臨当被害とは、人有つて害せらるべきに臨みてといふ事。○称観世音菩薩名者とは、菩薩の名を称ふる者はとの義。○彼所執刀杖尋段々壊而得解脱とは、彼の執るところの刀杖《やいば》が尋《つい》で段々《きだきだ》に壊《お》れて解脱《たす》かることを得べしと也。此の段の意は、人有つて刑罰に遭ふか、又は害せられんとする時に臨みて、観世音の御名を称へなば、彼の斬らんとする者の執る所の刀杖《やいば》尋《つい》で段々《きだきだ》に壊《お》れて解脱《たす》かることを得るとなり。刀杖《とうじょう》は剣《やいば》の事、尋《つい》でとは一つの刀が折れし故、又刀をとり替へて切るに、其の刀も折れ、又々刀を執り替へて切れども、それも又折れる事をいふ。段々《だんだん》はきだ〱といふ事。俗にこだ〱に折れしといふも段々《きだきだ》の事也。解脱は前に述ぶるごとし。○昔呉人陸暉といふ者、国の掟にそむき牢へ入れられ、罪極まりて曳き出だされ、刑吏《くびきり》陸暉が首を斬らんとするに、剣三段《みつ》に折れたり。是《こ》は刃のあらきにこそとて、剣をとり替へて斬るに其の剣もをれ、又とり替へしも折れ、尋《つい》で三刀まで折れけるにぞ、検分の官吏《やくにん》怪しみ、陸暉に向かひ你《なんじ》は如何なる邪術を行ふやと問ふに、陸暉答へて、我曽て邪術を行ひ候はず。但し多年観世音を信じ一寸八分の銅《あかがね》の像を鋳奉り、髻《もとどり》の中《うち》に結《ゆ》ひ籠めおき候ひしが、刀の折れしは若し

日蓮上人
辰の口御難

観音菩薩の利益にてもや候らんといひけるにより、官吏《やくにん》陸暉が髻《もとどり》を解かせ見るに、果たして観音の銅像ありて其の首《みぐし》に三刀の痕付きたり。官吏《やくにん》駭《おどろ》き感じ国王に其の由を奏しければ、遂に陸暉が罪を免《ゆる》し命を助けしとぞ持験記説。又吾が朝の日蓮聖人は法花宗を弘通ありけるに、或る人北条定時（マヽ）に讒言して是れ邪宗なりと告げしかば、定時実《まこと》なりと

おもひ、辰の口にて上人を断罪に行はんとす。日蓮聖人は敷き革の上に曳き居《す》へられながら一心に法花経を読誦し給ふ内、刑吏《たちとり》頓《やが》て後ろに廻り太刀振り上げけるに、聖人は猶一心乱れず已に普門品を読誦し給ふ。刑吏《たちとり》かけ声もろとも聖人の御首を発止《はっし》と斬るに、宛《あた》かも石を切るが如く太刀三段《みきだ》に折れたり。是《こ》は如何にとて太刀をとり替へて再び

行合川の図

斬るに、同じく三段《みつ》に折れたり。検使怪しみ、是れ仏菩薩の護念《まも》り給ふ人なるべし。妄《みだり》に斬らんとせば却つて仏罰を蒙るべし。此の奇特を鎌倉へ注進し、聖人の命を助けばやとて告文を書いて早馬を立て鎌倉へ駆け行かしむ。然るに鎌倉にも此の日天変頻りなりければ、是れ日蓮を刑《つみ》に行はんとするを天の怒り給ふなるべしとて、日蓮助命の免状を持たせて急馬《はやうま》を辰の口へ馳せ到らしむるに、双方の使者途中にて往き合ひ其の処是れより往合川といへり、互いに使者の趣をかたり、鎌倉の使者は辰の口よりの告文を受け取り、辰の口の使者は鎌倉の免状を受け取り、互いに取り替へて元へ引つ返へし、遂に日蓮上人危ふき一命を助かり、法花宗を天下に弘め給へり。是れ呉人陸暉が故事と同日の談《はなし》にて、倭漢国異なりといへども観音の霊験はかはり給はず。刀杖尋段々壊の妙文信《まこと》なるかな。

若《にゃく》三千大千国土《さんぜんだいせんこくど》満中《まんちゅう》夜叉羅刹《やしゃらせつ》欲来悩人《よくらいのうにん》聞其称《もんごしょう》観世音《かんぜおん》菩薩《ぼさつ》名者《みょうじゃ》是《ぜ》諸悪鬼《しょあっき》尚不能《しょうふのう》以悪眼《いあくげん》視之《しし》況《きょう》復《ぶ》加害《かがい》

此の段は七難の中の鬼難を説き給へり。〇三千大千国土とは、説々あれども近くいへば此の世に有りとあらゆる国土《くにぐに》といふ義にて、三千と数の限りしにはあらず。〇満中夜叉羅刹欲来悩人とは、三千大千国土《あらゆるくにぐに》の中に満ちたる鬼どもが来て人を悩まさんと欲すとの事なり。〇聞其称より名者までは、其の観世音菩薩の名を称へるを聞かばといふ義なり。〇是諸悪鬼より況復加害までは、是の諸《もろもろ》の悪鬼も尚観世音の名を称へる人は、尚これを視ること能はず。況んや復《ま》た害を加へる事は能ふまじとなり。〇夜叉羅刹は前に述ぶるごとく、人を噉《く》らひ人の精気を吸ひへらす悪鬼《おに》にて、人を悩まし仏法を妨げんと国土《くにぐに》の中《うち》に充ち満ちるといへども、凡夫の目にはかゝらず。此の悪鬼ども仏道を信仰し、心正直にて諸《もろもろ》の善根をなす人は悩ます事能はずといへども、信心薄く欲深き人、または女色《おんな》に耽る人などには、其の魂に入つて種々《いろいろ》の悪業を造らせ、終に寿命を縮め妖死《わかじに》させて地獄へ堕ちさしむ。されば悪心萌し貪欲の心起こり、道ならぬ恋慕の心生じ、人と争ひ瞋《いか》り恚《はらた》つ心の出づるは、皆信心の薄き虚《すきま》へ付けこみて、右の悪鬼どもの魂に入れかはり罪を造らすなり。されば朝夕に観世音の御名を称へ信心する人は、人を悩す悪鬼も眼に視ること能はず。目に見る事さへ叶はねば、増して況んや害を加ふる事は尚能ふまじとなり。

設復有人《せつぶうにん》若有罪《にゃくうざい》若無罪《にゃくむざい》杻械《ちゅうかい》枷鎖《かさ》検繋《けんげ》其身《ごしん》称《しょう》観世音《かんぜおん》菩薩《ぼさつ》名者《みょうじゃ》皆悉《かいしつ》断壊《だんえ》即得《そくとく》解脱《げだつ》

此の段は七難の中《うち》の枷鎖《かさ》の難を説き給へり。〇設復有人若有罪若無罪とは、設《たと》ひ復《ま》た人有つて若しくは罪有るも若しくは罪無きもといふ義なり。或る人曰く、罪有る者の繋《しば》らるゝは勿論なれども、罪無き者の繋《しば》らるゝとは如何にと。答へて曰く、是れ罪無けれども讒言にて無実の罪を得、又は連座《まきぞえ》などに逢ふて繫《しば》らるゝを謂ふなり。○杻械枷鎖検繫其身とは、杻は手がせ、械は脚がせ、枷は首かせ、鎖は身を繫ぐ鎖なり。検ハ封を付ける事。繫はしばり繫ぐ事にて、右等の責め道具に其の身を縛るをいふなり。○称観世音より断壊即得解脱までは、菩薩の名を称へなば、右の杻枷《てかせくびかせ》も皆悉く

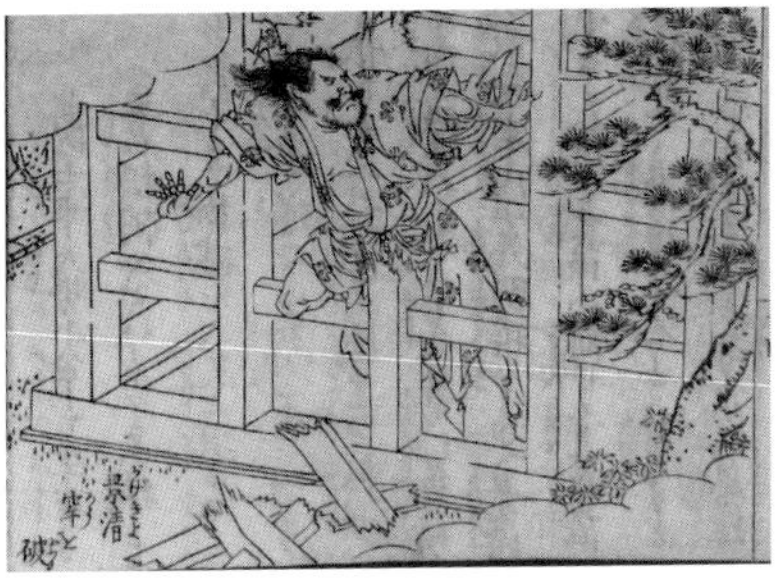

景清　牢を破る

断《き》れ壊《やぶ》れて即ち解脱《たす》かる事を得べしとの義なり。○平家の侍悪七兵衛景清は、多年都清水寺の観世音を信仰し、一門滅亡の後も尾張の国に身を潜めて屢歩詣《しばしばかちもう》でしけるが、右大将頼朝南都の大仏供養せらるゝと聞き、あはれ頼朝を討つて平家一門の仇を報はんものと、衆徒の姿に身を紛装《やつ》し、東大寺の場《にわ》を徘徊してねらひけるに、畠山重忠是れを異《あや》しみ咎めて、警固の士卒大勢に命じて生け虜《ど》らせ検《あらた》め見れば平家の侍景清なり。偖《さて》は主君頼朝公をねらひけるに社《こそ》とて、重き囚人《めしうど》といひ殊更強勇の者なればとて、枷械《くびかせあしかせ》を入れ、其の上鎖を以て厳しく獄中に繫ぎおきける。景清は本意を遂げざるを残念に思へども、是れ我が武運の尽くる期《とき》なれば誰をか恨むべき、只後の世の罪障を救ひ給へと清水寺観世音を祈念し、牢内に繫がれながら日夜普門品を読誦し、已に三千遍に及べり。然るに或る夜牢内に光明曜《かがや》きけるゆへ、景清おどろき牢外を見れば、空《そら》中に紫雲たなびき、其の中に観世

音菩薩光を放ちて立ち給ふにぞ。景清あら有り難やと称名し、手を合して拝するとおもへば忽然として夢覚めたり。偖《さて》は夢なりけるよとおもふに、不思議なるかな鎖をさして検《ふう》ぜし枷械《くびかせあしかせ》その封の儘にて自ら抜け落ち、さしもに強く繋ぎし鉄《くろがね》の鎖ゆるまりて身を脱《ぬ》くに自在なりければ、景清再び駭《おどろ》き、是れ観世音の御利益成るべしと信心弥増《いやま》して、頓《やが》て身を起こし牢の子に手をかけて曳き見るに、八寸角にて堅固に構へたるむし子、力をも入れざるに折れ壊《やぶ》れければ、安々と牢を脱《のが》れ出でけるに、多くの監卒《ばんにん》は熟睡して是れを知らず。咎むる者もなかりければ、遂に虎口を脱《のが》れ去りけるとぞ。誠に皆悉断壊の功力空しからず。有り難かりし御利生なり。

若三千大千国土《にゃくさんぜんだいせんこくど》満中《まんちゅう》怨賊《おんぞく》有《う》一商主《いちしょうしゅ》将《しょう》諸商人《しょしょうにん》斎持《さいぢ》重宝《ちょうほう》
経過険路《きょうかけんろ》

此の段は、七難の中の怨賊《ぬすびと》の難を説き給へり。○三千大千国土は前に説くがごとし。○満中怨賊とは、三千《あまた》の国土《くに》の中に満ちたる怨賊《ぬすびと》といふ義なり。怨とは、人を殺して其の人の財宝を奪ひとる者をいふ。賊とは人を殺すまでには及ばざれども人の金銀衣服を盗む者をいふなり。○有一商主将諸商人とは、一人の商主《あきうどつかさ》有つて諸《もろもろ》の商人《あきうど》を将《ひきつ》れといふ事なり。○斎持重宝とは、斎はもたす事、持は自ら持つ事。重宝は価貴き貨物《しろもの》の事也。○経過険路とは、経過は路《みち》を通り往く事、険路は山坂などの険しき路《みち》をいふ。さやうの所には山賊追ひ剥ぎなどの住むものなれば、商人《あきうど》などは怨賊《ぬすびと》に逢はんかと怖るゝものなり。

其中《ごちゅう》一人《いちにん》作是《さぜ》唱言《しょうごん》諸善男子《しょぜんなんし》勿得《もっとく》恐怖《くふ》汝等《にょとう》応当《おうとう》
一心《いっしん》称《しょう》観世音菩薩《かんぜおんぼさつ》名号《みょうごう》是菩薩《ぜぼさつ》能以《のうい》無畏《むい》施《せ》於《お》衆生《しゅじょう》
汝等《にょとう》若《にゃく》称名者《しょうみょうじゃ》於此《おし》怨賊《おんぞく》当得《とうとく》解脱《げだつ》衆商人《しゅしょうにん》聞《もん》倶《ぐ》発声《はっしょう》言《ごん》
南無《なむ》観世音菩薩《かんぜおんぼさつ》称《しょう》其名《ごみょう》故《こ》即得《そくとく》解脱《げだつ》

前文の続きなり。○其中一人作是唱言とは、前にいふ大勢の其の中に一人の者是の唱へを作《な》して言はゞといふ詞にて次の文を起こす也。○諸善男子勿得恐怖とは、各《おのおの》恐怖《おそ》れる事勿れといふ義なり。此の善男子は仏道の信者といふにも非ず。俗に各方《おのおのがた》といふに同じ。恐怖は二字ともおそれると訓む。勿得とは恐れを懐く事勿れといふに同じ。○汝等《にょとう》とは、汝等《なんじら》といふ事。○応当一心称観世音菩薩名号とは、当《まさ》に観世音菩薩の名号《みな》を称ふべしとの義也。○是菩薩能以無畏施於衆生とは、是の菩薩能く畏れ無きを以て衆生《もろびと》に施し給ふといふ義なり。○汝等若称名者於此怨賊当得解脱とは、汝等《なんじら》当《まさ》に解脱《まぬか》れることを得べしといふ事也。○衆商人聞倶発声言南無観世音菩薩とは、右一人の者の勧めを衆《おお》くの商人《あきびと》が聞いて大勢倶に南無観世音菩薩と言はんとの事なり。○南無とは、梵語《てんじくことば》にて曩謨《のうまく》といふも南謨《なまく》といふも同じ事也。又諸《もろもろ》の真言の上に悉く𑖌𑖼《おん》同唵の字を書くも南無といふ義なり。南無を翻訳すれば帰命といふ義なり。此の帰命といふ字義説々あれども、中にも耳近きは、帰は順《したが》ふなり。命は命《おお》せなり。是れ仏の命《おお》せに帰《したが》ふて諸《もろもろ》の善根をなし、諸《もろもろ》の悪事を致すまじと仏に誓ひをなすを帰命といふなり。されば仏菩薩の名号《みな》を称へるには必ず南無の二字を唱ふべしとぞ。又善導大師曰く、南無は是れ帰命にて又は発願回向の義なりと。吾が国の神祇《かみがみ》の御名を称へ奉り拝礼するにも、また南無天照皇太神宮、南無春日大明神と皆南無の二字を先づ唱ふるを、或る人笑ひて日本の神の名を称へるに仏家に用ゆる天竺詞を唱へることそ気毒《かたはらいたし》と誹れども左にあらず。神道に南無の字を用ゆる時は、正直正路を守るべしとの神の命《おお》せに帰《したが》ひ候と誓ふ事にて僻事《ひがごと》にあらず。帰命の字義豈仏法に限らんや。彼を執《と》つて是れに用ゆるは世のならはしなり。但し帰命を奇妙の義と思ふは非なり。○称其名即得解脱とは、其の名を称ふる故に即ち賊難を解脱《まぬか》れる事を得るぞとなり。惣じて此の段の意は、三千大千国土《あらゆるせかい》の中に怨賊《ぬすびと》満ちたらんに、一人の商人《あきびと》の頭領《かしら》が有つて諸《もろもろ》の小商人《こあきうど》を将《つ》れて、価貴き貨物《しろもの》を人に齎《もた》せ我も持ちて山坂などの険しき路《みち》を経過《すぎゆ》かんに、怨賊《ぬすびと》の難にや遭はんと衆《みな》危ぶみ怖るゝに、大勢の中に一人の者是の唱《ことば》を作《な》して言はん。善男子《おのおのがた》恐怖《おそれ》を得《いだ》くこと勿れ。汝等当《まさ》に一心に観世音菩薩の名号《みな》を称ふべし。是の菩薩は能く畏れ無きの誓願力を衆生《よのひと》に施し給ふ。されば汝等若し彼の菩薩の名を称へなば、此の怨賊《ぬすびと》の難に於いて解脱《まぬか》るゝことを得べしと。衆《おお》くの商人聞いて皆倶に南無観世音菩薩と言はんに、其の名を称へるが故に即ち解脱《まぬか》るゝことを得べしとの義なり。但し是の段にて七難終はる。

無尽意《むじんい》観世音《かんぜおん》菩薩《ぼさつ》摩訶薩《まかさつ》威神之力《いじんしりき》巍々《ぎぎ》如是《にょぜ》

是七難の惣結《そうくく》りの文なり。○無尽意菩薩は、観音の功徳を仏に問ひ奉る発起なる故、名を呼び給ふなり。○観世音菩薩摩訶薩とは、観音を誉め給ふ言《ことば》なり。摩訶薩は具《つぶさ》にいへば、摩訶薩埵《さった》なれども、今埵の字を省きしは経文の略なり。摩訶を訳すれば大なり。薩埵を訳すれば道心なり。されば摩訶薩は、大道心といふ義にて菩薩の中にても殊更功徳の勝れたる大菩薩と誉め給ふなり。それ道心といふは、万徳円満して衆生の為に不可思議の功徳を施し給ふ大心清浄の菩薩をいふなるに、末世に至りて人拙く法衰へ、名義に昏《くら》くなり、其の身不具《かたわ》に生まるゝか、或ひは魯鈍《おろか》に下根にて、官(宮カ)仕へを懶《ものう》しとし、耕作の業にも堪へず、商売《あきない》をも得せず、職業《しょくしごと》にも根薄く、人に棄てられ世に疎まれ、妻子を養ふ力もなく、是非なく髪を剃り破れ衣を身に纏ひ、結縁方便の頭陀の行にもあらで家々の門々に立ち、心にもあらぬ念仏題目を称へて米銭を乞ひ、もし手の隙《ひま》なくて与へざれば悪口雑言して謡《つぶや》く族を誰《た》が誤りて道心者と呼びにけん。笑ふに絶へたる事也。○威神力は前に註するごとし。○巍々とは、高く累《かさ》なる形ちをいふ。山の高く累《かさ》なるもの、又は楼閣の高き形などを巍々といへり。されば観世音の功徳の力の高く勝れたるを誉めて巍々と宣へり。○如是は是《か》くのごとしといふ事也。

若有衆生《にゃくうしゅじょう》多《た》於《お》淫欲《いんよく》常念恭敬《じょうねんくぎょう》観世音菩薩《かんぜおんぼさつ》便得離欲《べんとくりよく》若多《にゃくた》瞋恚《しんい》常念恭敬《じょうねんくぎょう》観世音菩薩《かんぜおんぼさつ》便得離瞋《べんとくりしん》若多《にゃくた》愚痴《ぐち》常念恭敬《じょうねんくぎょう》観世音菩薩《かんぜおんぼさつ》便得《べんとく》離《り》痴《ち》

此の段は、観音の功力にて三毒を離る、義を説き給ふなり。毒とは、人間の善心を妨げ暗まし、甚だしきは身を亡ぼすを以て毒といへり。字彙に毒は害也、痛み也とあり。但し三毒に単の三毒、複の三毒とて二義あり。単の三毒は貪・瞋・痴の三つをいふ。複の三毒は淫欲・瞋恚・愚痴の三つを謂へり。茲《ここ》には複の三毒を説き給へり。○若有衆生多於淫欲とは、若し衆生《もろびと》有つて淫欲の心多からんにとの事也。○常念恭敬観世音菩薩便得離欲とは、常に念じて観世音を恭敬せば便《すなわ》ち欲を離る、となり。○恭敬は二字ともうやまひと訓む。但し少しづゝ字義異なり。韻会に、貌《かたち》に在るを恭とすとありて、衣服を整へ貌《かたち》を正しうしてうやまふを恭といふ。また心に在るを敬とすとありて、心正しく信《まこと》を尽くしてうやまふを敬といふ。孔安国が曰く。恭敬は上に事《つか》ふる以所《ゆえん》也云云。されば貌《かたち》を恭《うやうや》しくし、心に信《まこと》を尽くして常に観世音を敬ひ念ぜば淫欲の念を離れしめ給ふとなり。それ淫欲とは、女の色に迷ひ、忠孝の道を忘れ、家業を棄て、ひたすら女の愛念に心を蕩《とろ》かすをいふ。女は又親の許さぬ密男《かくしおとこ》を設け、或ひは夫有る身にて他の男と密通する類ひを淫欲とも又邪淫ともいひて、現世《このよ》にては主親の意に逆ひ、朋友懇意の義を破り、終には家業を廃し身を亡ぼし、死しては地獄へ堕ち無量の苦患《くげん》を受け、永劫浮かむ期《とき》なし。是れ不信心より彼の夜叉羅刹が其の身の魂に入り替はりて淫欲を熾《さか》んにし身を亡ぼさしむるなり。昔備中の国松山竹の荘に真辺某《それがし》といふ者の妻、或

奸婦
生きながら
鬼女となる

る山伏と奸通し、夫の目を竊《ぬす》みて忍び逢ふ事日久しかりけるに、或る時夫両人《ふたり》が密《しの》び会ふを見露はし、山伏を追つ払ひ妻を強《つよ》く呵《しか》り恥ぢしめければ、妻は忽ち気をとり上《のぼ》して狂乱し、由なき事を言ひ罵りて狂ひ廻りける故、もてあまして牢《おり》をしつらひ入れ置きけるに、益《ますます》狂ひ吼《たけ》り、日を経るまゝに顔《かんばせ》恐ろしく変じ、眼釣り上がり、口は耳根《みみぎわ》まで裂け、長き牙生へ髪逆立ち、生きながら蛇身となりければ、夫を首《はじめ》とし家内の者怖れずといふ者なし。諸人是れを聞き伝へて日々に見に集まる者市のごとし。然るに鬼女は諸人に向かひ、我此の邑端《むらはずれ》の池の主と成るべし。汝等我を此の牢《おり》より出だし、鉦太鼓《かねたいこ》にて囃し彼の池へ送れよ。もし我が望みを叶へずば此の里の者一人も残さず魅《と》り殺し、一郷を池となすべしと詈《ののし》つて止まず。夫及び諸人恐れ、望みのごとく牢《おり》より出だし、鉦太鼓《かねたいこ》にて囃し立て、彼の池へ送り往きけるに、途中より俄かに大雨降り出だし、四方大黒暗《まっくろ》になりけるにぞ。諸人驚き怖れ皆逃げ帰り、彼の鬼女は池へ入りしや否や行方《ゆきがた》しらずなりしとなり。是れ正保二年酉の六月廿八日の事なりとぞ。是れ淫欲より生きながら鬼畜となりしなり。此の他謡曲《うたい》の金輪《かなわ》の女、日高《ひだか》の真郷《まなご》の庄司が娘なんど、淫欲の為に蛇身となりし者倭漢とも其の例多し。されば淫欲萌しなば、是れ夜叉羅刹の障碍するなりと思ひ、早く観世音を恭敬して念ずべし。然らば菩薩の威力にて淫欲の悪念を離れしめ給ふとなり。○若多瞋恚より便得離瞋までは、前文と同じ意にて、若し瞋恚多からん者常に念じて観世音を恭敬せば便《すなわ》ち瞋恚を離るゝ事を得んとなり。○瞋恚は二字ともいかると訓む。もと心狭く慳《お》しみ嫉《ねた》む心より瞋《いか》り恚《はらた》つる心生ず。是れ善根を焼き失ふ毒火なり。俗に修羅が燃えるといふも瞋恚の火が燃えるなり。又瞋恚を身の内の賊《ぬすびと》ともいへり。経に功徳を劫《かすめ》る賊は瞋恚に過ぎたるはなしとも有り。瞋恚多き者は死して餓鬼道へ落つるといひ、又人の諫めを用ひず道に背き慈悲の心を失ひて禽獣《とりけだもの》に比《ひと》しきゆへ、畜生道へ堕つるともいへり。尚瞋恚の業火の事は火難の段に述ぶるがごとし。○若多愚痴より便得離痴までは、前文と同じ意にて、若し愚痴多からん者常に念じて観世音を恭敬せば、便《すなわ》ち愚痴を離るゝ事を得べしとなり。それ愚の字はおろかと訓み、痴の字はかたくなと訓み、また痴の字をたくらたとも訓む。俗に無法者をたくら者といふも痴者《たくらもの》なり。抑も愚痴は三毒の根元にて、地獄にて畜生道の苦を受けしもの、業よふやく礴《うす》らぎ生まれかはりて愚痴の人となるといへり。宜《むべ》なるかな愚痴心より淫欲も瞋恚も起こる也。しかし東西をも弁へず菽麦《まめむぎ》をも分かたぬ愚者《あほう》を愚痴といふにはあらず。智《ちえ》はあれども邪智とて悪がしこく物に疑ひ深く邪見にて慈悲哀憐《あわれみ》をしらず、他人の憂ひを見て快しとし、他人の喜びを見て快からずとし、賢を忌み能を嫉《ねた》み、仏法の正理を信ぜず、地獄極楽は無き事なりと看《み》破り、因果応報は釈迦の虚誕《そらごと》なりと誹りて、悪として為《せ》ざる事なく、終に罪に陥つて眼の前の地獄に落つる族を愚痴といふなり。されば往生要集にも八万の法蔵に通達すとも後世を知らざるを以て愚痴とするとあり。博識の僧の密かに女犯肉食して王法に刑《つみ》せらるゝも愚痴のなすところ也。殷の紂王《ちゅうおう》は非を理に言ひなし、忠臣の諫めを拒みて、遂に国家を亡《うしな》ひ身を滅ぼしけるを、孔子は是れを至愚也と曰へり。是れ愚痴の事なり。又提婆達多《だいばだった》はさしも邪智深く邪弁逞《たくま》しうして仏法を邪法なりと言ひなし、諸国の王を説き惑はして五逆十悪を造らせ、釈尊を弑害《しいがい》せんとし、大地裂けて生きながら阿鼻地獄《あびじごく》へ堕ちしも是れ愚痴より起こり無量の苦患《くげん》に遭へり。経に因果の理を信ぜず、愚痴邪見にて悪業を造る者を八万の父母を害するより罪大いなりと説けり。依つて観世音を恭敬して念じ愚痴を離るべき也。○因《ちなみ》に曰く。単の三毒といふは貪・瞋・痴の三つにて、貪はむさぼるにて強欲なるをいふ。瞋はいかる事、痴はかたくなにて前に述ぶる三毒と大同小異《すこしのちがい》なり。

無尽意《むじんい》観世音《かんぜおん》菩薩《ぼさつ》有如是等《うにょぜとう》大威神力《だいいじんりき》多所饒益《たしょにょうやく》是故《ぜこ》衆生常応心念《しゅじょうじょうおうしんねん》

此文は、三毒を離るゝ事を説き給ひし結《く》りなり。○無尽意の名を呼び出だし給ふ事、前々の例に同じ。此の末に有るも准じてしるべし。○有如是等大威神力とは、是《か》くの如く大なる威神力有つてといふ事。威神力は前に大略《あらまし》述べたれども、具《つぶさ》にいへば菩薩の十力といふ事あり。一つに処非処力、二つに業力、三つに定力、四つに根力、五つに欲力、六つに性力、七つに至処道力、八つに宿命力、九つに天眼力、十に漏尽力なり。是《か》くの如く十力の上に四摂、四無畏、百八三昧、解脱、無上菩提、浄仏国土、化度衆生等の功徳を兼ね備へ給ふを大威神力といふなり。○多所饒益とは、饒《おお》いに利益する所多しといふ義なり。饒は大いなり。益はますと訓み、利益の事なり。○是故衆生常応心念とは、前の大威神力を以て饒《おお》いに利益する所多ければ、是の故に衆《もろもろ》の生《ひと》常に観世音を心に念ずべしと説き給ふなり。誠に淫欲・瞋恚・愚痴の三毒は身の内の大怨賊《おおぬすびと》にて、我が心を以ては防ぎがたし。諺にも外より入る盗賊は防ぎ易し、家の内にある盗賊は防ぎがたしといふが如く。身の内に有る三毒の賊は如何にしても防ぎがたきものなり。其の故は、此の三毒常は隠れて其の身も知らず。もし美《よ》き女を見れば淫欲萌し、人を恨む事あれば瞋恚起こる。其の根本は愚痴といふ大毒心を酔はし蕩《とろ》かす故なり。是《か》くの如く物に触れて三毒の賊起これば能く心に弁へて用心せざれば遂に天稟《うまれつき》の善心を奪はるゝなり。しかも淫欲・瞋恚・愚痴の三毒、事に触れては八万四千の煩悩の賊となりて身を悪道に陥らしめんとす。誠に恐れても恐るべきなり。されば常に念じて観世音を恭敬せば、菩薩の大威神力にて払ひがたき三毒を離れしめ給ひ、現世《このよ》にては無事安穏、後の世にては極楽往生なさしめ給ふとぞ。仰ぐべし貴むべし。

観音経和訓図会巻之上畢

観音経和訓図会巻之中

前文之続き

若有女人設欲求男礼拝供養《にゃくうにょにんせつよくぐなんらいはいくよう》観世音菩薩《かんぜおんぼさつ》便生福徳《べんしょうふくとく》智恵之男《ちえしなん》

此の段は、二求両願《にぐりょうがん》の利益を説き給ふなり。二求とは、男子を求めん事を祈り、又女子を求めん事を祈るをいふ。両願とは、右二つの願ひといふ義なり。茲《ここ》には先づ男の子を求むる願を説き給へり。○若有女人設欲求男礼拝供養観世音菩薩とは、若し女人が有つて設《たと》へ男の子を産ませ給へと願ひ求めて観世音を礼拝せばとの義なり。○便《すなわ》生福徳智恵之男とは、右のごとく求め願はゞ、便《すなわ》ち福と徳と智恵と兼ね備へたる男子を生まんとの事なり。夫《それ》女人は世嗣の男子を生まざるを憂ひとす。依つて観世音を恭敬礼拝して男子を授け給へと一心に祈り願はば、便《すなわ》ち福徳智恵兼備《そろい》し男子を授け給ふと也。○福はさいはひと訓みて金銀財宝豊かなる事。○徳はめぐむとも又たかしとも訓みて、言《ことば》・行ひともに道に合《かな》ひ恤《めぐ》み憐れむ心深く、人おのづから敬ひ威勢高きをいふ。俗にとくが付きし、とくを取りしなどいふは、得の義にて徳の字にはあたらず。○智恵は万事に敏く賢きをいふ。人を苦しめ己を利する邪智を智恵とは言はず。前にいふごとく邪智《わるがしこき》は愚痴なり。もし男の子を生むとも福徳もなく智恵もなく、貧窮鈍根又は邪智不善ならば、益なきのみに非ず。却りて父母の大いなる患《うれ》ひなるべし。されば真実に一心を凝らし観世音を恭敬礼拝して祈誓せば、福徳智恵の男子を授け給ふべし。○往年《そのかみ》美作の国の住人漆間《うるま》時国《ときくに》と申せし人は、子なき事を嘆き近州《ごうしゅう》岩間寺《いわまでら》の観世音に祈誓をかけて一子を授けたまへと願ひしかば、霊夢の告げ有つて其の令室剃刀を観世音より賜はると夢見て程なく妊娠し、平らかに男子誕生ある。其の男子幼稚《いとけなき》の時より才智万人に勝れ、仏法を尊び出家して、普く諸宗の奥義を究め、遂に浄土宗を開き給ふ。所謂浄土門の元祖源空聖人是れなり。此の余《ほか》観世音に祈誓して福徳智恵備はりし男子を儲けし例古今とも枚挙するに遑《いとま》なし。

設欲求女便生端正有相之女宿殖徳本衆人愛敬《せつよくぐにょべんしょうたんしょうそうしにょしゅくじきとくほんしゅにんあいきょう》

此れ二求の中の女子を求むる願を説き給ふ也。〇設欲求女とは、設《たと》へ女の子を求めんと欲せばといふ義。〇便生端正有相之女宿殖徳本衆人愛敬とは、便《すなわ》ち端正にて相有る女の宿世《さきのよ》にて徳の本を殖えしゆへ、現世《このよ》にて衆《おお》くの人に愛敬せらるゝ女を生まんとの事なり。〇端正は二字ともにたゞしと訓み、二字を重ねてうるはしと訓むなり。端正《うるわし》は容貌《みめかたち》の美しきのみならず、行義よく上品にけだかきなり。〇相有るとは、禄有る事にて、俗にいふ福分の有る生まれといふにあたる。福相あるなり。惣じて女子伎倆《きりょう》よく生まるゝとも相を具足せざれば薄命《ふしあわせ》にて、貧しき夫に嫁ぎ、又は嫁入りせし始めは夫の家富みたるも、嫁いりして後夫の家漸々《しだい》に衰へて貧しく成るも有り。或ひは父母の家

横萩右大臣
夫婦
長谷寺
参篭の図

貧窮になりて君《きみ》傾城に売らるゝも有り。皆是れ相を具へざるなり。観音の授け給ふ女子は貌《かたち》端正にして福相を具へるとなり。○宿殖徳本衆人愛敬とは、宿は宿世の略にて前生の事也。殖はうえる事、徳本とは、徳の本にて前生にて慈悲深く諸《もろもろ》の善根をなせしを徳の本を殖えしといふ。設《たと》へばよき花の種を殖ゆれば、好《よ》き花の咲くごとく、善き根《こと》をなせし徳が現世《このよ》にて現はれ衆《おお》くの人が愛し敬ふなり。愛敬は只伎倆《きりょう》よくて愛らしき許《ばか》りでなく、何となくけだかく敬はるゝを愛敬といふなり。○或る人の曰く、前に淫欲の事を深く誡めながら、此の段には又子を求むる願を叶へ給ふとあるは、是れ淫欲を勧めるに似たり。但し観音を念ずれば男女交はらずしても子を孕むとの義にや、いと不審なりと難ず。記者答へて曰く、左にあらず。それ男子の妻を娶るは世嗣を儲けて先祖伝来の家名を絶やさぬ為なり。豈《あに》淫欲を肆《ほしいまま》にせん為に妻を娶らんや。夫婦和合は人倫の常にて是れを淫欲とはいふべからず。抑も淫欲は妻有る夫他の女の色に淫《たわ》れ、夫ある女他の男と密通し、或ひは主親の目を掠めて淫事に耽るをいふなり。されば女の世嗣を求めんと祈るは世嗣の為にて淫欲の為ならず。依つて観世音も感納ありて子を授け給ふなり。往昔《そのかみ》人王四十五代聖武天皇の御宇、横佩《よこはぎ》の右大臣豊成卿と申せしは、三十歳を過ぎ給ふまで御子なき事を嘆き給ひ、御夫婦もろとも和州長谷寺の観世音に祈願をこめ給ひ、一七日参籠ありて普門品を読誦し、一心を凝らして懇求し給ひければ、信心通じて七日満ずる暁に、観世音菩薩一本《ひともと》の蓮花を授け給ふと夫婦同じ霊夢を見給ひ、倶に随喜まし〳〵て都へ帰り給ひけるに、程なく北の方妊娠ありて漸く月満ち端正有相の姫君を生み給ふ。父母の御歓びたとふるに物なく、御名を中将姫と号《なづ》け、掌《てのうち》の玉と寵《め》で愛《いつく》しみ給ひけるに、転変不定の世のならひとて、姫君三才《みつ》に成らせ給ふ春、北の方重き病に染み給ひて、終に夕《ゆうべ》の露と消へ給ひければ、豊成卿深く惜しみ嘆き給へども今更せんかたもなく、遂に一堆の塚の主となし給ひ、姫君を北の方の忘れ紀念《がたみ》と思《おぼ》し食《め》し、ます〱寵愛《いと》おしみ育て給ひ、何《いつ》しか月日立ち暮れて姫君七才《ななつ》に成り給ひけるが、人の子の母に抱かれ睦び戯むるゝを見て羨み給ひ、父の卿に向かひて我儕《わなみ》にも母君を呼び迎へて賜はれと乞求《せが》み給ふ事度々に及びけ

中将姫　蓮の糸をとる

る故、豊成卿もさのみは黙止《もだ》しがたく、終に橘の諸房卿の御息女を後妻《のちぞい》に娶り給ひける。中将姫は世にも嬉しげに母君に馴れ睦び給ふにぞ、継母公も所生《うみ》の子のごとく愛し給ひけるが、中将姫は年を重ね給ふに従ひて才智万人に勝れ給ひ、手跡は申すに及ばず、和歌糸竹の道、絵かき花結びにいたるまで堪能にまし〱、容貌また世にたぐひなく、何に付けても継母君には遙かに立ち優りたまひけるにぞ、嫉み深きは女のならひにて、継母は何技も中将姫に及ばざるを腹黒におもひ、初めの寵愛に引きかへて深く是れを忌み悪《にく》み、豊成卿へより〱に讒言しければ、豊成卿も初めの程は誠しからず思はれけれども、讒言《さかしら》度々に及びし上、継母の巧みにて局女房《つぼねにょうぼう》などに命じ今年蟲類《むしけら》を殺させて庭中に捨て置かせ中将姫の所業《しわざ》のごとく言い触らしけるにぞ、果ては父の卿も誠ぞと思ひ、かく殺生を好む者を養はゞ世の嘲り家の瑕瑾《かきん》なり、疾《と》く追い出だすべしと憤り給ふにぞ、継母は仕ず

まりたりと悦びながら、猶詞を巧みにし、御憤りはさる事に候へども姫は妾《わらわ》が生《な》さぬなかの子にて侍れば、継母我意に追ひ出だせしなんど世の評論《とりざた》も薄情《うたて》く侍り。妾《わらわ》よく〳〵諫め悪しき行迹《ふるまい》を止めさせ侍るべし。先づ妾《わらわ》にまかせ給へと言ひければ、豊成卿はもとより一人の御子の事故、流石《さすが》に恩愛棄てがたく思し食《おぼめ》し、さらば迚《とて》北の方に打ちまかせ、姫に御対面はなかりける。然るに豊成卿勅命に依つて伊勢太神宮へ奉幣使に立ち給ひける。其の留守を幸ひに、北の方は川熊某という武士を招き、偖《さて》も中将姫事悪しき挙動《ふるまい》重なれば深山《みやま》へ連れ行き、人しれず命を亡《うしな》へよと殿の仰せ候ほどに、你《なんじ》よろしく是れを計らひ立ち帰れよ。穴かしこ。人にな漏らしそとて、姫を偽りすかして驕子《のりもの》に乗せ、川熊にぞ渡されける。姫は継母の巧みとは疾《と》く知り給へども、仮にも母たる人の悪事を言ひ露はさんは不孝なり。何事も宿世《さきのよ》より定まりし事と思ひあきらめ泣く〳〵乗驕《のりもの》にゆられて往き給ふ。斯くて川熊は途中にて姫を輿《のりもの》より出だし、驕夫《かごのもの》を館へ返し、姫を負ひて紀伊の国雲雀山へ連れ行きけるが、姫の優に端正《うるわ》しき容姿《すがた》を見て刃をあてんようもなく、北の方の計巧《たくみ》のやうを語り、山影に柴の庵を結びて姫をかしづき、其の身は菓《このみ》を拾ひ薪《たきぎ》を採りて養ひ進《まい》らせける。又豊成卿は、奉幣使の役おはりて帰館ありけるに、北の方偽りて偖《さて》も中将姫の義、かねて密《しの》び男有りしと覚しく、御留守の中《うち》に館をしのび出で給ひし故、人を四方《よも》に走らせて普く尋ね捜せども、更に行き方知れず候ゆへ、せん方なく其の儘に打ち捨ておき侍りと申されければ、豊成卿誠と思し食《おぼめ》し、深く姫の不義を悪《にく》み給ひ、其の儘に打ち過ぎ給ひけり。然るに彼の川熊は辛苦を尽くして姫を養ひまゐらせけるに、二年《ふたとせ》ばかりすぎて病に染み空しく成りけるにぞ、姫は頼む木の下に雨漏る心地し、彼に付け是れに付けて世をあぢきなく思ひ捨て、遂に十六才にして和州当麻寺に入り、翠の黒髪を薙ぎ払ひ、実雅上人を戒師と頼みて尼となり、法名を善心尼後に法如と改むと呼ばれ、仏道修行解（懈カ）怠なく、弥陀・観音の助力《たすけ》によりて蓮の曼陀羅を織りて、仏法の奇特を末世に遺し、宝亀六年四月十四日二十九歳にて大往生の素懐を遂げ給ひけり。此の余《ほか》聖武皇帝の后光明皇后なんども皆宿世にて徳の本を殖えし報にて端正有相の女人と生まれ給ひし也。○或る人難じて曰く、観音もし利益ありて子を授け給ふならば、父母に孝心深く家を嗣いで子孫繁昌の基《もとい》を開く子を授け給ふべきに、左はなくして父母を捨てて出家し、或ひは継母の讒言に逢ふごとき不運の子を授け給ふやと。答へて曰く、是れ菩薩の方便にて、父母を捨て出家するは一旦は不孝に似たれども、道徳を以て父母及び親族を仏果に至らしむるは莫大の功徳にて、僅かに家を嗣ぐ如きの小徳にあらず。されば仏も一子出家すれば九族天に生ずと説き給へり。且つ又観音の授け給へる子、和漢其の数限りなく、父母に孝順にして家名相続せしも又多かるべけれども、それらは只其の世に聞こゆるのみにて称するに足らず。源空聖人・中将法尼の如きは万世の後までも其の父母の名を顕はし、其の身の徳を施して億兆の人を仏道に帰依せしむ。是れ観世音の大利益による所なり。されば子の縁なき衆生も常に礼拝供養せば、求むる機に応じて、もしくは福徳智慧の男子を与へ、もしくは端正有相の女子を与へ給ふ事疑ひなし。

無《む》尽《じん》意《い》観《かん》世《ぜ》音《おん》菩《ぼ》薩《さつ》有《う》如《にょ》是《ぜ》力《りき》若《にゃく》有《う》衆《しゅ》生《じょう》恭《く》敬《ぎょう》礼《らい》拝《はい》観《かん》世《ぜ》音《おん》菩《ぼ》薩《さつ》福《ふく》不《ふ》唐《とう》捐《えん》

此の文は二求両願の結文《くくり》なり。○無尽意は前にいふごとく仏名を呼び給ふ也。○観世音菩薩有如是力とは、観世音は是《か》くの如くの力有りとなり。是《か》くの如くの力とは、福智の男子、端正の女子を与へ給ふをさす辞《ことば》なり。○若有衆生恭敬礼拝観世音菩薩福不唐捐とは、若し衆生有つて観世音を恭敬《うやま》ひ礼拝せば、福《さいわい》を与へ給ひて空しく棄て給はずとなり。○唐は虚也とありて虚《むな》しきといふ義。○捐は棄也と有りて棄つるといふ義なり。福は前にいふごとくさいはひ也。されば福不唐捐とは、福《さいわい》を与へ給ひて唐《むな》しく捐《す》て給はずといふ事と知るべし。

是故《ぜこ》衆生《しゅじょう》皆応《かいおう》受持《じゅじ》観世音《かんぜおん》名号《みょうごう》

此の文は最初よりの惣結《そうくく》りなり。七難を解脱《まぬか》れ、三毒を離れ、二求を満足するは、皆観世音の利益なり。○是の故に衆生《もろびと》皆応《まさ》に観世音の名号を受け持《たも》つべしとなり。受け持《たも》つとは、寝ても覚めても観音の名号《みな》を心に忘れず、称へ念ずるを受持とはいふなり。持《たも》つは物を手に持つてゐる義也。

無尽意《むじんい》若有人《にゃくうにん》受持《じゅじ》六十二億《ろくじゅうにおく》恒河沙《ごうがしゃ》菩薩《ぼさつ》名字《みょうじ》復尽形《ぶじんぎょう》
供養《くよう》飲食《おんじき》衣服《えふく》臥具《がぐ》医薬《いやく》

是の段を多少格量の文といへり。○無尽意とは、仏問ひを発《おこ》して其の名を呼び給ふ也。○若有人受持六十二億恒河沙菩薩名字までは、若し人有つて六十二億恒河沙菩薩の名字《みな》を受け持《たも》ちてといふ事なり。六十二億恒河沙に付きて説あれども、早く言へば数限りなき菩薩の名といふ義にて、百千万億衆生といふが如し。恒河といふは天竺の河の名なり。其の河の沙《すな》の数といふ意にて、恒河沙菩薩といへり。河の沙《すな》のごとく籌《かぞ》へ尽くしがたき菩薩の名を心に持《たも》ち称へる事を述べ給ひしなり。○復尽形供養飲食衣服臥具医薬とは、○復はまたと訓み、前の文をうけて名字を受け持《たも》ちて、其の上に復《また》といふ事也。○尽形は形を尽くすとよむ字にて、早くいへば身の尽きるまでといふ事、一生の際《あいだ》といふに同じ。○飲は飲む食物也。茶・酒・汁の類をいふ。食は喰ふ食物、飯・餅・菓《くだもの》の類をいふ。○衣服は袈裟衣其の余《ほか》着物の事。○臥具は夜着・蒲団の類。○医薬は諸《もろもろ》の薬種也。是《か》くの如く食物・衣服《きもの》・夜具・薬までを供へて我が命の尽きるまで籌《かぞ》へ尽くしがたき程多き菩薩の名字《みな》を受け持《たも》ち称へるとの義なり。

於《お》汝《にょ》意《い》云何《うんが》是《ぜ》善男子《ぜんなんし》善女人《ぜんにょにん》功徳《くどく》多《た》不《ふ》

前文の続きなり。○於汝意云何とは、汝が意に於いて云何《いかが》といふ義にて、是れ仏無尽意に問ひ給ふ辞《ことば》なり。次の文へ続けて見るべし。○是善男子善女人とは、六十二億恒河沙菩薩に食物以下種々の物を供養し、名を称へ念ずる人をさすなり。○功徳多不とは、右善男子善女人の功徳多きや不《いな》やと問ひ給ふなり。俗にいへば多いと思ふか多いとは思はぬかと也。

無尽意《むじんい》言《ごん》甚《じん》多《た》世尊《せそん》

是れ無尽意の仏に答へ給ふ辞《ことば》なり。○言はいはく也。○甚多世尊とは、功徳が甚だ多いといふ事。世尊とは、無尽意の仏をさし給ふ辞《ことば》也。

仏言《ぶつごん》若《にゃく》復《ぶ》有《う》人《にん》受持《じゅじ》観世音《かんぜおん》菩薩《ぼさつ》名号《みょうごう》乃至《ないし》一時《いちじ》礼拝《らいはい》供養《くよう》是《ぜ》二人《ににん》福正《ふくしょう》等《とう》無異《むい》於《お》百千万億劫《ひゃくせんまんおくごう》不可《ふか》窮尽《きゅうじん》

○仏言は仏言《のたま》はくといふ義にて、無尽意に示して言《のたま》ふなり。○若復有人受持観世音菩薩名号とは、若し復《また》人有つて観世音の名号を受け持《たも》つ事あつてといふ義なり。○乃至一時礼拝供養とは、乃《すなわ》ち一時礼拝供養するに至らばといふ義なり。乃至は上を受けて下を起こす辞《ことば》なり。譬へば乃至法界平等利益といふは、乃《すなわ》ち法界に至るまで平等に利益するといふ義にあたる也。余は准じて知るべし。○是二人福正等無異とは、是の二人の福《さいわい》正《まさ》に等しうして異なる事無しとの義なり。是の二人とは、前の六十二億の菩薩に種々《いろいろ》の物を供養して命の尽くるまで名字《みな》を持《たも》ち称へる人と、僅かに一時観世音の名号を持《たも》ちて礼拝する人とをさす。是れを多少格量といふ。格量は等分といふごとし。六十二億の菩薩を一生の間供養するは、念じる事の多きなり。又只一時観世音を礼拝するは、念ずる事の少なきな

朽木の観音の利益

り。是《か》くのごとく多少の差別はあれども、其の功徳に於いては優り劣りなく与へ給ふ福は正に等しくして異なる事無しと説き給ふ。されば六十二億恒河沙菩薩の功徳と観世音一菩薩の功徳と異なる事無きなり。○於百千万億劫不可窮尽とは、劫は久しき事にて、百千万億劫とは、世界の有らん限りといふ事。○不可窮尽とは、窮まり尽くべからずといふ義にて、観世音の御利益に於いては、此の世有らん限り窮まり尽くる期《ご》有るべからずとなり。○昔播州三木の在郷に一人の孤独《ひとりみ》の貧女有りしが、其の両親《ふたおや》とも心頑愚《かたくな》にて善からぬことのみをして二人とも死没《みまか》り、娘一人生き残り少しの田畠を作りて暮らしけるに、或る時麦田の中にて朽木の仏像を拾いけり。いたく朽ちて何仏とも見分けがたけれども、只勿体なしと思ひ、我が家へ持ち帰り、安置して茶飯供へて日毎に礼拝しけるに、此の女の畠の作物、他の人の畑の作物よりはよく滋茂《しげ》りければ、女悦び是れ全く朽木の御仏の御利益《ます》なるべしとて倍《ます》信を凝らして朝夕怠らず供養しける。然るに其の頃時疫の病大いに流行《はや》り、此の女も時疫を患《や》みて打ち悩み三・四日ばかり有りて病死しければ、近隣の者哀れみて野送りせんと其の設けをなしけるに、彼れ是れする内其の日も暮れければ、野葬《のおくり》は明日の事にせんとて、其の夜は死人を守りて夜を明かしぬ。其の暁方《あけがた》に死したる女忽ち声を発し、あな有り難やと言ひければ、有り合ふ者ども愕然《びっくり》し、急に顔に被《かず》けし古衣を引き退け、你《なんじ》は蘇生《よみがえり》しや、先づ心を鎮めよとて介抱するに、女とばかり有つて曰く、吾儕《わなみ》病にて死し、夢のごとく闇《くら》き路《みち》を其所《そこ》ともしらず往くところに、恐ろしげなる二人の鬼火の車を曳きたり、你《なんじ》が両親《ふたおや》は多くの罪を造りしゆへ、死して地獄に堕ち、今もつて無量の責めを受く、你《なんじ》も親の罪に因《よ》つて地獄へ連れ往くべしとて、已に火の車に乗せんとする処に、何国《いずく》よりともしらず一人の御僧出できたり給ひ、着《め》したる袈裟衣は破れ損じたれども最尊《いと》げに見えさせ給ふが、彼の鬼に向かひ此の女は我が檀越なり、いまだ命数尽きざる者なれば助け得させよと仰せければ、二人の鬼御僧を拝し、大士の仰せ争《いか》でか背き申すべき、然らば帰りて王に其の旨を申すべしとて、火の車を曳いてかへりぬ。其の後御僧は吾儕《わなみ》を将《つ》れて我が家へ送り給はりし故、余りの嬉しさにそも御僧は吾儕《わなみ》にいかなる因みありて斯く助け給ふと問ひ侍りしに、御僧仰せけるは、我は観音なり、你《なんじ》が麦畑にて拾ひたる朽木の仏は即ち我なり。你日来《なんじひごろ》我を供養し礼拝せし功徳を以て地獄の苦患《くげん》を済《すく》ひ得させしぞ。早く娑婆へかへり三宝を供養し、父母の跡を弔ひ、冥途の苦患《くげん》を救ひ、諸人にも仏道を勧めよとて吾儕《わなみ》を門より押し入れて立ち去り給ふゆへ、御後を拝み、あゝ有り難やと申すとおもへば、夢の覚めたるごとく蘇生《よみがえり》ぬと感涙とゝもに物語りければ、一座の者奇異の思ひをなし、彼の朽木の仏像に向かひ、南無観世音菩薩と唱へて礼拝し尊みけり。女はそれより髪を剃りて尼となり、田畑を売りはらひ我が家を庵となし、件の朽木の観世音を本尊として、父母の罪障消滅を祈り、諸人に仏道を勧めけるとぞ。されば観世音の仏像と知らずして供養し奉りてさへかゝる御霊験あり。ましてや御名を受持ち、たとへ一時にても礼拝供養する輩《ともがら》は、一切諸仏を生涯供養する人と、利益を蒙る事異なることなし。誠に有り難き御事なり、尊むべし。

無《む》尽《じん》意《い》受《じゅ》持《じ》観《かん》世《ぜ》音《おん》菩《ぼ》薩《さつ》名《みょう》号《ごう》得《とく》如《にょ》是《ぜ》無《む》量《りょう》無《む》辺《へん》福《ふく》徳《とく》之《し》利《り》

此の文は前文を受けたる結《くく》りなり。〇無尽意とは、仏又無尽意にのたまふ也。〇観世音菩薩名号得如是無量無辺福徳之利とは、観世音の名号を受け持《たも》たば前に説くごとく無量無辺の福徳の利益を得ると也。無量は量りなき事、無辺は辺《かぎ》りなき事。〇福徳の利とは、身に量りなき福徳《さいわい》を与へ給ふ利益ありとなり。

無《む》尽《じん》意《い》菩《ぼ》薩《さつ》白《びゃく》仏《ぶつ》言《ごん》世《せ》尊《そん》

無尽意菩薩改めて仏に問ひ給ふ也。〇白仏言とは、仏に白《もう》して言《もう》さくといふ事。世尊は仏に向かひ御名を呼び給ふなり。

観《かん》世《ぜ》音《おん》菩《ぼ》薩《さつ》云《うん》何《が》遊《ゆう》此《し》娑《しゃ》婆《ば》世《せ》界《かい》云《うん》何《が》而《に》為《い》衆《しゅ》生《じょう》説《せっ》法《ぽう》方《ほう》便《べん》之《し》力《りき》其《ご》事《じ》云《うん》何《が》

〇云何遊此娑婆世界とは、云何はいかゞしてといふ義。遊此娑婆世界とは、云何《いかが》してか此の娑婆世界に遊び給ふぞとの事也。娑婆は梵語にて訳すれば忍となる。此の世は何事も忍び堪へざれば過ごし難し。故に忍世界とも、略しては忍土ともいへり。世界は漢語《からことば》にて世間といふに同じ。尚精《くわ》しく阿弥陀経に述べたれば略す。〇遊ぶとは、此の世へ種々《さまざま》の形を現して衆生を済度し給ふをいふ。〇云何而為衆生説法とは、云何《いかが》して衆生《よのひと》の為に法を説き給ふぞとなり。〇方便之力其事云何とは、衆生《よのひと》に仏法を説いて済度し給ふ方便の力は其の事は云何《いかが》に候やとの義なり。方便は心に分別して是れはかやう彼はかやうと其の物に就いて仕やうを思ひ定むるをいふ。俗に手段をつくるといふにあたるなり。

仏《ぶつ》告《ごう》無《む》尽《じん》意《い》菩《ぼ》薩《さつ》善《ぜん》男《なん》子《し》若《にゃく》有《う》国《こく》土《ど》衆《しゅ》生《じょう》応《おう》以《い》仏《ぶっ》身《しん》得《とく》度《ど》者《しゃ》観《かん》世《ぜ》音《おん》菩《ぼ》薩《さつ》即《そく》現《げん》仏《ぶっ》身《しん》而《に》為《い》説《せっ》法《ぽう》

○仏告無尽意菩薩とは、仏無尽意の問ひに答へて告げ給ふなり。○若有国土衆生とは、若し国土に衆生有つてといふ義。国土とは世界といふに同じ。○応以仏身得度者とは、応《まさ》に仏の身を以て得度すべき者はとの事なり。度はわたると訓みて、苦しみ多き此の世より楽しみ多き極楽へ度《わた》る事を得るを得度といふなり。○観世音菩薩即現仏身而為説法とは、観世音即ち仏の身を現じて右の者の為に説法して得度させ給ふと也。此の段より観世音の卅三身十九説法を説き給ふ。先づ三十三身と申すは、一つに聖身（仏、辟支、声聞）、二つに天身（梵王、帝釈、自在天、大自在天、天大将軍、毘沙門）、三つに人身（小王、長者、居士、宰官、婆羅門）、四つに四衆身（比丘、比丘尼、優婆塞、優婆夷）、五つに婦女身（四身）、六つに童男童女身、七つに八部身（天龍、夜叉、乾闥婆、阿修羅、迦楼羅、緊那羅、摩睺羅伽）、八つに金剛身、以上を卅三身と申せり。又十九説法と申すは、一つには仏身を現じ給ふ時は阿耨菩提《あのくぼだい》の法を説き給ふ（阿耨菩提の事、末に述ぶれば略す）、二つに辟支仏の身を現じ給ひては十二因縁の法を説き給ふ（十二因縁の事は心経に述べたれば略す）、三つには声聞の身を現じ給ひては四諦の法を説き給ふ。四諦とは苦集滅道の四つ也（心経に述べたれば略す）、四つに梵王の身を現じ給ひては離欲清浄の法を説き給ふ（淫欲貪欲をはなるゝ法なり）、五つに帝釈の身を現じて十善の法を説き給ふ。十善戒を説き給ふなり。十善戒とは、一つに殺生戒、二つに偸盗戒、三つに邪淫戒、四つに悪口戒、五つに両舌戒、六つに詭《(綺カ)》語戒、七つに妄語戒、八つに貪欲戒、九つに瞋恚戒、十に愚痴戒也。六つに自在天（大自在天）の身を現じ、三昧自在の法を説き給ふ。七つに天大将軍の身を現じて救護衆生の法を説き給ふ。八つには毘沙門の身を現じて治世護王の法を説き給ふ（世を治め国王を、まもる法なり）、九つに小王の身を現じて五常の法を説き給ふ仁義礼、智信也十に長者の身を現じて尊敬の法を説き給ふ。十一には居士の身を現じて修善の法を説き給ふ。十二には宰官の身を現じて文武二道の法を説き給ふ。十三、十四、十五、十六には比丘等四衆の身を現じて戒行の法を説き給ふ。十七には婦女の身を現じて内を助け身を修めるの法を説き給ふ。十八に童男童女の身を現じて愛で養ふの法を説き給ふ。十九に八部金剛の身を現じ、龍は雨を降らすの法、夜叉は伏龍の法、乾闥婆《けんだつば》は妓楽の法、阿修羅は軍陣の法、執金剛は国を護るの法を説き給ふとなり。

応《おう》以《い》辟支仏身《びゃくしぶっしん》得度者《とくどしゃ》即現《そくげん》辟支仏身《びゃくしぶっしん》而為《にい》説法《せっぽう》

○辟支仏は梵語にて訳すれば円覚とも独覚ともなる。是れ仏の教説をも聞かず経論にもよらずして悟道をする人をいふ。是れには十二因縁の法を説きて不生不滅の道をさとし給ふなり。

応《おう》以《い》声聞身《しょうもんしん》得度者《とくどしゃ》即現《そくげん》声聞身《しょうもんしん》而為《にい》説法《せっぽう》

○声聞の身を以て得度すべき者は、即ち声聞の身を現じてそれが為に法を説き給ふとなり。○声聞とは、仏の説法音声《おんじょう》を常に聞いて悟道する人をいふ。是れには四諦の法を説き給ふ仏より声聞までを三聖と云ふ。

応《おう》以《い》梵王身《ぼんおうしん》得度者《とくどしゃ》即現《そくげん》梵王身《ぼんおうしん》而為《にい》説法《せっぽう》

梵王の身を以て得度すべき者は、即ち梵王の身を現じて為に法を説くとなり。○梵王は三十三天の中に色界天といふ有り。其の色界天に又四禅天とて四つの天あり。其の中の初禅天といふ天の主なりとぞ。

応《おう》以《い》帝釈身《たいしゃくしん》得度者《とくどしゃ》即現《そくげん》帝釈身《たいしゃくしん》而為《にい》説法《せっぽう》

帝釈の身を以て得度すべき者は、即ち帝釈の身を現じて法を説くとなり。○帝釈は三十三天の第六の天を欲界といふ。是れに六欲天とて六つの天

忉利天
喜見城の図

あり。其の第二番目の天を地居天《ちこてん》といふ。其の天の王なり。普く三千世界を守護し給ふ故に、十善戒の法を説き給ふ。それ十善戒を守るを十善として、是れを破るを十悪とす。○帝釈の住み給ふ都を忉利天《とうりてん》といひ、其の中に喜見城《きけんじょう》とて七宝荘厳の宮殿あり。其の宮中に住み給へり。釈迦如来の御《お》母公摩耶夫人《ははぎみまやぶにん》は生前の善因に依つて没後忉利天に生まれ帝釈の后妃《こうひ》にそなはり給ふ。如来帝釈の為に法を説き玉はんとて忉利天へ上り給ひ、后妃《きさき》と二世の御対面ありて父母報恩経を説き給ふ事あり。精《くわ》しくは前に著せし釈迦御一代紀にしるしたれば茲《ここ》に略す。尚喜見城の八天宮四苑の事、順正理論に委し。

応以《おうい》自在天身《じざいてんしん》得度者《とくどしゃ》即現《そくげん》自在天身《じざいてんしん》而為《にい》説法《せっぽう》

○応《まさ》に自在天の身を以て得度すべき者は、即ち自在天の身を現じて法を説き給ふとなり。○自在天とは六欲天の第六番目他化自在天の主也。是れ魔王なりといへども本は解脱の菩薩、仮に魔王と成り、諸《もろもろ》の魔族を仏道に帰せしめんとの方便をなし給ふとなり。

応以《おうい》大自在天身《だいじざいてんしん》得度者《とくどしゃ》即現《そくげん》大自在天身《だいじざいてんしん》而為《にい》説法《せっぽう》

○応《まさ》に大自在天の身を以て得度すべき者は、即ち大自在天の身を現じ法を説き給ふとなり。○大自在天とは、色界の摩醯首羅天《まけいしゅらてん》をいふ。此の天の主を摩醯首羅王《まけいしゅらおう》とて三つの目八つの臂ありて常に白き牛に乗るとぞ。かゝる大魔王の身を以て説法すべき者は、即ち大魔王の身を現じて法を説き給ふ也。

応以天大将軍身得度者即現天大将軍身而為説法《おういてんたいしょうぐんしんとくどしゃそくげんてんたいしょうぐんしんにいせっぽう》

○応《まさ》に天大将軍の身を以て得度すべき者は、即ち天大将軍の身を現じて法を説き給ふなり。○天大将軍は、帝釈天の臣下にて天中の力士なり。赤旗を持ち、孔雀に騎《の》り、鶏を擎《さ》げ、宝鐸《ほうちゃく》を持ち、帝釈と首(修カ)羅と戦へるとき、大将と成つて挑み合ふ故に、天大将軍といふとぞ。

応以毘沙門身得度者即現毘沙門身而為説法《おういびしゃもんしんとくどしゃそくげんびしゃもんしんにいせっぽう》

○応《まさ》に毘沙門の身を以て得度すべき者は、即ち毘沙門の身を現じて法を説き給ふとなり。○毘沙門は四天王増長、広目、持国、多聞の中《うち》の多聞天にて、仏法守護の天部なり。手に鉾を携へ、古仏の舎利塔を擎《ささ》げ給ふ。住みたまふ都を吠尸羅摩那城《べいしらまなじょう》と号《なづ》けて、毎日白米の降る都なりといふ。因《よ》つて田の神の本地は毘沙門天なりとぞ。○因みに曰く、俗に米を菩薩といふ起源《おこり》は、種のときは文殊菩薩守り給ひ、苗のときは地蔵菩薩守り給ひ、稲のときは虚空蔵菩薩守り給ひ、穂になれば普賢菩薩守り給ひ、米になれば観音菩薩守り給ふ。かゝるゆへに米を菩薩といふなり。○毘沙門天の像を図に描く始めは唐の玄宗皇帝の天宝元年に西蕃の戎《えびす》来たつて安西といふ所を犯す事急なりければ、守護の者急使《はやかち》を都へ馳せて援《すく》ひを乞ふ。玄宗帝宣はく、都より安西までは行程《みちのり》杳《はる》かに遠ければ、援《すく》ひの兵のいたるまでに戎兵安西を攻め取るべし。そも是れを如何にすべきと臣下に問ひ給ふに、或る近臣奏すらく。沙門不空三蔵は道徳高く修法しば〳〵奇特あり。急ぎ宮中へ召して持念せしめ給へと。玄宗帝然りとして不空三蔵を召され、敵徒退散の法を修せしめ、帝自ら香炉を秉《と》り給ふ。不空は丹誠を凝らし仁王護国陀羅尼《にんのうごこくだらに》を誦す。其の十四遍目にあたりて神人五百余人甲冑を帯し、戈を携へて西の天《そら》に飛行するを見る。帝不空に向かひ、是れ何の奇特ぞと問ひ給ふ。不空答へて曰く、是れ毘沙門天眷属を将《ひき》ゐて安西に向かひ戎賊をはらひ給ふなりと。帝いまだ信じ給はざるに、其の年の四月に安西より使者来たり、去んぬる二月十五日巳の時、城の東南に雲霧起こり、壱位の神人多くの神兵を将《ひ》いて雲中に現れ、金鼓の音大いに震ひ、山河鳴動するとひとしく、西蕃の賊軍己と敗走して潰《つい》へ走り、城上に光明輝き、彼の神人其の長《たけ》一丈余にて金《こがね》の甲《よろい》きらめき、鉾を策《つ》いて立ち給ふを見候ゆへ、其の尊影を写し献《たてまつ》り候とて表にさしそへ進呈す。茲《ここ》に於いて帝不空の詞の虚妄《いつわり》ならざるを悟り、其の道徳を尊び、毘沙門天の威力を感じ給ひて、天王の像を作り諸州《くにぐに》の諸侯に勅して城の西北の隅に此の尊影を安置すべしと触れられける。是れより世に毘沙門天の像を描き、又は木に刻み金に鋳る事始まりけるとぞ。○我が朝の大中大夫《おおなかたいふ》藤原伊勢人《ふじわらのいせんど》は、仏法に帰依し、観音を深く信じて、何卒霊地を見立てて一宇の堂舎を建て、観世音を安置せんとおもふ事多年なり。然るに或る夜の夢に、都の北山と覚しき所に至りしに、一人の翁在つて曰く、汝此の地に仏場を開かば功徳広大ならむと。伊勢人夢心に翁は何人ぞと問ふに、我は是れ貴船明神なりと答へて去ると見て夢覚めたり。伊勢人夢中の告げに任せ仏堂を建立せんと思へども、定かに何れの地といふ事を覚へず。常に騎《の》るところの白馬に向かひて曰く、昔摩騰竺法蘭《まとうじくほうらん》が白馬は、仏像経巻を載せて独り遠く震旦《もろこし》へ到りしとぞ。又管仲が白馬は雪中に路《みち》を教へしと有り。汝も霊あらば我が夢に見し地を知らしめよとて、鞍を置いて馬を放ち、其の後に従ふて往きけるに、馬は都の北《ち》を臨んで駆け往き、とある山中に止まりて数声嘶《いなな》ひて立つたりけり。伊勢人馬の声をし

源義朝の八男
牛若丸、鞍馬山
にて僧正坊といふ
大天狗に兵法を
学ぶ図

たひて走《は》せ往きて見るに、正に夢に見し地なれば大いに歓ぶ所に、茅萱《ちがや》の中に光る物あり。拾ひ上げて見れば毘沙門天の金像なり。偖《さて》は貴船明神の授け給ふ所なるべしとて一宇の堂を建てて像を安置し、馬の鞍に因みて鞍馬寺と号しぬ。然るに伊勢人心中に想謂《おもえらく》、我観世音を安置せんと思ひしに只毘沙門天を得しのみ。いまだ志願満たずと。然るにその夜の夢に一人の童子現れて、你《なんじ》憂ふる事勿れ、観音・毘沙門、名は異なれども本《もと》同体なりと告げて夢覚めたり。茲《ここ》に於いて伊勢人疑ひを解き心を安んじけり。後また一堂を建てて観音を安置す。今寺の西の観音院是れなり。○因みに曰く、源曹子《げんぞうし》牛若丸鞍馬寺に籠もり毘沙門天に祈誓して源氏の再興を祈りければ、霊告有つて異人をして兵法を授けしめ給ひ、終に平家を西海に亡ぼしけるも、全く多門天の霊威によれり。猶此の余多門天の霊験多き事挙げて枚《かぞ》へがたし。

応以小王身得度者即現小王身而為説法《おういしょうおうしんとくどしゃそくげんしょうおうしんにいせっぽう》

○応《まさ》に小王の身を以て得度すべき者は、即ち小王の身を現じて法を説き給ふとなり。○小王は大王に対していふ。喩へば天子は大王なり。諸侯は小王なり。○吾が朝欽明天皇の皇子聖徳太子は、日本に仏法を興立し給ひ、伽藍を建立し給ふ事四十六ヶ所なり。曽て百済《ひゃくさい》の王子阿佐来朝して聖徳太子を見奉り、礼拝して敬礼大悲観世音菩薩妙教流通東方日本四十九歳伝灯演説と唱へければ、太子の眉間より光りを放ち給ひしとぞ(感通伝説)。即ち太子は観音の化身なりと言ひ伝ふ。是れ小王の身を現じ給ふ証《しるし》なり。此の時は仁義五常の道を民に説きさとして、それより仏法に帰依するやう教へ給ふなり。

応以長者身得度者即現長者身而為説法《おういちょうじゃしんとくどしゃそくげんちょうじゃしんにいせっぽう》

○応《まさ》に長者の身を以て得度すべき者は、即ち長者の身を現じて法を説き給ふとなり。○長者とは、十徳具《そな》へし人をいふ。一つに姓貴《せいき》姓氏《すじめ》正しく王侯の末孫などの人。二つには高位とて位有る人。三つには大富とて財宝田畑多き人。四つには威猛とて勢ひある人。五つには智信とて智《ちえ》深き人。六つには年老とて長寿の人。七つには行浄とて身の行ひ浄《きよ》き人。八つには礼備とて礼義厚き人。九つには上嘆とて天子将軍に誉めらるゝ人。十には下帰とて町人百姓下々の者の帰伏し貴むをいふ。以上十の徳を兼ね備へしを長者といふとぞ。彼の古への月蓋長者・須達長者の類ひなり。此の時は尊敬《うやまい》の法を説き仏道を勧め給ふ也。

応以居士身得度者即現居士身而為説法《おういこじしんとくどしゃそくげんこじしんにいせっぽう》

○応《まさ》に居士の身を以て得度すべき者は、即ち居士の身を現じて法を説き給ふとなり。○居士とは、俗体にして仏道を修行するをいふ。居士に四徳といふ事あり。一つには求めずして官に仕へ、二つには欲寡《すく》なうして徳を蘊《つ》つみ、三つには財《たから》多く大いに富み、四つには道を守つて自ら悟る。以上四徳を備へるを居士といふとなり。居士の身を現じ給ふ時は、善を修する事を説いて仏法を勧め得度させ給ふなり。彼の維摩居士、倭国の自然居士《じねんこじ》の類ひなり。

応《おう》以《い》宰《さい》官《かん》身《しん》得《とく》度《ど》者《しゃ》即《そく》現《げん》宰《さい》官《かん》身《しん》而《に》為《い》説《せっ》法《ぽう》

○応《まさ》に宰官の身を以て得度すべき者は、即ち宰官の身を現じて法を説き給ふとなり。○宰官とは、宰は主《つかさど》るといふ義、官は位なり。又功《いさおし》なり。喩へば太政大臣、又左右の大臣などの君を補佐するも功《いさおし》を以てする也。其の余の納言以下も皆宰官にて、君を相《たす》け、国家を治め、民の風を善きに移し、裁断私なきを忠臣といふ。此の身を現じ給ひては文武の道より仏道を勧め給ふ也。

応《おう》以《い》婆《ば》羅《ら》門《もん》身《しん》得《とく》度《ど》者《しゃ》即《そく》現《げん》婆《ば》羅《ら》門《もん》身《しん》而《に》為《い》説《せっ》法《ぽう》

○応《まさ》に婆羅門の身を以て得度すべき者は、即ち婆羅門の身を現じて為に法を説き給ふとなり。○婆羅門とは、天竺の地下《じげ》の人なり。但し四種あり。一つに刹帝利《せっていり》、是れ其の本は王公の種にて末孫地下《じげ》に住するをいふ。二つに婆羅門、是れは臣下の筋目の人の地下《じげ》に住むをいふ。三つに毘舎、是れは商買《あきうど》なり。四つに首陀《しゅだ》、是れは農民《ひゃくしょう》なり。以上四種をおしなめて婆羅門といふ。長者・居士・宰官・婆羅門を四姓と号せり。

応《おう》以《い》比《び》丘《く》比《び》丘《く》尼《に》優《う》婆《ば》塞《そく》優《う》婆《ば》夷《い》身《しん》得《とく》度《ど》者《しゃ》即《そく》現《げん》比《び》丘《く》比《び》丘《く》尼《に》優《う》婆《ば》塞《そく》優《う》婆《ば》夷《い》身《しん》而《に》為《い》説《せっ》法《ぽう》

○比丘・比丘尼・優婆塞・優婆夷を四種といふ。此等の身をもつて得度すべき者は、即ち四種の身を現じて為に法を説き給ふとなり。○比丘とは、梵語なり。訳すれば除饉男といふ。是れ男の僧なり。比丘尼を除饉女とす。是れ女僧《あま》の事なり。それ凡夫は眼・耳・鼻・舌・身・意の六塵の為に惑はされて愛欲を貪る事、饉《う》えたる者の食を貪るがごとし。然れども僧となりて仏道を修行すれば愛欲の饉《う》えを除くゆへを以て除饉と号《なづ》く。然るに今の世の僧徒は名聞を専らとして表をのみ飾り、袈裟を輝かし衣を花美にし、水晶の珠数いかめしく爪繰《つまぐ》れども、内心は在俗にも劣り、財を貪り淫欲を好み、施物多き檀越には犬のごとく諂ひ、付け届け少なき檀家は土芥のごとく卑しみ、或ひは葬送の時剋を違へ、喪家は汗を握り腸《はらわた》を戻らし、愁嘆は扨措いて瞋《いか》り憤る。かゝる不仁不慈の僧を何ぞ除饉男といはんや。清浄持戒の清僧をこそ除饉男とはいふなり。〇優婆塞とは、梵語にて訳すれば近事男といふ。是れ俗体にて戒を持《たも》ち、仏に近く事《つか》へる男子の称なり。近は親しく近づくの義、事は事《つか》へ奉るの義なり。役の行者を役優婆塞といふも右の故なり。〇優婆夷は俗体の女の戒を受くる者をいふ。是れを近事女といふ。義前に同じ。

〇因みに曰く、在家の男女の仏道を信仰する者を清信士・清信女といふ。清信は清浄にて信仰するといふを略せしなり。今男女の戒名を何信士・何信女と呼ぶも、清信士・清信女の清の字を略せし也。観音四種の身を現じては戒行の法を説き給ふ也。

応《おう》以《い》長者《ちょうじゃ》居士《こじ》宰官《さいかん》婆羅門《ばらもん》婦女身《ふにょしん》得度《とくど》者《しゃ》即《そく》現《げん》婦女身《ふにょしん》而《に》為《い》説法《せっぽう》

〇応《まさ》に長者以下四姓の人に連れ添ふ婦女の身を以て得度すべき者は、夫々《それぞれ》の婦女《おんな》の身を現じて法を説き給ふとなり。但し四姓の婦女《つま》ばかりを挙げて小王の婦人を挙げざるは如何にといふに、小王の婦人は奥住居《おくずまい》のみして出でて外に遊ぶ事稀なれば、他人を化度しがたし。故に茲《ここ》に挙げざるなり。〇字書に婦は服也、帰也と有り。服は務める義にて、姑・舅・夫などに事《つか》へ服する義なり。帰はかへると訓み、帰《とつ》ぐともよむ。女の嫁いりするは夫

常盤御前
三人の子を将《つ》れて
伏見の里の
雪に迷ふ図

の家へ帰るなり。女は三界に家なし。夫の家を我が家とす。依つて嫁いりするを帰《とつ》ぐといへり。とつぐは夫に付くの略なり。然《さ》れば女は一度嫁いりしては再び帰る家なし。たゞ夫を大切にし、貞節を守り、仮にも他の男を恋《こ》ひず。たとへ夫側室《めかけ》などを儲くるとも、悋気妬みの心なく、舅・姑を我が実の親とおもひ、朝夕に孝行を尽くし、不幸にして早く夫に死に別るゝとも再び二夫に見《まみ》へざるが女の道なり。是れを婦徳と称せり。古への常盤御前は、我が子を助けん為に清盛に見《まみ》へしは、操を破りて操を立つるともいふべけれども、清盛の寵愛衰へて又大倉長成《おおくらながなり》に嫁して不貞女の誹りを後代に遺せり。只女は貞節を守るべきなり。

応以《おうい》童男《どうなん》童女《どうにょ》身《しん》得度《とくど》者《しゃ》即《そく》現《げん》童男《どうなん》童女《どうにょ》身《しん》而《に》為《い》説法《せっぽう》

○応《まさ》に童男童女の身を以て得度すべき者は、即ち童男童女の身を現じて法を説き給ふとなり。○凡《すべ》て男女とも七歳までを児《ちご》といひ、七才より十五才までを童といふ。○童は山に草木なきを童といふを以て、未だ冠を着ざる男子の頭を彼の草木なき山に比《たぐ》へて童子といふなり。未だ笄《かんざし》せざる女子を童女といふも同じ理なり。

応《おう》以《い》天龍《てんりゅう》夜叉《やしゃ》乾闥婆《けんだつば》阿修羅《あしゅら》迦楼羅《かるら》緊那羅《きんなら》摩睺羅伽《まごらか》人《にん》非人《ひにん》等《とう》身《しん》得度《とくど》者《しゃ》即《そく》皆《かい》現《げん》之《し》而《に》為《い》説法《せっぽう》

○天龍より摩睺羅伽までを八部衆といふ。応《まさ》に八部の身を以て得度すべき者は、即ち是れを現じて法を説き給ふとなり。○天とは、天の上にも世界あつて、それに住する神の類ひをいへり。○龍は四種あり。一つに曰く守天宮、是れ天宮を守る龍なり。○二つに曰く興雲龍、是れは雨を降らして田地を潤し、五穀を登《みの》らしむる龍なり。○三つに曰く潤龍、是れは江を湛へ、川を開く龍なり。○四つに曰く伏龍、是れは地の下に栖みて人間に福《さいわい》を与ふる龍也。○夜叉捷疾鬼《しょうしつき》といふ。是れは前に挙げし夜叉・羅刹などの悪鬼には非ず。三種あり。天上と空中と海島と以上三処に栖む。此の夜叉は人を食らはず。天帝に事《つか》へて人間の善悪を天に訟《うった》へる脚の疾《はや》き鬼なり。○乾闥婆《けんだつば》、是れは天帝帝釈の楽神なり。須弥山の南、金剛窟に住むとぞ。○阿修羅、魔王なり。大海の底、須弥山の側《かたわら》に住むとあり。○迦楼羅、金翅鳥《こんしちょう》といふ大鳥なり。両《ふた》つの翅《つばさ》相去ること三百三十六万里、頸《つら》に如意珠あり法苑珠林。荘子の所謂大鵬の類ひなるべし。○緊那羅は帝釈天の糸竹の楽官なり。人に似て人に非ず。頭に一つの角あり。依つて疑人といふ。是れ人か人に非ぬかと疑ふ故にしかいふ。又疑神とも書けり。○摩睺羅迦、訳すれば地龍といふ。腹行とて腹を以て行く蟒《うわばみ》の類なり。是れまでを八部衆といふ。○人非人とは、八部の結びの辞《ことば》にて、天龍以下人に似て人非ざる者迄、其の機に従ひてそれ〴〵の形を現し、其の物に応じて得度すべき法を説き給ふとなり。されば人非人といふ者別に有りとおもふは非なり。

応《おう》以《い》執金剛神《しゅこんごうじん》得度《とくど》者《しゃ》即《そく》現《げん》執金剛神《しゅこんごうじん》而《に》為《い》説法《せっぽう》

応《まさ》に金剛神の身を以て得度すべき者は、即ち金剛神と現じて為に法を説き給ふとなり。○金剛神とは、密跡金剛とて手に金剛の杵を執るを以て執金剛神といへり。昔天竺に或る国王の夫人《ぶにん》二人の子を生めり。一人は梵王となりて転法輪を請け、一人は密跡金剛と成りて仏法を護るとなり。然らば金剛神は一人なれども、仏家の方便にて密迹と金剛を二体と為して伽藍の門の両脇に置く。既に水滸伝にも花和尚魯智深、酔狂に乗じて五台山の金剛神を打ち摧《くだ》きしよしを載せたり。倭国の伽藍にも悉く門の両脇に金剛神を置けり。俗に是れを二王と称す。口を開く者と閉づる者有るは人の生き死にを象《かたど》り、又阿吽の二字を表すともいへり。出家論に、左輔の密跡は断惑を以て功とし、右弼の金剛は生善を以て務めとすとあり。又真言派には、密迹金剛の二力士を不動明王密迹なり愛染明王金剛なりの二尊とするとぞ。又胎金両界の大日を表すとも謂へり。○因みに曰く、日本諸社の前に高麗駒《こまいぬ》と号して二頭《ふたつ》の獅子を置き、口を開合に造るは、陰陽に象《かたど》るといふ。是れ其の本は仏家の二王にもとづきて社僧などの作り初めし物なるべし。右三十三

花和尚
戒を破って
酒を飲む図

身十九説法は、観世音菩薩の大神通力の方便にて天上・人神・鬼畜・草木まで悉皆成仏させ給ふ。枯れたる木も花咲くといふも虚誕《いつわり》ならず。有り難かりし御利益なり。都紫野大徳寺大綱和尚の観音菩薩を讃し奉られし歌に

三十三《みそみつ》に身を分かちてもおのづから

一つ心に世をすくふらむ

観音経和訓図巻之中畢

観音経和訓図会巻之下

前文之続き

無尽意《むじんい》是《ぜ》観世音菩薩《かんぜおんぼさつ》成就《じょうじゅ》如是《にょぜ》功徳《くどく》以《い》種種形《しゅじゅぎょう》遊諸国土《ゆうしょこくど》度脱衆生《どだつしゅじょう》

是れ三十三身十九説法の結《くく》りにて惣答といふ。仏無尽意に告げ給ふなり。○成就如是功徳とは、是の観世音は是《か》くの如く三十三身を現して衆生《もろひと》を得度せしむる功徳を成就し給ふとなり。成就は物を成し就《と》げる事なり。○以種種形遊諸国土度脱衆生とは、種々《いろいろ》の形を以て諸《もろもろ》の国に遊《ゆ》き、衆《おお》くの生類を度脱し給ふとなり。遊ぶは行くと同じ、度はわたす、脱はまぬかるゝ事にて、苦しみを脱《まぬか》れしめ極楽世界へ度《わた》る事を得させ給ふ也。種々の形を以てとの文を三十三身の事と聞くはあし《(悪)》ゝ。三十三身に限らず、其の物に応じて百千の形を現じ度脱せしめ給ふといふ意にて、種々の形と説き給ふなり。是れ観音の身を種々《さまざま》に現し給ふ事の広きを明し給へり。それ妙音菩薩は三十四身を現じ給ふと、已に妙音品に説き給ふに、観音菩薩は三十三身のみなるは、妙音よりは功徳劣り給ふかと疑ふ者あらんかとて、結《くく》りの文に種々の形を以てと説き給へり。観世音を一度礼拝する功徳、六十二億の諸菩薩に諸《もろもろ》の品を供養して生涯礼拝する功徳と、正に福《さいわい》を得る事等しと説き給ふほどの事なれば、豈《あに》妙音菩薩に劣り給ふ事あらんや。

是《ぜ》故《こ》汝《にょ》等《とう》応《おう》当《とう》一《いっ》心《しん》供《く》養《よう》観《かん》世《ぜ》音《おん》菩《ぼ》薩《さつ》

○是故は是の故にと前の文を受けし辞《ことば》なり。○汝等応当一心供養以下は、汝等応《まさ》に一心に観世音を供養すべしとなり。是れ無尽意菩薩に告げて無数の聴衆に聞かせ供養する事を勧め給ふなり。

是《ぜ》観《かん》世《ぜ》音《おん》菩《ぼ》薩《さつ》摩《ま》訶《か》薩《さつ》於《お》怖《ふ》畏《い》急《きゅう》難《なん》之《し》中《ちゅう》能《のう》施《せ》無《む》畏《い》

此の段は前の供養を勧め給ふに就きて更《あらた》めて観音の功徳を説き給ふなり。○摩訶薩は前に註す。○於怖畏急難之中能施無畏とは、たとへ怖畏《おそろ》しき急難之中に於いても能く畏れ無きを施し給ふとなり。○唐の一行阿闍梨は博学多才にて道徳勝れければ、玄宗皇帝常に宮中へ召して信仰他に異なり。余の僧ども是れを妬みて一行は楊貴妃と密通せりと跡形なき讒言しけるにぞ、玄宗皇帝怒り給ひて一行阿闍梨を果羅国といふ所へ流罪せらる。彼の国へ都より通ふ路《みち》三道あり。一つは輪地道とて官人の往来する道なり。二つには幽地道とて旅客《たびにん》・商賈《あきうど》の通ふ道也。三つには暗穴道とて罪人を遣はす悪道にて、七日七夜の間日月の光を見ぬ道なり。一行は大罪の科人《とがにん》なればとて、暗穴道へぞ追ひ遣られける。是れに依つて一行阿闍梨は身に覚へなき無実の罪を蒙り、只一人暗穴道を剽《たど》り往かれけるに、或ひは冥々たる江浦《こうほ》にさまよひ、或ひは森々《しんしん》たる山径に迷ひて、路《みち》を問ふべき人もなく、聞くものとては澗谷《かんこく》の猿の声、幽渓の鳥の音のみにて、苔の沾《ぬ》れ衣《ぎぬ》乾《ほ》しあへず。心細さ言わん方なけれども、阿闍梨は兼ねて観世音を尊信せ

一行法師
九曜の星を拝す

られければ、路上《みちすがら》普門品を読誦して往かれけるに、不思議なるかな、暗々たる空に九曜の星現れて赫々《かくかく》と光を放ち、暗き道も白昼《ひる》のごとく明かくなりけるにぞ。阿闍梨大いに力を得、是れひとへに観世音の加護による処なりと信心肝に銘じ、右の手の指を食ひ切り、左の衣の袖に九曜の形を写されけるとぞ。今真言宗の本尊とする九曜曼陀羅は是れなりと有り伝一行。是《か》くのごとく怖ろしき暗闇の路《みち》の大難に於いても観世音の威力にて畏れ無からしめ給ふ。誠に尊むべき御事なり。

是《ぜ》故《こ》此《し》娑婆《しゃば》世界《せかい》皆《かい》号《ごう》之《し》為《い》施《せ》無《む》畏《い》者《しゃ》

○是の故は前文を受けし辞《ことば》なり。○娑婆世界は前に註す。○皆号之為施無畏者とは、畏れ無きを施し給ふ故に世界中の人が皆観世音を畏れ無きを施す者《ひと》と号するぞとなり。施無畏者とは畏れ無きを施す人といふ事なり。

無《む》尽《じん》意《い》菩薩《ぼさつ》白《びゃく》仏《ぶつ》言《ごん》世尊《せそん》我《が》今《こん》当《とう》供養《くよう》観世音《かんぜおん》菩薩《ぼさつ》即《そく》解《げ》頸《きょう》衆《しゅう》宝《ほう》珠《じゅ》瓔珞《ようらく》値直《けしき》百《ひゃく》千《せん》両《りょう》金《ごん》

○前文に仏観世音を供養すべきよしを宣ふによつて、無尽意菩薩仏に白《もう》して言《もう》し給ふは、世尊我今観世音菩薩を供養すべしと也。○即解頸衆より百千両金までは、即ち頸《くび》に掛け給ふ衆《おお》くの宝の瓔珞の価百千両金なるを解いてといふ義なり。衆宝とは七宝などの衆《おお》くの宝と珠と間雑《まじ》へたる瓔珞なり。瓔珞は菩薩の頸《くび》に掛け給ふ珠の飾りなり。○値直百千両金とは、瓔珞の価の貴きをいふ。但し無尽意は等覚の菩薩に位高く、掛けたまふ瓔珞も摩尼瓔珞とて価の限りなく、百千両と定まりしにはあらざれども、只大体をいふなり。喩へば百姓万民といふがごとく、百に限り万に限るに非ざれども量り無き農民《たみ》といふを万民といふ格にて百千両と仮に曰《のたま》ひしなり。

而《に》以《い》與《よ》之《し》作《さ》是《ぜ》言《ごん》仁《にん》者《しゃ》受《じゅ》此《し》法《ほう》施《せ》珍《ちん》宝《ぽう》瓔《よう》珞《らく》

○而以與之作是言とは、前文を受けて而《しこう》して以て之を与へ、是の言《ことば》を作《な》すといふ義なり。○仁者受此法施珍宝瓔珞とは、仁者は観世音をさす辞《ことば》、受此法施以下は此の法の施しの珍宝の瓔珞を受け給へとの義なり。それ仏又は僧に布施するに二種あり。金・銀・米・銭・絹・布などを施すを財施といひ、種々《いろいろ》の経を読み法事をなすを法施といへり。今無尽意の瓔珞を布施し給ふは、財施といふべきなれども、法施といふには深きわけあり。早くいへば人間より布施する時は万々金の瓔珞にても財施なれども、等覚の菩薩の功徳の布施なれば法施といふなり。

時《じ》観《かん》世《ぜ》音《おん》菩《ぼ》薩《さつ》不《ふ》肯《こう》受《じゅ》之《じ》

○時は其の時といふ意。○不肯受之は、之を受け肯《がえ》んぜずといふ義にて、観世音の辞退し給ふなり。此の意は、無尽意菩薩は東方不眴世界《とうほうふしゅんせかい》よりはる〴〵と此の会座に来たり給へり。観音は娑婆常住の菩薩なれば、我こそ遠来の無尽意菩薩に何なりとも布施すべきに、却つて彼の菩薩より布施を受くるは道にあらずとて辞退し給ふなり。是れを仏法にては推功上人といふ。意は功を推して人に上《たてまつ》るといふ義なり。儒家にては遜譲といふ。是れは遜《へりくだ》り譲るといふ意なり。仏菩薩の上にてもかやうに辞譲の礼あり。況んや凡夫の身に辞譲を知らざるは人に非ず。

無尽意《むじんい》復白《ふびゃく》観世音菩薩《かんぜおんぼさつ》言《ごん》仁者《にんしゃ》愍《みん》我等《がとう》故《こ》受《じゅ》此《し》瓔珞《ようらく》

○復白観世音菩薩言とは、復《また》観世音に白《もう》して言《もう》さくといふ事にて、無尽意観世音の辞退し給ふを推し返して又言《のたま》ふなり。○仁者は観音を再びさす詞なり。○愍我等故受此瓔珞とは、我等を愍《あわ》れむが故に此の瓔珞を受け給へといふ義なり。○我等を愍《あわ》れむが故にとは、無尽意身を卑下し、衆《おお》くの聴衆になりかはる心をこめて、強いて瓔珞を供養し給ふなり。是れ無尽意の慈悲心にて、我が此の布施を受け給はゞ四姓・八部衆及び衆《おお》くの群類も思ひく〱に布施を供養して利益を蒙らん事を望むべし。若し此の瓔珞を受け給はずんば、衆《おお》くの聴衆も布施をさし控へて望みを失ふべければ、何卒我等をはじめ衆《おお》くの者を愍《あわ》れみて受け給へと悃《ねんごろ》に勧め給ふなり。

爾時《にじ》仏告《ぶつごう》観世音菩薩《かんぜおんぼさつ》当《とう》愍《みん》此《し》無尽意菩薩《むじんいぼさつ》及《ぎゅう》四衆《ししゅう》天龍《てんりゅう》夜叉《やしゃ》乾闥婆《けんだつば》阿修羅《あしゅら》迦楼羅《かるら》緊那羅《きんなら》摩睺羅伽《まごらか》人非人《にんひにん》等《とう》故《こ》受《じゅ》是《ぜ》瓔珞《ようらく》

○爾時より受是瓔珞までは、仏無尽意の強いて瓔珞を勧め給ふと見給ひて、観世音に告げ給ふは、当《まさ》に無尽意及び四衆八部を愍《あわ》れむが故にこの瓔珞を受け給へと勧め給ふなり。俗にいへば挨拶し給ふなり。

即時《そくじ》観世音菩薩《かんぜおんぼさつ》愍《みん》諸《しょ》四衆《ししゅう》及於《ぎゅうお》天龍《てんりゅう》人非人《にんひにん》等《とう》受《じゅ》其《ご》瓔珞《ようらく》分作《ぶんさ》二分《にぶん》一分《いちぶん》奉《ぶ》釈迦牟尼仏《しゃかむにぶつ》一分《いちぶん》奉《ぶ》多宝仏塔《たほうぶっとう》

○即時は即ち時にといふ義也。○愍諸四衆より受其瓔珞までは、諸《もろもろ》の四衆及び天龍以下の人に非ざる人までを愍《あわ》れみて其の瓔珞を受け給ふとなり。○分作二分とは、右の瓔珞を分けて二分《ふたつ》に作《な》す事なり。○一分奉釈迦牟尼仏とは、二分《ふたつ》に作《な》したる其の一分を釈迦如来に奉り給ふといふ義なり。釈迦は梵語《てんじくことば》にて訳すれば能仁となる。是れ能く仁《めぐ》むとの字義なり。牟尼も梵語にて訳すれば寂然となる。寂然は寂《しず》かに居て語《ものい》はざるかたちなり。猶阿弥陀経に精《くわ》しく註す。〇一分奉多宝仏塔とは、仏の説法し給ふ側に多宝仏を安置せし宝塔あり。それへ分けたる瓔珞を奉り給ふとなり。斯く瓔珞を二つに分けて仏と宝塔へ奉り給ふには深き理あれども、早くいへば上もなく貴き瓔珞なれば観世音更《あらた》めて如来と宝塔へ供養し給ふなり。抑も三宝に布施を供養するは広大の功徳にて、現世《このよ》にては無病息災の祈禱となり、来世は成仏得脱の縁となるなれば、其の身分相応に布施供養すべきなり。昔信濃の善光寺へ或る長者万灯を献じて如来を供養し奉りけるに、一人の貧女是れをうらやみ、其の身も仏を供養したく思へども貧しければせん方なくて、せめて心ばかりの供養にとて古衣一つを売り代なして僅か一灯を奉りける。然るに一時《あるとき》忽ち魔風吹き来たつて長者の万灯を悉く吹き消しけるに、彼の貧女の捧げし一灯のみは消えざりけり。

是れ其の信心の深きを天も愍《あわ》れみ、仏菩薩も納受し給ふ所なり。されば多くの財物を以て供養するとも、其の心に我が身の為をおもひ、欲心より施す時は功徳薄し。僅かの布施なりとも真実の信心を以て供養する時は仏も感納ありて功徳深し。

昔梁の武帝達磨禅師に対面有りし時、我仏法に帰依し数多の堂塔を建立せり、此の功徳は奈何《いか》にと問ひしに、達磨答へて功徳無しと言はれける。武帝又曰《のたま》ふやう、然らば我数多の仏像を造りて供養せり、此の功徳は奈何《いか》にと。達磨答へて功徳無しと申されしとぞ。是れ堂塔を造り仏像を作りしは功徳深き事なれども、武帝の心に憍《たかぶ》り自慢する意あるが故に功徳無しと答へられしなり。されば我が身の為を思ひ自慢する心にて布施供養すれば、仏納受し給はず。真心に三宝を敬ひて供養すべきなり。

無尽意観世音菩薩有如是自在神力遊於娑婆世界《むじんいかんぜおんぼさつうにょぜじざいじんりきゆおしゃばせかい》

是れ初段よりの惣結《そうくく》りなり。○有如是自在神力とは、七難を解脱《まぬか》れしめ三毒を離れしめ、両願を叶へ三十三身及び種々の形を現じて衆生を得度させ給ふ等、是《か》くの如く自在の神力有りとの義なり。自在とは、物事意の儘になる事。神力は不思議なる力といふ事なり。○遊於娑婆世界とは、娑婆世界に遊び給ふとなり。遊ぶとは、前にもいふごとく、遊び戯れるの義にあらず。此の人間世界へ種々の形を現して影降し給ふを遊ぶといふなり。

爾時無尽意菩薩以偈問曰《にじむじんいぼさついげもんわつ》

是れ無尽意菩薩更《あらた》めて観世音の功徳を偈を以て問ふて曰《のたま》ふなり。○爾時は其の時にといふ事にて、仏観音は是《か》くの如く自在神力有りて娑婆国土に出づるなりと説き終はり給ひし其の時と前を受けたる詞にて最初の爾時と同じ。○以偈問曰とは、偈を以て問ふて曰《のたま》はくといふ事なり。偈は其の徳を讃《ほ》める事なり。天竺にては加陀といふ。讃《ほ》めるといふも同じ意なり。

世尊妙相具　我今重問彼《せそんみょうそうぐ　がこんちょうもんぴ》

○世尊は釈迦如来をさす。○妙相具とは妙なる相を具《そな》へ給ふと仏を敬ひて曰《のたま》ふ詞なり。釈迦如来は三十二相八十種好とて妙なる相を具《そな》へ給へり。三十二相とは、一つに頂きの髻《かみ》軟らか、二つに眉間白毫の如く光る、三つに眼牛王《ごおう》の如く、四つに眼色金の睛《ひとみ》、五つに音声頻迦鳥の如く、六つに舌広く長し、七つに咽の中《うち》二つの津液流る、八つに味《あじわい》中上味《うま》きを得る、九つに頬獅子王の如し、十に歯白し四十枚、十一牙《おくば》白く大、十二に歯斉《そろ》ひ根深し、十三に肩円く好し、十四に身広く端正《ただ》しく、十五に全身勢《そうみ》ひ有り、十六に両腋の下肉満ち、十七に両足・両腋・両肩卍の形有り、十八に皮薄く理濃《きめこま》やか也。十九に身光り、二十に肌《はだえ》金色の如く光沢《つや》有り、二十一に毛上に向かひ右に回り青色、二十二に毛孔より悉く一毛生ず、廿三に身縦横等しく、廿四に両手膝を摩《な》で、廿五に脚織《ほそ》く好し、廿六に足の趺《うら》高く跟《きびす》円し、廿七に足の指細く、廿八に足広く、廿九に手足柔軟《やわらか》なり、三十に手足の指長し、卅一に足の下安く、卅二に身高からず低からず、以上なり。八十種好は長ければ略す。○我今重問彼とは、我今重ねて彼を問はんと也。彼とは観音をさす。重ねて観音の功徳を問ひ給ふ也。

仏子何因縁《ぶっしかいんねん》　名為観世音《みょういかんぜおん》

○仏子は観世音をさす。何因縁とは、何の因縁に《えんによって》てといふ義なり。○名為観世音とは、何の因縁にて名を観世音と為《す》るやと問ひ給ふなり。

具足妙相尊《ぐそくみょうそうそん》　偈答無尽意《げとうむじんい》

○具足妙相尊とは、妙なる相の尊きを具足《そな》へ給ひてといふ事也。○偈答無尽意とは、偈を以て無尽意に答へ給ふといふ義なり。但し此の二句は緝綴《しゅうてつ》の語とて、経家阿難の辞《ことば》にて仏の言《ことば》にはあらず。句の意は妙相の尊きを具《そな》へ給ふ釈迦如来、無尽意の偈を以て問ひ給ふ故、又偈を以て答へ給ふとなり。

汝聴観音行《にょちょうかんのんぎょう》　善応諸方所《ぜんおうしょほうしょ》

是れより又釈尊の御言《ことば》なり。○汝聴観音行　善応諸方所とは、汝聴け、観音の行ひは善く諸《もろもろ》方の所に応ずとなり。所に応ずとは、卅三身をいふなり。

弘誓深如海《ぐせいじんにょかい》　歴劫不思議《れきごうふしぎ》　侍多千億仏《じたせんおくぶつ》　発大清浄願《はつだいせいじょうがん》

○弘誓深如海とは、弘き誓ひは深きこと海の如しと也。○歴劫不思議とは、劫を歴《ふ》るとも思ひ議《はか》られずといふ義、劫は千万年といふが如し。たとへ千万年を歴《へ》て観音の功徳の弘さを思ひ議《はか》るとも更に知れがたしと也。〇侍多千億仏とは、多く千億の仏に侍《つか》へてといふ事也。侍ははべると訓みて側に仕へる事なり。千億仏とは、千万億衆生といふに同じく、数限りなき仏といふ事なり。〇発大清浄願とは、大いに清浄の願ひを発《おこ》すといふ事也。大清浄の願とは、普く人畜を救はんとの願ひ也。

我《が》為《い》汝《にょ》略《りゃく》説《せつ》　聞《もん》名《みょう》及《ぎゅう》見《けん》身《しん》　心《しん》念《ねん》不《ふ》空《くう》過《か》　能《のう》滅《めつ》諸《しょ》有《ゆう》苦《く》

〇我為汝略説とは、我汝の為に略《あらかじ》め説かんとの義也。我は釈尊、汝は無尽意をさす。略とは十の一・二を説き聞かさんとなり。〇聞名及見身とは、名を聞き并びに身を見るとの事、及は并びにといふに同じ。是れ観世音の名を聞き御身を見奉る事をいふ。〇心念不空過とは、心に念じて空しく過ごさゞればとの義なり。空しく過ごさゞればとは、月日をあだに過ごさゞるをいへり。〇能滅諸有苦とは、能く諸《もろもろ》の有るところの苦を滅すべしとなり。惣じていへば観世音の御名を聞き、御身を見、心に不断念じて空しく月日を過ごさゞれば、能く諸《もろもろ》の苦しみを滅して安楽ならしめ給ふとの御事なり。

〇昔越前の国に佐原藤十郎といふ者あり。若うして父母に死に別れ、身の便《たつき》なき儘家財を売り払ひて路銀とし、都へ上りて身の在り着きを求めんと江州志賀の里へ到る頃、日已に暮れければ、宿有る方を尋ねんとさまよふ所に、忽ち五・六人の盗賊出で来たり、藤十郎が路銀を奪ひ取り、衣服をさへ剥ぎとり、裸《あかはだか》になして情けなく湖水《みずうみ》へ投げこみ逃げ去りける。藤十郎は其の儘水中に死して流れ行きけるに、夜網曳く漁夫《りょうし》、沖の方に水中より光りを放つを怪しみ、其の光を目当てに網を打ち、曳き寄せて見れば網いと重かりけるにぞ、辛うじて曳き上ぐるに、人の屍《しがい》なりければ、大いに驚き打ち捨てんとしけるが、屍《しがい》の胸のあたりより光りを放つに益《ますます》訝《いぶか》り、星明かりに透かし見れば、

藤十郎観音の
功力によつて
水死を助かる

屍《しがい》の首に掛けし守り袋より光りを放つなり。是れに依つて守り袋を取らんとしけるに、死人忽ち息を吹き返し南無観世音と称へけるにぞ、漁夫《りょうし》再び駭《おどろ》き、你《なんじ》は何国《いずく》の者にて何故水中へ没《は》まりけるぞと問ふ。藤十郎其の時生国姓名を告げ、賊難に逢ひし事を語り、且つ言ひけるやう、我賊の為に湖水《みずうみ》へ投げ込まれし後は人事を覚へず。夢現《ゆめうつつ》ともなく、暗き野路《のみち》を其所《そこ》ともしらず往く処に、忽ち後ろより我が名を呼ぶ声あるにより、振り顧みれば尊げ成る御僧歩み近着き給ひ、你《なんじ》生前にて人の金銀を借りて返さず、剰《あまつさ》へ父母に不孝なるにより非命の死をなし、地獄へ堕つべきなれども、你《なんじ》が父我を多年信仰せし功徳に依つて、你《なんじ》を助け娑婆へ帰らしむるなり。以後は心を改め三宝に帰依し、父母の後世を弔ひ、諸人に善を勧めて今迄の罪障を払へよと仰《おお》するにより、余りの有り難さに御僧の名を問ひ奉れば、我は你《なんじ》が守り嚢《ぶくろ》なる観音なりと宣ひ、光を放つて飛び去り給ふと思へば、忽ち夢の覚めたる心地して目を開けば此の船の中なり。将《まさ》しく水死せし身の蘇生《よみがえ》りしは全く守り袋の観音菩薩の御利益なりと感涙を流して語りければ、漁夫《りょうし》も奇異の思ひをなし、水中より光明の現れし奇特を語り、藤十郎を痛はりて堅田なる我が家へ連れ帰り、食事させ古着を与へなどして養生させけるにぞ、藤十郎其の情けを感じて厚く礼謝し、奉公の望みを止めて髻《もとどり》を払ひ、長命寺の住僧の徒弟《でし》となりて仏道修行し、後に堅田村に一宇の堂を建立し、守り仏の観世音を安置し、父母の後世を弔ひ、諸人に仏法を勧め、八十五才にて往生の素懐を遂げけるとぞ。誠に観世音大慈大悲の御誓ひぞ有り難かりける。

仮使興害意《けしこうがいい》　推落大火坑《すいらくだいかこう》　念彼観音力《ねんぴかんのんりき》　火坑変成池《かきょうへんじょうち》

是れ七難の中《うち》の火難を重ねて茲《ここ》に頌し給ふなり。○仮使興害心（意カ）　推落大火坑の二句は、仮使《たとえ》悪人有つて害心を興して大なる火の坑《あな》へ推し落とさんとするともといふ義なり。○念彼観音力　火坑変成池の二句は、前句の如く火の坑《あな》へ推し落とし害せんとすとも、彼の観音の力を念ずれば火の坑《あな》も変じて池となり、身を焼かるゝ事なかるべしとなり。念の字肝要なり。

或漂流巨海《わくひょうるこかい》　龍魚諸鬼難《りゅうぎょしょきなん》　念彼観音力《ねんぴかんのんりき》　波浪不能没《はろうふのうもっ》

是の四句は水難を重ねて頌し給へり。○或漂流巨海　龍魚諸鬼難とは、或ひは巨海《おおうみ》に漂ひ流されて、悪龍毒魚の難、又は悪鬼羅刹の難あらんにとの義なり。巨は大と同じ。○念彼観音力　波浪不能没とは、彼の観音の力を念ずれば波浪《なみ》も船を沈める事能はず。悪龍悪鬼も害する事能はずとなり。波は小波、浪は立浪なり。没は沈む事をいふ。

或在須弥峰《わくざいしゅみぶ》　為人所推堕《いにんしょすいだ》　念彼観音力《ねんぴかんのんりき》　如日虚空住《にょにちこくうじゅう》

是れは七難の外に別に喩へを設けて観音の功徳を頌《ほ》め給ふなり。○或在須弥峰　為人所推堕とは、或ひは須弥山の峰に在つて、人の為に推し堕とさる丶ともとなり。須弥は極めて山の高きものにて、高さ三百三十六万里といへり。茲《ここ》に須弥といふは喩へにて、須弥山ほどに高き山との事なり。○念彼観音力　如日虚空住とは、高き山より推し堕とさる丶とも、彼の観音の力を念ずれば日輪の虚空に住するが如く少しも身を傷《そこ》なふことなしとなり。

或被悪人逐《わくひあくにんちく》　堕落金剛山《だらくこんごうせん》　念彼観音力《ねんぴかんのんりき》　不能損一毛《ふのうそんいちもう》

是れも七難の外の喩へなり。○或彼悪人逐　堕落金剛山とは、或ひは悪人に逐《お》はれて金剛山より堕落(す脱カ)るともとなり。金剛山は鉄囲山といふ高山にて世界の垣なりといへり。此《ここ》にいふは喩へにて、金剛山の如く高き所より追ひ落とされんにといふ事なり。○念彼観音力　不能損一毛とは、高き所より逐《お》ひ落とすとも、其の人観音の力を念じなば毛一筋をも損ずる事能ふべからずとなり。少しの怪我もなき喩へなり。

或値怨賊繞《わくちおんぞくにょう》　各執刀加害《かくしゅとうかがい》　念彼観音力《ねんぴかんのんりき》　咸即起慈心《げんそくきじしん》

是れは七難の中《うち》の怨賊の難を重ねて頌し給ふ。○或値怨賊繞　各執刀加害とは、或ひは怨賊《あだぬすびと》大勢有つて取り繞《かこ》み、各《おのおの》刀を執つて害を加へんとするに値《あ》ふともといふ事なり。○念彼観音力　咸即起慈心は、怨賊害を加へんとするに値《あ》ふとも、観音の力を念ずれば咸《ことごと》く即ち慈悲の心を起こして殺害せず立ち去るべしとなり。怨賊は盗賊又は謀叛人などをいへり。

或遭王難苦《わくそうおうなんく》　臨刑欲寿終《りんぎょうよくじゅじゅ》　念彼観音力《ねんぴかんのんりき》　刀尋段段壊《とうじんだんだんえ》

是れも七難の中《うち》の王難を重ねて頌し給ふ也。刀杖難ともいふ。○或遭王難苦　臨刑欲寿終とは、或ひは王難に遭ひて刑《しおき》に臨んで寿《いのち》終はらんと欲すともどいふ義。〇念彼観音力　刀尋段段壊は、観音の力を念ずれば刀尋《つ》いで段々《きだきだ》に壊《お》れ、命助かるべしとなり。刀の尋《つ》いで折れる事は前の七難の所に述べたり。〇平家の侍主馬判官盛久は、多年観世音を信仰し奉り、毎日普門品を読誦する事一日も怠る事なし。然るに平家亡《ほろ》びし後、源氏へ虜《とら》はれ、鎌倉にて誅せられんとせし時、敷皮の上に座して一心に観世音を念じ、現世《このよ》はかく刀剣の下に死すとも、来世は九品浄土へ導かせ給へとて普門品を口の中《うち》に読誦しける内、太刀とり刀を揚げて盛久が首を斬らんとするに、忽ち金光きらめきて眼くらみければ、是《こ》は如何にと驚き、心を鎮めて再び斬るに、同じく光りに眼暈《めくら》めきて斬る事能はず。刀持つ手も痺るゝごとく覚へける故不審はれやらず。此の旨を検使に告げければ、是れも奇異の事に思ひ、人を替へて斬らしむるに、又光り眼を射て斬る事能はずと申すにぞ。検使いよ〳〵

観音の功徳
盛久が難を救ふ

訝《いぶか》り、盛久に向かひ你《なんじ》は身に仏像など所持するやと問ふに、盛久答へて、更に左様の品を持ち候らはず。只口に普門品を読誦し候のみ也と曰ひけるにより、偖《さて》は観世音の護念し給ふにこそとて、先々盛久が断罪を延ばし、鎌倉殿へ斯くと言上しければ、頼朝公は素より法華経を深く信じ給ふ故、奇特の事に思《おぼ》し食《め》し、遂に盛久が死罪を免《ゆる》し助命ありける。盛久は不思議に刀杖の難を免れ、観世音の御利益肝に銘じて感涙にむせ、高野山へ登り入道して天然を保ちけるとかや。

或囚禁枷鎖《わくしゅきんかさ》　手足被杻械《しゅそくひちゅうかい》　念彼観音力《ねんぴかんのんりき》　釈然得解脱《しゃくねんとくげだつ》

是れも七難の中の枷鎖《かさ》の難を重ねて挙げ給へり。○或囚禁枷鎖　手足被杻械とは、或ひは枷鎖《くびかせ》に囚《と》らへ禁《しば》られ、手足に杻《てかせ》・械《あしかせ》を被るともとの事。囚はとらはれと訓み、禁はいましめらるゝなり。○念彼観音力　釈然得解脱とは、観音の力を念ずれば釈然《おのずから》枷《くびかせ》・杻《てかせ》とうも解けて脱《まぬか》るゝ事を得べしとなり。

呪詛諸毒薬《じゅそしょどくやく》　所欲害身者《しょよくがいしんじゃ》　念彼観音力《ねんぴかんのんりき》　還著於本人《げんじゃくおほんにん》

是れは七難の外に呪詛毒薬の難を頌し給ふ也。○呪詛諸毒薬　所欲害身者とは、悪人有つて呪詛または諸《もろもろ》の毒薬にて身を害せんとするとの義なり。呪詛《のろう》は邪《あ》しき神に祈りて人を害せんとする事、毒薬は人を殺す薬なり。○念彼観音力　還著於本人は、観音の力を念ずれば呪詛毒薬の巧みをなす其の本人に還つて祟りが著《つ》くべしとなり。巧みの著《あらわ》るゝと聞くもよし。

或遇悪羅刹《わくぐうあくらせつ》　毒龍諸鬼等《どくりゅうしょきとう》　念彼観音力《ねんぴかんのんりき》　時悉不敢害《じしつふかんがい》

是れ又七難の中の羅刹の難を重ねて頌し給ふ。○或遇悪羅刹　毒龍諸鬼等とは、或ひは悪鬼羅刹毒龍等に遇はんにとなり。悪鬼羅刹の事は前に述べたり。毒龍は毒気を吐きかけて人を害せんとする悪龍なり。○念彼観音力　時悉不敢害とは、観音の力を念ずれば毒龍悪鬼も時に悉く敢へて害せずとなり。

若悪獣囲繞《にゃくあくじゅういにょう》　利牙爪可怖《りげそうかふ》　念彼観音力《ねんぴかんのんりき》　疾走無辺方《しっそうむへんほう》

是れは七難の外に悪獣の難を頌せり。○若悪獣囲繞　利牙爪可怖とは、若し虎狼なんどに囲《と》り繞《かこ》まれ、利《と》き牙、尖る爪を以て人を害せんとし、怖ろしき時との義なり。○念彼観音力　疾走無辺方とは、観音の力を念ずれば怖ろしき獣《けだもの》も辺《ほとり》無き方へ逃げ去るとなり。無辺方は行き方なくなる事なり。

蚖蛇及蝮蠍《がんじゃぎゅうふくかつ》　気毒煙火燃《きどくえんかねん》　念彼観音力《ねんぴかんのんりき》　尋声自廻去《じんしょうじえこ》

是れも七難の外の蛇蠍の難を挙げ給へり。○蚖は毒ある蚰《むかで》、蛇は人を螫《さ》す蛇なり。蝮はうわばみ、蠍は木に住む毒虫なり。○念彼観音力　尋声自廻去とは、観音の力を念ずれば右等の毒虫も声に尋《つ》いで自づから廻《かえ》り去るべしとなり。尋《つ》いでとは、観音の御名を称へる其の声に引きつゞきて自ら廻《かえ》り去るをいふ。

雲雷鼓掣電《うんらいくせいでん》　降雹澍大雨《こうばくじゅたいう》　念彼観音力《ねんぴかんのんりき》　応時得消散《おうじとくしょうさん》

是れも七難の外の雷雨の難を頌せり。○雲は黒雲也。雷はかみなり。鼓は鳴ること、掣は引くとよみ、電はいなびかりなり。降は降ること、雹《ばく》は

雷雨の難

大なるあられにて雹《ひょう》といふ物なり。○念彼観音力　応時得消散とは、右のごとく黒雲起こり、雷鼓《な》り電掣《いなびかりし》、雹《あられ》降り大雨澍《そそ》ぎて牛馬犬はいふに及ばず、人間の種をも尽くすべき程の天変の難に遭ふとも、観音の力を念ずれば即時に天変止みて消え散り難をまぬかるべしとなり。○七難の外呪詛諸毒薬より此の雷雨の難までを以前の七難に加へて十二難解脱といへり。

衆生被困厄《しゅじょうひこんやく》　無量苦逼身《むりょうくひっしん》　観音妙智力《かんのんみょうちりき》　能救世間苦《のうくせけんく》

是れは三毒解脱を重ねて頌し給ふなり。○衆生被困厄　無量苦逼身とは、衆《もろもろ》の生《ひと》の生困厄とて貪欲・瞋恚・愚痴の三毒の厄《わざわい》に困《くる》しめられ、無量の苦しみが身に逼りくる事をいふ。○観音妙智力　能救世間苦とは、観音の妙なる智《ちえ》の力は能く世間の苦を救ひ給ふとなり。世間苦は即ち三毒也。

具足神通力《ぐそくじんつうりき》　広修智方便《こうしゅちほうべん》　十方諸国土《じっぽうしょこくど》　無刹不現身《むせつふげんしん》

是の四句は、前の以種々形遊諸国土度脱衆生といふ文を頌したまふ偈なり。○具足神通力　広修智方便とは、観世音は神通力とて自由自在の力を具足《そな》へ給ひて広く智《ちえ》の方便《てだて》を修め給ふとの義也。○十方諸国土　無刹不現身とは、普く十方の諸《もろもろ》の国土《くにぐに》に刹《しばら》くも形を現し給はずといふ事なく、種々《いろいろ》の身を現して衆生を救ひ給ふとなり。

種種諸悪趣《しゅじゅしょあくしゅ》　地獄鬼畜生《じごくきちくしょう》　生老病死苦《しょうろうびょうしく》　以漸悉令滅《いぜんしつりょうめつ》

是れは悪趣及び四苦を滅せしめ給ふを頌《ほ》めし偈なり。○種々諸悪趣　地獄鬼畜生とは、種々《いろいろ》の悪趣といふ事にて、悪趣は十界とて十種あれども、其の中の別して極悪趣三つを挙げたり。地獄・餓鬼・畜生是れなり。是れを三悪道とも三途ともいへり。○生老病死苦　以漸悉令滅とは、生老病死苦を人間の四苦といへり。かゝる悪趣の三途四苦も観音の神通力にて漸々《しだい》に悉く滅せしめ給ふとなり。漸は次第〳〵にといふ義なり。

真観清浄観《しんかんせいじょうかん》　広大智慧観《こうだいちえかん》　悲観及慈観《ひかんぎゅうじかん》　常願常瞻仰《じょうがんじょうせんごう》

是れは三観を以て衆生を救ひ給ふを頌し給ふ也。○真観は空なり。清浄観は仮なり。広大智慧観は中なり。此の空仮中三観皆慈悲の心より生ず。三観に就いて解あれども事長ければ略す。○悲観及慈観とは、観音は慈悲を以て有縁はいふに及ばず、無縁の衆生をも救ひ給ふ。其の慈悲の二字に観の字を添へしにも謂われあれども、早くいへば観は見るにて慈悲の心を以て衆生を観《み》、抜苦与楽とて苦しみを抜き楽しみを与へ給ふ。悲観は抜苦、慈観は与楽なり。○常願常瞻仰とは、常に願ひ常に瞻仰《みあお》ぐべしとの義にて、右のごとく五観を以て衆生の苦を助け給ふ観世音なれば、常に願ひ功徳を瞻仰《みあお》ぐべしと也。○伝に曰く、真観は准胝観音なり。是れ空観とて諸法皆空なりと観ずるを真観といふ。○清浄観は十一面観音なり。是れ仮観と空に依つて仮に形を得、他の者を清浄ならしむ。故に清浄観といふ。十一面とは、仏果の十地を十面とし果を一面とす。又金剛合掌とて両手の指を組み合はしたる指の頭を十面とし、是れに行者の一面を加へて十一面とすともいへり。持ち給ふ瓶《かめ》の水を清浄水と号《なづ》く。天竺にては戦場へ向かふに瓶《かめ》に水を入れてもつ。観音は修羅道の者をも

火焼の難

解脱せしめ給ふ故、其の飢渇を救はんため瓶水を持ち給ふ也。○広大は如意輪観音なり。是れ六観音の惣体にて中道を周《めぐ》り給ふ故、中観といふ。如意輪は其の徳如意宝珠に比《ひと》しきを以て号《なづ》けしなり。○智慧観は馬頭観音なり。是れ畜生道の者を救ひ給ふ故、畜生に准じて馬の頭の形を現じ給ふ。畜生の愚痴をも観音の妙智にて化度するを以て智慧観といふなり。○悲観は千手観音なり。具《つぶさ》にいへば千手千眼にて、又千の持ち物を加へて三千とす。是れ一念三千を観音の一身に具足し給ふ比喩《たとえ》なり。千手観音は地獄道の苦を救ひ給ふ故に悲観を抜苦とするなり。○慈観は聖観音なり。聖音を聞かずして世界の音《こえ》を知り、一切衆生を救ひ給ふ。以て聖観音とは申すなり。別しては餓鬼道の者を救ひ給ふ故に、慈観を与楽といへり。六観音の六道化度は、聖は餓鬼、如意輪天、准胝人、十一面修羅、千手地獄、馬頭畜生。

無垢清浄光《むくせいじょうこう》　慧日破諸闇《えにちはしょあん》　能伏災風火《のうふくさいふうか》　普明照世間《ふみょうしょうせけん》

是れは観音の功徳の光を頌し給ふ。○無垢清浄光とは、垢《けが》れ無く清浄き《きよ》光といふ義にて観音の功徳を喩へしなり。白衣を白無垢といひ、交ぜりなき金銀を無垢といふも、此の偈の無垢と同じ意なり。○慧日は智慧を日に喩へし也。破諸闇とは、諸《もろもろ》の闇を破るとの事にて、観音の功徳の光、智慧の日を以て諸《もろもろ》の煩悩の闇を破り給ふとなり。○能伏災風火とは、能く風の災、火の災をも伏《はら》ひ給ふとなり。○普明照世間とは、普く明らかに世の間《なか》に迷ふ心の闇を照らし給ふとの義也。

悲体戒雷震《ひたいかいらいしん》　慈意妙大雲《じいみょうだいうん》　澍甘露法雨《じゅかんろほうう》　滅除煩悩焔《めつじょぼんのうえん》

○悲体とは、一切衆生の種々《さまざま》の罪科《つみとが》を作るを、観音の悲しみ給ふ体《すがた》をいふ。戒は戒めにて、菩薩は五百戒又は千五百戒を持《たも》ち給ひ、衆生の戒を破る者を戒め給ふをいふ。雷震とは、雷の鳴り震ふごとしとの義にて、菩薩の厳重に戒を持《たも》ち給ふを、破戒の者は雷の震《な》るが如く怖る、との事なり。〇慈意は一切衆生を慈《いつく》しみ給ふ意といふ義。妙大雲とは、観音の衆生を慈《あわ》れみ給ふ意の妙なる事は、大いなる雲の天《そら》に在つて世界の万物を覆ふがごとく洩らし給はずとの喩へなり。〇澍甘露法雨　滅除煩悩焔の二句は、甘露の如き法の雨を澍《そそ》ぎて煩悩の焔を滅《け》し除き給ふとなり。

諍訟経官処《じょうしょうきょうかんじょ》　怖畏軍陣中《ふいぐんじんちゅう》　念彼観音力《ねんぴかんのんりき》　衆怨悉退散《しゅうおんしつたいさん》

是れは諍《あらそ》ひ事・公事・軍戦等の難を救ひ給ふを頌し給へり。〇諍はあらそひなり。訟はうつたへなり。経官処とは、役所へ出でて公事の裁許を受くるをいふ。〇怖畏軍陣中とは、戦場に臨みて鳥炮《てっぽう》・箭《や》などの雨の降るごとく怖畏《おそ》るべきをいへり。〇念彼観音力　衆怨悉退散とは、人と口論の諍《あらそ》ひ、又は無体なる公事を言ひかけられて庁所《くじば》へ出で、或ひは軍の陣中に臨むなんどの怖畏《おそ》れある時、彼の観音の力を念ずれば衆《おお》くの怨《あだ》も悉く退き散るべしとの義なり。

妙音観世音《みょうおんかんぜおん》　梵音海潮音《ぼんおんかいちょうおん》　勝彼世間音《しょうひせけんおん》　是故須常念《ぜこしゅじょうねん》

〇妙音観世音　梵音海潮音とは、何心なくて南無観世音と唱へても、一心三観の智こもりし妙音なれば、大海の潮《うしお》の音の遠く響くが如く、其の唱ふる音《こえ》に応じて観音感応し給ふとなり。梵音はすみたる音《こえ》といふ義、海潮音は海の潮《うしお》の音なり。〇勝彼世間音　是故須常念とは、観世音と唱ふる音《こえ》は、彼の世の間《なか》の琴・琵琶・笛・其の余万の音《こえ》に勝れて功徳深し。是の故に常に唱へ念ずべしとなり。

念念勿生疑《ねんねんもっしょうぎ》　観世音浄聖《かんぜおんじょうしょう》　於苦悩死厄《おくのうしやく》　能為作依怙《のういさえこ》

前の文には、音声に就いて観音の感応ある事を明かし、此の文には衆生の疑ひを止めしむる義を説き給へり。〇念念勿生疑　観世音浄聖とは、念ずる度毎に疑ひを生ずる事勿れ。観世音と御名を唱へてさへ感応し給ふ。況んや常に念ずる者利益を蒙らん事疑ひなしと也。浄聖とは、浄《きよ》き聖《ひじり》と観音の徳を尊びし号なり。○於苦悩死厄　能為作依怙とは、衆生の苦悩に於いても、死厄に於いても、能く衆生の為に父母と作《な》つて救ひ給ふとなり。依怙は依り怙《たの》むとよみて父母の事なり。俗に依怙贔屓といふも父母の我が子を贔屓する如しとの事也。観音は衆生を子のごとく慈しみ給ふ也。

具一切功徳《ぐいっさいくどく》　慈眼視衆生《じげんじしゅじょう》　福聚海無量《ふくじゅかいむりょう》　是故応頂礼《ぜこおうちょうらい》

○具一切功徳とは、観音は一切の功徳を具《そな》へ給ふといふ義なり。○慈眼視衆生とは、慈悲の眼を以て衆生を視給ふ事なり。○福聚海無量とは、観音の功徳は福《さいわい》の聚《あつ》まる事、大海へ水の聚《あつ》まるが如く量り無しとなり。それ大海は万川流れ入れども潮《うしお》増す事なく、旱魃の時も減る事もなし。観音の功徳も其の如く、福《さいわい》を普く衆生に与へ給へども減ずる事なしとの喩へを以て福聚海といへり。○是故応頂礼とは、是の故に応《まさ》に頂き礼拝すべしとなり。○抑も此の御経中の文何れに疎かはなけれども、別して此の四句二十字は此の経中の肝要骨髄とて大事の文なり。此の二十字に就きては天台真言両宗に相伝の習ひ有りとぞ。又這《こ》の四句に菊水延命の口伝といふ事あり。昔周の穆王の時、慈童といふ者、過《あやま》つて王の枕を越えければ、群臣詮議して其の罪死刑《しざい》にあたれりと衆議一決し、其の旨を奏しけるに、穆王は愛童の事なれば不便に思《おぼ》し食《め》し、死罪を宥《なだ》め南陽県の徹県山といふ遠き配所へ流罪にぞせられける。其の別れに穆王釈尊より授かりし普門品の中の妙文、慈眼視衆生　福聚海無量の二句を慈童に授け給ふ穆王釈尊より経を授かりし事は前に記す。慈童は右の偈を授かりて配所に赴き、折しも渓《たに》に咲きたる菊の葉に右の二句の文を書きて其の葉におきし露を嘗めけるに、味わひ甘露のごとく、五穀を食せざれども更に飢ゆる事なく、遂に彭祖仙人となり七百歳の寿を保てりとぞ。彼の偈を書きし菊

観音経の
妙句を
書きて
慈童
長寿を得る

の葉の露の滴《したた》り、谷川へ流れ、其の下流を汲んで飲みし民皆百歳の齢を保ちしといへり。世に菊慈童といふは彭祖仙の事なり。右の故事を菊水延命の口伝といふ。誠に妙経の奇特ぞ有り難かりける。

爾時《にじ》　持地菩薩《じじぼさつ》　即従座起《そくじゅうざき》　前白仏言《ぜんびゃくぶつごん》

○爾時は最初にいふごとく爾《そ》の時といふ事。○持地菩薩は説々あれども早くいへば地蔵菩薩なり。○即従座起　前白仏言とは、即ち座より起《た》つて前《すす》んで仏に白《もう》して言《もう》さくといふ義にて、釈尊観音の功徳を説き終はり給ふ爾《そ》の時、即ち座より起《た》つて仏に言《もう》し給ふなり。

世尊《せそん》　若有衆生《にゃくうしゅじょう》　聞是観世音菩薩品《もんぜかんぜおんぼさつぼん》
自在之業《じざいしぎょう》　普門示現《ふもんじげん》　神通力者《じんつうりきしゃ》　当知是人《とうちぜにん》　功徳《くどく》
不少《ふしょう》

○世尊とは仏をさす。○若有衆生より神通力者までは、若し衆生有つて是の観世音の自在の業普き門に示現し給ふ神通《ふしぎ》の力を聞く者はとの義なり。普門示現とは、三十三身及び種々《さまざま》の形を現して諸《もろもろ》の国土《くにぐに》に遊行し給ふをいふ。○当知是人　功徳不少とは、当《まさ》に知る、是の人功徳を蒙る事少なからざるべしと也。是の人とは、右観世音の神通力を聞きし人也。

仏説是普門品時衆中《ぶっせつぜふもんぼんじしゅちゅう》　八万四千衆生《はちまんしせんしゅじょう》
皆発無等等《かいほつむとうどう》　阿耨多羅三藐三菩提心《あのくたらさんみゃくさんぼだいしん》

是れ一部の惣結《そうくく》りにて、経家阿難の辞《ことば》なり。○仏説是普門品時とは、仏是の普門品を説き給ふ時といふ義なり。○衆中八万四千衆生とは、衆《おお》くの聴衆の中の八万四千の衆生《もろびと》といふ事にて、強《あなが》ち八万四千人と限りしにはあらざれど、八万四千と言《のたま》ひしには深き謂われあり。一切世間の人の心の中《うち》には八万四千の塵労《まよい》を具《そな》へ、それに因みて一身の毛孔《けあな》も八万四千なり。又如来の法門も八万四千なり。是れ八万四千の法門を以て衆生の八万四千の塵労《まどい》を化度し給ふなり。○皆発無等等　阿耨多羅三藐三菩提心とは、八万四千の聴衆が普門品を説き給ふを聴きて、皆菩提心を発《おこ》せりとの事なり。○無等等とは、等しき者無き等《しな》との義にて、仏菩薩の位の比《たぐ》ひなきといふにあたる。俗にいへば此の上もなき位といふ事なり。般若心経に無等等呪といふも、此の上も無き呪といふ義にて、此の経文も同じ意なり。○阿耨多羅は梵語、訳すれば上無きといふ義。○三藐も梵語、訳すれば等しく成るといふ義。仏菩薩と等しき位に成るといふ字義なり。○三菩提心は同じく梵語にて、訳すれば正に覚《さと》るといふ義、約《つづ》めていへば無上成等正覚の心を発《おこ》すといふ事にて、億兆の衆生が仏の観世音の功徳・神通力を説き給ふを聴きて大菩提心を発《おこ》せりとなり。真に観世音菩薩の広大無辺の御利益、又は経文の意味深長は一紙上に述べ尽くし難しといへども、茲《ここ》に万歩を和解して婦女童蒙《おんなわらべ》を諭す者なり。信ずべし、尊むべしと爾《しか》云ふ。

観音経和訓図会巻之下大尾

三、広がる仏教系図会物の世界

1　真宗故実選要鈔図絵　龍谷大学図書館蔵

安政庚申歳新版

この書は、真宗の故実数十ヶ条をあげ、経論釈の証拠をもつて詳らかにあかし、当流御門徒のまどひを解き、正直に他力本願の易行道へ引入せんとなり

真宗
故実選要鈔図絵　全部六冊

皇都書林　四書房合梓

四つの海浪平らかに治まれる世のいさをし、吾が真宗の法水海内にあふれ、都鄙の老若帰するともがら其の数幾千万といふことをしらず。しかれども真宗の故実をしる人まれなり。よつて先哲の著されし種々《くさぐさ》の書《ふみ》の中より肝要を撰《え》りてかき集めつゝ、真宗故実遷要抄と名付け侍るは、流れを汲みて本源を尋ぬる一助となさんことをおもふのみ。

安政己未の冬　洛下隠士清水葵斎

高祖親鸞聖人叡岳御執行の頃、雲母《きらら》の嶮岨を越え
六角堂へ百夜の間御参籠あらせられ
遂に告命を蒙りたまひ、凡夫直入の
真門をひらき、一天四海に比類なく
今の世の我人信心決定してたやすく
往生とげ奉ること、ひとへに此の御苦労
ゆへなり、謝せずんばあるべからず

真宗故実選要抄巻一

目録

巻之一目録畢

真宗故実選要抄巻一

第一、本尊形像の事

問ふ、当流の本尊は観経下品《かんぎょうげぼん》の弥陀なりや。答ふ、御印相《ごいんぞう》は下品の印相なり。しかれども下品来迎の弥陀にあらず。其の故は下品来迎の弥陀は蓮華をふみ（踏）分け給へる御姿なり。後光も花後光なり。当流の本尊は第十二の願の光明無量及び阿弥陀経の光明無量照十方国無所障碍の光明なり。問ふ、しからば今の本尊は何れの仏なりや。答ふ、観経第七観住空中の仏身にして、抑も又第十八願招喚十方の尊容なり。即ち第七観に仏当《まさ》に汝が為に苦悩を除く法を分別解脱し給ふべしとある語《ことば》の下に、忽ち空中に住立し給ふ名体不離の仏体弥陀経の現其人前《げんごにんぜん》とあるも又此の意なり。来迎は御足を運び給ふ義なるがゆへに蓮華を踏みわけ（分）給へり。応声即現は名体不離にして名と体と離れ給はざる故に、唱ふる言《ことば》の下に仏体を現じたま（給）ふ義なり。又立像を用ゆることも住立空中の経説に依るがゆへなり。問ふ、阿弥陀仏有縁の機にむかひ給ふ時はかならず来迎して念仏の衆生を摂取したま（給）ふ。しからば摂取不捨の立像、なんぞ来迎仏ならざらんや。答ふ、必ず立像仏を来迎仏といふは、いまだ仏徳をしらざる故也。それ人に行住座臥の四威儀あり。仏にも又四威義あり。弥陀座を起《た》ちて十方衆生を招喚摂取し給ふに、なにの妨げかあらん。釈に云わく、彼《かしこ》に喚《よ》ばゝ、此《ここ》に遣《や》りと。しかるに来迎仏のみ立像なりといはゞ、弥陀如来には座の一徳のみありて、行住臥の徳なしといはんや。仏は是れ神通自在転変無方なり。智は是れ第十八願招喚十方の立像仏なるものを、しかれども高祖聖人御在世には末代の門弟安置の為に定め置き給へる本尊は六字の名号及び九字・十字の名号なり。改邪鈔《がいじゃしょう》にも帰命尽十方無碍光如来を以て真宗の本尊と崇め在《まし》しきとのたまへり。問ふ、何故に形像を庶幾《しょぎ》し給はざるや。答ふ、形像は観経の像観より出でたり。方便の説なり。大経には報身の果体とあらはすは、光明と寿命と也。阿弥陀経に弥陀の名義を説き給ふも光明寿命也。形像いかでか光寿の徳を画《えが》くことを得んや。真宗の本尊なれば六字・九字・十字の名号を崇め給ふことその謂はれ也。実悟記に曰く、他流には名号よりは絵像、絵像よりは木像といへり。当流には木像よりは絵像、絵像よりは名号といふなりといへり。問ふ、仏号を本尊とすること其の例ありや。答ふ、円覚経に云わく、稽首十方諸仏名号文。同じく疏に云わく、礼仏や名は召すを以て体を観じて之を礼すといへり。況んや梵天竺、漢唐土の字を以て仏号を本尊とすることは顕密両宗の常なるをや。問ふ、しからば当流におひて絵像・木像を安置するはいかん。答ふ、改邪抄に云わく、身業礼拝の為に絵像・木像と或ひは彫刻し、或ひは画図すと云々。又云わく、丈六八尺随機現の形像を祖師しひて御庶幾・御依用にあらずと云々。此等の意御在世にも形像御停止《ごちょうじ》とは見えず。唯御本意にはあらずとなり。存覚上人の記し給へる錦織寺《きんしょくじ》の縁起には、聖人も弥陀の木像を御安置と見えたり。又御代の許し給はりし古き絵像も諸国に許多《あまた》あり。丹波国定専公《じょうせんこう》の老母の所望によりて、覚如上人絵像の弥陀を御免、御裏書に方便法身尊像《ほうべんほっしんそんぞう》とあり法語記云。むかしは道場も人家にすこしかはり《(変)》、寺号もなく、坊主も俗体者多し。本尊も多くは名号、

若しは絵像にて、木像はまれなり。中古此の頃寺号もゆゝしく作り、寺号木仏ありて多く剃髪の僧にて住持し、古体なるはなし。さればむかしは信仰を貴ひて智解を好まざりしに、今は学文を本とするなり。聖人は重き官位にも進み給はず。人師・戒師といはれたま《(給)》はざりしに、今は官位を争ひ、又学師を好み、階次を諍《あらそ》へり。誠に時に移されて風儀大いに変はりたり。これしかしながら利物偏増の験《しるし》、仏説偽りなきがいたす処か。将亦《はたまた》時に准ずるものか。余流も又爾《しか》なるのみ。抑も今の世は専ら名号を脇掛とし、形像を本尊とす。先づ仏像の後光四十八願と標して四十八本の後光を御寺法とす。本名号を本尊としたま《(給)》ふに、筋光なるがゆへなり。但し昔は上下左右端座にして十の字のごとし。近ごろは開けてメ《しゃ》の字の如し。又正面の像を安ずることも、名号も木像もみな正面なるゆへなり。しかれども御本山東西旨を異にす。一概すべからず。家々伝来の相承を守るべし。

第二、本尊の御裏書に方便法身尊形とある事

問ふ、本尊の御裏書に方便法身尊形とある意いかん。答ふ、望西見聞《ぼうさいけんもん》三五丁云わく、摂法身の事、此れは瓔珞経《ようらくきょう》二種法身の名目也。自受用法身を果極法身と云ふ也。他受用法身を方便法身と名づくる也文。論註下三十七丁 諸仏菩薩に二種の法身有り。一つには法性身、二つには法便法身也文。自受用身とは、周遍法界身とも申し、色もなく形もなくして法界に充満し給ふなり。これは只仏と仏との知見にして、凡夫二乗の知るところにあらず。他受用法身といふは、一切衆生の所見にして、専ら済度を本とし給ふ。一念他念の文意に云わく、尽十方無碍光如来と名づけたてまつる（奉）なり。この如来を南無不可思議光仏とも申すなり。形をあらはし、御名をしめして、一切衆生にしらしめたまふ（給）を申すなり。これ即ち阿弥陀仏の御事也文。問ふ、弥陀は法報応三身の中には報身なるべし。故に玄義分十九丁に云わく、大乗同性経に説くが如し。西方安楽阿弥陀仏是報仏報土文。しかるに今何によりてか法身といふにや。答ふ、玄義分は三身各々に判ずる時の釈なり。法事讃上にいはく、三身化用《さんしんけよう》皆浄土を立て、以て群生《ぐんしょう》を導く。法体殊なること無し文。同じく記の上に云わく、諸仏如来皆三身を具す。しかれば偏に心得べからず。今方便法身とは、摂法身の願の意なり。衆生の為に形をあらはし、南無阿弥陀仏と名のらせ給ふ御すがたなるゆへに、方便法身とまうす（申）なり。

第三、須弥檀（壇カ）の事

問ふ、須弥檀（壇カ）に仏を安置するはいかなる意ぞや。答ふ、須弥檀（壇カ）上は帝釈の住所なり。帝釈は三千界の主なるがゆへなり。仏を無上法皇といふがゆへに、恭敬尊重して須弥檀（壇カ）上に安置したてまつる（奉）なり。問ふ、本山には祖師の真影をも須弥檀（壇カ）に安置したまふ（給）は如何。答ふ、三千界の中において一国の主も又其

むかし三井寺の安然和尚と聞こえし人は
きはめて大徳なりしが、いかなる宿世にや殊の外
貧者にて、大津の町端《まちはずれ》に庵を結び、草履を作り、
旅人に売る、旅人此の草履かたきやと問へば金剛の如しと
答へられたより、今の世まではき物に金剛の名残れり
信心の堅きを金剛にたとへ給へりしは凡夫の
信心にあらず、他力御回向の
信なればこそ誠に金剛
堅固の信なれ、凡夫の胸の中へ
仏智の入り満ち下されしと喜ぶべし

国に有りては無上の主なり。これは分に随ふて無上とするなり。今高祖聖人も我が一宗にありて無上とするがゆへなり。

四、阿弥陀堂を小にし、御影堂《ごえいどう》を大にする事

問ふ、御影堂を大に建て、阿弥陀堂を小にするは、如何なる訳ぞや。答ふ、諸宗に通じて本尊はみな爾《しか》也。問ふ、諸宗に通じて爾する意いかん。答ふ、住持三宝の時は僧宝の徳最も勝る、がゆへなり。問ふ、他宗には末寺にも開山堂有り。大に建てざるはいかん。答ふ、末寺の開山の徳、其の寺にかぎる。本寺の影堂はその宗の開山なれば、その徳ひろきがゆへに、法問・論義・談義・説法執行の場とせり。是れすなはち開山の化導なり。当山もかれと同じく御影堂を大にして法談化導の道場となし、御真影御前におひて、開山の法流を、一器のみづを一器にうつすが如く、幾千億の門末へ化導し給わんために、広大の堂を建てたま（給）ふなり。

五、御仏飯二本備ふる事

問ふ、本尊に御仏供二本備ふる意いかん。答ふ、天台宗の義、準ずるなり。そのゆへは天台の仏具の金剛盤・独鈷鈴・華皿を除きたる御宗門の仏具なり。天台にも仏飯二本なり。問ふ、天台家に準ずる意如何。答ふ、自利利他円満を表するなり。問ふ、絵像には一本備へるはいかん。答ふ、自他不二とする時は一本にても欠くることなし。問ふ、仏は法味を食としたま（給）ふ。何ぞ飯をもつて供養するや。答ふ、仏前の荘厳なり。問ふ、仏前の荘厳に飯を捧ぐる意いかん。答ふ、九十箇条に云わく、御鉢を供へ奉ることは我等が命は飲食《おんじき》の恩なり、この飲食の恩にて命ながらへて斯かる目出度《めでた》き仏法を聞くなり已上。しかれば我等が不死のくすりは飲食なれば、わが重んずる所の飲食をもつて如来にさゝげ奉るは偏にこれ報謝の助業なり。

六、御仏前別鍋にたく事

問ふ、当流に仏飯を別なべに焚くこと如何。答ふ、恭敬の義なり。問ふ、別なべにするを恭敬とはいかん。答ふ、高貴の人にはその一人のために別なべに焚いて膳をすゆるなり。今別なべにすることは、仏は無上の法王なり。況んやまた大僧正善知識の御判あり。何ぞ別なべにて敬はざるべきや。

七、鶴亀の燭台の事

問ふ、鶴かめを燭台に用ゆることいかん。答ふ、通じてこれをいへば、鶴の足の長きを切らず、亀のあしの短きを継がず。弥陀の本願は万機普益五乗斉入にして善悪智愚貴賤男女を嫌わず。普くたすけ給ふといふ表爾なり。別してこれをいへば、六角堂池の房華道極秘伝に云わく、親鸞聖人六角堂観音の行者宿報設女犯、我成玉女身被犯、一生之間能荘厳、臨

洛陽六角
の池坊は
立華の家元
にして
其の門弟
六十余州に
及べり

終引導生極楽の告げにより九条殿下兼実公の聟君とならせ給ふ。之によりて御祝儀として六角堂観音へ対の立花に鶴亀の燭台を奉る。これ対の花の初めにして伝授の奥儀といへり。尤もしかるべきか。されば鶴亀の燭台もその故実あるか。花も松竹梅など年忌仏事祝儀婚礼等の花、みなそれぐの口伝これより出でたりといへり。されば此等の故実当流より始まりて、その実をしらずして唯その美麗なるをもつて諸宗通じて用ゐ来たれる者ならんか。

八、灯明并びにふたつ燃《とも》す事

問ふ、灯明をふたつ燃《とも》すことといかん。答ふ、二利円満をあらわすなり。二利とは、自身の為にするを自利といふ。他の為にするを利他といふ。仏は自覚々他学行究満して御自分の証《さと》りにおゐて欠くる所なく、又衆生を繞益し給ふこと自在無碍なり。これを二利円満といふ。その仏徳を表じて灯明をふたつ燃《とも》すなり。問ふ、灯明をともすに経証ありや。答ふ、無量寿経の下に、懸繒燃灯散華焼香《けんぞうねんとうさんげしょうこう》と説き給へり。問ふ、灯明を燃《とも》す意はいかん。答ふ、九十箇条云わく、みあかしをあかすことは、日月の光なきときは、われらが眼くら闇となる故に、わが眼を明らかにして御姿を見よとの方便と知るべしといへり。是は一応の義なり。その故は灯明は夜に限らず。昼もともすなり。通じて仏の智光と観じて恭敬尊重の為にこれを供ず。当流にありては摂取の光明と心得て燃《とも》して如来を拝し、仏恩を喜びてしかるべきか。黒谷伝六四丁源空上人の御弟子智明といふ人は、庵室西一町あまりを隔てて一間四面の御堂を建て、御堂の妻戸に庵室の戸を明け合わせて、仏前の灯明を摂取の光明とおもひて、常に光明遍照の文をとなへて発露涕泣しけり已上。しかれば此の人に限らず、誰の人も信のうへよりは、灯明をさゝげて摂取の光明とおもひ、仏恩の称名勇敷《いさまし》く相続すべきものなりとぞ。

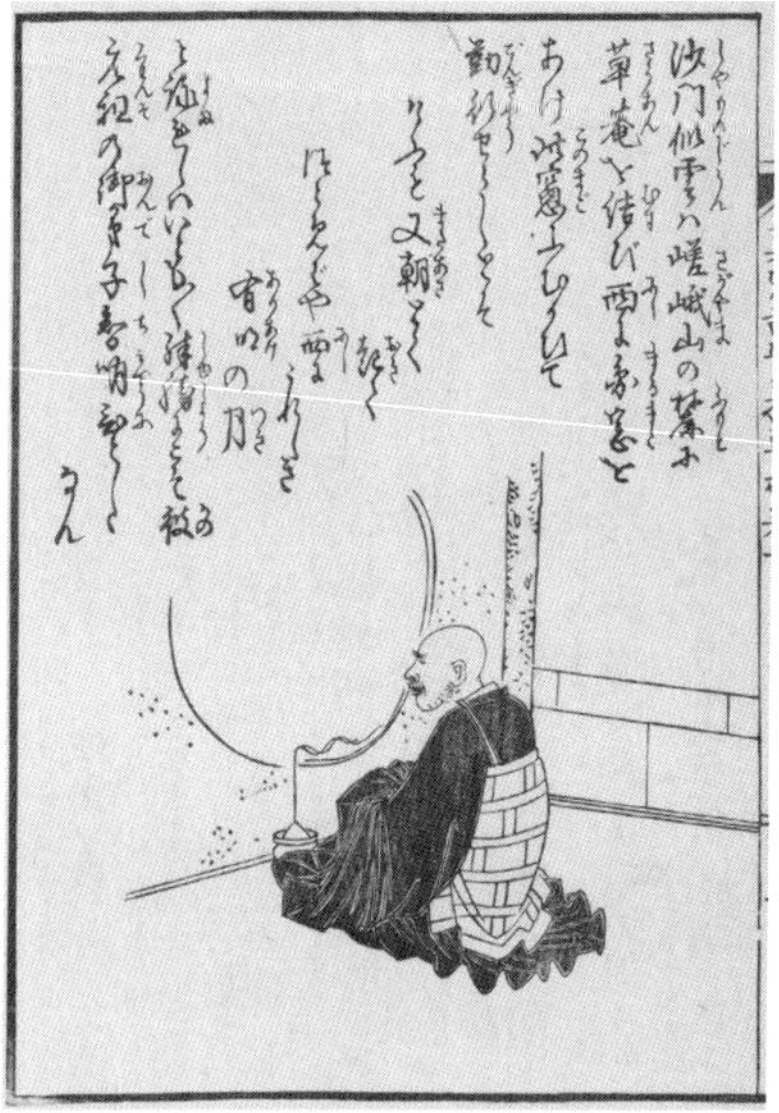

沙門似雲は嵯峨山の麓に
草庵を結び、西に円窓を
あけ、此の窓にむかひて
勤行せらしとぞ
　けふも又朝とく
　　起きて
つとめばや
　西にうれしき
　　有明の月
と詠まれしはいとも〱殊勝にこそ
彼の元祖の御弟子智明にひとしとなん

九、香を焼《た》く事

問ふ、仏前に香をたくはいかなる意ぞや。答ふ、法事讃下云わく、願はくは我が身清きこと香爐の如くば、願はくは我が心智恵の火の如く念々に戒定の香を焚焼して十方三世の仏を供養し奉れと。此の文によりて他流には口決ある観念なり。大経には散華焼香と説き給へり。九十箇条に云わく、香焼《た》くことは香のある間火もえて煙たつなり。此の地水火風の借り物の口より息の出づるは彼の煙のごとし。消えては、ひえたる灰となるは我等鳥部野《とりべの》の薪《たきぎ》となりて、むなしき灰となるに喩へてみよとのことなり已上。今云わく、第三十二妙香合成の願に、皆無量雑宝百千種香を以て共に合成して厳飾奇妙諸人天を超えたり。其の香普く十方世界に薫じて菩薩聞く者皆仏行を修す文。この願に依る上代上根上智の人は異香を齅《か》ぐ人あり。我等は末代下根下智のゆへに異香をかぐこと叶はず。しかれども本尊の前の香の匂ひを齅《か》ぎたてまつる時、極楽の異香よと意得《こころえ》て仏恩の称名相続すべし。又香を供ずるは不浄の臭気を払ふて仏を尊敬し奉る心なるべし。

十、香爐の蓋に獅子竜の形ある事

問ふ、香爐の蓋に獅子竜の形ある、其の意如何。答ふ、法苑珠林に云わく、天黄瓊《てんこうけい》、迦葉仏《かしょうぶつ》の香爐を説く。略して云わく、前に十六獅子白象有り。二獣の頭上に於いて別に蓮華台を起《た》て、以て爐と為す。後ろに獅子の蹲踞する有り。頂上に九竜有り。金華を繞《まと》ひ承《う》く。華の内に金台宝子有りて香を盛る。仏説法の時、常に此の爐を執る。此の頃今世を観るに手爐の製有ること少なし。法に倣ふと文。獅子は獣の王なるゆへに一切諸獣悉く怖畏す。今仏法は天魔悪鬼等ことゞく怖畏することをあらはす。又竜は一滴の水を大雨となすは竜力不思議なり。小善を大善となすは仏力不思議なり。故に此の義を表ずるなり。去りながら当流の意は何となく義理を附けず。たゞ香爐の蓋と心得べし。若し聖道門の人の問ふときは、彼がこゝろに順じて右のごとくに答ふべきものなり。

十一、仏前に花を供する事

問ふ、仏前に花を供ずる意いかん。答ふ、仏供養なり。問ふ、花を供養する経文いかん。答ふ、無量寿経に散華焼香と説き、阿弥陀経に各《おのおの》衣裓を以て衆《もろもろ》の妙華を盛り、他方十万億の仏を供養すと説きたまふ（給）。問ふ、この文は花皿にはなをもりて供養する文なり。いかん。答ふ、花を立つるは供養にあらずや。頌義十五十五丁、一華供養、一称南無、則ち是れ仏因、則

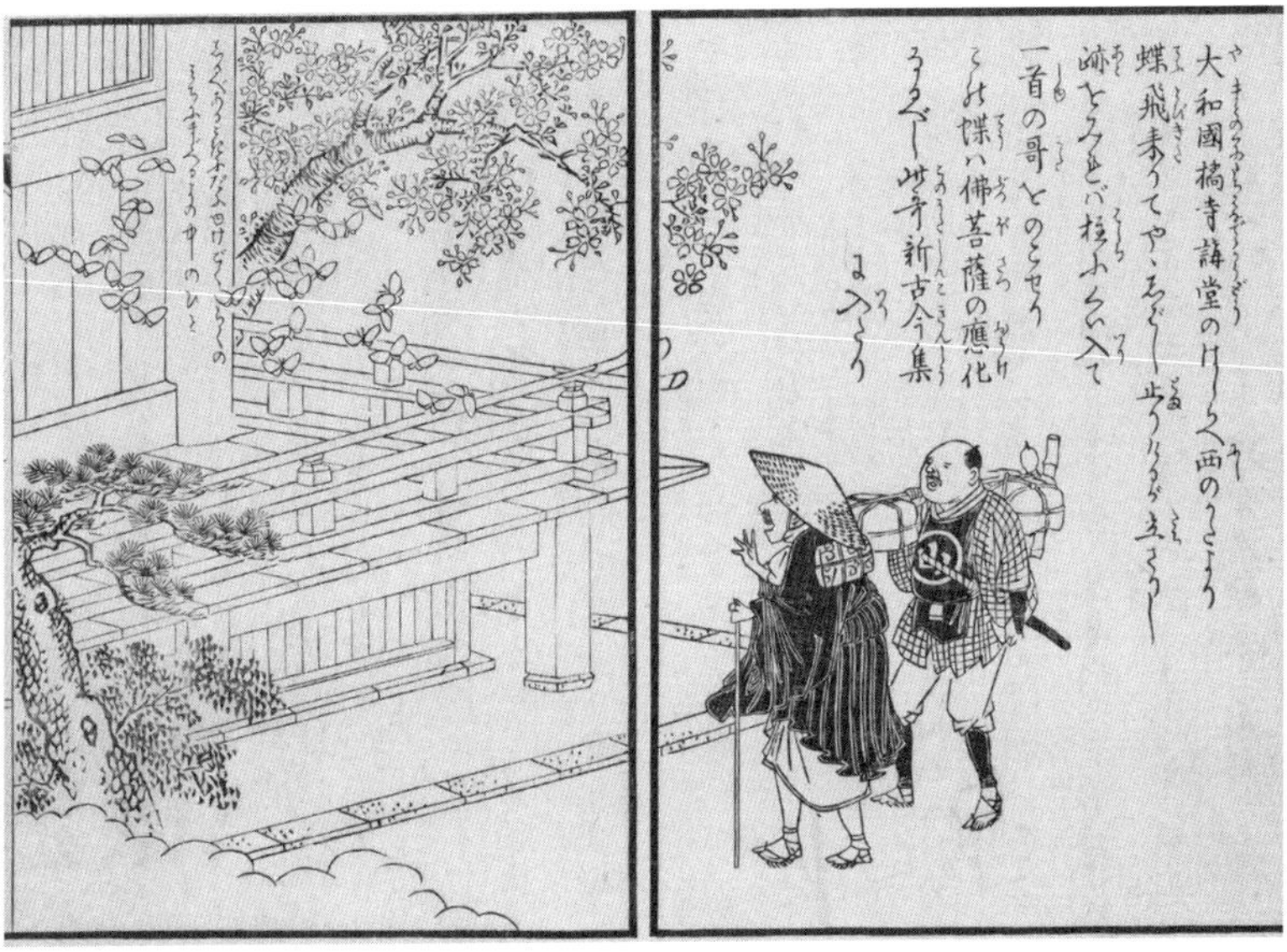

大和国橘寺講堂のはしらへ西のかたより
蝶飛び来たりてや、しばし止まりたるが立ちさりし
跡をみれば柱にくい入りて
一首の歌をのこせり
この蝶は仏菩薩の応化
なるべし、此の歌新古今集
に入りたり

しるべあるときにだにゆけごくらくの
みちにまどへるよの中のひと

ち是れ仏行。当位即妙本位を改めず。当々位々、即ち是れ仏果といへり。されば是れ仏供養の義なり。問ふ、当流に夏花《げばな》俗に八日花と云を摘まざるは如何。答ふ、花をつむは修行なり。当流のこゝろ、助業をさしをきて正定業の信行を本とす。故に花をつまず。扨花を仏前に立つる意を九十箇条にいはく、御前に花をたてることは、根を切りたれば命はきれたる草木のはななれども、少しの水にやしなはれて生木のごとくなるは、我等生まれたるは死の始めなれば、生まるゝよりはや死したる数に入りたれども、無常の使ひ来たらぬ間は、存《なが》らへたる体をおもへとの催促なりと。今いふ花は仏前の荘厳なり。信は荘厳よりおこるなり。問ふ、いかゞ信をおこすや。答ふ、仏前の荘厳を見て殊勝におもひ、小経の七重宝樹、大経の七宝の行樹を思ひ出だして、欣求浄土のおもひよりいよ〳〵仏恩を報謝せよとなり。

十二、仏前に幡《はた》を用ひざる事

問ふ、幡は何を表じたるものなりや。答ふ、はたは大日如来三摩耶形入定の体なり。無縁集上丁五、十方衆生正覚依表なり。謂わく、法身如来を表じて荘厳を作《な》す。荘厳の相は万善の功徳なり。秦《しん》には続命神幡といふ。頂きの三角なるは三世三宝三身を表ず。十八の手は十八界利益引接の体なり。四つの足は四摂の法門、四弘誓願胎卵湿化四生利益の形なりといへり。迦葉経に云わく、風その幡を吹いて一反転ずるに、風にあたりて七世の父母六親眷属乃至十八地獄みな解脱を得、無量の罪をめつし（滅）、無数の仏を見たてまつる（奉）。何況んや十方において十反し、百反し、千反し、転反せんをや文。又同経に十種の功徳を説く。問ふ、此《か》くの如き功徳殊勝の幡を当流仏前にかけざる意云何。答ふ、当流の意、観心表示を用ひず。又名号の外に功徳をたのまず。其等の功徳も皆名号の中に具するがゆへなり。恵心の正修観にいはく、因行果徳、自利々他、内証外用、依報正報、十方三世、一切諸仏、恒沙塵数、無辺法門皆悉く六字の中に摂在す。故に称名功徳無尽なり文。この故に自余の功徳に望みなきなり。問ふ、幡を掛くることは極楽の荘厳なり。礼讃丁廿云わく、地下の荘厳七宝の幢、無量無辺無数億なり。八方八面百宝を成ず。彼を見れば無生自然に悟る文。又散善義《さんぜんぎ》に、第三の夜に見らく、両《ふた》つの幢杆《はたさお》極めて大いに高く顕れて幢五色なり。道路縦横にして人見ること碍《さわ》り無し文。しかれば仏前の荘厳に幢をもちひてしかるべきにあらずや。答ふ、当所すなはち極楽と立つる宗旨ならば尤もしかるべし。当流のこゝろは唯事唯相を本とするゆへに、極楽の荘厳を仏前にうつすことを本とせず。穢土をすてゝ浄土に至ることを勧むるゆへに、極楽に幢ありとて仏前に極楽の相をうつさゞるものなり。

十三、仏前に天蓋を用ひざる事

問ふ、天蓋は何と表ずるや。答ふ、礼賛に天来香蓋と。無縁集上に云わく、倩《つらつら》天蓋の由緒を案ずるに、母の胎内に在つて五位を成就す。出生羅の故也。母三毒を呑むと雖も其の身に接《まじ》へず。是《ここ》を以て武家には表じて、武羅成には則ち刀囂身に加へず。仏家には扱の如きんば、悉怛多般怛羅《しつたたはんなら》を白傘蓋に翻す。蔵心染まざるを白と曰ふ。偏に一切に覆ふを傘蓋と曰ふ。魑魅魍魎手を拍《う》つて遙かに遠く去るといへり。是れ天蓋の徳なり。問ふ、当流天蓋を用ひざるはいかん。答ふ、当流の意は此《ここ》をすてゝ彼《かしこ》にゆく。蓮華化生なり。なんぞかの表爾を用ひんや。問ふ、百縁経・増阿含経等に広く天蓋の功徳殊勝なりと説く。何ぞこれを用ひざるや。答ふ、その徳また名号所具の功徳なるゆへに用ゐざるなり。

十四、法会に鐘を鳴らす事

問ふ、諸宗通じて法会の始めに鐘をならすこと云何。答ふ、その故あり。感通伝に云わく、法会の砌、初めて鐘をうつ時、地行夜叉之を聞く。速やかに飛行夜叉に告ぐ。飛行夜叉速やかに諸天に告ぐ。適《あつぱれ》一善あるに万過(をカ)と過(とカ)をせず。諸天必ず其の砌に影向《ようごう》す已上文。然れば諸天影向の為に鐘をつく也。問ふ、諸天ばかり影向するや。仏菩薩も影向して聞きたま(給)ふや。答ふ、伝法要解の意によれば堂内は仏菩薩影向あり。堂上の空には諸天影向あり。堂の庭には諸神影向あり。問ふ、仏菩薩影向の証文ありや。答ふ、法事讃上云わく、先づ弥陀を請じ奉れば、道場に入り給ふ。弘願に違はず、まさに時に応じて観音勢至塵沙の衆徒を迎へ、仏華に乗じて来たつて会に入り給ふとあり。此の讃文は極楽の仏菩薩勧請の讃なり。塵沙衆の中には施主の志す人も仏に従ひ来たりて法味を受くる義なり。問ふ、諸神影向して法を聴聞し

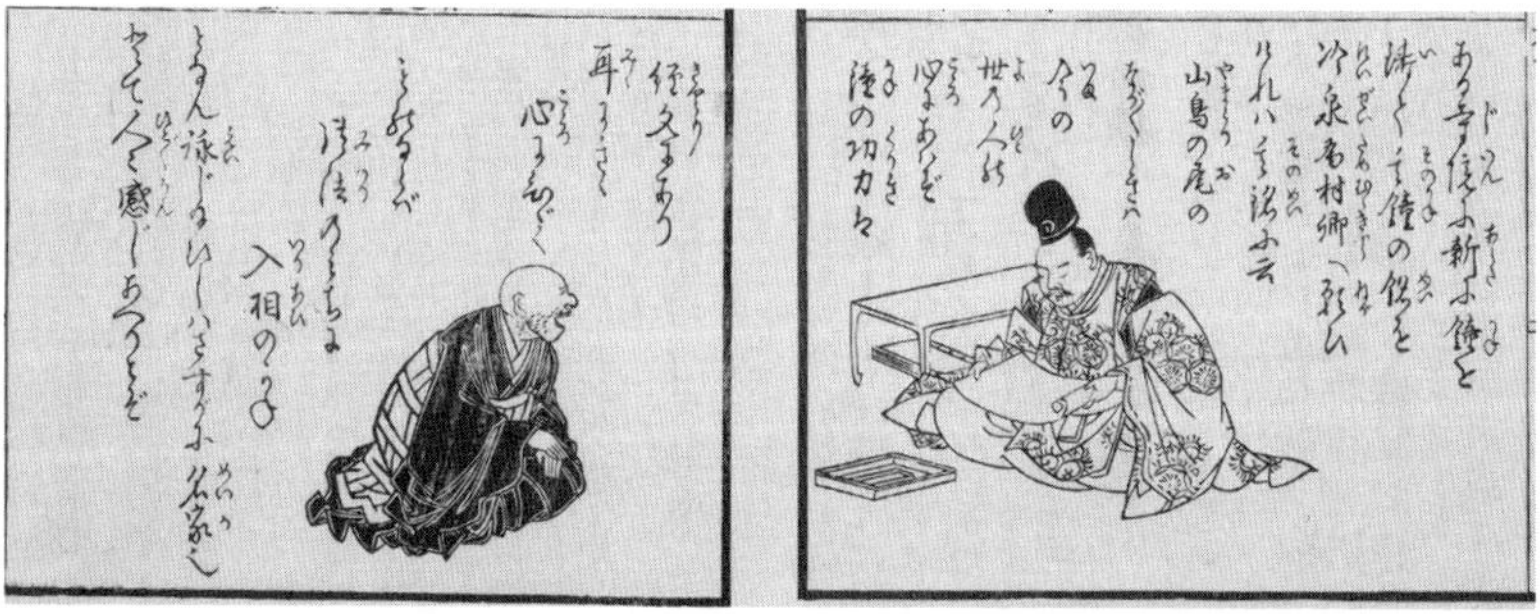

ある寺院に新たに鐘を
鋳て其の鐘の銘を
冷泉為村卿へ願ひ
ければ、其の銘に云ふ
山鳥の尾の
ながく／＼しきは
今の
世の人の
心にあはず
鐘の功力は
経文にあり
耳にきゝ
心にひゞく
ものならば
御法のみちに
入相のかね
となん詠じ給ひしは
さすがに名家也とて
人々感じあへりとぞ

たまふ《（給）》証ありや。答ふ、神社考三丁廿一、道綱卿の子道命阿闍梨経を誦す。其の音律呂に叶ふ。しかるに道命僧となるといへども甚だ色を好む。一夕《あるよ》和泉式部に奸通す。暁に及んで道命経を誦すること両三巻、夢に一老翁来たりて経を聞く。道命誰ぞと問ふに、我は五条西洞院の辺《ほとり》にすむ。阿闍梨の経を誦《よ》むとき諸天善神来たりて聴聞す。今夜汚穢不浄にして誦むゆへに諸神来たらず。我其の隙を伺ひて此に来たるといふ已上。問ふ、犯淫の人誦経には諸神来たらざるや。答ふ、感通伝に万過を過《とが》とせずといふ。なんぞ嫌はんや。問ふ、道命を嫌いたるはいかん。答ふ、道命は表向き不犯の身にして内心不正直を諸仏の嫌ひたまふ也。神は正直を本とするがゆへに。問ふ、諸仏諸天諸神の影向をみざるはいかん。答ふ、凡夫の肉眼には煩悩の雲霧覆ふがゆへに見ざるなり。見ずといへども何ぞ影向をうたがはんや。慈恵と仲山と宗論の時、春日明神文点を附けかへてをしへ《（教）》給へば、慈恵怒つて春日明神の冠の緒を引き切り給ふ。諸人は春日明神を見ず。唯冠の緒ばかりを見るなり。諸神の影向を見ざること、是れを以てしるべし。然れば読誦勤行いづれの法会にても仏菩薩諸天善神影向して聴聞したまふ《（給）》なり。法会に逢ふ人は仏菩薩諸天善神と供に会して聴聞するとおもひて、仏恩の広大なることを喜ぶべし。

十五、経をよみ終はりて経を操り返す事

問ふ、読誦のをはりに経をくり返へす意はいかん。答ふ、巻舒の意也。直牒廿八丁云わく、箇正記に云わく霊芝、前より後に向かふ、舒と云ふ。後より前に向かふ、巻と云ふ已上。問ふ、巻舒するこころ如何。答ふ、校合なり。名号を唱へて校合する時、上来読誦する所みな正定業となる也。しかれば三輩九品の説相も仏随自意本意の名号と校合する也。然れども当流には操らざるを寺法とす。

十六、勤行に正信偈の事

問ふ、浄土宗には勤行に弥陀、釈迦、三国伝来の祖師善導、法然、その寺の開山、并に代々当日の生霊、一切生霊鎮守等別々に経をよみて回向す。当流にはその義なく、唯正信偈和讃念仏ばかりなるや。答ふ、当流におゐても往古は六時礼賛を勤められしを、中興上人末世の下機を鑑みて六時を二時に略し、礼讃を正信偈念仏和賛とし給ふ。問ふ、しからば末代下根の機は三国祖師の恩をおもはざるや。答ふ、正信偈は一遍に諸《もろもろ》の恩を含むなり。問ふ、そのこゝろいかん。答ふ、偈の文に弥陀、釈迦、龍樹、天親、流支、曇鸞、道綽、善導、源信、源空の賛あり。されば仏祖の恩徳報謝、正信偈にて漏ることなし。問ふ、当

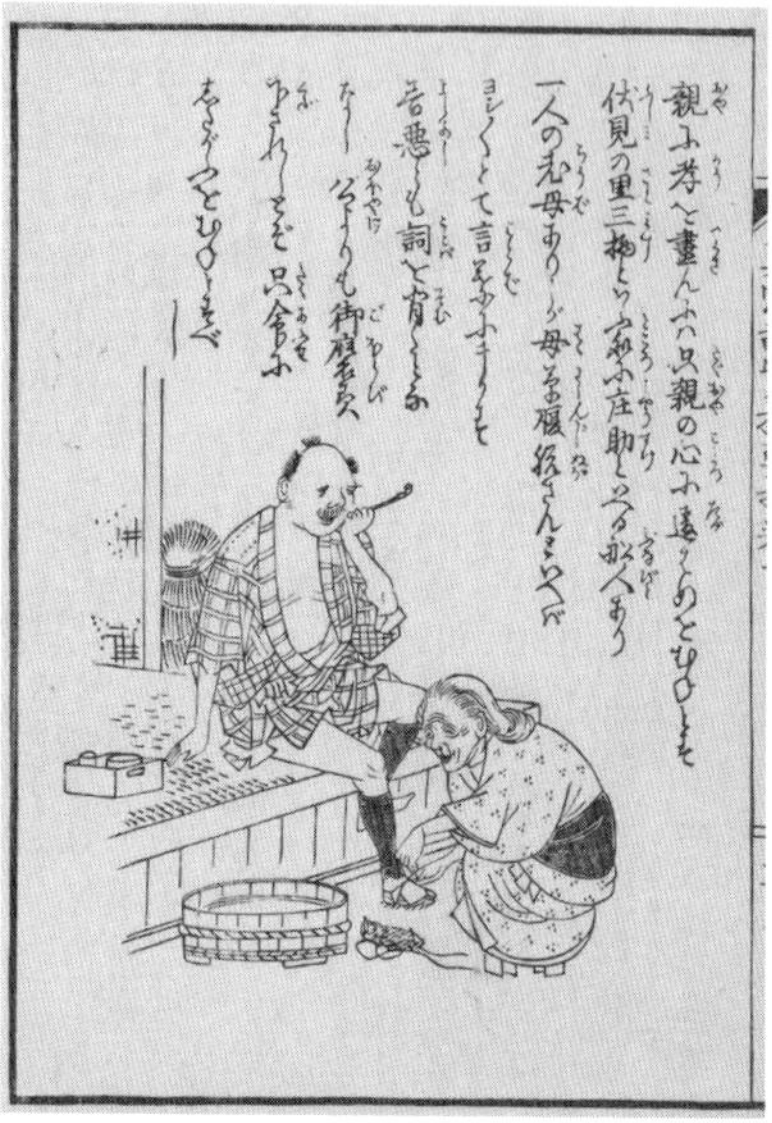

親に孝を尽くさんには只親の心に違はぬをむねとす
伏見の里三栖といふ処に庄助といへる船人あり
一人の老母ありしが、母草履《わらんじ》脱がさんといへば
ヨシ〱とて言葉にまかす
善し悪しとも詞を背くことは
なし、公よりも御褒美
下されしとぞ、只命《おお》せに
したがふをむねとすべし

日の生霊には何を回向するや。答ふ、回向の文に平等施一切といふ。是れ惣回向なり。他力の回向にて十界の群生普く利益するなり。問ふ、末世には真実受持読誦の人なし。しかるに斯かる殊勝の和賛正信偈を与ふるは小児《こども》に太刀《かたな》なり。いかん。答ふ、破邪顕正抄の意に依るに、下根愚痴の人に是非ともこれを勤めよといふにはあらず。問ふ、和讃正信偈は五種の正行の中にはいづれに摂するや。答ふ、破邪顕正抄にいわく、和賛は五種の正行に配せば讃嘆に摂すべきかとあり。問ふ、正信偈は何に摂するや。答ふ、読誦に摂すべきなり。問ふ、専修一向の宗旨なれば念仏のみ行ずべし。いかん。答ふ、和讃の間は称名は正業なり。和賛は称名の助業なり。改邪抄に念仏にものうからんとき和賛を加へて称へしむるは、かつは声を休めんが為、また無上の法味をあぢわはしめんが為なりとあり。初夜の勤行に正信偈多念仏あり。偈は助業、念仏は正業なりとこゝろうべきなり。

十七、勤行助(時カ)を定むる事

問ふ、勤行に時を定むるこゝろ如何。答ふ、尤も時を定むべき事也。そのゆへは礼讃下三十三の意に依るに、仏の飯食は法味なり。浄土論に云わく、愛楽仏法味禅三昧為食とあり。仏法味の食を供養するに時を違ふべからず。世の人親を養はんに、時を違へば親の意に叶ふまじきなり。仏を供養せんに、時を違ふものは仏意に叶ふべからず。問ふ、それは道理をいへり。勤行の時を定むる文証ありや。答ふ、智論七五丁云わく、菩薩夜三たび、昼三たび、六時礼請《ろくじらいしょう》、偏祖右肩《へんだんうけん》、合掌して言《もう》さく、十方仏土無量諸仏等文。又《また》同七丁云わく、復次に菩薩の法、昼三時、夜三時、常に三事を行ず。一つには清旦に偏祖右肩、合掌して十方仏を礼する等。同廿六四丁云わく、復次に仏、仏眼を以て一日一夜各三時一切衆生を観ず。度すべき者時を失はしむること無し。等しく衆生を観ずる故に異相有ること無し文。同九十二十三丁云わく、仏常に昼三時、夜三時、仏眼を以て遍く衆生を観《み》そなはして、誰か善根を種《う》ゆるべき、誰か善根成熟増長す、誰か善根成熟して応《まさ》に度することを得べき。此れを見已《みおわ》りて神通力を以て所見に随ひ、衆生を教化す文。この論文をもつて見るときは、六時を勤むるとも二時をつとむるとも仏観見の時をもて勤行すべし。また参詣の人も勤行に値《あ》ふやう参詣すべし。問ふ、しからば何とて六時を勤めざるや。答ふ、当流の意は下根の機に応じて二時とさだめ給へり。勿論摂取心光常照護なれば、あながち六時に限るべからず。

十八、五体投地の拝及び三拝九拝を用ひざる事

問ふ、三十七の願に五体投地の礼あり。論には礼拝門あり。釈には礼拝正行あり。当流なんぞ礼拝に五体投地、三拝九拝等の式なきや。答ふ、礼拝に身口意《しんくい》の三礼《さんらい》あり。身礼にまた上中下の三礼あり。上品の礼拝は五体を地に投げての礼拝なり。中品の礼拝は長跪といひてひざまづきて拝す。下品の礼拝はたゞ首《こうべ》を低《うなだ》れ合掌をするをいふ。二つに口礼といふは、口に南無至心帰命礼と唱ふるを云ふ。三つに心礼といふは、意に恭敬するを云ふ。当流は心礼を本として三拝九拝等の義式を本とせず。その故は五体投地、三拝九拝等は腰膝の立たざる人はなりがたし。心に恭敬するいかなる人にも相応すべしとのたまふ。そのうへ法然上人は、源空が目には礼拝門を南無阿弥陀仏とみるなりと宣へり。名号をとなふれば五体投地、三拝九拝の礼拝なり。何ぞ名号の外に礼拝の式を求めんや。観経には見無量寿仏已接足作礼とのたまふ。しかれば当流の人は、如来に向かひ奉る時は御足を引き寄せて我が頭上に戴く思ひになりて仏恩を念じて念仏すべきなり。

十九、平座《ひらざ》説法《せっぽう》の事

問ふ、諸宗の説法に高座を用ゆることいかん。答ふ、

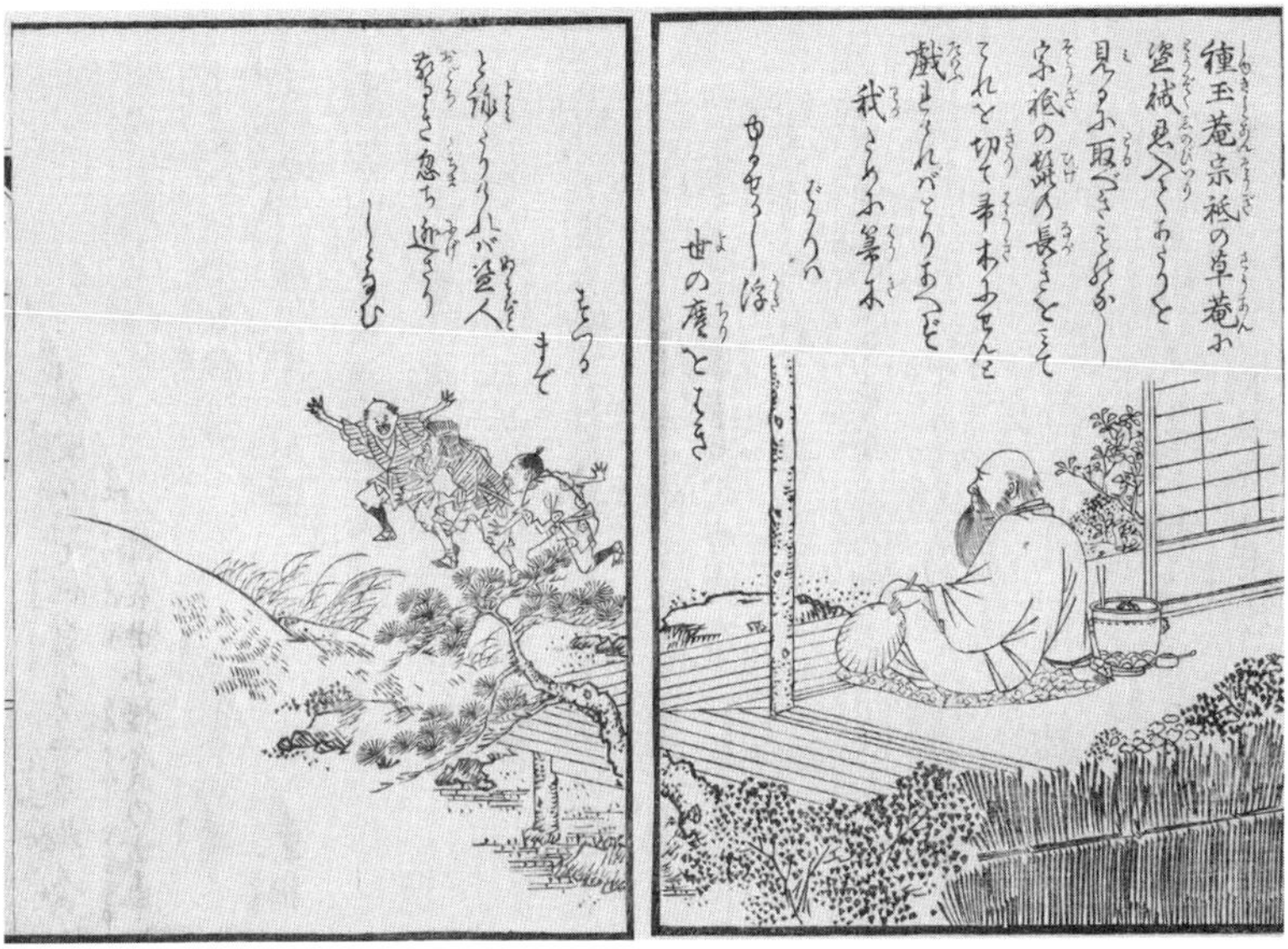

種玉庵宗祇の草庵に
盗賊忍び入りてあたりを
見るに取るべきものなし
宗祇の髭の長きをみて
これを切りて箒木にせんと
戯れければとりあへず
　我がために箒木
　　ばかりは
　　　ゆるせかし
　浮世の塵をはき
　　すつるまで
と詠みたりければ盗人
驚き忽ち逃げさりしとなむ

説法の式也。明眼論高座品に云わく、空恵を高座と名づく。有智高座に座す。若し此の高座を得れば、能く仏法を説くに堪へたり文。しからば沙石集六下に、野干《やかん》帝釈天に対して高座にあがり説法することあり。当流の御影堂《ごえいどう》の説法何ぞ平座なるや。答ふ、当流の説法は如来聖人善知識の御詞を伝ふる通辞なり。故に仏にも向かはず、聴衆にも向かはず。勅命のまゝを申し渡す也。聖人の御詞にも口伝鈔歎異抄、親鸞は弟子一人ももたず。如来の教法を十方衆生に説ききかしむるばかりなりとのたまへり。然れば祖師聖人既に如来の御代官通辞なりとあれば平座説法なり。抑も又在家と膝をならべて談合の思し召しと蓮如上人の仰せられたり。ありがたき思し召し也。扨余宗には談義といふ。是れは文々句々の義理を説きわけて信受せしむる意なり。当流には勧化讃嘆《かんげさんだん》といふ。讃嘆とはほめほむるといふ浄土論より出でたる名目なり。これは文々句々の義理を解し説きかしむるを本とせず。弥陀の願力摂生の大悲深重なることをほめあげて、人をして信心決定せしむるを本とす。故に蓮如上人は讃嘆々々と仰せられたり。しかれどもあながちに法門の義理にも拘はらず、愚痴文盲にして智者の嘲りを招くは仏祖善知識に耻辱をあたへ、宗の汚名なすなり。唱導の人に有りては慎まずんば有るべからず。

二十、参銭の事

問ふ、仏前に参銭とて米銭を抛つこといかん。答ふ、仏供養の義、一華供散の意なり。問ふ、米銭を供養して仏受け給へるや。答ふ、受け給へり。問ふ、仏これを受け給ひて何の用ありや。答ふ、抛つ人の貪欲を除かんが為なり。其の故は仏在世に慳貪の女車五百両扶千人に財宝を積みて仏前に参りて供養し、彼が慳貪の罪を滅して阿羅漢果を得るとあり。是れ仏は財宝に用なく、唯罪を滅せしめんが為なり。問ふ、米銭を抛投するに功徳ありや。答ふ、尤も功徳あるべきなり。其の故は一銭のことにも中違ひする。これは貪欲つよきゆへなり。斯くの如く貪欲つよきもの、欲をはなれ惜しきともおもはず抛つとき、罪を滅する故に功徳となるなり。問ふ、抛投する米銭をば住僧これを受用するなれば、住僧に抛投するにあらずや。答ふ、仏は法王、住僧は法臣なり。法王の仏受けて住僧の法臣に与へて露命を続《つな》がしめ、法王の正法を執行せしめ、また弘通せしむるなりとしるべし。

廿一、寺院に太鼓ある事

問ふ、寺院に太鼓を用ゆるは如何。答ふ、大経の上に扣法鼓吹法螺《くほうくすいほうら》と説き、下巻には撃法鼓建法幢《げきほうくこんほうどう》といへり。これは衆を集めて法を施すの器なり。ゆへに同じき経に法施を演《の》べ常に法音を以て諸世間を覚《かく》すと説き給へり。釈氏要覧の下に云わく、寺院鼓を撃つ、五分に云わく、諸《もろもろ》の比丘布薩衆時ならず集まる、仏言はく、若し犍稚を打ち、若し鼓を打ち、貝を吹き、若しは食時に撃つ者は、楞厳経に云わく、食弁に鼓を撃ち、衆集に鐘を撞《つ》く、説法の時撃つは僧祇に云わく、帝釈に三鼓有り、若し善法堂の説法に第三鼓を打つといへり。今いふ、太鼓の声をきかん人は、善知識の寺へ参り法を聴聞せよとある御使ひなりと心得て参詣すべし。若し世事に隙《ひま》なくまいられざる人は、太鼓の音をきかば何れの所にても慚愧して仏恩の称名相続すべし。これ太鼓の徳なり。

廿二、七昼夜の初夜法談を先にし勤行あとなる事

問ふ、七昼夜の初夜に勧化を先にし、勤行の後なるはいかん。答ふ、聖人の御心を汲み得て勧化を先にせらるゝなり。聖人の御意は、恩徳報謝のこゝろあらば先づ衆生をすゝめて信を取らせよかしの御意なれば、その心をくみ得て勧化を先にし、勤行を後にし給ふなり。問ふ、しからば何れの時も法談を先に

すべし。初夜に限るはいかん。答ふ、余の時に勤行を先にすることは仏道修行の儀式諸宗通途なり。初夜に限りて聖人の意をあらわすに例あり。浄土宗には六時をつとむるに、初夜には念仏を唱へ、後に礼賛を行ぜり。是れ本意の称名をあらわせり。今も聖人の本意をあらわし給ふなり。

廿三、聖人の御臨終に奇瑞なき問答の事

問ふ、浄土三国伝来の祖師みな臨終に奇瑞を現ず。吾が祖聖人臨終に奇瑞なきはいかん。答ふ、奇瑞を現ずるも利益衆生の為なり。現ぜざるも利益衆生の為なり。問ふ、その意いかん。答ふ、奇瑞を現ずるは衆生に念仏の信心をとらしめんが為なり。故に黒谷伝八丁八、法然上人宣はく、我が往生は一切衆生の為なり。念仏の信をとらしめんが為に瑞相を現ずるなりと。又同丁六、今度の往生は決定か。上人答へてのたまわく、我もと極楽にありし身なれば定めて帰りゆくべしと。しかれば諸師みな化他のために瑞相を現じたま（給）ふと見えたり。問ふ、聖人の臨終に瑞相なきは化他の為といふ意いかん。答ふ、末代下根極悪の凡夫の往生と同じく、奇瑞をあらはし給はずして凡夫の疑ひを散じ、平生業成《へいぜいごうじょう》の拠実《こじつ》をあらはし給ふものなり。

廿四、臨終の行義を本とせざる事

問ふ、釈氏要覧下、観念法門丁九、往生要集中之末、鎮西宗要四丁十一等に臨終の行義を明かせり。当流何とて臨終の行義を用ひざるや。答ふ、平生業成の行人なんぞ臨終を要期せんや。御詞に平生業成の行人なれば臨終まつことなし、来迎たのむことなしとのたまへり。聖人も弘長二年霜月下旬の候とあれば、廿一・二日ころ御不例とならせ給ひてより、口に世事をまじへず、たゞ仏恩のふかきことを喜ばせ給ひ、声に余言をあらはし給はず、専ら念仏計《ばか》りとあれば、宿

業によりて無記になり、或ひは狂乱し、或ひは熱におかされ、又寝いり死に頓死など云ふ類は拠《よんどころ》なければ、其の侭往生すべし。臨終の善悪によらざるがゆへなり。若し又左もなき尋常の機ならば、往生の近附くにつけても、いよ〳〵仏恩をよろこび、息の通わん程は報謝の称名相続して往生はありたきものなり。口伝抄下に、聖人親鸞の御弟子高田の覚信房太郎入道といふ人ありき。重病をうけて御房中にして鶴林にのぞむとき、聖人親鸞入御有りき。危急の体を御覧ぜらる、所に、呼吸の息あらくしてすでにたえなんとするに、称名おこたらずひまなし。その時聖人たづね仰せられてのたまわく、其のくるしげさに念仏強盛の条まづ神妙たり。但し所存不審《いぶかし》いかんと。覚信房こたへまふされていはく、喜びすでに近づけり。存

高祖聖人御弟子
覚信房の臨終を
訪《と》ひたまふ所

ぜんこと一瞬にせまる刹那の間たりとも、息の通わんほどは往生の大益を得たる御恩を報謝せずんば有るべからずと存ずるについて、此《か》くの如く報謝の為に称名つかまつるものなりと云々。この時聖人年来常随給仕のあひだの提撕《ていぜい》そのしるしありと御感のあまり随喜の御落涙千行万行也云々。爾《しか》れば誰の人も娑婆の御暇ごひとぞんぜば念仏解(懈カ)怠なく相続して往生は有りたきことのなりかし。

廿五、尋常念仏法然上人より相承の事

問ふ、念仏の行義、別時念仏・尋常念仏・臨終念仏の三種ある中、尋常念仏行住座臥の称名を勧め給ふこと、相承ありや。答ふ、元祖の相承なり。別時念仏は阿弥陀経の意なり。臨終念仏は観経の意なり。尋常念仏は大経の意なり。問ふ、法然上人より御相承の証拠ありや。答ふ、教行信証六末三十六丁云わく、元久二年閏七月廿九日、真影の銘に南無阿弥陀仏、若我

古《いにしへ》大原において空師叡山の衆徒と宗論の時、空師の論には本尊光を放ち衆徒の論には光を隠し給ふ、爰に衆徒舌を巻き上人に伏す、今大原勝林院の本尊証拠の弥陀と号する是れなり

成仏、十方衆生、称我名号、下至十声、若不生者、不取正覚、彼仏今現在成仏、当知本誓重願不虚、衆生称念必得往生、と書き与へ給へり。是れは礼賛の文にして第十八願の釈なり。故に大経より出でたる尋常念仏なり。問ふ、源空上人は三種念仏の中何を本とし給ふや。答ふ、尋常念仏なり。問ふ、尋常念仏といふ証拠ありや。答ふ、散善義の一心専念弥陀名号、行住座臥、不問時節久近、念々不捨者、是名正定之業、順彼仏願故とある文に依つて宗義を開き給ふ元祖の悟道なり。釈の中に行住座臥といふは、平世の行義にあらずや。故に尋常念仏空師の本意といふなり。問ふ、空師一代所々におひて別時念仏を行じ給ふ。しかれば別時念仏もまた空師の本意といふべし。答ふ、これは当機の方便なり。問ふ、当機の化益とは如何なる意ぞや。答ふ、黒谷伝八八丁、空師のたまはく、我が往生は一切衆生の為也。念仏の信をとらしめんが為に瑞相を現ずるなり。問ふ、空師の釈に証拠ありや。答ふ、選択集に云わく、貧道昔茲《こ》の典を披閲するに、粗《ほぼ》素意を識《し》る。立ちどころに余行を捨て、ここに念仏に帰す。其れより已来《このかた》今日に至るまで、自行化他唯念仏を縡《こと》とす。然る間希《まれ》に律を問ふものは、示すに西方の通律を以てす。適《たまたま》行を尋ぬる者は、念仏別行を以てす。之を信ずる者は多く、信ぜざる者は尠《すく》なし文。しかれば行を尋ぬるものには、誨《おし》ふるに念仏の別行を以てすとあれば、別時念仏は随他の行なり。当機の化益なり。尋常念仏は人寿十歳の機にいたるまで機教相応す。当流聖人の教化末代に相応すること、空師よりの御相承一器瀉瓶《いっきしゃびょう》の法水、仰ぐべし、信ずべし。

廿六、檀那を門徒といふ事

問ふ、檀那を門徒といふはいかん。答ふ、檀那とは梵語天竺の語。此に施と飜ず。檀波羅密の義なり。問ふ、能施《ほどこして》所施《ほどこされて》ともに檀那といふはいかん。答ふ、僧より能施《ほどこして》人を檀那といふは、財施を受くるゆへにいふなり。俗より僧を旦那寺といふは、法施をうくるゆへにいふなり。問ふ、門徒といふ意いかん。答ふ、徒は党なりと訓じて、ともがらと訓む。門のともがらなり。門輩門侶なり。孔子も三千の門徒といへり。御門徒といふは、御開山の御門徒と云ふ義なり。御文章《おふみ》にも永き世開山聖人の御門徒たるべからざるものなりと仰せられたり。御は開山につく詞なり。問ふ、他宗には檀那といひ、当流には門徒といふべきか。答ふ、しからず。自他ともに通ずべきなり。

廿七、当流に不回向といふ事

問ふ、仏道修行には回向を本とす。回向なき時は船に櫓《かじ》なきが如しといふ。当流なんぞ不回向といふや。答ふ、正行不回向の故なり。選択集上十四丁云、正助二行を修するもの、仮令《たとい》別に回向を用ひざれども、自然に往生の業を成ずと。又玄義分廿一丁云わく、南無と言ふは即ち是れ帰命、亦是れ発願回向の義なり。阿弥陀仏と言ふは即ち是れ其の行なり。斯《こ》の義を以て故に必ず往生を得文。文類にいはく、凡夫自力の行にあらず、大悲回向の行なるが故に不回向といふと。是れを以てしるべし。問ふ、しからば和賛念仏の終はりに願以此功徳、又我説彼尊、或ひは世尊我一心等の回向文を用ゆべからず。いかん。答ふ、自余の浄土宗は他力中の自力なるゆへに、文の点も浄土宗には願はくは此の功徳をもつて平等に一切に施し、同じく菩提心を発《おこ》し、安楽国に往生せんと訓ず。当流の点は願はくは此の功徳をもつて平等に一切に施し給ひ、おなじく菩提心を発《おこ》さしめ、安楽国に往生せしめ給へと訓ずるなり。又我説彼尊の回向は衆生に回施して彼の国に生ぜしめ給へと点じ、又世尊我一心の回向は安楽国に生ぜんと願せしめ給へと訓ずるなり。問ふ、その文点は文の正意にあらざるに似て、自己解了の点にあらずや。答ふ、文は学者の執見なり。唐本には点なし。学者文の義理を以て点を附くるなり。何れの点も自己解了なり。学者点をつけて法門無尽の理をあらわすなり。他力回向を希《こいねが》ふのこゝろと知るべし。

真宗故実選要抄巻一

真宗故実選要抄巻二

目録

巻二目録畢

真宗故実選要抄巻二

廿八、他力廻向の事

問ふ、当流他力廻向といふ本拠、いづれのところにありや。答へ、高僧和讃に弥陀の廻向成就して往相《おうそう》還相《げんそう》ふたつなり。これらの廻向によりてこそ、心行ともにえ（得）しむなりとの給ふ。問ふ、此の和讃何によりてのたまふや。答へ、論註下五十一丁に云わく、其の本を求むるに阿弥陀如来本願力に縁《よ》る行巻三十七丁に之を引く。問ふ、曇鸞大師《どんらんだいし》は何によりて他力廻向の義をたてたま（給）ふや。答へ、論に云わく、本願力廻向をもつてのゆへに、これを出の第五門と名づくとあり。問ふ、何に依りて他力廻向を立てたま（給）ふや。答へ、第十八願と十一願と二十二願との三願を論註の下に引き給ひて、他力の廻向を釈成し給へり。問ふ、この三願いかんが二廻向を成ずるや。答へ、十八・十一は衆生往生の因果なる故に往相廻向とするなり。廿二願は除其本願自在所化《じょごほんがんじざいしょけ》より下は浄土に往生して後、普賢の徳に順じて再び娑婆に立ちかへりて衆生を済度する。これ還相廻向なり。此の二廻向は五劫思惟《ごこうしゅい》の願兆載永劫《ちょうさいようごう》に行成就し給ひ、万善万行を名号六字に合蔵したま（給）ふを、行者きゝうる一念に全体衆生に回施したま（給）ふを他力廻向といふなり。今の他力の願行は、行は仏体にはげみて、功を無善の我らにゆづるとのたまへる是れなり。他力廻向の義しるべし。

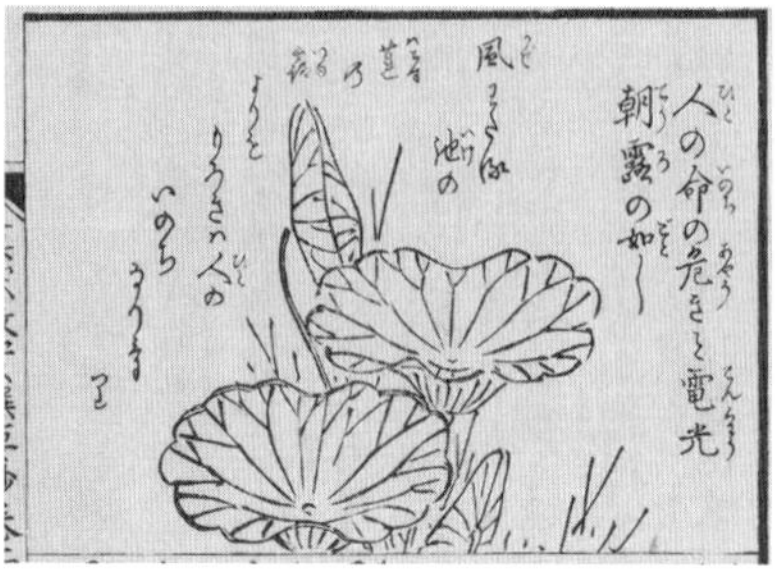

人の命の危うきこと電光
朝露の如し
風わたる
池の蓮《はちす》の
露よりも
もろきは人の
いのちなりけり

廿九、一念往生は仏祖の相承なる事

問ふ、一念往生を仏祖相承とはいかん。答へ、釈尊より阿難・弥勒に相伝せり。問ふ、その相承の文いかん。答ふ、阿難には一念十念ともに相伝せり。本願の乃至十念願成就の乃至一念下輩の文の乃至十念乃至一念ともに阿難相承なり。弥勒には会末流通《えまつるつう》の乃至一念これ弥勒付属なり。それよりこのかた三国の七祖伝来して此れを相承す。依つて法然上人の御伝五丁二に云わく、阿弥陀仏は一念を一度の往生にあてをきたま（給）へる願なれば、念ごとに往生の業となるなりとのたまへり。問ふ、法然上人より親鸞聖人の相承はいかん。答ふ、興《おこり》の御書に一念業成のこと、平世臨終三宝滅尽のときの機にありと決定せらるべく候と、法然上人御自筆の御文あり。其の消息は今も黒谷の宝庫にあり。虫干しの時参りて拝すべし。礼賛に云わく、万年三宝滅、此経住百歳（年カ）、爾時問（聞カ）一念、皆当得生彼文。しかれば一念往生吉水の相承疑ひなし。今すでに相承に異途なきをふかく信ずべし。

三十（マヽ）、当流の行人報謝の行を菩薩行といふ事

問ふ、菩薩行とは上求菩提下化衆生《じょうぐぼだいげけしゅじょう》の大慈大悲を行ずるをいふ。当流の行人何とて菩薩行を行ずと云ふや。答ふ、高祖の信の巻には九つには常行大悲の益とのたまふ故に菩薩行といふなり。問ふ、何ゆへに常行大悲とのたまふや。答ふ、他力の本願を自らも信じ、人にも教えて信ぜしむる、これ大悲行にあらずや。礼賛に云わく、自信教人信、難中転更難、大悲伝普化、真成報仏恩とのたまへり。問ふ、みづから信じ、人を教へて信ぜしむるが、菩薩行といふ仏説ありや。答へ、信巻末丁七に大悲経を引きてのたまはく、何をか名づけて大悲とする。若し専ら念仏相続して断《た》えざれば、其の命終に随ふて定めて安楽に生ぜんといへるは、上求菩提のこゝろなり。これ自利なり。又能く展転して相勧めて念仏を行ずるもの、此等をことぐく大悲を行ずる人と名づく上已。これは下化衆生の意にして利他の行なり。かくの如くをのづから上求菩提・下化衆生の義あるがゆへに、菩薩の行を行ずるとのたまふ。展転して相勧むるとは、善知識ありて浄土法門を説ききかせ給ふを聞き

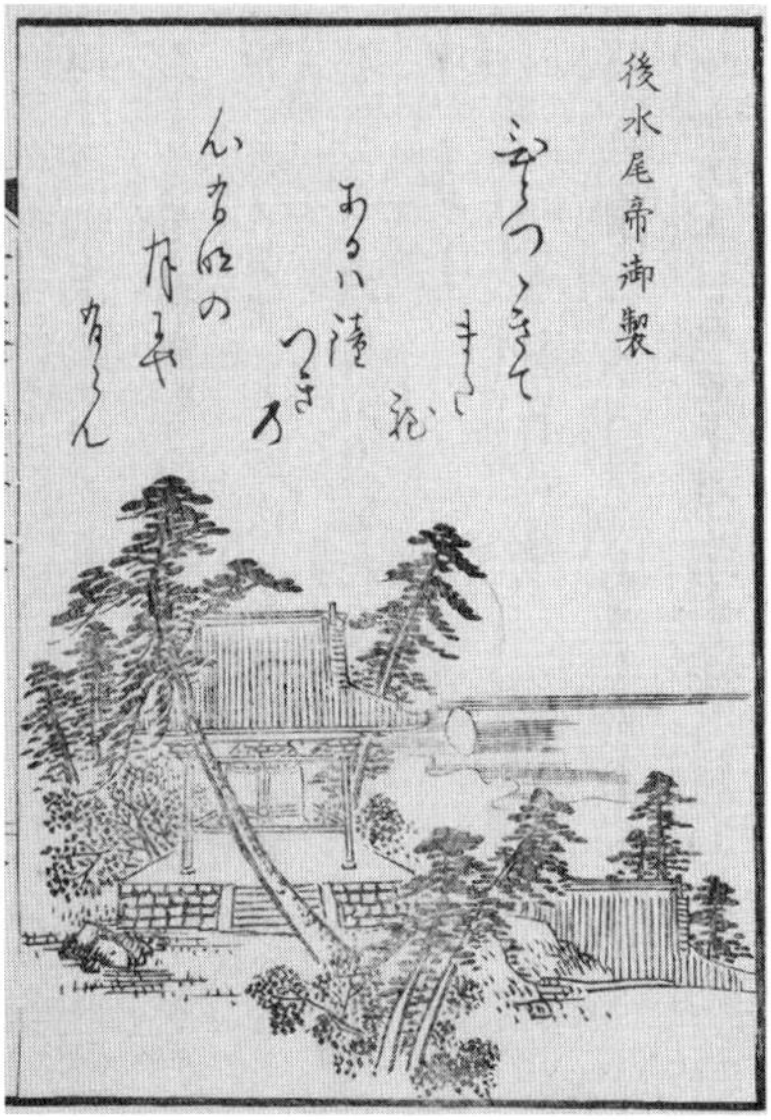

て、その聞きたる人の口より人に伝へて念仏せしめ、又其の人の念仏するを聞きて、念仏する人の出来るを展転相勧とのたまへり。しかれば愚痴無智の人なりとも、当流の法門を聴聞してみづから信じ、その信じたるまゝを人にすゝむるは、すなはち大慈大悲を行ずる菩薩にひとしとのたまふなり。

後水尾帝御製
ひとつゝきて
また程あるは
鐘つきの
心有明の
月にや有るらん

三十《（マヽ）》、雑行《ぞうぎょう》の事

問ふ、当流に嫌ひたま《（給）》ふ雑行とはいかなるものぞや。答ふ、往生極楽の正行無量なれども、善導大師五種の正行を釈したま《（給）》へり。謂わく読誦正行礼拝正行と観察正行と称名正行と讃嘆供養正行となり。しかるに法然上人は讃嘆と供養とを二種として六種正行と釈したま《（給）》へり。吾が祖聖人亦六種としたま《（給）》ふ。故に愚禿抄に上来定散の六種兼行するが故に雑行と曰ふとの給へり。この雑行に付いて西山《せいざん》・鎮西《ちんぜい》のかわりあり。鎮西は雑行往生を許す。西山は雑行往生を許さず。問ふ、六種兼業とはいかなることぞや。答ふ、経をよみ、仏を礼拝し、浄土の荘厳等を心にうかべ観察し、口に称名念仏し、讃嘆と仏および浄土の依正《えしょう》を讃め奉り、又香華灯明仏供等を供養す。みなもつて往生浄土の正業とおもひて為すを兼行といふなり。前三後一といひて前の三つ後の一つは第四の称名正定業の助業なり。念仏の助縁なり。されども第四称名も正定業なれば、称へて往生せんとおもふは、猶自力の企てにして、報土往生かなふべからず。当流は一念発起平生業成と談じて、信の一念に往生の業事成弁するがゆへに、称名は報恩の行なり。これを往生の業とするは猶自力なり、雑行なりと誡め給へり。問ふ、鎮西には十九願・二十願・二十八願に修諸功徳と誓ひ、又大経の三輩観経の上六品みな雑行往生なり。又善導の礼讃に雑行往生を許して百に一二、千に五三とのたまふと。斯くのごとく判じて雑行往生を許す。又西山の一流には雑行往生を許さず。大経の三輩観経の上六品はしばらく雑行往生に似たりといへども全く念仏往生なり。その故は修する所の功徳を弥陀に廻向して往生す。さればその開会《かいえ》する所はすなはち念仏往生なり。若し雑行をもつて往生せば、その功徳をもつて弥陀に会《え》せずして直に往生すべし。もし直に往くこと能はずば、誰か雑行往生をゆるさん。自力にて往生することは、七地已上の大菩薩なり。初地より七地までの菩薩なを報土往生かなわず。況んや地前三賢の菩薩をや。いわんや《（況）》底下の凡夫をや。かくのごとく判じて雑行往生をゆるさず。しかれば当流の雑行を許さざると西山の意と同意いかん。答ふ、西山は雑行を修しながら、開会《かいえ》して念仏胎内の功徳として念仏往生といふ。当流のこゝろは雑行はもとより弥陀随自意の本願にあらず。故に堅くこれを誡め給ふ。諸善万

一人の盲人ありて馬に乗りて
行きけるが、いかゞしたりけん、馬は
虚空へかけ上がり、盲人ぜひ
なくとある松の枝にとり付き
ながら思へらく、下は遥かなる
谷水の音もし、此の手を
はなさば深谷に
落ちんと一向《ひたすら》松の
枝にすがり居る
処へ、人ありていかに
盲人その手を離せ、
足の下大地纔《わず》か
二・三寸なりと聞きて
盲人疑ひの手をはなし
安堵せしとなり、今走る馬に
たとへしは我等が瞋恚の猛き
こゝろ、盲目は愚痴まう想
をいふ、松の枝にとり付きしは
宿善開発なり、疑ひの
はなれぬゆへ、我が手に苦しむ
をいふ、人ありてとは善知識の
をしへにて疑ひの手を離し
他力の信を得て安堵せしすがたなり
これは蓮如上人の御弟子疑ひの
はれ、心を御たづね申し上げられたれば
此の御たとへをもつて御しめしの御法語なり

行も弥陀の至誠なれば往生すといへども、善導は百に一二、千に五三とのたまふ。適《たまたま》往生すれども辺地《へんぢ》懈慢疑城胎宮《けまんぎじょうたいぐう》の一類にして、報土往生の人にあらず。本願疑惑の故なり。元祖の撰択集には、豈千無一失の専修を捨てて、千中無一の雑行を修せんやと誡めたま（給）へり。これに依つて当流は辺地懈慢の往生を愍《あわ》れみて、かたく雑行をいましめたま（給）ふ。増してい（況）はんや雑行往生は百に一二、千に五三といひ、専修の往生は千無一失といふをや。これをおもふべし。

三十一、雑修《ざっしゅ》の事

問ふ、雑行と雑修のかはりめはいかん。答ふ、往生の正因は本願の念仏なり。念仏の外に自力の法を修して念仏にまじへて行ふを雑行といふ。和讃には浄土の行にあらぬをばひとへに雑修となづけたり。若し雑行の人ならば真宗念仏の行者にあらず。扨また雑修といふは、諸善万行は浄土の行にあらずとしりて是れを捨てたる念仏行者の上に付いてのことなり。謂わく他力信心の行人、仏恩報謝の称名をよろこびて一声の称名も往生の業とはおもわず。増して花を供じ灯明をかゝげ掃除などする、みな報謝称名の助縁と心得るゆへに、五種の正行ともに報謝の大行なり。若し自力雑修の人ならば五種の正行に助正をわかたず、三業の所作をみな往生浄土の正因のやうにおもひて修するを雑修と云ふ。此の雑修の人はいまだ一念大利無上功徳の名号の不思議を聞き得ざるゆへに、第十六願の他力廻向を知らず。己が修する雑修を往生浄土のみやげのやうにおもふ故に、仏恩報謝の意うすし。和讃にのたまわく、助正ならべて修するをば、すなわち雑修となづけたり。一心をゑざる人なれば仏恩報ずるこゝろなしと。又雑修に体用《たいゆう》あり。謂わく助正をわかたず、往生の業と募るは雑修の体なり。又念仏に現当二世の利益あることと聞きて、現世をかけて現世後生の為とおもひて念仏する、これも亦雑修にして雑修の用なり。和讃に仏号むねと修すれども、現世をいのる行者をばこれも雑修となづけてぞ、千中無一ときらはる、とのたまへり。御詞にこれもとあり。助正わかたぬは雑修の体なり。現世のためにまうす念仏は雑修の用なり。他力信心の行者は現世の利益を思わず、たゞ仏恩報謝の為とばかりぞんじて念仏を申せば、仏の方より現世の災ひを除かしめたま《（給）》ふ。されば雑行と雑修と詞も文字もよく似たれども意はかく別なり。和讃に、こころはひとつにあらねども、雑行雑修これにたり、浄土の行にあらぬをば、ひとへに雑行となづけたりとのたまへり。問ふ、この浄土の行にあらぬを雑行と仰せられたり。しかれば現世をいのるは浄土の行にあらず、雑行なり。しかるに上の讃文に、現世をいのる行者をば、是れも雑修となづけてぞとのたまふ不審なり。是れも雑行と仰せらるべきにあらずや。答ふ、現世を祈るにつきて二つあり。一つには雑行、二つには雑修なり。念仏の行者の諸神等に現世をいのるは雑行なり。又直ちに現世をいのらざれども、念仏に現世の災ひを除く功力あるをよろこびて、それを当てにして念仏申すは雑修なり。和讃に、仏号むねと修すれども、現世をいのる行者をば、これも雑修となづけてぞ、千中無一ときらはる、とのたまへり。雑行と雑修と詞も文字も相似たり。しかれどもその意同じからず。故に次の讃に、心はひとつにあらねども、雑行雑修これ似たりとのたまへり。雑修雑行の差別略して此《か》くの如し。問ふ、高祖聖人山王二十一社を始めとして枝末諸方の霊屈に歩みを運び、六角堂へ詣でて菩提の径路を祈り給ふは雑行なり。此の義いかん。答ふ、雑行雑修といふは往生浄土の法に就いて嫌へり。このゆへに欣求浄土の人には禁《いまし》め給ふ。聖人六角堂参籠までは天台宗の時なり。雑行を嫌ひたま《（給）》ふは真宗弘興し給ひて已来《このかた》の事なり。咎むることなかれ。

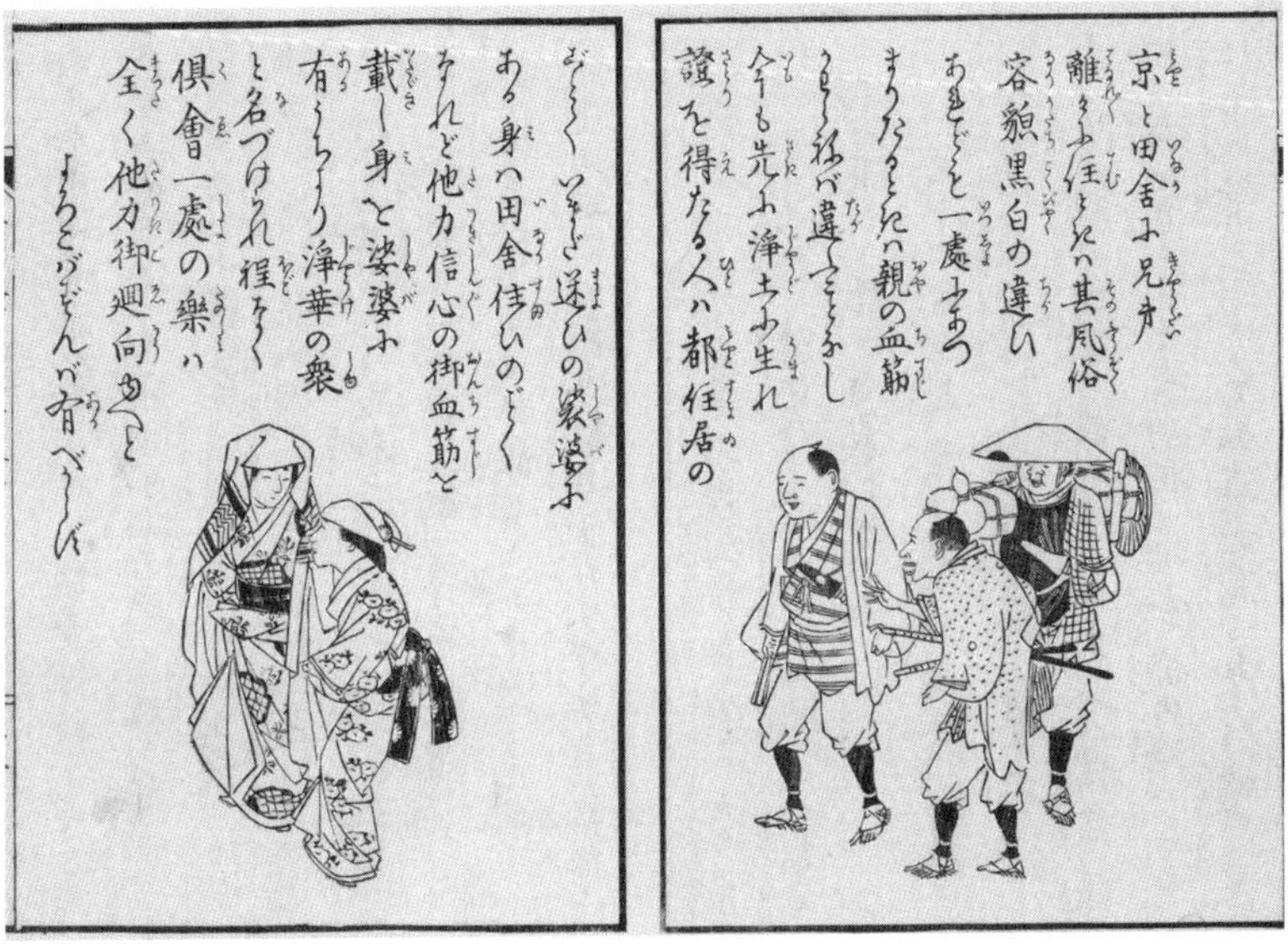

京と田舎に兄弟
離れ〴〵に住むときは其の風俗
容貌《なりかたち》黒白《こくびゃく》の違ひ
あれども、一処にあつ
まりたるときは親の血筋
かわらねば違ふことなし
今も先に浄土に生まれ
証《さと》りを得たる人は都住居の
ごとく、いまだ迷ひの娑婆に
ある身は田舎住まひのごとく
なれど、他力信心の御血筋を
戴きし身を娑婆に
有るうちより浄華の衆
と名づけられ、程なく
倶会一処の楽しみは
全く他力御廻向ゆへと
よろこばずんば有るべからず

三十二、現世利益の事

問ふ、現世祈福は雑行なり。雑修嫌ひ給ふこと上のごとし。しかるに現世利益の讃あり。本典には冥衆護持の益を明かしたまふ（給）は如何。答ふ、念仏の法はもと往生成仏の為にして他事の為にあらず。欣求浄土の人は西方安楽を期して又余事をねがはず。合論の九にいへるがごとく、福田《ふくでん》の為のゆへに願はず、病苦の為のゆへに願はず、王位の為の故にねがはず、欲界の為の故に願はず、一切微妙の五欲を離れて浄土に生ぜんことを願ふがゆへにと。憬興《きょうごう》観経の疏には仏衆生の世楽に耽著して衆悪を作ると観《みそなわ》して喜心を生ぜず、衆苦を見るといへどもしかも欲道に進む、心即ち歓喜したまふ（給）と。去れば弥陀も行者も現世を心とせざる事然《しか》なり。さすれども明かりの為に柵《かがり》を焚けば自ら暖かなるがごとく、体に具したる用なれば、稲の為に苗を種《う》ゆれば藁自ら得たり。果に即したる徳なればなり。故に弥陀も現世の利益を施し行者も二世の益を得るなり。父は生《お》ひさきの楽をおもひ、母はその時々の苦を抜くことを思ふ。仏は衆生の為の父母なれば、一日も哀れまざらんや。一事として守らざらんや。金光明経に息災延命の法をとく（説）。弥陀その主なり。されば顕名抄には月蓋長者の因縁をいだし、難を払ふ利益をしめし、至道抄には眼目精舎の因縁を引いて患《うれ》ひを除く恩を讃ず。報恩経四八丁には又人山林曠野恐怖の処にあつて、若し念仏すれば功徳恐怖即ち滅すと説き、観念法門には謹んで釈迦仏教六部往生経等に依るに、阿弥陀仏を称念して浄土に生ぜんと願ずるものは現生に即ち延年転寿を得て九横の難に遭はざる事を明かすといひ、観仏三昧経には良薬を腹して四大を利益するがごとし、此のくすりを腹すれば不老不死なりと。又堅護分四に若し人此の三昧を解説すれば、所有の功徳不思議なり、魔諸《もろもろ》の衆生を嬈《なや》ますといへども、一毛髪を動期すること能はずと。又称揚諸仏功徳経下には一心信楽念忘捨せざれば阿弥陀仏諸《もろもろ》の比丘僧を

猩々《しょうじょう》能く言《もの》いへども、禽獣を離れず、人よく念仏すども信を獲《え》ざれば地獄を遁るべからず

よもつきじ
万世《よろずよ》までの法《のり》の水
汲めばかはかで
いづる念仏

将《ひき》いて其の人の前に住して魔終に斯《こ》の等正覚の心を壊毀すること能わずと説きたまひ（給）、阿弥陀経には諸仏の護念を説く。僧肇《そうじょう》師釈していはく、善男子は所護念の人なり、阿弥陀仏及び六方恒沙の諸仏は能令護念の人なりと。仏に守らる、ものは魔および諸《もろもろ》の難なしと諸経に見えたり。鼓音声経に云わく、読誦及び仏名号を受持するものは、乃至水火毒薬刀杖の怖れなし。又夜叉等の恐れ有ることなく、過去重罪障あるを除くと説きたまひ（給）、観念法門・往生要集・現世利益讃等のごとし。観音の現世を利益するにも先づ弥陀を念ぜよとをしへ（教）、薬師の重病を除くも西方に送るべしと誓ひ給へり。弥陀の感応、念仏の現益あげて数ふるに遑《いとま》あらず。問ふ、一切の禍福みな前業の報なりといへり。法華合論等に判ずるが如し。たとひ念仏すとも何ぞ定業を免れん。又何ぞ横病横難中夭なしといふことあらん。しかるに和讃に定業中夭のぞこりぬとあり。いかん。答ふ、横難及び定業を転ずといふこと、みな経論に明らかなり。

景樹

いぬの子は何の
こころもなかりけり
なにの心か
有りと尋ねむ

涅槃経廿四丁八に九種の残を説けり。釈尊も此の難を得給へることありき。龍樹大士・師子尊者及び諸《もろもろ》の羅漢、また宿殃をつみ給へる事あり。業類種々にして横を受けざるあり。又或ひは受くべきあり。善も悪に依つて滅して法財をうしなひ、悪も善によつて除きて悪報を免る。是れ仏教因果の常なり。何ぞ横難なかるべけんや。若し横の儀なくば凡夫転迷得脱の期なかるべし。止観の四には若し重犯のものは小乗には無懺悔法といふといへども、正理論には五逆尚転ずの義あり。いはんや（況）彼の加行をやといへり。しかれば大乗には悪を転じて善とするあり。重を転じて軽にするあり。近きを転じて遠きにするあり。転悪成善とは大論三十三丁九に云わく、利根なる者は即ち是《か》くの如く諸法皆是れ法性、譬へば神通の人は能く瓦石を反《へん》じて皆便ち金と為すがごとし。鈍根の者は方便分別してこれを求めて乃《すなわ》ち法性を得る。たとへば大冶《だいや》の石を鼓して然《しか》ふして後金を得るがごとしと。止観の第五に、無明痴惑、本是れ法性等と説き、天親の論に消除生死雲と説ける。是れ滅罪利根の義、仏力能転の説なり。問ふ、滅罪生善の義はしかるべし。転受軽受とはいかん。答ふ、大論三十七十五丁に云わく、先世の重罪応《まさ》に地獄に入るべし。般若波羅密を行ずるをもつての故に現世に軽く受く。譬へば重固の応《まさ》に死すべきも、勢力の者護ることあれば鞭杖《べんじょう》を受けて止むが如しと。重罪ありて死刑に行はるべきも、威ある人の勢力あれば死刑を軽めて鞭杖《たたきはらい》にて済むがごとしとなり。凡そ仏力・法力・呪力・善力・行力・願力・念力みな空しからず。念仏の行人現世の利益論義にたらず。問ふ、得る処の益は行力によるか、法力によるか。答ふ、経の中に三念願力といひ、又十度の力等と説けり。畢竟仏力なり。我が行法の力にあらずと知るべし。問ふ、しからば一切の行人みなこの益あるべし。しかるに念仏者の中に貧乏の人あり。普済諸貧究の願虚しくもふく（設）る成るべし。又罪に遭ふ人あり。不遭九横難の釈偽りに似たり。この義いかん。答ふ、此の難弥陀に限るべからず。諸《もろもろ》の顕密の行人不動観音を念持す。その利益さらになく、その験《しるし》空しきこと毎度なり。大鐘の鳴ることを惜しむにはあらず。撞く人のちからの弱きなるべし。余所の事は閣《さしお》く。念仏者におひて現益の験なきことを心得るにその謂われあり。一つには其の人念仏すれどもあるひは名利不至心にして如法の修行にあらず、仏意に相応せざるが故にその益なし。二つに諸《もろもろ》の災難等に値《あ》ふことは業道の遁れがたき事をしらしめんがためなり。大論五二十三丁云わく、諸仏一切智第一尊重にして須弥山王の如くなる、尚此の諸《もろもろ》の業を転ずること能はず。何況んや凡夫をやといへり。仏も頭痛一麻等の事あり。羅漢も宿債をつぐなふことあり。是の故に現益なしと。三つには転重軽受の義遠劫を一世につゞめ重苦を小殃に転ず。広大の利益なり。四つには厭離の方便に且《しばら》く益を隠し、還つて殃《わざわい》をしめす。存覚上人の本懐集に三井寺炎上の事を引くがごとし。仏像経巻一時焼亡す。一山の災難なり。三宝も滅するかと覚ゆるを、新羅明神は本意として仏像経巻は幾度も焼くべし、幾度も造るべし、我は是れを守らず、このたびの難によりて世を厭ひ、菩提心を起こして生死を離るべき人二三輩出で来たり、我はこれを喜ぶといへり。示現の地獄といふことも有るにや。世の憂きは厭ふ便り、衆苦の我を責むるは執著を絶つの本なり。韋提もし逆害に値《あ》わずば別選得忍の益はあるまじきものをや。今も福祐の人の後世を願ふまれなり。捨てつ厭ひつ願ひつ求むるには苦楽を隠顕したまふ（給）らん。信ずるに足れり。五つには娑婆の一世は本厭ふ所なり。行者更に今生を祈らず。既に求めずんば仏何ぞ応ぜんや。又仏の本願もと娑婆を離れしめて浄土に迎へしむる得生の本願、豈今世を事とし給はんや。持明抄に云わく、今生を守るべし、後生の善果を得しめんことは専ら如来の本懐なり、故に無間に堕すべき業なりとも必ず転ずべしと。是《か》くの如き義あるが故に、真の行人にも禍あることあるなり。凡そ一人に益ありて多人を横することもあり。現益を見ては人の雑修現世の為にする引き推すべきか。故に又一人を罰しては多人を益することもあり。恐れて改め慎むが故に。去れば仏陀の方便仰ぎて信ずべし。念仏の利益更に疑慮すべからず。問ふ、弥陀の現益を施し給ふは何の願によるや。答ふ、或る人の云わく、後世の益は別願の功なり。現世の益は総願の力なり西山口決。聖道門穢土の得益、浄土門は彼土の得益。すぐれたる辺によつて此の義を立つると見えたり。当流の意は諸願諸行をもつて成じ給へる名号なれば、普く衆徳を兼ね、万善円具す。現益を蒙るも名号、衆徳の中の一つ也。既に念仏の益なれば別願の利益なり。稲と藁とひとつ種なるがごとし。寿福除災等の世益あること斯くのごとし。又現世におひて種々の出世の益あることを明かさば、信巻末に金剛の真心を獲得するものは横に五趣八難の道を超へて現生に十種の益を得る、何者をか十と為《す》る、一つは冥衆護持の益、乃至十には入正定聚の益なりとのたまふ。これ真俗二種の利益現当多世の済度なり。本縁経には現に無比の楽を受け、後に清浄土を生ずと説き、大集経には今世後世伴侶と為ると説けり。但し私讃に南無阿弥陀仏をとなふればといひ、七難消滅の呪文には南無阿弥陀仏をとなふべしとありて、信心をうればとはのたまはず。されば信不信を選ばず、たゞ称名に就いて世間の益を得《う》ぞとなり。御本書十益は金剛の真心をうればといひて、仏号を称すればとはいはず。されば出世の益は信心に限ると見えたり。故に俗益は称名にあり。真利は信心にあり。口に名号を唱ふれば世俗の益を得、心に本願を信ずれば出世の益を得、また兼ねて延年長寿等の益を得るなりと知るべし。この現益を施すことは畢竟真実信心を護らんが為也。且《しばら》く先づ五欲の楽を与へて後に仏道に向かはしむと涅槃経に見えたり。遺教経には障りあるが故に解怠すと説きたま(給)へり。然れば現世の諸《もろもろ》の利益は意仏道を得しめんが為なり。然れば現世の利益あることをしりて、しかも現世を祈らざるは当流の常談なり。現益のあることは現に諸方に身代はりの絵像・木像等その数あまたあり。現世を旨とする神明の身代はりといふことをば強いて聞かず。後世一途の弥陀に御身代はり其の数をしらず。この旨能々味はふべし。

三十三、為得大利の事

問ふ、大経下巻に仏弥勒に告げたま(給)わく、其の彼の仏の名号を聞くことを得て歓喜踊躍して乃至一念することあらん。尚《まさ》にしるべし、此の人は大利益を得《う》とす。則ち是れ無上の功徳を具足するなりと説きたま(給)へり。しかればすなはち念仏は無上の大利なるゆへに、たとひ大火ありて三千大千世界に充ち満ちたらんにも、要《かなら》ずまさにこれを過ぎて是の経法聞きて歓喜信楽し、受持読誦して説の如く修行すべしとのたまふ。然るに大論廿三十四丁云わく、人中には仏を以て無上とす、法の中には涅槃を無上とすと云ひ、宝性論五廿一丁には仏道を求むるを以ての故に無上の功徳を得ると説きたま（給）へり。去れば無上とは仏を名づく。又功徳とは光明玄三十七丁に悪を滅するが故に功と言ひ、善を生ずるが故に徳と言ふと。喜祥（嘉カ）仁王疏には功（物カ）を施すを功と名づけ、己に帰するを徳といふと釈し、その解釈まち〳〵なれども、次第は禅門十一丁に仏徳を釈するには万行は因に対し、万徳は果に対し、因果翻を合する故に功徳と名づくといへり。されば仏の因行果徳、悲化智慧、自利利他、相好光明、説法利生、一切之内証外用、依報正報、滅悪生善、十方三世、無窮無極、恒沙万徳、是れを無上功徳といふ。凡夫一乗の功徳等をば無上とはいはず。仏々平等みな無上功徳といふべし。何ぞひとり弥陀に限りて無上功徳といはんや。答ふ、仏々平等なりといへども、別願因縁の故に無上大利の功徳といふ。大経に云わく、彼仏名号乃至一念為徳大利無上功徳と説けるを、行巻に、大利と言ふは小利に対するの言、無上と言ふは有上に対するの言なり、信《まこと》に知りぬ、大利無上とは一乗真実の利益なり、小利有上とは即ち是れ八万四千の仮門なりとのたまへり。阿弥陀経には万善万行をば悉く小善根となづけ、念仏を多善福徳と説き、又不可思議功徳と讃めたま（給）へり。善導は

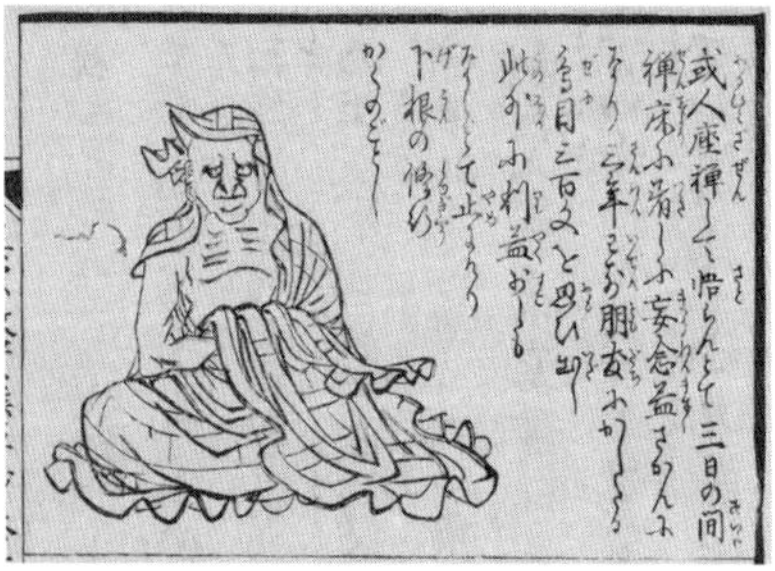

或る人座禅して悟らんとて三日の間
禅床に着きしに、妄念益《ますます》さかんに
なり、三年已前朋友《ともだち》にかしたる
鳥目《ぜに》三百文を思ひ出だし
此の外に利益少しも
なしとて止めにけり
下根の修行
かくのごとし

山城国淀の東に一口村《いもあらいむら》といふ処に漁人
悪次郎といふ者あり、一時《あるとき》一人の僧の
来たりけるを、悪次郎焼きがねをもつて僧の
額にあつ
僧少しも驚かず立ち去り給ふ、悪次郎不審
におもひ、跡を追ひ行くに、粟生光明寺に入りて
消え失せ給ふ、よつて次郎本堂の中をみるに
本尊の額に焼き印あり、爰に次郎改悔
して仏道に入り、弥陀次郎と名を改め
けり、今に其の旧跡たしかにのこれり

自余の衆行をも是善と名づくといへども、若し念仏に比校すれば全く比校に非ずとのたまへるも、往生の道にとりて念仏にしくはなしといふにはあらず。一切万徳の中に念仏無上也となり。慈恩は具に衆徳を包《かね》るが故に大善と成る、往生を廃せずと釈し、聖人は三世十方の徳号の本なり、故に徳本と云ふとの給へり。称賛経には不可称不可説の功徳といへり。是れを信ずるを舟賛に無上信心と釈し、是れを行ずる人をば鼓音声経には是れ亦不可思議、人中の芬陀利華なりとも説けり。又大経には仏の親友なりと説き、西方合論には大悲の菩薩なりといひ、荘厳経には我が法中に於いて第一の弟子と名づくるを得ると説き、大阿弥陀経には若しは凡人に非ずとあやしみ給へり。およそ百千倶胝《くてい》の劫をへて、百千倶胝の舌を以て舌毎無量の声を出だしてほむるとも尽きずと宣へり。この無上功徳を乃至一念の処に具足すといへり。機の称念には一二多少の数あれども、仏の大利には上尽一形乃至一念たゞ一つの無上功徳なり。

されぱこそ一念十念もひとしく生まれ、本則三三の品なれど、浄土に至りて階次なければ、この功徳はわが口業修行の功徳にはあらず。所信所帰に仏体の功徳なり。しかれば弥勒付属の一念は、行の一念とも称名の遍数とも判じ給へども、刻する所は口称を待たず。一念慶喜の信の即時にこの功徳を得るなり。阿弥陀仏の御名をきゝ歓喜讃仰せしむれば、功徳の宝を具足して一念大利無上なりとも、選択本願信ずれば不可称不可説不可思議の功徳は行者の身にみて（満）りとものたまへり。聞きて喜ぶ位にしていまだ唱へざるに、功徳を具足し信ずるものを行者とのたまふ。帰命の一念に即是其行を具足す。これ南無のところに発願回向し給へばなり。即是其行の行は無上の大利なり。即ち阿弥陀仏なり。正因の信心は発願回向の仏智なれば、此の正因の外に別に正行の体もなければ、信行不離能所一体なり。されば功徳を得るといふは、所詮は信を得ることなり。功徳を得たればとて別に色も形も姿もあるべからず。光明神通のはたらきも顕るべからず。雨を降らし災ひを除く徳も見ゆべからず。無罪無悪の善人にもあらず、積善種福の聖者にもあらず、一生造悪の凡夫、罪障累塵の愚人、たゞ往生を得るばかりなり。その外には功徳の詮なく善本の功なし。正因正業往生の因《たね》をもつて無上大利の体とす。極楽は無為涅槃界なり。往生は即成仏なり。臨終一念の夕《ゆうべ》速やかに無上仏果を証ずる因《たね》は正因なり、大利なり、大功徳なり。八万四千の小善、雖起三業の雑毒は生ずることを得ずとのたまへり。たゞ仏の功徳をたねとして因浄なるがゆへに、果又浄なる悟りをば開くべきなり。経にはこれを令諸衆生功徳成就と説けり。世人おもへらく、念仏すれば仏の方より功徳といふものを賜はりて、その功徳にて罪をも滅したまふ（給）故に、多く念仏すれば功徳もまた多く、念仏少なければ功徳も又少なしといふ。その唱ふるところの念仏と功徳と何とかかわりたるものなるぞや。是れを自力善本信罪福の念仏とも、万行随一の念仏ともいふなり。報土往生叶ふべからず。

但し念仏三昧はもろ〳〵の三昧海にして、此の法を得れば能く其の余の一切の三昧を生ずと説き、又王三昧とものたまへり。然れば諸善の外の念仏にして念仏すれば、その益としてか（彼）の諸善の功徳を得るといふ方もあれども、是れは機より修しゆく行心の辺なり。法体成就の万徳名号所摂の善本を我が身に得るといふ時は、不可思議無上の大利なり。この大利の外に一法一善も残るかたはなき也。此の大利は名号なり、又仏体なり。名と体とは不二同一なり。されば名号を聞き得るは、即ち大利を得るなり。信の一念に行をうれば、信の外に大利はなきなり。教の巻に云わく、弥陀誓ひを超発して広く法蔵を開きて、凡小を哀れみて選んで功徳の宝を施すことを致すと。行巻に云わく、斯《こ》の行は即ち是れ諸《もろもろ》の善法を摂す、諸《もろもろ》の徳本を具す、極速円満、真如一実、功徳大宝海、故に大行と名づくと。又云わく、円融真妙の至徳、無碍の大行なりと。又海と云ふは凡聖所修の雑善を転じ、恒沙無明の海水を転じて、真実智慧、恒沙万徳の大宝海水と成すと云云。詮ずる処、大利を得るとは往生をうるなり。凡夫の往生に過ぎたる大利は有るべからず。往生だに得たらば、外に求むべき大利有るべからず。本願の利益は往生なれば、往生すなはち無上涅槃にして、是れを無上の功徳ともほむるなりと知るべし。問ふ、迦利勒《かりろく》は調剤を得ずして普く病を治し、迦陵頻迦は律呂を習はずして自ら其の声妙なり。金剛種の堅固の利用、浄摩尼珠の体潔くして滓《あか》を清むる。今名体不二の名号の益を施すも亦しかるべし。されば其の心を論ぜず、唯称ふる声に就いて大利を得べきこと道理必然せり。何ぞ信ずる時大利を得《う》と云ふや。又自力の念仏は大利を得ざるべきか。答ふ、声に就きたる功徳なれば、たとひ禽獣たりとも聞きて虚しからず。自力の称念何ぞ益なしといわん。伽声の如く如意珠の如し。経釈分明なり。然れども仏道修行に就いて至心不至心あり。如実不如実あり。相応不相応あり。如法不如法あり。若し不の字の修行ならば労して益なし。鏡を裏にし

て影をとり、衣を逆さまにして領《えり》を求むるがごとし。されば大経には明信仏智を如法修行とをし《（教）》へ、論註には三信相承を如実修行と勧めたり。至心信楽己を忘れてこそ、無行不成の願海に帰するなれ。自力の念仏は本願に相応せざるがゆへに往生せず。無上の利をば得ざるなり。口惜しき哉、無上宝珠の名号を持《たも》ちながら、法の真利を失わんこと尤も悲しむべし。

むかし関寺のほとりなる
牛のよだれにて
書きける歌
　くさも木もほとけ
　になるときけばなを
こゝろある身は
　たのもしきかな

天鼓がつゞみも主によりて音を隠し、莫耶が剣も持ち人に依つて能なし。只信順して如実に修行すべし。請雨経の法を行ふに雨のふるもあり、ふらぬもあり。往生経の行を修するに往生するあり、せざるあるべし。たゞ信心を要とす。自力他力の信相は数《しばしば》いふが如し。機におひて滅罪生善を期すべからず。法に於いて除障成善を疑ふべからず。

三十四、諸罪消滅の事

問ふ、念仏三昧はよく一切の罪障を滅して度脱すといふこと経釈分明なり。しかれども念仏の行者旧業新妄一生尚止まず。教量と現量と相違するに似たり。如何。答ふ、此の義異論多し。西山は指定記、鎮西は箇条の中に論判す。慶長の頃、琴誉・団誉この義を論じて、増上寺源誉・幡随意《ばんずいい》等の決判あり。其の記一巻あり。事軽からず。聊爾《りょうじ》に議すべからず。観音を念じて刀杖水火の難を遁れざるあり。薬師を信じて病の治せざるあり。弥陀に帰して悪業を滅せざる有るべき歟。されども仏語祖釈明了なるうへは、滅罪のことは異論に及ぶべからず。若し滅せざるは是れ不至心の人なるべし。通じて是れを論ずるときは、仏力・法力・行力・智力・禅力・呪力・神力・慈力・懺悔力おの〳〵罪を滅すること測るべからず。常住の二字終に四徳を証す。神呪の一聞必ず三途を免るとあれば、滅罪の益念仏に限るべからずといへども、滅罪の最上は念仏にあり。故に和尚釈して、門々不同にして八万四なるは無明と果と業因とを滅せんがためなりといへども、其の勝れたる事を論ずるに、利剣即是の名号に如《し》くはなし。日月闇を除くに其の遠近を論ぜず。大乗法の悪を転ずるも軽重をいわず。弥陀を仏日といふ、念仏はまた大乗なり。何ぞ滅罪の有無を論ぜんや。此の義諸部の大乗に通ず。経の中に益を顕はにするあり、利を隠すにあり、教誡変現し隠顕自在なり。四悉三転凡夫の知る所にあらず。今念仏一門に就いて詳らかに三義あり。一つには必ず罪を滅す。二つには罪を滅せず。三つには滅と不滅となり。一つには滅罪得生の義とは五十億劫の罪を除くと説き、又は八十億劫とも説く。或ひは即滅無量罪とも説きたま（給）へり。若し一罪にても障りあらば、何ぞ往生すべき。しかるに往生す。衆罪を滅すること明らかなり。二つに罪を滅せずして往生すとは、唯得生といひて滅悪とはいわず。鸞師は三界の繋業畢竟牽かずといひ、善導和尚は諸邪業繫能く碍《さわ》る者無しといひ、恵心は煩悩障眼雖不見といひ、聖人は不断煩悩得涅槃とも、又貪瞋常に覆ふとものたまふ。是等の御釈は具縛有罪の凡夫、願力に乗じて往生すとなり。三つに滅不滅とは、あるひは自力不至心の人ならば滅尽とはいふべからず。もし他力の行人ならば忽ちに一声称念の利剣をふるふて無明果業の苦因を截《き》るべし。三義ともに宗義の法門にして遂に一途に帰す。既に往生を得る。是れ滅罪の証拠なり。是れ他力の法徳なり。罪を滅せずといふは、断惑証理の修行をせずして往生成仏して、劫を重ねて煩悩を断ぜざるを、不断煩悩得涅槃といふなり。又は二種深心をあらわす。機の深信に罪悪生死凡夫とは、罪を滅せざる謂ひなり。彼の願力に乗じて往生すと深く信ずるは滅罪の謂ひなり。罪障もし除かずんば豈よく生ずることを得んや。しかれば信機信法相依つて初めて深信の名を得たり。一を欠けば深信と名づけず。故に滅罪と不滅罪と二義離れずして往生の義を成ず。若し二種の深信一を欠けば、自力修入の道に墮つるものなり。又第三の滅不滅の義は、信決定人は能く滅し、疑惑不信の人は滅せずと云々。故に三義の釈終に一義に帰す。問ふ、鸞師は滅罪の多少を判じて在心在縁在決定といひ、善導の散善義には、心重きに由るが故に即ち能く罪を除くこと多劫なりといへり。飛錫禅師の一念業成して極楽に登るといふも、亦心の至誠なるに約す。此《か》くのごときの師釈は、滅罪は心に依つて法に由らざるに似たり。しからば今の義と相違にあらずや。答へ、上にいふ心力智力に依る、その義努《さまたげ》なし。しかるに其の心を論ずるに行者の自心は遂に不真実不清浄なり。虚仮雑毒の故に罪を滅するも多少あり。横超他力の金剛心は一念即滅無量罪なり。鸞師等の心に由つて罪を滅すること多しと釈せらるゝは此の義なり。和尚所々の釈に深心・浄心・真心・誠心・金剛心等とのたまふは、皆是れ一念相応の仏智を指す。即ち無疑無慮の一心なり。雑毒虚仮の意業の執著をいふには非ず。故に当流には信心

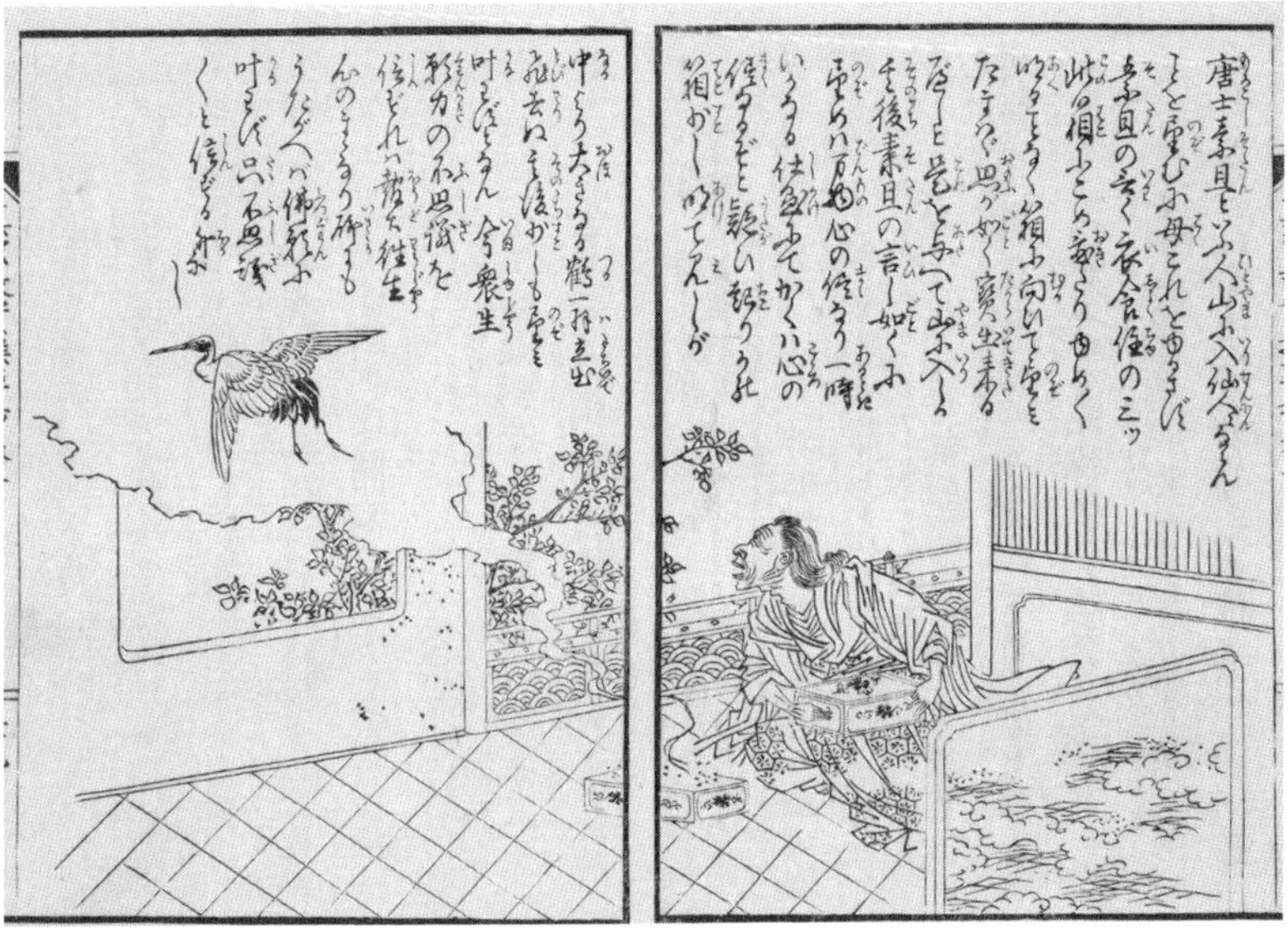

唐土素旦といふ人、山に入り仙人にならん
ことを望むに、母これをゆるさず
素旦の云わく、衣食住の三つ
此の箱にこめ置きたり、ゆめ〳〵
明くることなく箱に向かひて望み
たまはゞ思ふが如く宝出で来たる
べしと、是れを与へて山に入りしが
其の後素旦の言ひし如くに
望めば万物心の儘なり、一時《あるとき》
いかなる仕懸けにてかくは心の
儘なるぞと疑ひ起こり、かの
箱少し明けて見しが

中より大きなる鶴一羽立ち出で
飛び去りぬ、其の後少しも望み
叶わずとなん、今衆生
願力の不思議を
信ずれば報土往生
心のまゝなり、聊かにも
うたがへば仏願に
叶わず、只不思議
〳〵と信ずる外なし

に依つて滅罪得生すといふなりと知るべし。問ふ、群義論に法常法師を引いて曰く、本性識内の悪業種子を伏除して、上心を起こして感報せざらしむ、故に除と言ふ、永く除くに非ずと。これ種子の体を滅せざる義なり。又聖人の言はく、已に能く無明の闇を破すと雖も、貪愛瞋憎の雲霧常に真実信心の天に覆はると。これ現行の悪を滅せざるなり。明らかにしる、罪に於いて能く滅するものあり、又滅せざるものあり。いかん。答ふ、群疑唯識の性相は今家横超の法門にあらず。必ずしも和会すべからず。高祖の破無明とは痴惑の無明を破するなり。若し痴惑深く昧《くら》きものは後世を知らず。亦仏智を了ぜず。これを名づけて無宿善といふ。若し明らかに仏智を信ずるものは毛髪も疑惑なし。是れを明信仏智といふ。これを無明闇已に破すとのたまふ。仏光の照触力によるがゆへに、無明の昏闇漸く薄くなりて、涅槃の真因明信の智慧始めて萌す時をいふなり。痴闇疑ひ惑ふ已に除くといへども貪瞋煩悩尚あり。和尚はこれを水火常に道を焼くといふ。これを不断煩悩といふ。流転の根元生死の所止たる疑情已に除き已《お》はる。是れを已に能く無明闇を破すといふ。応《まさ》に知るべし、滅といへば皆滅、不滅といへば一切皆不滅、一を滅して一を滅せずといふにはあらず。断ずといふも実説なり、断ぜずといふも実説なり。倶に方便の説にはあらず、又相違の義にも非ず。畢竟往生だに得なば滅罪生善は知れたる事なり。滅罪生善の所詮は往生にあり。往生する身に定まりなば不足はなかるべし。何の為にか罪の消ゆる、善の生ずるを論ずべきや。たゞ自力の修断心をやめて願力強縁の其の功をなさしむる事を信ずべし。ゆめ〳〵計らひ暮ることなかれ。諸流は兎もあれ、当流の所談是《か》くの如し。

三十五、宿善遇法の事

問ふ、宿善無宿善とはいかなる義ぞや。答ふ、安楽集に此の義を明かせり。宿善は強《あなが》ち当流のみにあらず。然れども凡夫直入の弘願に遇ふことは最も希有なりと諸経に見へたり。故に聖人は遇獲信心遠慶宿縁とのたまへり。是れに就いて昔論あり。敬重絵詞《きょうじゅうえし》に、唯善大徳難ぜられて云わく、念仏往生の義全く宿善の有無を云ふべからず。已に所被の機をいふに十方衆生なり。その中に善悪の二機を摂す。善人には実に過現の善根もあるべし。悪人には二世一毫の善種更になきものもあるべし。今の義ならばこれらの類ひは本願に洩れんと申されけり。尊老覚如上人云ひけるは、頓教一乗の極談、凡夫済度の宗旨を立する時は、たゞをし（教）へて念仏を行ぜしむるにあり。その出離の機をさだめんにおいて遠く宿善を尋ぬべからざることは爾《しか》也。他師下三品の機を判ずとして始学大乗の人なりと云へるを、宗家破して愚悪の凡夫と釈せらるゝはこの意也。されば大経の文に、一世に勤苦すと雖も須臾の間なり、後に無量寿仏国に生まるといへる。一世の修行に依つて九品の往生を得ることはその義勿論なり。諍《あらそ》ふところにあらず。但し退きて是れをいふに、往生をうることは念仏の益なり。教法に遇ふことは宿善の功なり。乃至しかるに仏教にあふに遅速あり。解脱をうるに前後あれば、宿善の厚薄にこたへ、修行の強弱に依るが故に、経には若し人に善本無くば此の経を聞くを得ずとも、宿世に諸仏を見たてまつれば楽しんで是《か》くの如き教を聴かんともと（説）けり。乃至仏説すでに炳焉なり、争《いか》でか宿善なしといわんと。唯公又さては念仏往生にはあらで宿善往生にこそと申されければ、尊老又宿善の当体を以て往生すといふことは初めより申さねば、宿善往生と仰せかけらるゝに及ばず。往生の因とは宿世の善もならず、今生の善もならず。教法にあふことは宿善の縁にこたへ、往生を得ることは本願の力による。聖人正しく遇獲信心遠慶宿縁と釈し給ふうへは、余流を汲みながら相論に及びがたき歟と云々。されば若し宿善なくば此の教にあはず、若し此の教に値《あ》はずんば何ぞ往生することを得ん。しかれども宿善は往生の真因にはあらずと知るべしとなり。是れ当流のこゝろなり。

真宗故実選要抄巻二

真宗故実選要抄巻三

目録

三十六、当流札守を用ひざる事
三十七、戒名法名の事
三十八、当流肉食の事
三十九、当家妻帯の事
四十、生飯《さば》をとらざる事
四十一、珠数の由来の事
四十二、当流珠数を摺らざる事
四十三、彼岸会の事
四十四、盂蘭盆会の事
四十五、送り火の事
四十六、盆会に槙の葉用ゆる事
四十七、諸宗精進の事
四十八、両親死後五十日の事
四十九、十夜の事
五十、年忌命日の事　　大尾

真宗故実選要抄巻三

三十六、当流札守を用ひざる事

問ふ、札守をもちゆるは経文一句一字の功徳虚しからず。已に沙石集の八に、尾川の女童蛇に見入られし時、尊勝陀羅尼の反古にて髪を結ひけるに、蛇おどろきて逃げ去りしことあり。不信にして身に触るるすらしかなり。何《いか》にいわ（況）んや信心をもつて札守をかけんをや。札は関札なり。法力をもつて災難を閉づるなり。か丶る功力ある札守を当流にもちひざるはいかん。答ふ、名号に勝る法力なきがゆへなり。問ふ、しからば名号を書きて札守とすべし。いかん。答ふ、名号を現世の祈禱とせば雑行なり。何ぞ是れを書きて札守とせんや。問ふ、しからば専修の人に

あはれなり
釣りにつらる、
魚よりも
釣りして暮らす
人の命は

は災難なきにや。答ふ、諸仏の護念あり、冥衆の護持あり、なんぞ横難あらんや。若しあらば宿業のむくゐなり。仏菩薩にも三不能ありて定業は転じ給ふことかたし。仏神の守護は外護なり。外より俄に来たる難はのぞきたま《（給）》へども、魂の染み附きたる過去の業報は転じたま《（給）》ふことかたし。唯重きを転じて軽くはしたま《（給）》ふべし。古歌に、足曳の山のやまもりもる山も紅葉せさする秋は来にけり。いかほど厳重《きびしく》山もりをつけて下草一本刈らせじと制すといへども、秋になりて紅葉し暴《あら》き風に木を倒し損ずるは叶ひがたきがごとし。又桃灯《ちょうちん》・行灯《あんどん》の火袋は外の風を防ぐためなり。もし油蝋燭の尽きて消えなんは火袋の科にはあらざるがごとし。専修の行人に災難のあるは宿業なり。若しあらば定業なり。このうへにも重く受くべきを軽くうけさしめ、頓《やが》て浄土に往生を遂げさせたま《（給）》ふことの嬉しやと念仏すべし。

三十七、戒名法名の事

問ふ、他宗には戒名といひ、当流には法名といふこといかん。答ふ、他宗には三帰戒を授け、三聚浄戒を授け、或ひは円頓戒の血脈を授け、あるひは布薩戒の血脈を授く。故に戒名といふなり。問ふ、当流にいはざる意いかん。答ふ、戒定恵の三学は世になき時せつ《（節）》なり。故に戒脈とうなし。こゝをもつて今家に戒名とはいはざるなり。問ふ、当流に法名といふ意いかん。答ふ、法名とは仏家一般の通号にして仏道の名といふこゝろなり。霊芝観経疏下八丁にいわく、阿弥陀仏昔、乃至国を棄てて出家して法蔵と名づく。四十八願を発《おこ》す已上。実録第四智者伝にいわく、落髪出家して恵事恵浄を師とすとあり。また改邪抄《がいじゃしょう》等の古抄に法名といへり。又内仏安置等のため書き認むるに法名釈の誰と、并に年号月日をかき、上に新帰・家・物故等の字をかゝず、霊位・禅定門・信士・居士等の字なし。只これ死日年回忌日失念せざるために記すのみなり。さらに彼の他宗の過去帳廻向などのたぐひにはあらずとしるべし。稍《やや》もすれば当流の法名文字足らず、もの淋しきやうに心得誤る人あり。報土往生遂げし人の穢土の名札いかやうに書きたりともいかでか比せんや。

三十八、当流肉食の事

問ふ、諸宗みな肉食を制す。当流何ぞ肉食を許すや。答ふ、先づ諸宗の制する意を云ふべし。仏在世には肉食を許す。是れ化肉なり。涅槃のとき固く制し給ふ。仏成道十八年の間は菩薩に肉食を許す。楞伽の会上に是れを禁ず。智論四十九十八丁には熊の肉を衆僧に施すことあり。涅槃の会上におひて声聞に肉食を禁じ給ふ。夫《それ》より已前はみな肉食せられたり。根本毘那耶雑事十八丁に比丘に五色の食物を許す、第四に魚肉を食せよ、菜には魚の乾物をせよとあり。又四分律六十八丁に蓮華比丘尼猪の肉をもつて大衆に供養すとあり。又同じく十四十三丁に舎利弗中風の病ひを煩ふに仏の仰せに熊の油・鷺の油・猪の油・摩竭大魚の油を用ひよとあり。もちひて本腹せられしことあり。又同十四五丁に羅越祇城節会の日五百羅漢に国王大臣より畜生の肉・魚の肉を供養せられしことあり。又同四十二巻に種々の魚を喰ふことを許されてあり。同四十二巻二十丁に三種の浄肉を御免なされたこともあり。斯くの如きことは律の中に数多し。又蕭夫人は波斯匿《はしとく》王の后なり。これは五戒の中の三戒をやぶり、八戒の中には六戒をやぶり給ふ。しかるに此の夫人破戒のことを尋ねたま（給）へば、仏の御答に、飲酒を破りても妄語を破りても人を助けんためなれば苦しからず、却つて大功徳なりと御褒美なされたことあり。大集経には我滅後五百歳のすえは我が弟子たるもの皆肉食妻帯なるべし、然れども金なき時は白銀《しろがね》を宝とす、白銀《しろがね》なき時は銅《あかがね》を宝とし、銅《あかがね》なきときは鉄を宝とし、鉄なき時は石瓦を宝とす、無きに随ふて漸々に宝とす。正法の僧より像法は劣

一休和尚魚肉を食したまふ（給）
傍らに僧ありて之を咎む、和尚の
いわく、我は豆腐を食せり、汝こそ
魚肉を食すれ、僧大いに憤る
和尚の云わく、これ糾明せんとならば
吐薬を以て吐きて其の証拠を
見んとて即ち吐きてこれを見るに
和尚豆腐を吐き、僧魚肉を吐きし
とぞ、権化の所為凡夫のはかり
しるところにあらず

り、末法になりては無戒名字の比丘なれども、是れを供養せば大善大功徳を得ると説きたま《（給）》へり。楞伽経に殺盗淫妄の四重禁を誡めたま《（給）》へども、同経に諸《もろもろ》の阿羅漢や菩薩に対して当来の末の世に於いては衆生化益の為には色々の事をなし、たとひ盗賊となり、縦令《たとい》妻をもつてなりとも仏道修行してはやく仏法にすゝめ入れよと説きたま《（給）》へり。斯くのごとく仏在世には肉食を許したま《（給）》ふ。涅槃の会座より堅く誡め給ふは末世の有りさま、厳重《きびしく》戒め給ひてすら守る人稀なり。況んや許し給はゞ三衣を著して弓箭を携へ網・釣棹を提《ひっさ》げて放逸無慚なること在俗に劣るべし。仏これが為に堅くいましめたま《（給）》へり。舎利弗・目連・憍曇彌は最後まで肉食して仏に先達て入滅したま《（給）》へば一生肉食の人なり。誡め給ふは滅後の為なり。問ふ、制戒を持《たも》たざるものは仏弟子に非ず。何ぞ肉食するや。答ふ、末法無戒の時なり。名医は人に随つて毒といひ薬としめすが如し。仏も時に随ひ機に応じて制許あり。是非すべからず。大論廿二にあるひは処、あるひは国土、或ひは時に随ふて開遮不同あり。或ひは二百五十戒たもてと遮して開せぬあり。あるひは一戒を持《たも》つに及ばぬと開し許して見たり、抑《とど》めて見たり、許すも止むるもみな仏の方便にして、兎にも角にも一人なりとも仏道に引き入れんが為にゆるして再び禁ぜぬ経もあり。又禁じて終に許さぬ経もあり。許して禁ぜぬとは大集経・大悲経なり。禁じて許さぬとは梵網・楞伽等なり。又涅槃経十八には為衆生故或開と許して、禁ずる所もあり、又禁じて許さぬ所もあり。楞厳には堅く禁じて、又許す処も同経にあり。何れも経文なり。是非するは見やうの足らぬといふものなり。畢竟許すも可也、許さぬも可なり。一偏《（編カ）》に片よるべからず。錘頭の利を知つて鑿頭の方なるを知らず。錐は錐の能あり、鑿は鑿の能あり。順風に帆を揚げることを知つて逆風に梶を取ることを知らざれば船をくつがへす。順をしつて逆を知らざるは担板漢《たんぱんかん》の計らひなれば、其の人と仏法の談合はならぬ。このゆゑに観音儀軌には在家出家飲酒食肉妻子等あるを簡《えら》ばずといひ、五会賛には多聞浄戒を簡《えら》ばず、破戒罪根の深きを簡《えら》ばずといひ、法然上人は持戒持律は分に非ず有に非ず、是《か》くの如きの衆生の為に法蔵比丘の五劫思惟して発《おこ》したまふ《（給）》処の念仏往生の願なり、全く我が身の善悪を顧みるべからず、只称名を以て来迎に預からんと欲すれば、本願力をもつて往生すと。当流の安心この意なり。問ふ、汝が祖師独り無戒の時也と云ひて制戒を破るはいかん。答ふ、吾が祖独り制戒を破るといふは所見の狭きなり。禅家在つても六祖恵能《ろくそえのう》は網を引きて雑喉《ざこ》を食し、蜆子和尚《けんすおしょう》は蝦海老《がまえび》を食す。曹漢和尚は鹿をくらひ、行基は鮒を食して吐逆して鮒となり、一休慈休も魚を食す。何ぞ吾が祖独りといふや。彼の人々は大悟の人にして食は菩提を障《さへ》ず。菩提障るは心なり。故に食を論ぜず。元祖のいわく、魚喰わぬものが往生せば深山の猿こそ仏になるべけれ。魚喰ふものが仏にならば鵜や鷺こそ仏に成るべけれ。たゞ未来の大事は喰ふ喰わぬによらず。信心に依つて往生すと。大原談義にも戒法を持《たも》つ人でなくんば何に依つて毀犯あらん、無戒の僧尼に於いては在家と差別なし、たとひ淫酒肉辛を禁ずといふとも、妄念を止めずんば戒行具足といふべからずと。問ふ、彼の人々は末弟に許さず。汝が家には末弟に許すはいかん。答ふ、かれらは戒行ある時なり。吾が祖の出世は無戒名字の時なり。時に応ずるがゆへなり。

三十九、妻帯の事

問ふ、当流の僧侶仏の制戒を守らず、妻帯するは如何。答ふ、是れに例あり、証あり。例とは法華経等を翻訳せられたる三蔵鳩摩羅什《くまらじゅう》は天竺妃氏国の人にして摩訶愆《まかえん》といふ。妃氏国の大王摩訶愆を貴び我が国に学匠の胤を残さんとて即ち王の妹を摩訶愆の妻とし給ひ、羅什三蔵を生めり。この羅什は法華経・阿弥陀経等のあまたの経を翻訳したまふ《（給）》学匠なり。後に秦の用貢といふ天子、また羅什の学者胤を残さば、なを国に学者絶えまじとて、十人の妃女を賜ひ、妻帯肉食せられたり。この羅什の死後に火葬するにいくたび焼けども舌ばかりはやけずと伝記にのせたり。又唯識述記・西方要決その外あまたの疏を書かれたる慈恩大師は、法相宗の祖師にして大徳なれども、世にこれを三車法師といひて、仮初にも他所に往かる、には一車に酒肉を乗せ、一車に仏像経巻をのせ、一車には妻をのせられたりと伝記にのせて人の知るところなり。又元亨釈書二に云わく、東大寺の明一《みょういつ》は名高き学匠にて能化職なれども、妻帯して子まで設けられたれども、一山仰ぎて指南をうけ、延暦十七年七十歳にて化せり。又同巻に南都元興寺の慈法、法相宗の学匠なるが、妻帯せられたれども

浄蔵貴所
八坂の塔の傾き
たるを祈り
直し給ふ

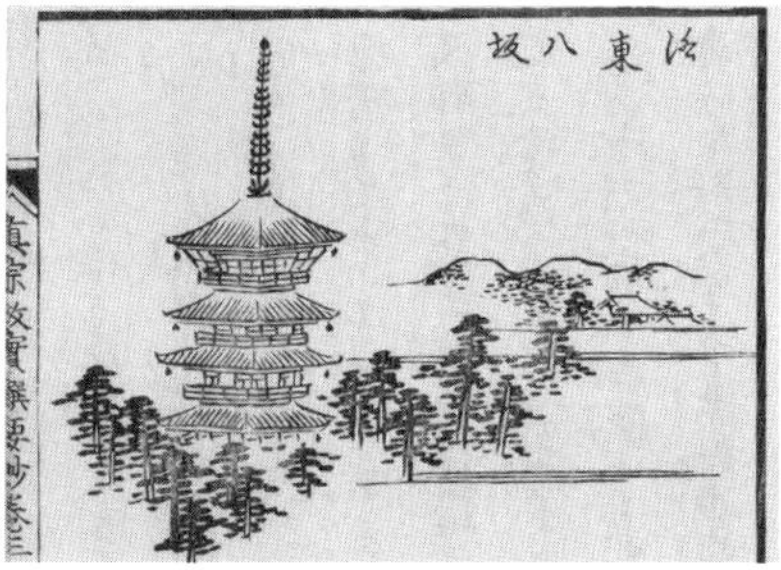

洛東八坂

時の帝常に請じて法を問ひたまふ(給)。又世に名だかき浄蔵貴所は真言の名匠なれども、妻帯にて八阪の塔を祈り直されしときは二人の子を膝のうへに置きながらいのり直されたり。又雨の僧正長言は山門の学匠にて説法して雨を祈られしに、雨大いにふりて旱魃を救はれしに仍つて雨の僧正といふ。後に天子の勅に依つて妻帯せられ、その実子を聖覚法印《せいかくほういん》と云ふ。山門第一の人にて後に念仏門に帰し、元祖の御弟子となり、法然上人上足の弟子にして、是れも又父長言とおなじく妻帯にてその子を龍乗といひ、龍乗の子を賢善といふ。又釈書十九六丁に戴せたる嵯峨の同朋は慈恵僧正の弟子にて大学匠なれども通ひ妻ありといへり。又大論の中に賢護等の十六正士の大菩薩は、みな在家居士の菩薩にして、妻子を貯へたまふ(給)と龍樹菩薩の大論に出でたり。この十六正士は大経の会座にも列なり給ひて、普賢・文殊と肩をならぶる大菩薩なり。又門論三十五には妙吉祥菩薩に妻あり、奇特と名づくとあり。維摩も妻帯の人なり。是等みな釈尊の化導を助けし菩薩なれども妻帯なり。華厳経の和修密多菩薩は和修密といふ女となりて衆生を化益したまふ(給)。唯一雑難経には菩薩の妻を娶るに四の義あり。一つに宿命因、二つに畢罪、三つに応当共生男女、四つに使人衆婦疾得仏道、此の四事無くば婦を娶らず已上。皆是れ菩薩の大悲衆生化やく(益)の所由《いわれ》なりと説きたまへ(給)り。維摩経・円覚経にも不律義を行じて衆生を度することあり。諸法無行経には淫欲即是道恚痴、亦復然り。此《か》くの如きの三事中無量諸仏道と説き、智論の四十六には淫欲心衆生を悩ますと雖も、心繋縛する故に大罪と為るといへり。執着の故に罪となる。繋縛なければ罪にあらずとなり。維摩経にも淫欲に即して菩提をしめすとあり。菩薩の衆生済度は尊き姿にして深山幽谷にまし〳〵て済度はならず。在家同事にしてともに往生を遂ぐる。これ菩薩大悲の行なり。文殊問経に喩へあり。海を渡らんと船に乗るとき、難風に値《あ》ふて船の破るゝときは、瓢箪や板切れに取り附きても助かるべし。瓢《ふくべ》・板などのなきときは、葛《かづら》や縄切れに取り付きても助かるべし。何れにも助かる事を肝要とす。生死の大海に沈みたる者は、仮令《たとい》肉食妻帯するものも、また勇猛精進の人も撰びなく取り附きて助かるべし。取り附きて助かる日には板竹瓢葛の勝劣あるべからず。唯助かる用意こそ肝要なれ。持戒精進の人にもせよ、破戒肉食の人にもせよ、何を便りにしてなりとも生死の大海にはまらぬ様にせよと喩へ給へり。況んや又蔵経偏〔編カ〕説に涅槃経を引いて、我が末世に於いて八不浄物を貯ふものは我が弟子にあらず、天魔の眷属なりと遺言し給へり。八不浄物とは、一つに田宅、二つに植菜、三つに稲粱、四つに奴婢、五つに群畜、六つに金銀、七つに象牙、八つに銅鉄なり。長水の楞厳の疏にもこれを引かれたり。然れば天竺唐土はいざしらず、南都北嶺の僧正・僧都・律師その外海内の諸法師、いづれか八不浄物を用いざる沙門あらんや。自他通じて皆天魔の眷属なり。文盲にして経論をも披《ひら》かず、仏制をも知らざる人の当流の肉妻を嘲るは、孟子に所謂五十歩にして百歩を笑ふ、五十間も百間も憶病にして逃げたることとは同様なり。然るに百歩を笑ふは我が身を知らぬといふものなり。是等は知学の人の云わざる所、愚者の所為なれば、若しさる人あらば敬ふて遠ざかるべし。是れまた仏のいましめなり。畢竟至極大乗超越の上には、肉食をするせぬに目を附けず、唯出離を要とす。末法に妻子をゆるすは不義の邪淫をはなれしめんが為なり。上にいふ羅什・慈恩・我朝の太子等、妻子ありといへども賤劣とせず。若し妻子なきを貴しとせば、孤独鰥寡の人貴しとせんや。たゞ法徳を貴しとするなり。若し他に対する時は上のごとし。宗意に依つてこれをいはゞ、高祖肉食妻帯の開宗は強いて上のごとき経証に依り給ふにはあらず。六角の霊告、元祖の指図、九条禅閤《ぜんこう》の所望に依つて開宗し給ふ。十方衆生の願意をしらしめ給ふ。三尊一致の方便善巧なるものなり。故に則《のり》を太子に取り、法《のり》を吉水につたへて宗を開くとのたまへり。

仰ぐべし、信ずべし。

四十、生飯《さば》を取る文当流に用ひざる事

問ふ、他宗の生飯をとる、当流にとらず、全体生飯とは何の謂ひぞや。答ふ、まづ其の文をいはゞ、無縁集上十八丁上分三宝中分師恩下及六道皆同供養已上、又偈に云わく、汝等鬼人衆我今施汝供七粒遍十方一切鬼人供已上。さばとは生飯と書き、又散飯とも書くなり。他宗は斎《とき》にむかへばまづ始め箸を取つて飯の上を七粒、または分量なく少し取りて、掌に受けて右の文をとなへて、膳の片はしにをきて、夫《それ》より斎飯《とき》を食す。是れを散飯といふ。釈氏要覧上施食の下に云わく、涅槃経曰く、仏曠野の鬼神を化し給ふ。五

かへり見よ
これもむかしは
花すゝき
まねきし袖の
なごり成るらむ

戒を受け訖《おわ》りて仏に向かふて言《もう》さく、我及び眷属惟《ただ》腥血《せいけつ》を食らふ、今仏我に不殺と戒め給はゞ云何《いかん》が存済《そんざい》せん。仏言はく、今より当《まさ》に声聞弟子に勅して、修行する所あるに随ふて、悉く汝に飯食《おんじき》を施さしむべしと宣ひ、是《ここ》に於いて制戒す。今より比丘当《まさ》に常に曠野鬼に食を施すべし。若し住所に在つて施すことと能はざる者は我が弟子に非ず。施食に二種有り。若し曠野鬼神に施す者は、即ち是れ同じく寺院に食す。仏二つの供養位を設けしむ。一つには曠野の鬼神、二つに鬼子母、並びに僧食を取る。名を呼んで之に施す。若し比丘各自ら一斛《こく》の食施を借る者は、即ち焦面大士経に依つて餓鬼に施与す已上。鬼子母は十羅刹が母なり。法華会上に出でて、法華を修する人を守護せんと誓ひたり。鬼子母に生飯を施すことは鬼子母経に出でたり。問ふ、当流に生飯を取らず。文を唱へざるは如何。答ふ、南無阿弥陀仏と唱へて戴きて食するなり。問ふ、然らば生飯を取りて唱ふべし。何ぞ取らざるや。答ふ、取るも取らざるも心業を本とするなり。問ふ、心業を本とする心得はいかん。答ふ、七粒遍十方は心業にあらずや。問ふ、仏名を鬼神に与へば、鬼神面目を引き替へたり。扨は十界は立たず、如何。答ふ、鬼神に直出生死と回《え》せば難のごとくなり。今は鬼神の食に与ふれば、名号は万徳の所帰なれば、阿伽陀薬《あかだやく》の如くにて、一声の言下に百味の飲食と成つて鬼神に盈満せしむ。七粒遍法界と唱ふるも呪力不可思議なり。何況んや大善の名号をや。このゆへに当流には生飯をとらず、文を唱へざるなり。

四十一、数珠の由来の事

問ふ、数珠の由来如何。答ふ、木樓子経《もくろじきょう》に云わく、難陀国《なんだこく》の波瑠璃王《はるりおう》使いを遣わして仏に白《もう》して言はく、唯願はくは世尊特《こと》に慈愍を垂れて我に要法を賜《あた》へて、我をして日夜に易く修行することを得て、未来世の中に衆苦を遠離し給へと。仏大王に告げてのたまはく、若し煩悩障報障を滅せんと欲せば、当《まさ》に木樓子一百八を貫きて以て常に自ら随ふべし。若しは行、若しは座、若しは臥、常に当《まさ》に心を至して分散の意無くして、仏陀達磨僧伽の名を称して乃《すなわ》ち一木樓子を過ごすべし。かくのごとくして若しは十、若しは二十、若しは百、若しは千、乃至百千せよ。若し能く二十万遍を満てんに、身心不乱諸《もろもろ》の諂曲《てんきょく》なくんば、命を捨てて第三の炎摩天に生ずることを得べし。衣食自然にしてつねに安楽を受く。もし又一百万遍を満つるものは、百八結葉を除断することを得べし。生死の流れを背きて涅槃の道に趣きて無上果を獲《う》已上。釈氏要覧中十丁これに同じ。千手経下十四丁云わく、若し十方諸仏速やかに来たりて手を授くるごと数珠の手にあたれり。校量数珠功徳経に云わく、若し自他の為に諸《もろもろ》の陀羅尼および仏名を念誦すること有らんに木樓子は千倍なり、浄土に生ずることを求めんものは此の珠を受けよ、水精は百千万倍なり、菩提子は無量倍なり云云。随身鈔に、念珠におゐて四種あり。一つには上品、二つには最勝、三つには中品、四つには下品なり。千八十を上品とす、百八を最勝とす、五十四を中品とす、三十六を下品とするなり。念珠は菩提修行をあらわす。中間に牽けば煩悩を断ずるなり。貫く糸は観音なり。念珠は是れ阿弥陀如来、頂き安《お》けば無間地獄の罪を滅し、頸にかくれば四重の罪を滅し、臂にかくれば三業六根一切の罪を滅す。若し善男子善女人念珠をもつてあるひは頂髪に安《お》き、あるひは耳・頸・臂にかくるものは世間一切の言語所説皆念珠なりと云々。本願義疏に勢至経を引きて云わく、平形念珠は皆是れ外道弟子なり。我が弟子にあらず。仏弟子我が遺弟必ず円形の念珠をもちゆべし已上。数珠の来由なり。問ふ、経文は爾《しか》なり。数珠を手にかける其の功徳、我が身に覚ゆるや。答ふ、数珠を手にかける我が心とかけざる時の我が心と引き合はせて見るべし。我が心に悪をすて善を持《たも》つの心あるべし。

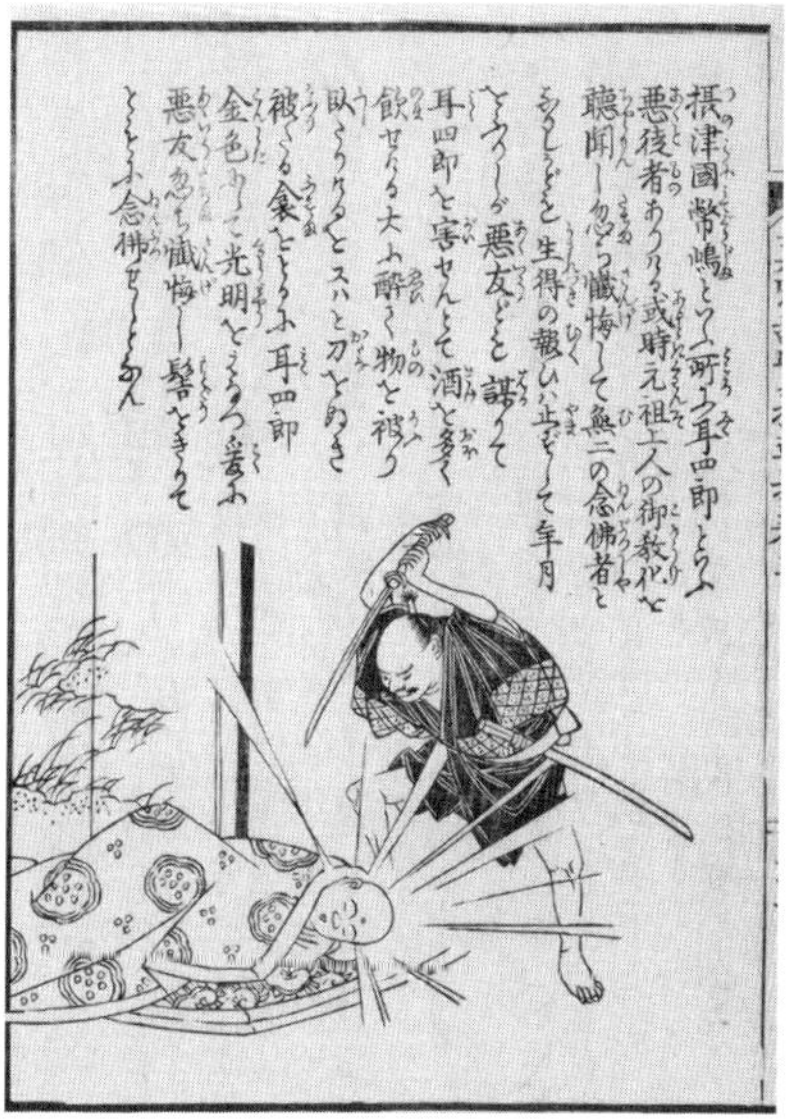

摂津国幣嶋《みてぐらじま》といふ所に耳四郎といふ
悪徒者ありける、或る時元祖上人の御教化を
聴聞し、忽ち懺悔して無二の念仏者と
なりしかども、生得《うまれつき》の報ひは止まずして年月
をふりしが、悪友ども謀りて
耳四郎を害せんとて酒を多く
飲ませける、大いに酔ひて物を被り
臥したりけるをすはと刀をぬき
被りたる衾《ふすま》をとるに耳四郎
金色にして光明をはなつ、爰に
悪友忽ち懺悔し、髻《もとどり》をきりて
ともに念仏せしとなん

四十二、当流数珠を摺らざる事

問ふ、聖道門には珠数を摺る。当流には摺らざる意いかん。答ふ、聖道門に数珠を摺ることは珠念数《じゅねんじゅ》といふこゝろなり。仏々の呪をとなへて仏力を以て百八煩悩をもみつぶすと観じて摺るなり。当流には摺らざる意は、不断煩悩得涅槃の宗旨なる故なり。問ふ、数珠の百八粒をもちゆるは何を表ずるにや。答ふ、百八煩悩を表ずるなり。問ふ、数珠を手にかけ仏を拝する意はいかん。答ふ、煩悩具足の身をあらわす。此の身ながら往生を遂ぐると信ずべきなり。

四十三、彼岸会の事

問ふ、彼岸会の由来はいかなる事ぞや。答ふ、諸宗の通義なり。問ふ、諸宗に通じて仏事を行ふこゝろいかん。答ふ、二月は春分より三日下の日より七日、八月は秋分より三日下の七日、是れを彼岸といふ。昼夜の時ひとしきゆへに時正とも書く。しかるに近代の諸記みなその本説をしらずといへり。天竺漢土共にこれを云わず。唯もとより特《ひと》り彼岸を勤む。又何れの時よりはじまるといふことを知らずといへり。惟《おも》ふに太子七歳の御とき、二百余巻の経論を見たま（給）ひ、一年の内に月の六斎日、二季の彼岸あることを奏したま（給）ひ、日本中へ触ありて、夫《それ》よりはじまると伝に見えたり。暦による事は太子伝を見るに春分七日秋分七日とあり。分とは半ばの義也。春の中分七日、秋の中分七日を彼岸とす。其の中分節によつて定まらざる故に、日を定めずして節を考へ、為に暦をもちゆるなり。天正験記《てんしょうげんき》龍樹の造には都卒天霊所台の辺《ほとり》に樹あり。春の彼岸は花の節、秋の彼岸は果熟の時也。此の時諸天樹下に集まりて人の善悪を評す。花果の間に又映現す。終に筆記を定めて善法堂に納む改邪抄に出づ。是の故此の時ことさらに修善せしむと云々。見聞随身抄・彼岸記抔《など》、此の説を述す。歳時記は偽書とす。又日本考には明の禅師日本の彼岸を羨みたることを考へたり。されば唐土には彼岸といふことはなきと見えたり。壒嚢抄《あいのうしょう》には昼夜斉等にしてかくのごとく両岸左右ひとしき故にこれを彼岸といふ。又日没両岸にひとしきゆへにあるひは彼岸とも書く。時分相応のゆへに所作成就す。余時はしからず。この義正を用ゆ。故に二季の彼岸を仏法相応の時といふ已上。又拾芥抄《しゅうがいしょう》には八月王尭会《おうぎょうえ》到彼岸の斎会の法を修す。これを吉祥日といふと。又云わく、この時にあたりて功徳を修するものは諸願成就すといへり。これらの説有りといへどもその本説を見ず。仏説到彼岸功徳経にいはく、仏の言《のたま》はく、われ過去無量劫を念ずるに、凡夫身たりしとき、春の中月に斉法を修持せしかば、我並びに一念の間に岸にいたる。乃至若し衆生ありて忽ちに成仏の道を得んと欲せば、彼岸の日月をもつてまさに持斎を行ずべし。乃至阿難仏に白《もう》して言《もう》さく、何を以ての故に十二月の中に二月八月持斎の人彼岸に至ると説き給ふや。たゞねがはくは、無上世尊その因縁を説きたま（給）へと。仏の言《のたま》わく、是れ生死の家を出づる月なり。八月は是れ無為の道に入る月なり。故に持斎の人心垢を洗《そそ》ぎ、身患を除く。乃至昼夜六時にまさに三世十方諸仏菩薩の名号を敬礼したてまつ（奉）れ已上広説。上宮太子の先代旧事礼網本記に依るに、太子の御時一、季の彼岸は上の経説によりて修福斎謹したま（給）ふこと分明なりと知るべし。

四十四、盂蘭盆会式の事

問ふ、日本にて盂蘭盆会式の始まること、何れの時より始まるぞや。答ふ、年代記中四十丁云わく、聖武天皇天平五年に始まるなり。問ふ、盂蘭盆の法会はいかなる事なるや。答ふ、一夏九旬の回向満散の日なり。故に功徳を修するなり。問ふ、当流の盂蘭盆式はいかなる意ぞや。答ふ、諸宗の通儀世間儀なり。仏前荘厳盛物灯籠等なり。九十箇条に云わく、七月十四日逮夜なり。十五日には日中あり。朝精進なり。これも世間儀なり。能々心得あるべきものなり已上。世間儀とは諸宗通用の儀式といふ意なり。問ふ、余宗には生霊棚《しょうりょうだな》をかざり、餅飯茶湯水等を手向く。当流には此等のことなきはいかん。答ふ、先づ諸宗の意を云ふべし。七世の父母等来たるゆへにそれを供養すといへり。問ふ、七世の父母等来たる証拠ありや。答ふ、知識法力をもつて三界万霊を勧請すれば来たるなり。目連の母の来たる、是れ証拠なり。問ふ、供養するところ、飯餅など是れを受用するや。答ふ、知識ありて法味法水を回向せば受用すべし。一休の歌に、山城の瓜と茄子をそのまゝに手向けとなすぞ鴨川の水。当流にせざる意は自力回向を用ひ

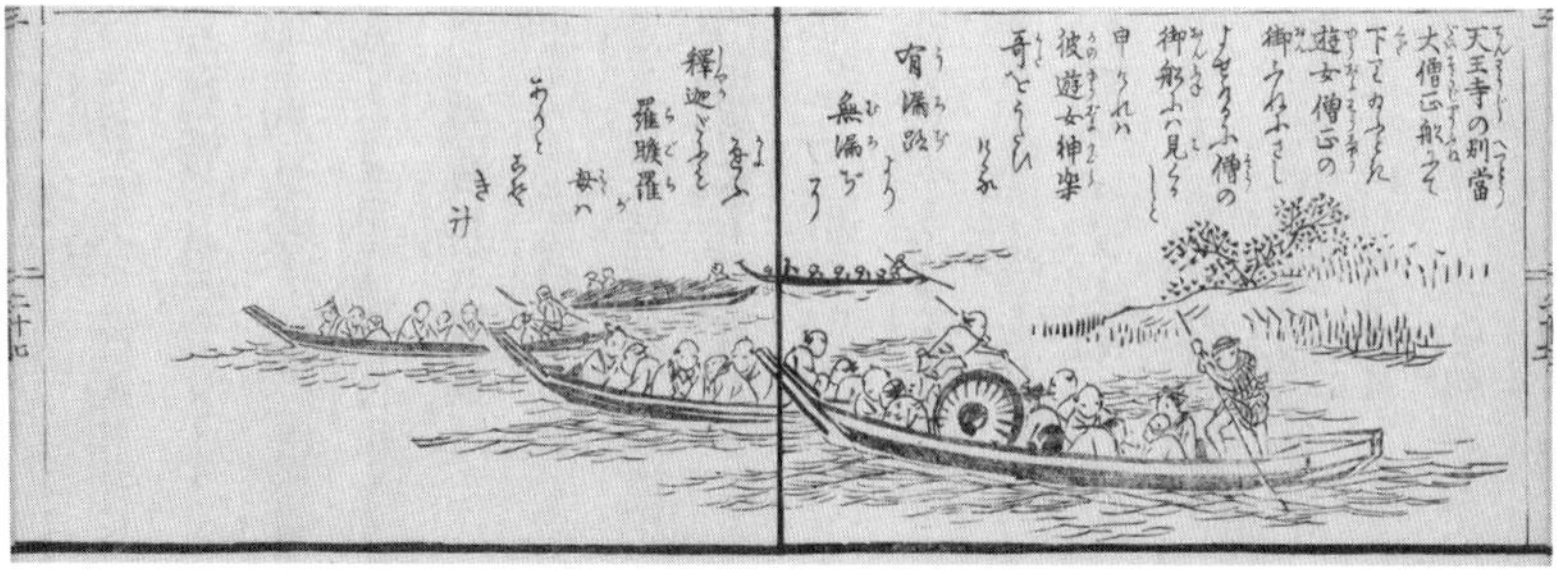

天王寺の別当
大僧正船にて
下り給ふとき
遊女僧正の
御ふねにさし
よせけるに、僧の
御船には見くるしと
申しければ
彼の遊女神楽
歌をうたひける
有漏路《うろじ》より
無漏《むろ》ぢに通ふ
釈迦だにも
羅睺羅が母は
ありとこそきけ

ざるがゆゑなり。抑も又第十一願の入正定聚必至滅度弥陀同体の証《さと》りをひらく人なれば、何の不足ありてか餅飯等を受用せんや。盂蘭盆経をみるに百美五菓等を以て十方自恣の僧に供養すれば七世の父母獄苦を免《ゆる》すと説きたま（給）ひて、七世の父母来たるとはと（説）き給はず。しかれば七世の父母の為に自恣の僧を百美五菓をもつて供養する日なり。世人みな生霊を供養するとのみおもひて僧を供養することをしらず。大きなる誤りなり。問ふ、当流の行人も盂蘭盆経の意に相応するや。答ふ、十方自恣僧を供養せよと宣へり。しかるに十方僧を供養することは叶ふべからず。我が有縁の頼み寺、御本寺等へ寸志を抛てば自恣の僧に供養するにあたるなり。尤も経説に相叶へり。問ふ、弥陀同体の証《さと》りを開く人は来たるべからず。その外堕獄の罪人三界万霊等は何ぞ供養せざるや。答ふ、これらの回向も南無阿弥陀仏の回向に増したる手向けなきがゆゑなり。問ふ、盂蘭盆に灯籠をともす経証ありや。答ふ、阿闍世受決経《あじゃせじゅけつきょう》に見えたり。因果抄下、見聞随身抄の上に引くが如し。世話にいふ長者の万灯より貧女の一灯といふ是れなり。しかれば仏在世の義をしたひて灯籠をともすと見えたり。しかれども当流は諸宗の通儀に順ずといへども常盆・常彼岸の謂われあり。改邪抄にいわく、仏恩報謝の起行作業はせらるべきによりて行住座臥を論ぜず、長時不退に到彼岸の行なり已上。此のこゝろは他流には盆彼岸ばかりに後生菩提をねがへばよきやうに思へり。当流は彼と同じくおもはゞ懈怠の失あり。故に退転なからしめんが為に常彼岸等とすゝむるなり。問ふ、常彼岸ならば何ぞ盆彼岸の式をもちゆるや。答ふ、平等の中の差別なり。常彼岸と平等にすゝむれども懈怠の人は信をとらず、法を聴聞せざるが故に、その人を勧めん為に諸宗通用に盆彼岸を勤むるなり。

四十五、送火の事

問ふ、七月の送火はいかなることぞや。答ふ、盂蘭盆会にさま〴〵の供物をもふけて、もろ〳〵の鬼趣を勧請してむかふれば、もろ〳〵の鬼趣これにおもむきて食をうけて喜ぶといへり。今の世の人はたゞわれ〳〵が先祖父母兄弟などの霊魂のみをむかへて祭り、さま〴〵のそなへものなど意をつく（尽）すなり。盂蘭盆会終はれば又其の先祖父母等の霊を送るとおもへり。施会事竟《おわ》り施檀供も（物）つ等を悉くもつて焼きす（捨）つるに、家のほとりは火をおそるゝゆへに、山野河辺にいでゝこれを焼く。これを送り火といふ。火をもつて亡霊をおくるに、諸具を送りたる火なれば、をくり火といふなり。是れは他流の事にして当流には斯くの如きことさらになしと知るべし。

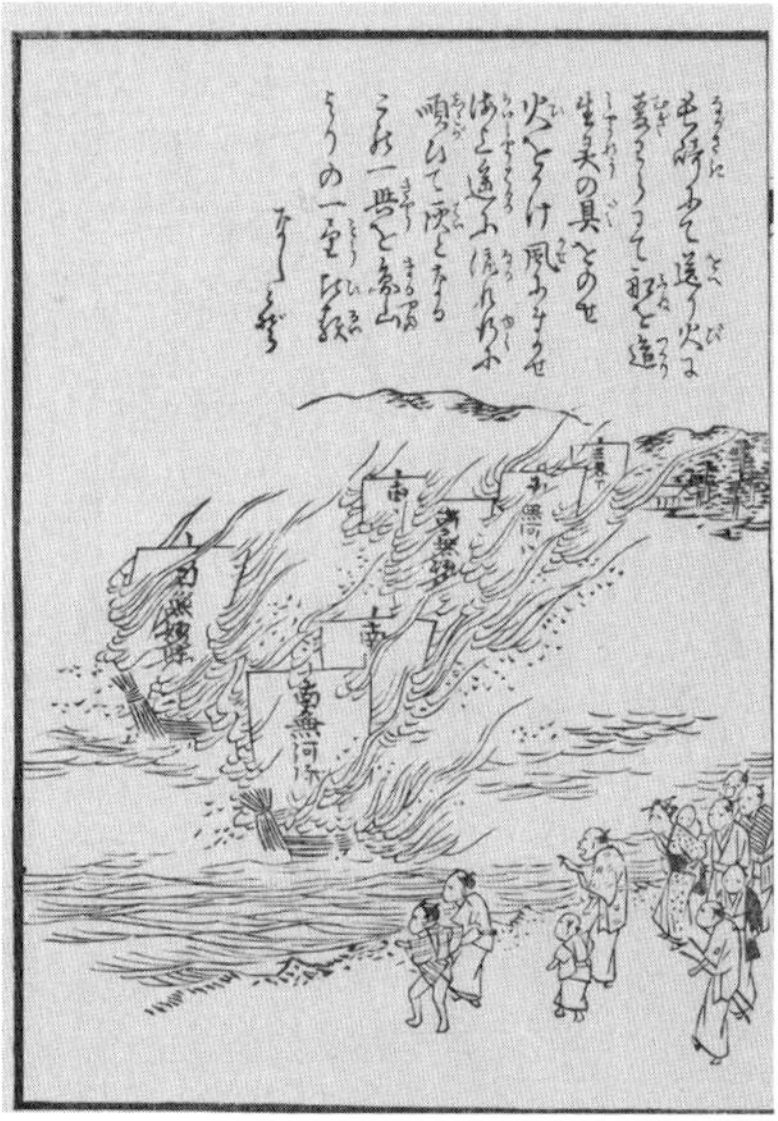

長崎にて送り火に
麦わらにて船を造り
生霊の具をのせ
火をかけ風にまかせ
海上遥かに流れ行くに
順《したが》ひて灰となる
この一興を円山
よりの一望比類
なしとぞ

四十六、盆会に槙の葉を用ゆる事

問ふ、盂蘭盆会にまきの葉をもちゆるは如何なる意にや。答ふ、いにしへ小野の篁は本《もと》閻魔王の臣官にして、常に冥途に通はれしに、還り来たるときは庭前の槇の木に倚《よ》り居られしにより、冥者の通ふ木なればとて、亡き魂祭るには、この木の枝を用ひならひたるなり。今家に仏花にそなへるは是れ且《しばら》く俗義に順ずるなり。たとへば端午に菖蒲よもぎ、重陽に菊を用ゆるに同じ。当流は真俗相かねて世礼の風儀に任することなり。妻帯凡夫の義なるがゆへに、公家武家男女所縁相交はるがいたす所か。又王法仁義を本とすべしとなり。頗る出世家の他門には同じからざる所なり。

四十七、精進日の事

問ふ、精進とはいかなる意にや。答ふ、精は明也、好也、霊也、正也。輔行《ぶぎょう》に云わく、精とは米の舂《うすづ》く名也。進は懈怠を除く義なり。身口意三業《しんくいさんごう》の悪を除き、善を修するを精進といふなり。遺教経に云わく、汝等比丘、若し勤精進せば、則ち事難きこと無き者なり。是の故に汝等当《まさ》に勤精進すべし。譬へば小水の常に流れて能く石を穿《うが》つが如し。若し行者心数《しばしば》懈廃すれば、譬へば火を鑽《き》るが如し。未だ熟せず、而《しこう》して息《や》むれば、火を得んと雖も、火得べきこと難し。是れを精進と名づく文。精進に三業の精進あり。身には殺生せず、又淫を行わず、口には肉を食わず、意に瞋恚を起こさず、三業に仏法を行ずるを精進といふなり。しかるに凡夫はつねに精進することあたはず。故に祖師・善知識・父母の日等に精進せしむるは、懈怠を除きてその恩徳を報謝せん為なり。問ふ、下根の凡夫何ぞ三業の精進を致すべきや。答ふ、それは諸宗みな同やう（様）なり。下根の凡夫たりとも、分に随ひて意に嗜むべきなり。その意なき人は師恩・父母の恩を思わざるなり。問ふ、貪瞋具足の凡夫何ぞ瞋恚息《や》むべきや。答ふ、祖師父母の命日なりと思ひ、息《や》めるおもひになるを精進の本意とするなり。問ふ、僧俗とも肉を喰わざるを精進とし、祖師の命日、父母の命日に淫欲を恣《ほしいまま》にする人あり。いかん。答ふ、それは当流の中の闡陀羅《せんだら》なり。同座すべからず。問ふ、上にも引く諸法無行経に、淫欲則ち是れ道恚痴、亦復然《またまたしか》り。此《か》くの如き三事中無量諸仏道といふ。之に依つて天台のいわく、鴦崛摩羅《おうくつまら》は弥《いよいよ》殺して慈者、末利《まり》唯酒唯戒、和修密多《わしゅうみった》は淫事梵行、提婆達多《だいばだった》は邪見即正といへり。何ぞ小乗の屈見を以て大乗法を難ぜんや。答ふ、此等の人口に円解を説くといへども、意《こころ》達人にあらず。天台に煩悩即菩提といひて犯す人は多く、生死即涅槃といひて火に入る人は有るべからず。今云ふ処是れなり。汝が悪見を以て諸人をして邪見に住せしむ。故に闡陀羅といふ。縦ひ達道の人なりとも深く嗜むべきことなり。不壊世諦建立第一義諦の故に早く邪見を捨て三業ともに精進するこゝろに住して祖師・善知識・父母の大恩を報ずべきなり。

四十八、両親の五十日まで身を厳《かざ》らざる事

問ふ、諸宗ともに親死して五十日の間、男は髪を剃らず、女は化荘《けしょう》せず。意いかん。答ふ、これに内外の意あり。外典には孝経の意に依つて身体を慎む義なり。身をかざるは色情の為なり。親にはなれ(離)、力を落とし、身を刷《つくろ》ふことを忘れたる意なり。出家は髪をそり、浄衣を著し、刹那父母の恩を忘れず、如法に仏事を執行すべきものなり。

四十九、十夜の事

問ふ、浄土宗には弥陀正覚《しょうがく》の日とて十夜の法事を勤む。当流何ぞ勤めざるや。答ふ、十夜を勤むることは紀主禅師《きしゅぜんじ》より始まる。故に鎌倉光明寺には十月六日より同十五日まで十日十夜の念仏あり。他はこれに準ずると見えたり。問ふ、紀主の十夜を始めしは何れの経文に依り給ふや。答ふ、光明寺の住世暁誉《ぎょうよ》の考へに、鼓音声陀羅尼経《くおんじょうだらにきょう》に言《のたま》はく、若し彼の仏の名号を受持することありて、其の意を堅固にして憶念して忘れず、十日十夜六時専念し、五体投地して彼の仏を礼敬し、堅固にして正念なれば、悉く散乱を除く。若し能く念ずれば、心念々に絶えず、十日の中に彼の阿弥陀仏を見、ならびに十方一切の如来を見ることをうる。唯《ただ》重障鈍根の人を除く。今少時に於いて観《み》ること能わざる所なり。一切善根悉く回向し、願じて安楽世界に往生することを得《う》と。此の経文によると見えたり。問ふ、十月十五日弥陀正覚の日といふこと、何の経文にありや。答ふ、未だ経文を見ず。仮令《たとい》経文にありとも所別・時別・対機別・利益別なり。三経にその文なし。其のうへ弥陀は報仏なり。浄土の中の成仏を報仏と云ふ。何ぞ娑婆の日月を以て正覚の日と定むべきや。しかるに良忠はたゞ十日十夜の念仏勤行をはじめ給ふ。弥陀正覚の日とて始め給ふとは見えず。問ふ、しからばいづれの月にても十日十夜の念仏を勤むべし。何ぞ十月に限るや。答ふ、浄土宗には十字を以て所期《しょご》とす。いはゆる十万億と云ひ、十劫といひ、十念といふ。故に十の字建立なり。今十月に十夜を修することは、十は満数なり。しかれば十二月の中の満数なるゆへなり。十五日は三十日の中なり。故に十月十五日に限りて十夜を修するなり。問ふ、当流に十夜の法事なきはいかん。答ふ、三経に弥陀正覚の日を説かず。そのうへ弥陀は浄土中の成仏なり。しかれば十月十五日を何とて弥陀正覚の日とさだめん。故に十夜

むかし一人の悪徒あり、常に
殺生を業とし、大酒しては
人を害す、或る時一座の説法を聞き
因果の理りを知り、又本願の
強力にて名号をとなへ専修
専念なれば、極楽往生疑ひなき
ことを獲得して忽ち出家し、
西方さして無二無三に走り行き
西のはてなる巌の上に端座し
断食して念仏往生遂げしとぞ
善にも悪にも強勇の人なり

を修せざるなり。

五十、年忌命日の事

問ふ、年忌命日を勤むるはいかなる義ぞや。答ふ、命日或ひは明日《めいにち》と書くといへども実は命日なり。具《つぶさ》には捨命日なり。捨の字は世俗に忌む字なれば略し来たり、命日といふと云々。忌日とは釈氏要覧の下に云わく、二月十五日仏涅槃の日、天下僧俗営会供養あり。即ち忌日の事なり。俗礼に云わく、終身之孝忌日の謂ひなり。又これを楽しまず、飲楽せざるが故に、或ひは諱日・遠日といふ。曲礼葬事遠日に先だつと云々。或ひは云ふ、釈氏忌諱無きが故に忌日といふべからず。但《ただ》世俗に順ずるゆへに年忌等といふなり。凡《およ》そ追薦《ついとう》は日によるべからず。報恩長時なるべし。不断常灯など是れなり。又縦令《たとい》常修の人なりとも、其の忌日等何ぞ余の日に類せん。況んや勤めざらん人は、せめて忌日には重くこれを勤むべきなり。他流には

初七日不動　二七日釈迦　三七日文殊
四七日普賢　五七日地蔵　六七日弥勒
七七日薬師　百ヶ日観音　一周忌勢至
三年弥陀　七年阿閦《あしゅく》　十三年大日
十七年　廿五年　卅三年虚空蔵

かくのごとく沙汰せり。当流にはかやうの沙汰なし。但し諸宗通じて年忌・月忌を勤むるのみ。小数は三五七を期《ご》とす。十三、十七、二十三、二十五等なり。これを略し、又具にするはをの〳〵心によるべし。五十年已上は五十年め〳〵なり。日は近きを具にし、遠きを略す。あるひは事はちかきを略し、遠をもつて具にすべし。あるひは所の法によりて五年・三年の略あり。これもつて苦しからず。随方毘尼《ずいほうびに》のごとくなるべし。五文律にいはく、是れ我が語なりといへども、余方におひて清浄ならざれば行はずして過ちなし。我が語にあらずといへども、余方におひて清浄ならば行ぜざることを得ず。

祥月七ヶ日の法事、節義みな諸宗の通義なり。をの〳〵自宗の勤めをなすなり。

真宗故実選要抄巻三大尾

真宗故実選要鈔図絵二編近々出来

此の書は前編にもれたる真宗の故実、他流に用ゆるところの現世の祈禱をはじめ、諸《もろもろ》の神仏を念じ、又方の吉凶、日の善悪を撰ぶ等の雑行を用ひざるの故実、又真宗の肝要たる安心了解《あんじんりょうげ》に附きての心得、そのほか御流れを汲む輩の心得、置かねばならぬ種々《くさぐさ》を集めて全部となせり。

安政六己未歳四月　官許
万延元庚申歳四月　上梓

京都書林　醒ヶ井通魚店上ル町
丁子屋庄兵衛
魚店油小路東江入町
丁子屋藤吉郎
五条橋通高倉東入町
菱屋友七郎
東六条下珠数屋町
丁子屋九郎右衛門

【編者略歴】

引野　亨輔（ひきの・きょうすけ）

1974年兵庫県生まれ。広島大学大学院文学研究科博士課程修了。日本学術振興会特別研究員（PD）、福山大学人間文化学部准教授、千葉大学大学院人文科学研究院准教授を経て、東北大学大学院文学研究科准教授。

［主要著作・論文］

『近世宗教世界における普遍と特殊』（法蔵館、2007年）、「仏教書と民衆の近世」（『現代思想』46-16、2018年）、「経蔵のなかの近世と近代」（『日本仏教綜合研究』17、2019年）

近世仏教資料叢書（全六巻）
第一巻　通俗仏書の出版と民衆仏教

二〇二四年八月三十一日　初版発行

監修者　末木文美士
　　　　引野亨輔
編　者　引野亨輔
発行者　片岡　敦
印刷　製本　創栄図書印刷株式会社

606-8204　京都市左京区田中下柳町八番地
発行所　株式会社　臨川書店
電話（〇七五）七二一―七一一一
郵便振替　〇一〇七〇―二―八〇〇番

落丁本・乱丁本はお取替えいたします
定価は函に表示してあります

ISBN978-4-653-04761-2 C3315
〔ISBN978-4-653-04760-5 C3315　セット〕

近世仏教資料叢書の刊行にあたって

監修者　末木文美士
引野亨輔

これまで日本の仏教史研究においては、いわゆる鎌倉新仏教を最高峰とみなし、対照的に近世仏教を権力に屈服した堕落形態とみなす歴史観が強くあった。そのようなイメージは近年大いに書き換えられつつあるものの、近世仏教研究を志す者にとって、出発点となり得る基礎的な資料集が不足していることは否定できない。

商業出版が成立した江戸時代には、膨大な量の仏教書が刊行されたため、資料集の素材は十分過ぎるほどにある。しかし、そこから有効な分析の切り口を見付け出すことはなかなか難しい。そこで、今回刊行する『近世仏教資料叢書』では、江戸時代人なら当たり前のように読んでいた刊行仏教書を多く取り上げ、それらが社会のなかで果たしていた役割の解明に努めた。江戸時代は、難解な仏教概念や世界観が、書物知を通して民衆世界にまで浸透していった時代といえる。そこで、本シリーズの各巻では、これまで研究素材となる機会が少なかった江戸時代の仏教書に対して明快な意義付けを行い、近世仏教研究のさらなる活性化を目指したい。

末木文美士・引野亨輔 監修

近世仏教資料叢書 全六巻

第1巻 通俗仏書の出版と民衆仏教
編：引野亨輔

阿弥陀経和談鈔（編者架蔵）／正信偈絵抄（編者架蔵）
法華自我偈絵抄（龍谷大）／阿弥陀経和訓図会（編者架蔵）
般若心経和訓図会（編者架蔵）／観音経和訓図会（編者架蔵）
真宗故実選要鈔図絵（龍谷大）

【第1回配本】 2024年8月刊行　税込19,800円（18,000円＋税）

第2巻 仏伝と教学
編：末木文美士／前川健一

釈迦御一代記図会巻之上（国会図書館）
釈迦御一代記図会巻之下（国会図書館）
釈迦応化略諺解（カリフォルニア大バークレー校 三井文庫旧蔵）
起信論註疏非詳略訣（龍谷大）／鉄壁雲片（龍谷大）
華厳春秋（龍谷大）

【第2回配本】 2024年11月刊行予定

第3巻 国家を守護する仏神
編：曽根原 理／W.J.ボート
M.M.E.バウンステルス

慈眼大師御物語（内閣文庫）／暁誉源栄覚書（内閣文庫）
供奉記（内閣文庫）／黒本尊縁起（仏教大）／神社考弁疑（内閣文庫）
扶桑護仏神論（京都大）／神道大宗（国文研）など

【第3回配本】 2025年2月刊行予定

第4巻 唱導文学と商業出版
編：万波寿子

続沙石集（国文研）／説法和歌資譚鈔（国文研）
説法語園（編者架蔵）など

【第4回配本】 2025年5月刊行予定

第5巻 女人教化と救済
編：芹口真結子

女人厭欣手引草・尼衆住庵規則（国会図書館）
浄土和讃図絵（編者架蔵）／正行嗣講師法話（編者架蔵）
手本草（大谷大）など

【第5回配本】 2025年8月刊行予定

第6巻 仏教天文学と仏教世界観
編：岡田正彦／平岡隆二

仏暦図説（編者架蔵）／冥加策進（国会図書館）
実験須弥界説（編者架蔵）／須弥界四時異同弁（編者架蔵）
仏暦及び梵医方の処方箋（編者架蔵）

【第6回配本】 2025年11月刊行予定

江戸時代に出版された仏教書を中心として、重要資料をテーマ別に精選。原典翻刻（書き下し）・解説・解題を中心に構成する。個々の資料紹介にとどまらず、仏教と近世社会の関係性をも鮮明に浮かび上がらせることを企図した本叢書はこの時代の宗教文化の解明に新しい光を当てるものと期待される。

■A5判・上製・布クロス装・函入・平均350頁
■予価各 税込 19,800円（18,000円＋税）
■ISBN978-4-653-04760-5（セット） C3314

＊お近くの書店または小社までご注文ください